elefante

GÜNTHER ANDERS

Hiroshima está em toda parte

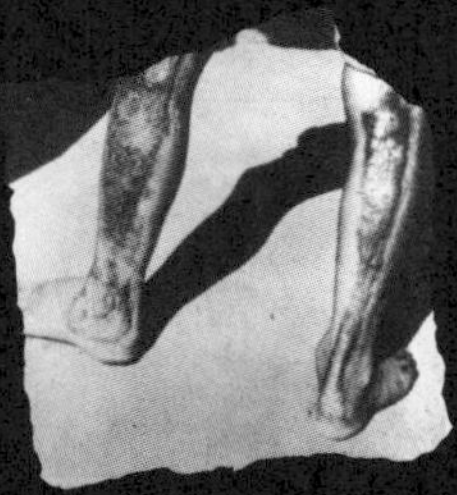

DIÁRIO DE HIROSHIMA
E NAGASAKI (1958)

CORRESPONDÊNCIA
ENTRE CLAUDE EATHERLY,
PILOTO DE HIROSHIMA, E
GÜNTHER ANDERS (1959-1961)

DISCURSO SOBRE AS TRÊS
GUERRAS MUNDIAIS (1964)

TRADUÇÃO **CLAUDIA ABELING**

Àqueles estadistas, industriais, cientistas e jornalistas intelectualmente preguiçosos ou moralmente limitados para imaginar as consequências de seus atos e que permanecem incapazes de compreender que, por meio de sua incessante opressão e aterrorização da humanidade, são os primeiros a merecer o nome de *terroristas*, por eles hipocritamente amaldiçoado.

INTRODUÇÃO (1982)

1

O título deste livro, assim como o assunto que aborda, não é de hoje, mas faz referência ao meu texto "Teses para a era atômica", escrito em 1959. Naquela época, a proposição ainda podia ser um tanto exagerada. Agora, porém, se *tornou verdadeira*: não que *hoje ainda seja verdadeira*, mas *hoje se tornou totalmente verdadeira*. Por esse motivo, considerei dispensável inventar outro título chamativo.

As afirmações formuladas há mais de duas décadas não demandaram nenhum talento divinatório. Aquele que tira um retrato de uma mulher no último mês de gravidez e que, de tão tola, engana-se sobre seu estado ou o nega pela influência de pessoas próximas, informa a verdade (ou seja: um bebê provavelmente nascerá nas próximas semanas), mas isso não é atestado de *nenhum talento especial*. Aqueles que, com a melhor das intenções, imputam a mim tal talento porque à época enxerguei a "gravidez" da situação mundial, ou seja, que fui tão *normal* em reconhecê-la e retratá-la, só atestam a própria deficiência visual, para não dizer sua *cegueira* naquele momento. Claro que houve milhares, até centenas de milhares como eu, inclusive cientistas de primeiro escalão, cuja condição de especialista não pode ser contestada pelos *defensores ferrenhos do armamento nuclear* (pelos quais sou considerado "amador absoluto"); mas mesmo eles foram e ainda são contestados.[1] E naquela época não passamos totalmente despercebidos. Nos anos 1960, surgiu um *movimento de massas*, o movimento Luta contra a Morte Nuclear (Kampf dem Atomtod), que alcançava seu ápice anual, especialmente na Alemanha Ocidental, durante as chamadas "marchas de Páscoa".[2] Esse

1. Políticos destacados repreenderam esses cientistas algumas vezes, chamando-os de escolares insolentes, e da maneira mais lamentável por aquele chanceler torpe — a vergonha reprimida nesse meio-tempo não pode cair no esquecimento definitivo —, que, embora tenha sido desavergonhado o suficiente para empregar justamente o autor da legislação nazista de cidadania, Hans Globke, como eminência parda da chancelaria, reprimiu o grupo de laureados com o prêmio Nobel, profundamente preocupados com a preservação da Terra, que se reuniram com ele; segundo suas palavras, eles deveriam "se preocupar com seus laboratórios e não com política".
2. O movimento correspondente na Áustria, naturalmente muito mais modesto, foi criado por Robert Jungk e por mim.

movimento, à época saudado por um dos grandes partidos da República Federal da Alemanha, encerrou-se com o fim de suas fontes de financiamento — a história triste dessa morte consentida nunca foi escrita. E esse fim foi induzido, claro, por pressão de Washington, que acusava a "campanha de difamação" contra Hiroshima, Nagasaki e a ameaça nuclear — assim como, mais tarde, o protesto contra o genocídio no Vietnã — de *antiamericana*; desse modo, automaticamente de *pró-soviética* ou até "*teleguiada*". E essa suspeita, gerada nos Estados Unidos, infelizmente foi suficiente para intimidar estadistas europeus, inclusive chegando ao despautério de classificar a palavra "*paz*" como "*não ocidental*". Para a entusiasmada geração de jovens da época, foi profundamente decepcionante ter de assistir a *seu primeiro grande movimento moral depois da derrocada do nacional-socialismo* ser imediatamente paralisado por um aceno do alto, ou melhor, dos Estados Unidos. A juventude alemã de então, que nesse meio-tempo perdeu sua juventude, não conseguiu se recuperar tão rápido do choque moral nem da decepção, principalmente porque seu país parecia prosperar da maneira mais exuberante possível em muitos aspectos. O carro próprio, a casa de férias e os voos para Maiorca pareciam negar o perigo nuclear, pelo menos *negá-lo do ponto de vista emocional.*

O movimento antinuclear também foi esquecido, porque surgiram *substitutos* a ele. Logo foram iniciados aqueles movimentos internacionais, majoritariamente movimentos jovens, em parte contrários à guerra do Vietnã, em parte perseguindo os ideais de 1968, em parte trazendo o feminismo ao mundo. Também participei ativamente de um desses movimentos.[3] E não é possível acusar nenhum desses movimentos substitutos de "baderneiros" (como fez, por exemplo, a burguesia suíça). Eles eram e são, indiscutivelmente, movimentos políticos legítimos. Apesar disso, vale dizer: *esses revoltosos deixaram de fora a causa decisiva para nossa era (e para todas as eventuais eras seguintes) — a do crescente armamento nuclear e a consequente ameaça de "morte nuclear". A necessária revolta principal*

3. Fui membro do júri do tribunal Russell sobre a guerra do Vietnã e escrevi um livro sobre o vocabulário americano de guerra; ver Günther Anders, *Visit Beautiful Vietnam*. Colônia: Pahl-Rugenstein, 1968.

foi escondida por revoltas secundárias, a luta contra um futuro sem mundo ou um mundo sem futuro foi substituída de maneira quase exclusiva pela luta contra males contemporâneos ou contra males de um futuro inconteste. E isso lhes bastou durante anos. E talvez seja justificada a suspeita de que essas *rebeliões substitutas* nem foram assim tão mal recebidas pelas potências dominantes como elas nos fizeram crer. Durante o transcurso dessas rebeliões, as potências mundiais puderam prosseguir tranquilamente com seu alucinante armamento nuclear.

Como dito, naquela época — na primeira fase, na "*luta contra a morte nuclear*" —, eu era apenas *um entre milhares*. Se uma *tarefa especial* foi outorgada a mim, foi apenas a de tentar *superar o mutismo largamente disseminado*, ou melhor, de usar a qualificação filosófica e literária, que não é mérito meu, mas um favor do destino, a fim de *encontrar ou inventar, para a situação totalmente nova e escandalosa* — que os contemporâneos não sabiam nomear nem formular (algo compreensível e até perdoável, e que nem hoje conseguem, e isso vale dos melhores até os piores com Reagan) —, *um vocabulário mais ou menos adequado e uma maneira de falar à altura da enormidade.*

Visto que não compreendemos aquilo que não dominamos linguisticamente; ou melhor, nem mesmo imaginamos; ou melhor, nem mesmo conseguimos tomar consciência, considerei absolutamente necessária a tarefa da formulação. Apesar de minha tentativa não ter sido totalmente infrutífera, ela me tomou anos. Durante muito tempo não consegui superar, ou abrandar por meio da fala, o estupor que me veio pelo rádio, com a famosa notícia de 6 de agosto de 1945. Apenas no início dos anos 1950, em 1952 ou 1953, bem depois do retorno do exílio nos Estados Unidos, consegui dar o primeiro passo, inseguro. Somente então, debaixo de uma nogueira em um jardim nos arredores de Leipzig, obriguei-me a colocar no papel algumas frases sobre esse "objeto", que era o mais importante; isso porque "ocupar-me" de outro "tema" que não esse seria indesculpável e até ridículo. Mas aquilo que consegui produzir, não escrevendo de modo fluente, mas desenhando cada letra com hesitação, não passou de uma *confissão de minha incapacidade*; não, *da nossa incapacidade de ao menos imaginar aquilo que "nós" fizemos ou produzimos.* O primeiro resultado não foi outro senão a *confissão do fracasso*, formulada de maneira inequívoca. Nesse dia, se alguém tivesse me dito que esse texto lamentável, de três páginas, seria o embrião de livros, eu teria zombado dessa pessoa. Só alguns dias mais tarde percebi que o terror de nossa situação, a possibilidade — não, a probabilidade — da repetição de Hiroshima e Nagasaki baseava-se justamente nessa *discrepância entre nossa capacidade de imaginação e nossa capacidade de produção.* A bem da verdade, quase todos meus escritos posteriores são apenas variações desse tema básico da *discrepância*, que não abandonei desde então. Ou seja, há cerca de trinta anos surgia meu ensaio "Über die Bombe und die Wurzeln der Apokalypseblindheit" [Sobre a bomba e as raízes da cegueira frente ao apocalipse], que incluí no primeiro volume de *Die Antiquiertheit des Menschen* [A obsolescência do homem], em 1956. Provavelmente o texto iniciou a discussão filosófica (e também teológica) do problema nuclear nos países de língua alemã. Esse mesmo trabalho havia sido publicado anos antes, sem qualquer repercussão: justamente e de certo modo pelas minhas costas, provavelmente como um álibi, no celebrado *Jahresring der deutschen Industrie* [Anuário da indústria alemã]. Não me lembro exatamente dos detalhes dessa farsa ocorrida há quase trinta anos; a relação da indústria com esse veemente libelo antiatômico era semelhante à de uma virgem com seu filho — um erro que os envolvidos já não cometeriam hoje, após as melhorias dos métodos políticos anticoncepcionais. Aliás, essa desgraça não foi caso isolado. Do mesmo modo, reinavam nessa área uma insegurança e uma desorientação sem igual — as publicações da época comprovam —, e a mídia ainda não sabia bem ao certo o que estava fazendo ao oferecer à opinião pública os meus textos contundentes. Outrora ainda podia acontecer de eles agirem involuntariamente com mais moral do que era sua intenção. *Tempi passati.*

2

Estes textos, escritos há cerca de vinte anos, fazem parte da *pré-história* ou da primeira fase do *movimento antinuclear.* São *testemunhos históricos* (se são ou não importantes do ponto de vista histórico é uma questão que pode ficar em aberto); corrigi-los ou trazê-los "ao nível atual da pesquisa" seria impossível e também os falsificaria. Também a filosofia não consegue ser "*up to date*" — também ela, a impreterível, naturalmente se embrenhou por frestas em todos estes textos. Tampouco os registros de diários e cartas devem (ou podem) ser modificados depois de tanto tempo (ver a seguir, respectivamente, as seções 3 e 4 desta introdução). Por fim, esse "*noli me tangere*" vale inclusive para o "Discurso sobre as três guerras mundiais", proferido há dezoito anos, embora seu núcleo moral — o *apelo à greve de produto* dirigido aos trabalhadores,[4] o incentivo para que se juntassem aos princípios e decisões de determinados grandes físicos, quer dizer, a recusa à *participação na produção, no transporte, na instalação e no "acompanhamento"* de meios de destruição de massa — pudesse ser visto hoje como algo jurássico e dar a impressão de ser não realista e utópico. Faço essa formulação de modo tão condicional e cheio de rodeios para evitar a impressão de que na época da escrita eu ainda fosse ingênuo e utópico; entretanto, agora mais sensato, a cinco minutos das doze badaladas, confesso (e desisto de negar). Nada é mais distante de mim. Nunca fui ingênuo ou utópico, coisa de esperançosos profissionais. Quero dizer que nunca acreditei, nem mesmo antes, por um instante sequer, na pronta possibilidade de acatamento ou até no acatamento de fato do postulado da recusa; e que é impossível dizer que eu, finalmente, tenha me convertido ao "realismo". Reconhecer a "*força normativa do fático*", hoje tão em voga, deveras me envergonharia (junto com Kant). A expressão é lamentável. Ou seja, *ao escrever pela primeira vez sobre o imperativo da greve de produto, eu já estava consciente de sua irrealidade*. Mas não considerei isso (e continuo não considerando) motivo suficiente para sua revogação. Afinal, a validade do mandamento "Não matarás" não é cancelada pela existência de assassinos; ao contrário, sua existência é motivo para tal proibição. Naquela época, ao formular o mandamento da greve de produto, se me fosse dada a oportunidade de apresentá-lo nos Estados Unidos — não tive a oportunidade, pois eu, oficialmente classificado

4. Ver também meu livro *Die atomare Drohung*. Munique: C.H. Beck, 1981, p. 136 ss.

como "*fraud*", não tinha permissão "*to step on American ground*"[5] —, não teria me espantado nem um pouco com sua rejeição indignada por parte do governo, da indústria e dos sindicatos; pelo contrário, ficaria surpreso se alguém tivesse me aplaudido. Tampouco me surpreendi quando tive a oportunidade (alguns meses após a redação do texto) de apresentar a ideia básica da greve de produto num congresso internacional pacifista em Varsóvia, que acabou mal interpretada, tida como antissoviética (como exigência de não exprimir nenhuma oposição ao armamento nuclear americano) e recebida por 90% dos ouvintes com um silêncio gélido e por 10% com apupos desdenhosos. Como disse, isso não me espantou nem desiludiu; no máximo, senti-me abatido. Mas isso não significou (e ainda hoje não significa) que tomei a primeira ausência de eco ou do falso eco em Varsóvia como oportunidade para suavizar o postulado. Não conheço nenhum código religioso ou moral na história cujas exigências tenham sido acatadas, muito menos de pronto. Será que elas foram refutadas ou suavizadas pelo fato de terem sido menosprezadas ou transgredidas? Será que os fundadores se sentiram ridículos por isso ou se rebaixaram como "não realistas" ou imaturos pelo fato de seus mandamentos *não* serem cumpridos à risca o tempo todo, talvez não poderem ter sido cumpridos? Será que a autoridade do Sermão da Montanha acabou pelo fato de chafurdarmos no sangue há dois mil anos? Ou pelo fato de o tempo depois de Cristo ser mais bestial do que o anterior a Ele?

Além disso, parece-me que nossa época, não menos que qualquer outra, está obrigada a *apresentar os parâmetros do que é devido moralmente*, daquilo que *deveria* ser feito ou deixar de ser feito, independentemente de quão pequena seja a possibilidade de esses mandamentos ou proibições serem cumpridos imediatamente ou em algum momento. Além disso, *a regra dos mercados de pechinchas infelizmente vale também para a moral: é preciso exigir mais do que aquilo que temos a expectativa de receber de pronto.*

5. Nesse meio-tempo, evidentemente infringi a proibição. Aliás, nunca estive em melhor companhia: Bertrand Russell, Graham Greene e Sartre também não podiam profanar aquele chão.

No mais, minhas máximas não estavam tão erradas. Por exemplo, aconteceu de algumas de minhas "Teses para a era atômica",[6] que em 1959 haviam sido descartadas como "apressadas", "exageradas", "utópicas" e "impraticáveis", passarem a ser usadas um quarto de século mais tarde como slogans em manifestações de massa. *Não somente é permitido exigir em demasia como também é necessário. Talvez amanhã o demasiado não seja visto como demasiado.* O que certamente não significa que os postulados formulados naquela época venham a ser cumpridos amanhã em sua totalidade. Ou que tenham sido cumpridos hoje. Não é o caso. Mas hoje, como princípios, eles encontram ouvidos; às vezes até aprovação e, em alguns casos, inclusive disposição à ação.

É evidente que não se deve tirar desse exemplo "antes tarde do que nunca" a consequência petulante de que é preciso "ter paciência". Naquela época, após a primeira fase do movimento Luta contra a Morte Nuclear — a cuja morte súbita me refiro em outro lugar[7] —, não me restou nada além de paciência. Hoje, por sua vez, visto que estamos na *segunda* fase do movimento antinuclear, nada seria mais errado do que um elogio geral à paciência, nada mais prejudicial, nada mais imoral do que erguer a paciência como princípio; ou melhor, mantê-la erguida. *Pois a época em que vivemos não comporta mais tempo para a paciência, não podemos mais tê-la. A paciência não pode mais ser uma virtude para nós* (como nos foi ensinado, talvez com razão, por autoridades pré-atômicas, e em que também hoje alguns contemporâneos, que não são realmente contemporâneos, querem nos fazer acreditar). Ao contrário: visto que a calamidade, cujo início tentamos evitar a qualquer custo, é tão terrivelmente grande, e visto que a velocidade com a qual ela vem de encontro a nós se acelera visivelmente dia após dia, temos de *proclamar a impaciência como virtude; e, inclusive, colocá-la entre as indispensáveis.*

6. Reimpressas, entre outros textos, em *Die atomare Drohung*.
7. Ver p. 11-3.

3

Não me parece necessário prover o diário do Japão com um comentário mais longo. Aqui a história prévia: já fazia cinco anos que havia escrito meu primeiro texto sobre o perigo nuclear (no qual introduzi a expressão "*cegueira frente ao apocalipse*", que só se consolidou depois de trinta anos). Esse texto havia me colocado em amigável contato com o inesquecível fundador da Liga de Combate a Danos Nucleares (Kampfbundes gegen Atomschäden) e autor de obras médicas muito importantes sobre os perigos da radiação, dr. *Bodo Manstein*, diretor de hospital. Embora viéssemos de campos políticos totalmente diferentes, logo nos unimos pela preocupação em comum. Na primavera de 1958, quando Manstein me informou que haveria um congresso antinuclear em Tóquio no verão, decidimos que eu — que dominava a língua (inglesa) do congresso — deveria participar do evento na qualidade de delegado da Liga, mas sem qualquer vínculo ideológico ou institucional. Sobre o relato dos bastidores dessa viagem, há que se acrescentar no máximo um único texto, que na época não considerei importante (visto que o número dos membros "nuclearmente aptos" do chamado "clube atômico" ainda era muito baixo) e, por isso, não integrei ao diário. Refiro-me à minha sugestão, nesse meio-tempo quiçá mais atual, de que alguns Estados deveriam dar um "bom exemplo" — a expressão não foi aceita — ao prometer solenemente uma "*ascese nuclear*", ou seja, declarar publicamente que estariam, de uma vez por todas, abrindo mão da geração e do armazenamento de armas nucleares. Evidentemente não o fariam de maneira "gratuita", e como recompensa por essa abdicação exigiriam a garantia de *permanecerem como "zonas não nucleares"*, ou seja, de nunca sofrerem ataques nucleares. Meu argumento — que à época chamei de "*contagion argument*" — era o seguinte: *os cidadãos dos Estados limítrofes a zonas com tal segurança iriam invejá-las com razão, e esses Estados acabariam por se "contagiar"*, ou seja: *oferecer as mesmas garantias e, em contrapartida, exigir as mesmas garantias* — o que talvez levasse consequentemente a *uma ampliação automática constante do perímetro da área não nuclear*. Como já mencionei, na época não consegui convencer ninguém com essa sugestão, que não apresentei no plenário, mas aos delegados individualmente; aqueles que não conseguiam compreender o problema nuclear como algo global tampouco a compreenderam. Até hoje não desisti em definitivo da ideia, senão teria capitulado há tempos. Entretanto, estou mais cético do que antes. Isso se deve ao desenvolvimento das "armas" nucleares, ao seu aumento numérico e de potência, ao alastramento diário da contaminação radioativa, à impossibilidade técnica de se manter uma guerra nuclear limitada a uma região, e também porque a mentalidade que um dia chamei de "*preguiça frente ao apocalipse*" — o fato de que a existência da ameaça nuclear e a probabilidade de uma guerra nuclear são mais aceitas, dia após dia, como evidentes — passou a ser vista como mais maçante; porque todos esses fatos são inegáveis. Mas inegável também me parece que esse "*contagion argument*" pertença à crônica das ideias da era nuclear. Será que um dia haverá tal crônica? Ela se tornou improvável pelo próprio caráter dessa era.[8]

4

E agora à segunda parte do livro, que recebeu maior publicidade: *a correspondência com Eatherly, piloto de Hiroshima*. Ela começou de maneira quase casual. Enquanto trabalhava num texto filosófico, minha esposa à época colocou sobre minha escrivaninha uma nota da revista americana *Newsweek*, que imediatamente joguei no lixo, pois não queria ser perturbado. Impassível, ela retirou o papel do cesto e esse jogo se repetiu, em silêncio, várias vezes. Até que ela venceu com as palavras "*Você precisa fazer algo a respeito!*". A nota de cinco linhas trazia uma notícia rasa do ponto de vista linguístico e teórico — já naquela época havia nos Estados Unidos um "psicanalitiquês" de no máximo dez palavras — dizendo que o piloto de

8. A reação dos jornais alemães à época (1959-1960) ao meu diário de Hiroshima comprovou quão desorientados estavam durante a "Guerra Fria" em seu posicionamento perante o problema da ameaça nuclear. Enquanto o jornal *Die Zeit* afirmava, na manchete, que meu diário *sacudia um trem de carga carregado de panfletos*, a revista *Der Spiegel* me chamava, trocista, de "sacerdote nuclear oficial" (ou "a postos"?, não tenho mais o exemplar). Parece que essa desorientação "felizmente" (tenho minhas reservas aqui) foi "superada" pela inequívoca seriedade da situação.

Hiroshima, que havia cometido estranhas ações de caráter mais ou menos criminoso, supostamente criminosas, por fim totalmente inocentes, tinha comprovadamente um *complexo de Édipo* e, portanto, fora internado numa instituição fechada (certamente esse complexo nunca havia resultado em internação antes). A notícia, isca de ciência popular, não cheirava a verdade, era suspeita. A tentativa de convencer o público — a população americana havia tempos já tinha sido transformada nisso — de que um homem sugado pela catástrofe de Hiroshima não sofria por sua participação involuntária na ação, mas por um complexo de Édipo, pareceu-me ser não apenas uma camuflagem, não apenas um sinal de desdém para com os leitores, mas também um sintoma de preguiça moral: ninguém se deu nem ao rápido trabalho de pensar em algo mais convincente. Não havia nenhuma informação indicando que ele perseguia a mãe ou se sua fixação nela a intimidava ou ameaçava o pai.[9] Resumindo: cedi à insistência de minha esposa — não, mais que isso: agora eu é que não aguentava mais não fazer nada. Tirei meu manuscrito filosófico de cima da mesa e escrevi (convencido de que estava *escrevendo no vazio*, como nas décadas do exílio) a um tal Claude Eatherly, A/C Veterans Hospital etc. Ainda hoje acho incompreensível que essa minha primeira carta tenha realmente chegado ao destinatário, uma carta que deveria ter chamado a atenção da censura do hospital, visto que não apenas tinha sido remetida da Europa como também escrita num inglês totalmente não idiomático e provavelmente trôpego, e também que as cartas seguintes (pelo menos a maioria) tenham sido permitidas. Afinal, a instituição na qual Claude estava internado não era civil, tratava-se de um hospital de veteranos de guerra. Por outro lado, acho também muito improvável que os administradores desse instituto, que se caracterizavam sem exceção como imperturbáveis não entendedores do caso, esperassem que meus argumentos viessem a influenciar Claude. Só posso supor que o anjo salvador se chamasse *desleixo*. Tanto faz, pois a correspondência começou e,

9. Na verdade, a relação de Claude com os pais não teve qualquer importância nas nossas cartas nem nas nossas conversas. Visto que, como *glamour boy* de uniforme bonito da Força Aérea, ele era um grande mulherengo, sua mãe, certamente pouco glamorosa, não deve ter tido um papel erótico para ele, e ele supostamente não precisava ter ciúmes do pai, já que estava sempre bem servido.

de maneira extraordinária, ela é lida até hoje, ou melhor (pois entre antes e hoje há uma pausa de vinte anos), vem sendo lida novamente.

Claude, o primeiro destinatário de minhas cartas, já morreu faz tempo.[10] Nós, os de hoje, somos compostos por inúmeros *Claudes virtuais*, que poderiam sofrer o mesmo que Claude sofreu: *na condição de engrenagem da máquina, nos tornarmos cúmplices de um crime*. Se republico essas cartas, é porque espero impedir que alguns contemporâneos se tornem "Claudes".

Evidentemente, ele era absolutamente não acadêmico em todas as suas detalhadas observações, reflexões e formulações políticas e éticas (afinal, onde poderia ter aprendido finesses intelectuais e nuances linguísticas? Talvez na Força Aérea?); ou melhor, ele era *ingênuo*. O ponto alto dessa ingenuidade — quero dizer, ponto baixo — se torna visível na carta 38. Porém, essa falta não apaga o principal: que ele, *apesar do caráter indireto de sua cumplicidade, sentia-se cúmplice*. Na realidade, essa *compreensão da culpabilização inocente, do caráter indireto do envolvimento atual*, é a *compreensão decisiva, imprescindível de nosso tempo*. Caso Eatherly tivesse agido diretamente e com total conhecimento das consequências de sua ação, caso tivesse sido realmente *ele* que tivesse soltado a bomba, depois visto e reconhecido seu efeito, e caso ele tivesse tido escrúpulos morais posteriores, então esses ainda seriam aceitáveis (mesmo se não obrigatoriamente aceitáveis) no sistema de valores do pensamento moral convencional. Mas de modo algum essa reação moral teria sido tão valorosa quanto aquilo que Claude realmente fez, visto que *seu feito incomum foi exatamente a compreensão e o arrependimento* (mesmo se necessariamente em vão) *de algo de que ele somente participou*; que *ele "assumiu"* (*übernahm*) *moral e emocionalmente aquilo que não tinha realmente "realizado"* (*unternommen*).[11] Esse desempenho foi tam-

10. Considero um boato leviano e tendencioso achar que sua morte precoce por câncer tenha alguma relação com Hiroshima.

11. Essa compreensão moral básica não exclui o fato de ele ter se comportado de maneira duvidosa em alguns detalhes. Vez ou outra vangloriou-se de feitos imaginados, por exemplo, de "artigos", os quais nunca li. Não faria sentido apresentá-lo como um santo. Não era santo. Presenciei ele jogando charme (*chasing girls*) para moças no jardim do terraço do hotel Hilton, na Cidade do México. Mas onde estaria escrito que um "*good-looking Air Force officer*" — como ele era tra-

bém compreendido, honrado e admirado, certamente porque ele, com razão, foi visto *como a contrafigura de Eichmann*. E não apenas por homens de padrões intelectuais e morais sabidamente inatacáveis, como Bertrand Russell, Graham Greene ou Thomas S. Szasz, mas por muitos milhares de anônimos, por exemplo, os participantes das marchas de Páscoa, muitos dos quais — esconder essa fraqueza seria desleal — foram incapazes de manter sua opinião ao longo das décadas e ficaram para trás na indolente rotina do cotidiano. Aqueles que marcham e se manifestam hoje não são idênticos àqueles do passado, pais e avós. Esperemos que esses seus filhos e netos não os escarneçam, mas os sigam, tornando-se, por sua vez, "os velhos".

Seria falso afirmar que, há vinte anos, quando se tornou uma personagem-símbolo, Claude fosse reconhecido em todos os lugares. Claro que, pelo menos nos Estados Unidos, era difícil ver sob outro prisma alguém estilizado como um *victory boy*, altamente condecorado e detentor de um monopólio mundial, o nuclear. Um olhar diferenciado exigia autonomia e *coragem civil*, significava duvidar moralmente da vitória; diminuir o triunfo conquistado e, consequentemente, desacreditar o meio para o triunfo: a bomba atômica. Os que faziam isso se tornavam suspeitos de sabotar a Guerra Fria contra a Rússia soviética (guerra essa que já vinha sendo preparada psicologicamente durante os últimos anos da guerra anterior) e, assim, posicionavam-se automaticamente do lado do comunismo. Resumindo: *quem estava do lado de Eatherly era considerado eo ipso stalinista* e vivia do "soldo de Moscou". O pensamento político era assim simplista — não, não apenas o dos jornais populares e das massas que os sustentavam, mas também dos mais altos departamentos de alguns Estados ocidentais na época da Guerra Fria. Em outras palavras: Claude e eu logo nos tornamos *personae non gratae*, o que devemos às pessoas que, espontaneamente ou a pedidos, fomentavam o caso, ou (visto que elas me consideravam o fomentador) o "desfomentavam", isto é, chamavam-no de fraude. Quando *eu* era apontado como o verdadeiro malfeitor — a culpa não era a devas-

• • •

tado — precisava ser um rapaz exemplar por ter sido envolvido sem querer no "caso Hiroshima"? O que importa é que ele, e apenas ele, *não* fracassou.

tação de Hiroshima, mas o "esforço do padre confessor" —, era porque eu tinha inculcado no bom e ingênuo *boy from Texas* pensamentos que nunca teriam vicejado em seu solo texano. A consciência não apenas está "*off limits*", mas *a irrupção do chamado da consciência é a prova da sedução. Aos olhos dos difamadores, Claude, sem o sedutor, nunca teria sido vítima do canto de sereia da moral.* Que eu nunca seja acometido por nada pior que essa terrível difamação.

A *honra do esquecimento* não deve ser concedida àqueles que se empenharam em realizar essa tarefa extra de demonização. Nesse sentido, o jornalista mais proeminente nos países de língua alemã foi *Friedrich Torberg*, que ganhava de Claude por uma cabeça no quesito escrita e com certeza era inteligente o suficiente — às vezes até espirituoso — para reconhecer que Claude o superava em centenas de metros com sua insistência na sua culpa inocente (e eu também o superava em centímetros com minhas tentativas de auxílio). Mas, em relação ao problema de Hiroshima, esse homem não tinha outro estado de espírito senão o do *escárnio*. Pois, ao cumprir sua tarefa em "sua" revista *Forum*,[12] coisa que fez com muita presteza, nem se deu ao trabalho de ler a primeira parte da correspondência. Ali, enfatizei explicitamente que Eatherly *não* agira como disparador da bomba, e que *seu remorso era justamente tão "meritório"* porque ele se referia apenas *a algo indiretamente imposto* — esse era o xis da questão. Mas Torberg não avançou até aí, nem no texto nem na moral, visto que ele — evidentemente convencido de que eu considerava Eatherly o destruidor de Hiroshima ou o nomeava seu destruidor — desdenhosamente me ensinou (a comicidade é insuperável) que, afinal, Eatherly *não* lançara a bomba, *então* também não tinha nada de que se arrepender, *então* eu tinha sido enganado por ele; ou melhor, tinha armado uma notícia falsa ou escrito algo sem sentido. E encerrou seu alerta (que foi incluído em suas "obras completas") dizendo que eu ("rapazote", como me chamou) deveria "parar de escrever".

12. O conservador Partido Republicano dos Estados Unidos revelou, oficialmente, que a revista era um órgão da CIA, assim como [as revistas] *Preuves* [francesa], *Encounter* [britânica] e *Der Monat* [alemã].

Entretanto, estava claro que o caso não era um evento do mundinho de Viena, mas americano, principalmente porque a moralidade da destruição de Hiroshima e Nagasaki ou a ameaça da guerra nuclear estavam "*at stake*". Na realidade, os Estados Unidos reagiram de maneira rápida e massiva: o conhecido romancista William B. Huie, que mantinha relações com a Força Aérea, foi incumbido de escrever um livro sobre Eatherly, ou, mais especificamente, contra mim.[13] Ele se esforçou realmente bem mais do que Torberg, visto que entrevistou Eatherly repetidas vezes, e suas entrevistas (compostas em grande medida por perguntas capciosas, nas quais o ingênuo Eatherly muitas vezes caiu) foram compiladas num livro extenso.[14] Seu argumento (embora não seu nível moral) diferencia-se de maneira fundamental daquele de Torberg. O ponto não é a ênfase de que Claude não foi o "lançador da bomba" — ele não me creditou essa versão —, mas ele argumenta que *Claude, na realidade, nunca se arrependeu*; ele (Huie) diz nunca ter sido testemunha de tal remorso. E aqui está outro xis da questão. Quer dizer, o xis daquilo que ele, ou melhor, Washington, desejava: a *justificativa*, em retrospecto, *para Hiroshima*. Huie argumentava que *Claude não se arrependera porque não conseguira se arrepender de nada; e não conseguira se arrepender de nada porque não havia nada de que se arrepender*. Ou *Hiroshima deu certo (allright gewesen) porque Claude não se arrependeu de nada* — Huie não dá muita importância à sequência de premissa e justificativa. Assim como o bombardeiro foi abençoado *antes* da partida — certamente o abuso mais terrível que já aconteceu na era cristã —, ele também foi bendito mais uma vez por Huie *post festum*. Nenhum ser humano conseguiria exigir mais bênçãos

13. Autor de quatro livros por ele intitulados "War Reports": *The Fight for Air Power*, *Can Do: The Story of the Seabee*, *From Omaha to Okinawa* e *The Case against the Admirals*.

14. Quando o livro *The Hiroshima Pilot* (esse título é enganador, não o meu) foi publicado em 1964 pela editora Putnam, comecei a ditar uma réplica para primeiro fixar e corrigir todas as mudanças nas citações (todas as citações de meu livro tinham sido alteradas). Entretanto, interrompi o trabalho após um mês, pois tinha tarefas mais importantes do que ficar debatendo com um romancista americano que não queria, não devia ou não podia saber que não se tratava de um caso privado, mas de um caso global e representativo de uma época. Meu material ditado pode ser publicado por um terceiro, talvez.

divinas. O autor ateu destas linhas se arrepia, e a ideia de que os crentes não socorrem melhor seu cristianismo o deixa melancólico.

Do ponto de vista jurídico, se estivesse correto o argumento de Huie — de que Claude não se arrependeu de nada, portanto não ocorreu nada significativo, reprovável ou lamentável —, então ele *inauguraria uma revolução* — não, *a* revolução — *na história do direito.* Pois o corolário desse argumento seria de que *todos os criminosos que não sentem remorso devem ser absolvidos, porque sua falta de remorso, isto é, sua falta de consciência, comprova sua inocência.* E só nos restaria jogar a toalha.

Não considero impossível que Huie, naturalmente superior no diálogo e na argumentação ao *boy* texano, realmente tenha conseguido encurralar Claude e fazer com que ele soltasse as respostas que tinham sido encomendadas a Huie — afinal, *perguntas sugestionáveis são sempre respostas semiprontas.* Além disso, é psicologicamente muito tosco achar que a existência de remorso (fica faltando apenas a "profundeza do remorso") pode ser comprovada e mensurada como reações no laboratório de psicologia experimental. Há também, é claro, o fato de que *aquele que sente remorso não o faz diante de qualquer um.* Antes, existe a regra: "Diga-me diante de quem, diante de que interlocutor você expressa seu remorso ou não, e lhe direi quem é você e quem é o interlocutor". No mais, não é preciso gastar mais nenhuma palavra a respeito. Quem considera a primeira carta de Claude para mim um documento fraudulento não apenas não conhece o caráter do autor dela como também *supervaloriza* incrivelmente sua inteligência. Pois, para fraudar com tamanho refinamento, era necessária uma *inteligência de ator* que Claude não possuía. Na realidade, nenhum psicólogo — o famoso psiquiatra americano *Thomas S. Szasz* ofereceu sua ajuda imediatamente depois de ler as cartas — pensou estar sendo enganado por um impostor (ou por dois impostores); após a leitura das cartas, *Graham Greene* (não o conheço pessoalmente), que não é nenhum ingênuo no que se refere à psicologia, também se dispôs a colaborar. Por fim, *Bertrand Russell*, que não injustamente tem a fama de possuir certa inteligência, não levantou qualquer suspeita.

Pelo contrário, ele imediatamente escreveu sobre as cartas: esse texto serviu de introdução à primeira edição da correspondência em inglês e também está incluído nesta nova edição.

Apesar disso, não vamos subestimar a influência desses homens que não queriam acreditar ou não podiam querer acreditar que alguém pudesse sentir remorso pela missão de Hiroshima e *por meio* desse remorso a desacreditasse. Por exemplo, entre os muitos editores da correspondência, houve um — ele evidentemente nunca leu o texto — que aceitou os dois argumentos idiotas ("Eatherly *não lançou* a bomba" e "ele *não se arrependeu*"), ouvidos de Huie em uma noite de bebedeira durante uma das Feiras do Livro de Frankfurt (ele me contou isso com muita ingenuidade, acreditando me trazer novidades assustadoras), e, sem informar os autores, rapidamente *descartou* o documento tão pouco confortável para Washington. Ou seja, tirou o livro do mercado (embora vendesse feito pão quente, afinal, ainda há idealistas). Dessa maneira, ele imaginava ter *descartado* o problema "Eatherly e Anders". Na realidade, ao condenar a correspondência à não existência, pelo menos em *um* idioma, ele conseguiu inibir temporariamente o sucesso da missão relacionada ao livro. Hoje, porém, foi o livro que *descartou* esse editor, e os netos dos primeiros leitores podem novamente conhecer a figura de Eatherly.

Pessoalmente, eu, que sou considerado extremamente desconfiado, nunca suspeitei de que Claude tenha apenas fingido arrependimento, ou seja, de que ele não tenha se arrependido. Para quê, *cui bono*, ele faria isso, visto que o papel que lhe foi imaginado, de "*national glamour boy*", prometia vantagens muito maiores? Se eu tivesse algum tipo de suspeita, ela teria sido criteriosamente eliminada em 1962, quando tive longas conversas com ele na Cidade do México.[15] Lá, testemunhei um

15. *Ele* não soube explicar o motivo de ter sido finalmente dispensado, podendo sair dos Estados Unidos, encontrar-se comigo e depois voltar para casa; em suma, não soube dizer por que de repente era um homem livre. *Eu* também não sei. Não há qualquer comprovação de que ele deva sua liberdade à publicação da correspondência. Mais tarde, recebi a visita (em Cuernavaca) de uma certa dra.

ataque de remorso que, se não "autêntico", atestaria que Eatherly não foi apenas o maior impostor epistolar mas também o ator mais incrível de todos os tempos. Aconteceu assim: durante uma conversa preparatória para uma filmagem, perguntei-lhe mais uma vez, talvez de maneira direta demais, *quando e por que motivo sua "conversão" havia começado*. Então ele, o suposto orgulho da nação, foi surpreendido e acometido por uma crise de choro — enquanto isso, andava para lá e para cá no quarto —, um choro com o qual não apenas ele não sabia lidar; *eu* também me senti incapaz de freá-lo ou cessá-lo, embora consiga tranquilizar as pessoas em alguma medida. Simplesmente tive de esperar o choro de Claude emudecer num último suspiro profundo, e ele, o rapaz glamoroso, cair na poltrona, sem forças. O que ele me contou em seguida foi "imensamente interessante" — peço perdão pelas palavras inadequadas —, pois contradizia todas as lendas a seu respeito. Ele confessou que não apenas durante o voo de ida, e não apenas durante o sinal que deu, mas também nos dias seguintes — ele não sabia dizer o período exato — *ainda não tinha compreendido direito no que havia se metido*, "*what I had done*"; que o verdadeiro espanto, o horror, a compreensão e o remorso só vieram depois de ter visto as primeiras *fotos* da cidade arrasada e dos corpos carbonizados na água.[16]

...

Thomson, supostamente a "psiquiatra particular" de Claude, mas que na conversa comigo (tenho experiência em psicologia) comprovou ser 100% ignorante nesse tema; resumindo: ela havia sido encarregada de descobrir por que (ou seja, a serviço de quem estávamos) eu e minha esposa, Charlotte — que é americana —, mostrávamos um interesse tão extraordinário por Eatherly. Depois de uma conversa séria com ela (experiência não muito frequente), a pobre funcionária se revelou um ser humano sensível, até confiável, que não se sentia muito feliz com sua tarefa. Mas, como virei o jogo com cuidado, passando a perguntar a *ela* o que havia de tão interessante na minha pessoa, a resposta não veio. Ela teve de voltar sem um resultado digno de seu salário.

16. Trata-se de uma curiosa comprovação de que minha tese (defendida desde o antigo ensaio sobre "fantasma e matriz") necessitava de uma ampliação (Günther Anders, *Die Antiquiertheit des Menschen*, tomo I. Munique: C.H. Beck, 1956, p. 99 ss.). Nela, reclamo que nós, os contemporâneos, não aprendemos mais a partir do mundo real, apenas de "imagens de mundo". Do mesmo modo, felizmente, podemos conhecer por imagens muitas das coisas que nunca teríamos oportunidade de ver. Assim, grande parte da população americana soube da verdadeira sujeira da Guerra do Vietnã, não manchada por slogans, apenas pela televisão. Sem essa invasão visual do Vietnã "*into the American homes*", a guerra provavelmente teria durado muito mais (ver Günther Anders, *Visit Beautiful Vietnam*).

Fiquei com a sensação (cuja justificativa agora, após a morte de Claude, prescinde de qualquer confirmação) de que o colapso, do qual fui testemunha involuntária e incapaz de ajudar, não foi causado só pelo desejo "de não ter culpa naquilo" (Matthias Claudius) mas principalmente pela vergonha de ter compreendido apenas tão tardiamente e de modo tão indireto no que havia *coparticipado* e o que havia *correalizado*. Ou seja, pela vergonha de que apenas então estava "*coparticipando*" (*mit-machte*) — dessa vez, no sentido de "sofrendo". Parece-me que o autêntico remorso não está tanto no posterior "ah, eu não deveria ter feito!", mas na *tentativa* (continuamente frustrante) *de resgatar o "não faça!"*. Não deve haver nada mais vergonhoso que ser testemunha de tal remorso. Ele não compreendeu meu pedido de desculpas pela minha condição de testemunha.

Bem maior que o número dos incapazes de compreender, dos que não queriam compreender e dos que intencionalmente impediam a compreensão era o número *dos que compreendiam*. É difícil contabilizar as leituras, as peças de teatro, os programas de rádio e de televisão que tematizaram a correspondência ou a usaram como base. E sem a figura de Eatherly, o surgimento do movimento antinuclear não teria sido possível, por exemplo, na Itália — atestando (e ainda agora, visto que a "utilização" da correspondência recomeça) que ela não foi recebida como apenas uma pequena parte mais ou menos interessante da literatura epistolar, mas como objeto de natureza totalmente diferente: como *símbolo de uma época*, como *símbolo de uma problemática com a qual somos confrontados globalmente em nossa era da terceira revolução industrial*. Sim, globalmente. A prova mais contundente dessa globalidade talvez seja o fato de que as cartas, imediatamente traduzidas para todas as "línguas modernas", foram publicadas simultaneamente na Espanha de Franco e na Rússia soviética. Enxerguei no fato de as cartas talvez terem furado por um instante a Cortina de Ferro não apenas um motivo de orgulho, mas principalmente uma terrível comprovação da *onipresença do perigo*. Retrucava a amigos que me parabenizavam pelo "sucesso mundial" do livro dizendo que isso não passava do fraco eco do mundo ante a terrível ameaça mundial.

As respostas que *nunca recebi* — porque *nunca foram escritas* — de pessoas a quem, supostamente, o destino de Claude deveria importar tanto quanto a mim, a ausência de respostas de sua família, de seu médico, de seu juiz, de seu presidente, rendem um segundo volume, finíssimo, mas insuportavelmente mais pesado do ponto de vista moral, de "Para além dos limites da consciência". *Alguns que não responderam talvez entrem para a posteridade como exemplos de desumanidade.* A expressão "*off limits*" — "para além dos limites" — não faz referência a eles no sentido de que, como Claude, eram proibidos de ter escrúpulos, mas sim de que os proibiram a si mesmos; de que acreditaram que tinham de proibir a si mesmos de ter escrúpulos (isso caso antes tivessem algum escrúpulo). Ou no sentido de que tivessem acreditado que *poderiam ter o privilégio de se manter inescrupulosos.*

Que cada leitor, ao fechar este volume, melancólico (ou melhor, com boa fúria), imagine esse segundo volume.

E assim me despeço de você, Claude. Você decaiu muito rápido; e provavelmente depois de uma vida que, comparada ao seu "ápice", só lhe ofereceu coisas medianas. Rememorar diariamente aquilo que distinguiu o conteúdo e a mensagem de sua vida não teria sido apenas desnecessário como também teria sido superior às suas forças, certamente superior às forças de qualquer um. O fato de *você* estar ali, de justamente *você* ter tido de se transformar nessa figura desafortunada que acabou por vivenciar, foi puro acaso; milhões de outros poderiam estar no seu lugar. Mas você não foi apenas uma figura desafortunada, foi também simbólica. E provou estar à altura dessa função de símbolo. Se é possível afirmar que a vida de qualquer pessoa de nossa era teve um "*sentido*" — acho difícil pronunciar essa palavra untuosa —, então foi a sua. Pois você nos comprovou — graças a Deus consegui lhe explicar isso ainda em vida — que Eichmann não precisa ser a única personificação de nosso tempo. Que existe uma alternativa. *Thanks and goodbye!*

5

Discorri sobre a última parte deste volume, "Discurso sobre as três guerras mundiais", nas primeiras páginas desta introdução; nela aparece o problema (ou melhor, o postulado) mais básico da era nuclear: a "*greve do produto* ou *da produção*".[17] A explicação de outros pontos, que ainda não foram mencionados nestas páginas iniciais, deve acontecer agora.

O que primeiro chama a atenção (e da maneira mais assustadora) é que o título — na época tachado de "*proibitivamente pessimista*" (expressão banal e desonesta, como se as verdades dependessem do humor) —, agora está na boca de todos, pois todos aguardam uma próxima guerra, a "Terceira Guerra Mundial", e com a mesma naturalidade com que se aguarda a próxima temporada teatral. Se há algo "*proibido*" hoje em dia, não é o "pessimismo", mas a naturalidade com a qual nos acostumamos à *ideia irrefletida* de uma nova guerra ("uma"!). Digo ideia irrefletida porque, embora estejamos muito convictos de sua chegada, *não acreditamos pragmaticamente nela*. Quero dizer que continuamos a fazer planos e a viver como se tudo — Maiorca inclusive — fosse continuar a ser como sempre. De todo modo, *o título do discurso*, assim como o do livro, *tornou-se mais oportuno* no decorrer desses vinte anos do que era (ou parecia ser) originalmente. *A realidade o alcançou.*

Outras coisas, por sua vez, perderam em atualidade. *Nem tudo permaneceu tão constante* como o fato básico da própria era nuclear: a possibilidade ou probabilidade da autodestruição da humanidade. Mas isso não significa que a transmissão daquilo que não permaneceu constante, que se modificou entrementes, tenha se tornado um anacronismo. Um documento do passado não envelhece por ser um documento *do passado*. Se esse fosse o caso, então qualquer trabalho com a história seria um anacronismo. Afinal, a essência ou o inconveniente do passado está na mudança; e o fato de haver uma constante como a citada é uma exceção, talvez até a primeira e única

17. Ver Günther Anders, *Die atomare Drohung*, p. 170 ss.

exceção na história da humanidade.[18] Se relembro a imagem política do mundo que se oferecia a nós na época da redação do discurso, não é porque a considero ainda atual ou porque eu tenha ficado parado — aos oitenta anos, para mim é mais difícil ficar parado do que me manter na ativa ou motivar os outros a se mexer —, mas simplesmente porque nós, os mais jovens entre nós, que não vivenciamos o anteontem, não conseguiremos compreender o hoje sem esse conhecimento.

As passagens que tenho em mente nesse sentido são aquelas sobre a Rússia e a China, cujo relacionamento mútuo atual — desde a "virada" da China promovida por Nixon, ou melhor, Kissinger — diferencia-se totalmente do que havia à época da escrita do discurso. Mas essa relação modificou-se principalmente em razão da situação nuclear, talvez também pelo fato de que a China supostamente[19] poderia ser ameaçada ou atacada nuclearmente de *ambos* os lados. Não obstante, quando discursei, a China ainda era considerada o colosso infeccioso, cuja expansão deveria ser "*contained* pelo Ocidente" porque estava em vias de espalhar o comunismo para todo o Sudeste Asiático. Ou seja, a China era o inimigo a ser levado em consideração, se não bem-vindo, dos Estados Unidos. E, realmente, tratava-se da China (que não era tida como mais perigosa que a Rússia soviética, mas mais facilmente derrotável) quando os Estados Unidos se decidiram pela estratégia "antidominó", ou seja, por assumir o controle da guerra no Sudeste Asiático. Os milhões assassinados posteriormente no Vietnã, na realidade, morreram numa guerra que não era sua, mas como preliminar preventivo à guerra de "*containment*" contra a China.[20] Naquela época, porém, as coisas ainda não estavam tão adiantadas. Uma vez que a inimizade com a China era mais atual que aquela com o inimigo final, a Rússia soviética, ainda era possível — como fiz em minha

18. Ver Günther Anders, *Die Antiquiertheit des Menschen*, tomo II. Munique: C.H. Beck, 1980, p. 20 ss.

19. Nunca se soube se os boatos sobre determinadas deliberações do generalato russo tinham algum grau de veracidade.

20. E essa guerra pensada contra a China tinha sido planejada, por sua vez, como uma guerra preliminar preventiva: como uma guerra que devia abrir caminho para a verdadeira guerra, aquela contra o "culpado primordial", o "disseminador do comunismo mundial" e, *last but not least*, concorrente nuclear.

fala — imaginar a ideia hoje absurda da Rússia soviética como negociadora entre os Estados Unidos e a China.

Para aqueles que ainda não tinham nascido ou eram crianças na época da primeira fase do movimento antinuclear (mas também para nós, adultos, pois já nos esquecemos da maioria das condições reinantes no início dos anos 1960), é quase impossível imaginar quão profundamente diferente de hoje era a situação. E não me refiro apenas à constelação há pouco esboçada das potências mundiais mas também ao coeficiente de explosão das armas nucleares da época, que hoje parece ridículo (nesse meio-tempo, potencializado muitas milhares de vezes). Além disso, as armas nucleares, hoje propriedade quase natural de quase todos os países, à época estavam apenas nas mãos de um "*clube atômico*" (esse era o nome oficial) extremamente exclusivo. Por fim — algo que está estreitamente relacionado —, ainda era muito reduzido o número de potências que naquele tempo já se ocupavam avidamente de se "equalizar atomicamente", ou seja, de conseguir realizar extorsão mútua. Em certo sentido, a situação da época, se comparada à de hoje — *sit venia verbo* —, era "*inofensiva*". É preciso ressaltar essa *relativa inocuidade* (que, apesar do caráter de horror — também antes propositalmente sempre presente em todos os meus textos e também nesse discurso —, ainda parecia existir) para compreender as palavras que proferi no passado.

E assim chegamos ao fim. Não se pode mais falar de "relativa inocuidade", o tempo se tornou absolutamente explícito. Pois a situação atual se caracteriza pelo fato de que a *técnica*, ou seja, também a técnica nuclear, tornou-se universal, como todas as suas consequências políticas e militares; de que a exclusividade não existe mais; de que todos são membros do "clube"; de que *todos são capazes de extorquir todos, e o fazem ininterruptamente a partir de sua capacidade para tanto*. Do ponto de vista da filosofia da história,[21] isso significa que: não é verdade que hoje exista a técnica da construção de

21. Ver Günther Anders, *Die Antiquiertheit des Menschen*, tomo II, p. 9 ss.

armas nucleares e, com isso, a tática da ameaça total; ao contrário, a verdade é que essa técnica, os produtos por ela criados e a *chantagem contínua exercida pela sua mera posse são o meio pelo qual a história se desenrola.*

As modificações políticas e históricas que aconteceram nos últimos 35 anos, quero dizer, as modificações da velocidade da história, foram quase exclusivamente modificações da constelação do poder nuclear ou do seu eco. Se a história política começou a acelerar de tal modo que mal conseguimos reconhecer ou acreditar na situação mundial descrita no "Discurso sobre as três guerras mundiais" é porque ela *se ajustou à alta velocidade da história da técnica. A história sempre corre tão rapidamente quanto a velocidade da modificação dos produtos.*[22] Hoje o que acelera sobremaneira o "andar" da história é principalmente a velocidade com que a indústria de extermínio do Estado A tenta ultrapassar a do Estado B; ou seja, a "*concorrência*" num sentido muito novo. E, nessa luta concorrencial, cada indústria concorre *consigo mesma*, visto que para prosseguir produzindo é preciso combater seus próprios produtos do passado, torná-los obsoletos, destruí-los. *Essa luta ininterrupta contra produtos do passado, sejam de terceiros ou próprios, já é na verdade a Terceira Guerra Mundial*, à qual se refere o título daquele discurso. Trata-se da *Terceira Guerra Mundial "Fria"*. A chamada "guerra" (ou a "Terceira Guerra Mundial") é apenas um estágio extremo no qual a guerra que há muito já grassa, disfarçada de "asseguramento da paz" por "*deterrence*" [dissuasão], irá (em breve) se transformar ou incorrer devido ao diletantismo sem fim dos políticos de hoje.

Independentemente disso, a batalha que ainda se encontra no estado "frio", que se apresenta como *mania de produção*, tem como objetivo a destruição. Não tanto (como afirma a mentira cotidiana) a destruição de formas de governo e de economia "não livres", mas a de *produtos*, pois sua existência questiona a necessária continuidade

22. Isso já valia, de maneira mais inofensiva, no século passado [XIX], no qual a velocidade da mudança da moda parecia ditar a velocidade da história (algo que ainda se dá hoje em dia).

de sua produção. *O objetivo que a técnica "encarnada" na indústria nuclear deve perseguir constantemente para se manter viva é a destruição, inclusive de instalações técnicas.*[23]

A estranheza da primeira fase da situação nuclear — que já soma duas décadas — é uma característica da época nuclear, e a estranheza daquele passado se manterá enquanto estivermos vivos. Assim como nós, hoje em dia, estranhamos a situação de vinte anos atrás, as crianças (na medida em que ainda existam) vão achar estranha a imagem de nossa fase. Usemos o "discurso" de duas décadas atrás (mas que parece ainda mais antigo) como exemplo da velocidade vertiginosa das modificações da constelação política pelas quais nós, criaturas da era nuclear, passamos e, talvez, espero, continuemos a passar. Esse "lado" da era nuclear é ainda mais peculiar quanto mais o "*fundamental*" (caso seja possível usar essa palavra de aparência sólida) *de nossa era permaneça constante: ou seja, que seja composto, como antes, pela falta de fundamento e pela inconstância de nossa existência.*

6

O movimento antinuclear que, como já disse, esteve debilitado por anos, ou *foi* intencionalmente debilitado, recuperou-se novamente. O número daqueles que agora sabem o que está em jogo — ou seja, *tudo* — quadruplicou nesse meio-tempo. A "segunda cruzada" está em curso. Gostaríamos de respirar aliviados, como se um bom resultado estivesse assegurado ou já em vista. Mas vamos nos manter sensatos! A guerra ainda não está ganha por meio de nossa multiplicação. Admitamos que não é permitido prometer um "*happy end*".

23. Por esse motivo, a *bomba de nêutrons* (até o momento combatida apenas de maneira muito superficial e sentimental como sendo "desumana") a contradiz. Pois seu princípio é manter intacto o que já está produzido, quer dizer: *ela sabota justamente o desejo da indústria atual, que é destruir o produzido a fim de criar oportunidade para continuar produzindo.*

Pois não estamos mais na mesma situação da primeira fase de nosso movimento, que já foi perigosa o suficiente. Não apenas o número dos aliados se multiplicou. Multiplicou-se, e por mil, também o número de potências nucleares; também a quantidade e o alcance das armas já disponíveis e programadas com precisão; também o número de depósitos de mísseis e, com isso, dos alvos que ameaçam de morte todas as nossas vidas; também o número dos explosivos contidos em cada míssil; também a falta de criatividade e de consciência daqueles que, de acordo com seu humor, podem decidir pelo vanglorioso emprego tão sedutor dos mísseis e, portanto, sobre o "ser ou não ser". (Pois não se pode — é esse o argumento de Truman — simplesmente desperdiçar as armas, deixá-las largadas sem uso!) Além disso, há algo mais, talvez o mais importante. Um fato sabido há tempos por militares de todos os países, mas que nós, em nossa preguiça mental, nunca formulamos de maneira explícita, e que poderia transformar a soma de nossos esforços em quimera — o fato de que (e já há décadas) *a importância estratégica do número daqueles que oferecem resistência, ou seja, a eficiência da massa que protesta, caiu assustadoramente em decorrência do aumento da eficiência da técnica. Temos de achar coragem para nos perguntar se o poder que até há pouco havíamos atribuído às massas como tal ainda tem validade, se a fórmula "massa = poder" realmente ainda é válida.* Se hoje centenas de milhares protestam contra a ameaça nuclear (enquanto há uma década era quase impossível chamar mil às ruas), isso talvez signifique menos do que pareça. Não podemos fechar os olhos para essa possibilidade. Ela existe desde Hiroshima. Imaginemos que, em 6 de agosto de 1945, os quatrocentos mil habitantes da cidade resolvessem não cumprir com suas obrigações diárias (mas naturalmente o fizeram), e em vez disso tivessem formado uma manifestação imponente ou até triunfal. Ou até mesmo — difícil imaginar como — tentado algum tipo de ação contrária. (Não estou considerando a imprevisibilidade do ataque.) O que eles teriam podido evitar? Quem iriam impressionar? O piloto? O general Tibbets? A Força Aérea? Os físicos e engenheiros? As instalações em Los Alamos? O sr. Truman? E quais desses eles poderiam vencer?

A triste regra — ela é dupla — da qual não podemos escapar é a seguinte:

1. *Quanto mais colossal a eficiência dos aparatos técnicos, menor a eficiência da massa.*
2. *Quanto mais colossal a eficiência dos aparatos técnicos, mais colossal também a dos indivíduos que, por humores solipsistas, chamados de "decisões políticas", estão em condições de colocar em movimento os aparelhos colossais, e isso quer dizer: destruir milhões de pessoas ou até a humanidade como um todo. Não vivemos apenas na era das monstruosas massificações —* isso é óbvio —, *mas simultaneamente na era do solipsismo monstruoso.*[24] Concretamente falando: o presidente de *um país* poderia, em sua condição de "comandante supremo da guerra", flutuando sozinho no mar de nuvens, dar o decisivo sinal de "*go ahead*" que pomposamente marcaria o início do Juízo Final. E ele também conseguiria fazer isso *mesmo se* os (nesse momento) quatro bilhões de habitantes da Terra — flanqueados e seguidos por todos os seres vivos do nosso globo — nos manifestássemos como um grupo unido, gritando, berrando, latindo e balindo em uníssono "Contra a morte nuclear!".[25]

Em outras palavras, todos sabemos há tempos que a técnica em larga escala não é catastrófica apenas porque ela nos objetifica, os seres humanos, e desemprega milhões, mas também porque sufoca a resistência e o protesto e consegue transformar indivíduos em seres onipotentes. Sei — e me arrepio ao saber — que esse aviso soa derrotista. Mas reprimi-lo seria uma fraude. *Temos de saber a verdade. Embora sabendo, precisamos agir como se não a soubéssemos. É imprescindível. A "marcha" tem de começar.* Talvez ela possa assustar ou até comover os possíveis perpetradores. Talvez. Mas ainda vale: *"E daí se estivermos desesperados?". Ao trabalho!*

24. Espero explicar, no terceiro volume de *Die Antiquiertheit des Menschen*, que esses fenômenos são apenas os dois lados de uma mesma moeda.

25. É possível imaginar que o desenvolvimento da técnica (que também é em si um desenvolvimento revolucionário, se não *a* revolução de nossa era) tenha impossibilitado revoluções no sentido clássico, à medida que a massa, como força, foi subordinada. Mas isso não significa que o revolucionário esteja em vias de se tornar a personagem cômica de anteontem. Ele reaparecerá — esse desdobramento já pode ser visto hoje, por exemplo, na América Central — em nova versão.

POST SCRIPTUM

Terminei a presente introdução no domingo de Páscoa de 1982; infelizmente não tenho mais idade para participar das marchas. Há pouco — eu havia acabado de soltar a caneta — ouvi no rádio que um certo estadista alemão chamou de "*infantis*" as centenas de milhares de *manifestantes pela paz*.

Talvez seja sinal de infantilidade de minha parte achar que tal afirmação, proferida justamente num dia desses, prova que seu autor *deixou para trás* toda paixão pelo bem, ou seja, tornou-se adulto *no sentido mais triste do termo*. Eu permaneci a vida toda "infantil", ou melhor, me mantive "infantil" de maneira programática. Tão infantil que, desde 6 de agosto de 1945, sou incapaz de *não* temer pelo mundo; tão infantil que, desde 1953, alerto, sem parar, sobre o perigo; tão infantil que, em 1958, achei por bem visitar as vítimas de Hiroshima; tão infantil que, em 1959, considerei necessário entrar em contato com Eatherly, piloto de Hiroshima. E me mantive um *infantil crônico* desde então. Como infantil octogenário, ofereço este livro a meus muitos amigos que já são *maduros o suficiente para se juntar às fileiras dos "infantis"*, e aos quais desejo que nunca permitam que sua "infantilidade" seja subjugada por um "adulto", no sentido mais triste da palavra, e que nunca venham a se envergonhar dessa "infantilidade".

São outros os que têm de se envergonhar.

O HOMEM SOBRE A PONTE

DIÁRIO DE
HIROSHIMA E NAGASAKI
(1958)

Sobre uma das pontes de Hiroshima, alguém canta e dedilha um instrumento. Onde vocês esperariam ver seu rosto, não enxergarão rosto, mas uma cortina, porque ele não tem mais rosto. E onde esperariam ver sua mão, não enxergarão mão, mas uma garra de aço, porque ele não tem mais mão.

Enquanto não conseguirmos alcançar o que nos propusemos ao nos reunirmos aqui — eliminar o perigo que, quando sobreveio pela primeira vez, levou consigo duzentos mil —, esse robô permanecerá sobre a ponte, cantando. E enquanto ele estiver sobre essa ponte, estará sobre todas as pontes que devem nos conduzir a nosso futuro comum. Como uma mancha de vergonha. E como mensageiro.

Vamos liberar o homem de seu posto. Façamos o necessário para lhe dizer:

"Você se tornou desnecessário. Pode ir embora".

Palavras finais do autor durante o 4º Congresso Internacional contra as Bombas Atômicas e de Hidrogênio e para o Desarmamento (Tóquio, 20 ago. 1958)

INTRODUÇÃO

Estas páginas de diário não soltarão nenhum aroma do "Extremo Oriente". Exotismo ou estímulos pitorescos, templos ou peças do teatro nô, zen-budistas ou cerimônias de chá, pagodes ou topiaria, lampiões ou gueixas, pescadores ou plantadores de arroz quase não serão mencionados. Pois estas páginas do Japão não tratam do "Extremo Oriente", mas de um Oriente muito próximo, e exclusivamente daquele país associado aos nomes Hiroshima e Nagasaki, onde a era nuclear se tornou experiência concreta. E digo de um "Oriente muito próximo" porque o principal feito de nossa era foi ter *anulado* o conceito de "distância", e não somente o conceito em si, mas *a própria distância*. Não dividimos apenas o mesmo tempo mas também o mesmo espaço. E aquele que, "interessado pelo exotismo", orgulha-se de seu vanguardismo, é de ontem — visto que o conceito de "exótico" é de ontem. Se há algo exótico em nossa era, então foi apenas nossa pré-história, a costa não mais atingível da era pré-nuclear, que se tornou realmente exótica. Entretanto, nós — cada indivíduo e cada país — vivemos no mesmo tempo e no mesmo espaço, na vizinhança assassina de cada outro indivíduo e cada outro país; e cada dia de amanhã vive na vizinhança assassina de cada dia de hoje.

Claro que não existe ninguém que ignore isso. Mas, visto que a maioria "apenas sabe"; que uma minoria sabe que "apenas sabe"; e que "apenas saber" não é mais suficiente hoje em dia; e visto que justamente aqueles em cujas mãos repousam os problemas de vizinhança de hoje e de amanhã são os que menos sabem a respeito, não há exagero que baste para anunciar esses fatos. Há meio ano provavelmente teria sido útil se certos civis ou ministros da Defesa tivessem tido a possibilidade de fazer minha viagem em meu lugar e, em meu lugar, conversar com as vítimas de Hiroshima. Se eles, senhoras e senhores, passassem algumas horas, ao menos indiretamente, por meio destas linhas, com essas pessoas, então talvez houvesse uma pequena compensação pela falta. Acreditem, vocês não precisam temer nada. Afinal, vocês são muito corajosos. Corajosos não apenas em relação a si mesmos — comparada às exigências atuais, essa é uma virtude muito antiga — mas também, e principalmente, em relação aos milhões de pessoas a seu redor, inclusive (e principalmente) em relação a nossos descendentes. Em outras palavras, vocês não temem os perigos da era nuclear. Visto que não temem algo tão imprevisível, seria ridículo imaginar que temeriam algumas páginas de papel impresso, nas quais alguém tenta tornar ameaçador o perigo que vocês não temem e subverter a coragem da qual não suspeitam. O escriba destas linhas (que pode tranquilamente ser chamado de "subversor", visto que realmente quer subverter sua falta de imaginação) seria imensamente grato se vocês dedicassem uma noite agradável às experiências trazidas do Japão.

Em outras palavras, estas páginas não são destinadas unicamente àqueles que já imaginam a questão do dia e que já dispõem da coragem necessária ao medo de hoje, mas principalmente àqueles que, por medo dessa coragem, fazem de conta que seu medo é coragem.

Tive duas chances no Japão. Primeiro, a de ver como vive "o ser humano pós-nuclear"; segundo, a de repensar em conjunto, sob o ponto de vista da história mundial, a nova vizinhança com alguns de meus novos vizinhos. Ou ainda ponderar sobre as bases e as ações pela quais essa nova vizinhança assassina poderia ser transformada numa vizinhança pacífica. A seguir, algumas palavras a respeito disso.

Os contemporâneos que conheci (no 4º Congresso Internacional contra as Bombas Atômicas e de Hidrogênio e para o Desarmamento, em Tóquio) como meus novos camaradas de espaço, ou seja, meus novos "vizinhos", estavam — quase sem exceção — conscientes da tarefa em comum, independentemente de que parte da Terra ou de que país viessem. Isso foi um grande encorajamento.

É incerto se nós, pessoas de hoje e de amanhã, estaremos aptas a perseverar. Já estamos no ponto de que *o milagre não seria nosso desaparecimento, mas sim nossa preservação*, que haveria de ocorrer como um *miraculum perpetuum*, repetindo-se de novo dia após dia. Mas, se devesse existir uma humanidade duradoura, uma humanidade que tivesse consciência da permanência diária como nova tarefa de cada dia, então nosso grupo em Tóquio seria um micromodelo dessa humanidade. Porque enxergaríamos o inimigo não nesse ou naquele povo, não nesse ou naquele sistema de governo, não nessa ou naquela filosofia política, mas na ameaça que o avanço tecnológico nos impôs, a todos nós. E no fato de que nenhum de nós está psicologicamente à altura desse desenvolvimento, quer dizer: que nenhum de nós é capaz de lidar com ele em termos de fantasia, emoção ou moral.

Esse segundo perigo — ou seja, o fato de estarmos diante de nossos próprios produtos e de seus efeitos com igual desconhecimento e igual surpresa, como se estivéssemos diante de objetos que extraterrestres tivessem entregado espontaneamente em nossas casas — talvez seja até o maior perigo.

Eram essas as preocupações que nos consumiam. Quase não mencionamos a questão da culpa. Onde a preocupação está mais viva — e era esse o caso, em Tóquio —, seria um desperdício de tempo (ou seja, algo não apenas não razoável como também indesculpável) enxergar na culpa a questão principal.

Vocês perguntarão se éramos um grupo de físicos nucleares ou políticos. Resposta: não, isso não éramos, embora ambas as categorias estivessem presentes. Além delas, gente das mais diferentes profissões: sindicalistas, médicos, sociólogos, religiosos (de diversas confissões), estudantes. E vocês vão continuar perguntando por que nos considerávamos "especialistas", visto que "o assunto é de competência ou do físico ou do político", que teriam direito de falar a respeito. A resposta é simples: pergunta errada. Pois quem fala como se a questão da sobrevivência da humanidade (e questioná-la não é proposta de semeadores de medo profissionais, mas uma possibilidade divulgada à opinião pública por cientistas responsáveis) fosse um assunto a ser deixado nas mãos dos especialistas para ser resolvido a seu bel-prazer se revela um não especialista, um não especialista em coisas do apocalipse. Éramos "competentes" ou "especialistas" à medida que sabíamos do que se tratava: do ser ou não ser; e de que a salvação só é possível por meio de uma campanha de informação, incessante e por ninguém interrompida, e pela criação de um front, para além de limites e anteparos, contra aqueles que se mantêm (como se as ações fossem de natureza industrial ou tática e com escalas convencionais) produzindo e armazenando armas nucleares, realizando os supostos testes de explosão e de voo, instalando bases de mísseis e treinando especialistas.

Se quisermos conversar hoje de maneira razoável sobre a situação nuclear e nela agir de igual maneira, então é preciso que aconteça uma "revolução copernicana", pois é preciso partir de um axioma totalmente novo. Esse axioma, que nem a maioria dos contemporâneos nem a maioria dos estadistas de hoje percebeu e muito menos elaborou internamente, é o seguinte:

É errado acreditar que, em nossa situação política atual, existam, entre outras, também as chamadas "armas nucleares"; que essas sejam meios capazes de ser empregados para esse ou aquele objetivo político. O contrário é verdadeiro: uma vez que nosso mundo, por meio das "armas nucleares", está confrontado com seu "*to be or not to be*", a situação mundial é definida pelos fatos nucleares. Resumindo: *a política acontece dentro da situação nuclear.*

Como dito, essa compreensão básica ainda não é geral nos dias de hoje. E em nosso círculo em Tóquio contávamos com participantes que ainda não tinham feito essa "revolução copernicana", pelo menos não de maneira definitiva. Eles se dividiam em dois tipos:

Primeiro, representantes (ou vítimas ideológicas) daquelas grandes potências cuja tática é apresentar o problema como algo puramente tático, e cujo princípio é simultaneamente empregar a ameaça nuclear e fazê-la parecer inofensiva. Esse tipo, infelizmente, nos é tão familiar que podemos abrir mão de descrevê-lo em detalhes.

Segundo, faz parte também um punhado de representantes daqueles povos que, no mesmo instante em que a situação nuclear nos pressiona a revisar o conceito de "soberania" e a limitá-la, nunca desfrutaram completamente daquilo que hoje se restringe; ou seja, têm diante dos olhos, pela primeira vez, mas como *dernier cri*, esse objetivo já ultrapassado. É compreensível que, para esses países, essa imagem de objetivo encoberte todos os outros problemas políticos, e por vezes também o problema nuclear. À nossa semelhança, eles também vivem como ameaçáveis ou ameaçados na era nuclear; e *não apenas* nessa, mas também na época pré-nuclear: eles enxergam o hoje como certa subespécie de anteontem, que para eles ainda representa o depois de amanhã.

Se me refiro aqui[1] a essa simultaneidade contraditória, assíncrona, é porque ela pode ser percebida não apenas em países de maioria negra. Também não podemos afirmar, a nosso respeito, que vivemos exclusivamente na "era nuclear". Ao contrário.

Mas voltemos ao grupo do nosso congresso. Vocês dirão: "É provável que por esses encontros também tenham circulado 'figuras obscuras', como de costume nos encontros que lidam com problemas vitais e que se inserem no âmbito político". Improvável, mas não impossível. Mesmo se fosse o caso, tais pessoas sairiam de mãos abanando, visto que tudo aquilo que foi discutido e acordado era destinado à opinião pública e foi divulgado. Levar segredos a seus superiores do lado ocidental ou oriental teria sido impossível.

Como dito, porém, a presença desses tipos obscurantistas é pura conjectura. O que aconteceu realmente, o realmente determinante, foi a confiança mútua e uma solidariedade tão convincente que era capaz de alegrar as pessoas — se *aquilo* que foi discutido com tamanha confiança e solidariedade não tivesse sido indizivelmente aterrorizante.

Na verdade, há situações que tornam qualquer tipo de desconfiança irrelevante; situações nas quais nem os dissimuladores conseguem prosseguir dissimulando, nem agentes com orientações oficiais são capazes de sustentar seus objetivos exclusivamente táticos, ou seja: quando também eles, querendo ou não, tornam-se seres humanos novamente. Uma situação dessas aconteceu, por exemplo, em Hiroshima, na noite em que nos encontramos com os sobreviventes e eles contaram suas "vivências" aos sussurros (como se o fato de serem vítimas fosse para eles uma vergonha). É possível que até aquele instante ainda houvesse barreiras entre os delegados que não se conheciam. Nesse momento, porém, elas deixaram de existir. Se alguém nos revelasse, depois daquela noite, pedindo sigilo, que os delegados X ou Y não estavam legitimamente inte-

1. Um dos registros do diário a seguir ocupa-se extensivamente do assunto, a respeito do qual discorri numa das reuniões preparatórias das comissões.

ressados nesses relatos, pois se encontravam no congresso apenas para conseguir isso ou aquilo para si ou para seus empregadores, a informação seria recebida com indiferença. Mesmo supondo (algo questionável) que X ou Y estivessem presentes apenas por motivos táticos ou de propaganda, afirmar que essas pessoas empalideceram durante o relato das vítimas por motivos táticos ou de propaganda é simplesmente absurdo.

E acharíamos igualmente absurdo se alguém nos tivesse tentado fazer engolir a adorada fábula, sempre requentada pelos chauvinistas de todos os países, da total diferença do sentir entre as diferentes raças. Não quero, de modo algum, simplesmente negar as diferenças de ser geradas pelas diferenças de origem. Mas quem as transforma em diferenças essenciais, quem faz uso delas para afirmar que a compreensão "de uma margem à outra" é impossível, fala por ignorância ou má-fé. Só sabemos quão sólida é a realidade da condição humana comum quando passamos um tempo num grupo com representantes de todos os povos da Terra. E essa comunhão não se define apenas, como as pessoas gostam de afirmar, por um denominador comum estreito, pelo caráter geral da racionalidade ou da razão, mas justamente pela "universalidade do coração". Sim, por vezes, enquanto todos éramos carregados por uma onda única e comum de sentimento, aconteceu de a racionalidade ser a última diferença restante, quer dizer, a diferença nos estilos de pensamento.

Como disse, refiro-me especialmente àquela noite em que as vítimas sobreviventes de Hiroshima tentaram nos descrever o segundo em que "aquilo" aconteceu e os minutos e as horas que se sucederam. O executivo europeu que perambulava pelo jardim do hotel onde nos reunimos e que viu todos nós — brancos, negros, amarelos e marrons — na mesma posição, com os olhos voltados para o chão, deve ter imaginado que esse comportamento idêntico era um ritual, ou achou que estivéssemos participando de uma atividade em grupo. Desnecessário reforçar que a identidade do comportamento não era outra coisa senão a consequência imediata da identidade do sentimento.

Vocês perguntarão qual era esse sentimento idêntico em todos nós. Eis a resposta, que se repetiu em conversas posteriores e por bocas diferentes a cada vez: nós nos sentimos *envergonhados* uns dos outros; *envergonhados de sermos seres humanos.*[2]

A afirmação pode soar estranha, quiçá arrogante, ou até uma indignante falta de solidariedade. Pode ser. Não tivemos tempo de refletir a respeito. A primeira reação foi de recusa: a negação em reconhecer como nossos aqueles que puderam ter feito algo dessa natureza a nossos semelhantes.

Que não haja mal-entendidos. O decisivo não é o elemento da diminuição de solidariedade que estava contido nesse sentimento de vergonha, mas, inversamente, justamente a comunidade dessa diminuição de solidariedade, ou seja, a nova solidariedade que se tornou realidade nesse momento. E, por isso, a indignação sobre essa vergonha (que senti muitas vezes depois do meu regresso) é injusta. No que se refere a mim, nunca senti tão intensa e dolorosamente a "humanidade" quanto nesses momentos de "dessolidarização". Quando vizinhos ao meu lado — africanos, americanos, alemães, russos, birmaneses ou japoneses — emudecem pelo mesmo motivo que eu, a humanidade em nós não foi ofendida, mas restituída; talvez apenas então instaurada.

Por essa razão, dedico as páginas que se seguem àqueles que, na minha frente, se envergonharam de serem humanos, assim como me envergonhei, na frente deles, de ser humano.

Por fim, duas explicações sobre o texto:

1. Sobre o que o leitor não vai encontrar aqui: não há dados estatísticos. Informações sobre o grau de destruição, o número de vítimas ou de doentes ou mortos em consequência da radiação após um período de latência devem ser obtidas em outras fontes. Aqui também não haverá um relatório sobre o "congresso mundial", cujas negociações e determinações já são de domínio público. Aliás, eu não teria como produzir tal mate-

2. Há ignomínias, diz Kant (*Metafísica dos costumes*, §39), "que fazem o espectador corar de vergonha por pertencer a uma espécie com a qual se permite proceder de tal modo".

rial, visto que durante o encontro me dediquei exclusivamente a uma única comissão extraordinária sobre "as obrigações morais na era nuclear".

2. Sobre o tratamento do texto original do diário: ele estava na forma de rascunho, cheio de repetições, de observações indiscretas sobre pessoas. Revisei os rascunhos, eliminei as repetições, tornei indistinguíveis nomes, lugares ou datas que exigiam discrição. Além disso (em palestras ou conversas), pormenorizei argumentos antes mais fracos. Discussões que se estenderam por vários dias foram resumidas e aceleradas. Mas, embora quase nenhuma frase do original tenha se mantido intocada, acredito não ter atentado em nenhum momento contra a verdade.

24 de junho, horário desconhecido, visto que é sempre dia. 6 mil metros acima do Círculo Polar

Agora você vê o que sabe: ou seja, que a Terra é redonda. Eis um momento histórico.

Pois, embora não fosse claro para você no cotidiano, todas as pontes entre saber e perceber, entre a imagem do mundo do entendimento e a da sensibilidade, entre a Terra de Newton e a do dia a dia, estavam quebradas. Havia *duas* Terras. Olhe para baixo! Seu olho, agora quase divino, vê a Terra como globo *e* como paisagem. A clivagem se fechou.

Sobre a Groenlândia

De verdade? No horizonte, montanhas. Mas qual a altitude? E a distância? Como avaliar, se faltam medidas de comparação? Não espanta que o homem gordo junto à janela direita tenha desistido de olhar para baixo e que as duas francesas à frente, embora flutuando a seis mil metros sobre o Ártico, tenham voltado às suas proporções humanas e durmam, ou folheiem revistas, ou joguem cartas. Durante horas e com a visão mais clara — pois o lado de fora está absolutamente límpido e cada coisa se apresenta articulada nos mínimos detalhes —, não é possível reconhecer se aquilo que sobrevoamos são colinas ou maciços, bacias ou lagos do tamanho de cidades, ilhas ou partes da terra, e isso é muito irritante. Vemos quão grande é a Lua? Agora acontece o mesmo com a Terra. Ridículo acreditar que o "estranhamento" seja um truque da literatura ou da arte. Ele é um método da técnica atual, pelo menos uma consequência dela. E a Terra se torna "enluada" para quem tenta transformar a Lua em Terra.

Ainda sobre a Groenlândia

Ali atrás, à esquerda (ou seja, ao Sul — mas o que não fica ao Sul?), começa algo que se parece com um fiapo de raiz preta, da espessura de um fio de cabelo. Ou com uma rachadura preta na porcelana da cobertura infinita de neve. Provavelmente um rio, que provavelmente vem serpenteando por centenas de quilômetros ao nosso encontro.

E, de repente, encontra seu fim, talvez numa baía. E é possível enxergar, com *uma* só mirada, o ponto de origem, o percurso do rio e o estuário; está tudo registrado num único mapa; não, em apenas um pedaço do mapa, num recorte minúsculo do perímetro que você domina. E, para tanto, você não precisa mexer a cabeça. *Paisagem*? Quase não há. Como "paisagens" estão distantes! Como "paisagens" são antigas! Pois o que [os pintores] Hobbema e Ruisdael, Rousseau e Monet até ontem haviam pregado: terra e montanha e lago e céu e tempo e estação do ano, tudo a partir da *nossa* perspectiva — como algo que *nos* envolve, como algo povoado por *nós*, trabalhado por *nós*, que *nos* esmaga —, perdeu a validade. Não há povoados. Não há estações do ano. E o supostamente esmagador foi esmagado — por nós. Hobbema ou Monet, todos foram vencidos pelo motor; enquanto alguns outros pintores, cuja grandeza não havíamos valorizado (por exemplo, Altdorfer, da *Batalha de Alexandre*, que pintava as montanhas como se as tivesse visto aqui de cima), de repente se tornam profetas. Ele verdadeiramente "anteviu". Pois ele não havia pintado "paisagem" (*Landschaft*), mas "terridade" (*Erdschaft*). E também aqui deveríamos falar de terridade.

Sobre a Ilha Ellesmere, ponto mais próximo ao polo

Sim, de "terridade". Pois trata-se da Terra sem nós. Há muitas horas — e não interrompi a busca nem por um segundo — não consegui descobrir nenhuma pista que pudesse me mostrar ou confirmar que nós *somos*. É irreal. Nós nos *tornamos* inencontráveis e nos *tornamos* invisíveis. Isso, ao menos, conseguimos. O Mar do Norte era o Mar do Norte e nada mais. A Groenlândia era a Groenlândia e nada mais. E aquilo que passa embaixo de nós — sejam colinas ou alpes gelados, são irreconhecíveis — não declara nada a nosso respeito e não é nada além de existente; e no sentido mais forte e terrível, pois reconhecemos que não há necessidade de saber que *existe*. E apenas depois de seis, sete horas, anuncia-se, depois de sobrevoar a Cordilheira do Alasca (que brilha, dizem, e seu brilho é anunciado como um bônus especial da Air France para os viajantes), nos aproximaríamos novamente de povoados humanos. Mas mesmo *se*. Mesmo se aqui e acolá houvessem surgido pontos ou ainda estivessem para surgir pontos que soubéssemos que nos pertencem, a nós, humanos: se eles também não fossem nada — seriam fúteis, certamente, perdidos nessa imensidão e vistos dessa altura. Mas também — e essa é uma experiência decisiva — seriam *extermináveis*. Pois subitamente se torna compreensível que, aqui em cima, nos tornamos relapsos com o fato de que, a partir dessa altitude, é possível realizar extermínios, como se aniquilar não fosse nada. E eu também provavelmente não teria inibições.

Mar de gelo

Há uma extrema falta de imaginação que se manifesta como defeito de percepção. Falta aos passageiros — que, em vez de olhar para o tremendo nada ártico, convencidos de que não há "nada" ali, jogam cartas — a capacidade de imaginar o que pode ser percebido. E esse defeito permanece *in actu* da percepção (pois por vezes o tédio os impele a olhar para fora). Desse modo, eles *são demasiadamente desprovidos de imaginação para verem o que veem.*

Mar de gelo e Ilhas Parry

Aqui tão perto do polo magnético, as bússolas são instrumentos obsoletos. Então as pessoas dizem, certamente como consolo à navegação, que na verdade a solidão que atravessamos não é uma solidão verdadeira. Pois, independentemente de para onde fôssemos de avião, nunca estaríamos a mais de duas horas de voo daquelas instalações que os Estados Unidos e o Canadá montaram ao redor do polo; na realidade, dizem, estaríamos ininterruptamente na cercania direta de seres humanos, muito próximos deles. Agora sei o que é vizinhança. Agora sei o que é estar muito próximo. Afinal, "duas horas de voo" não é mais do que a distância Viena-Frankfurt. Se você passar mal em Viena, não se preocupe! Basta bater à porta e o bom vizinho em Frankfurt vai acordar e perguntar como pode ajudar. E você ficará com o coração tranquilo quando pensar para que servem essas instalações nas vizinhanças: trata-se das bases dos bombardeiros nucleares, confortavelmente aquecidas, situadas ao redor do Círculo Polar. E seus olhos se enchem de lágrimas de gratidão.

Sobre o Mar de Beaufort. Nada além de gelo

Apesar disso: *somos*. O papelucho que uso para escrever agora (não, não é possível falar de um "papelucho", ao contrário: nunca escrevi num material tão caro e macio) é o cardápio da Air France, que me anuncia (como se eu estivesse acostumado a comer nos arredores da Place Vendôme), com a tipologia mais elegante:

Buche de Jambon Lucullus
Tournedos Sauté Helder
Salade Béatrice
Fruits de Saison

A Toscana não deve ser longe demais de onde é servida a "*salade Béatrice*", e as "*fruits de saison*" contradizem imediatamente a gelada ausência de estação do ano lá embaixo. Eu gostaria de perguntar, olhando para as profundezas, "*quels fruits?*" e "*quelle saison?*". Mas, antes mesmo de perguntar, o luxo já se materializou na forma de morangos; embora totalmente ressecados, são tão maravilhosamente perfumados que, ao lado dessa delicada perfeição, a monotonia sob mim se transforma simplesmente em delírio. Sim, o luxo tem uma função inteiramente nova aqui. Ele não existe para adoçar o ser, mas para *comprová-lo*. "Nós o paparicamos", dizem esses morangos, "logo, você existe". E aqui essa comprovação do ser é necessária. Coisas extremas exigem coisas extremas. Se do outro lado da janela, quer dizer, a meio centímetro de mim, começa o mundo arcaico — o mundo sem tempo, o mundo antes da criação da vida, o mundo antes de nossa criação, o mundo que nunca nos pertenceu, o mundo de anteontem —, então as "*fruits de saison*" que nos oferecem (e cuja ajuda nos transforma no centro do cuidado) são o único meio de nos chamar de volta.

Ainda sobre o Mar de Beaufort

O mundo de ontem? É realmente o de ontem, esse que está aí embaixo? Ou talvez devesse ser o de amanhã? Não nos esqueçamos nem por um segundo de que, de um momento para o outro, ele poderia ficar do jeito como sempre ficou, sem imaginar ou confidenciar a alguém que também *nós* estivemos uma vez por ali como incidente ontológico. "Abandonei", portanto, "o nosso". Mas "portanto" significa: "para que isso não aconteça".

Diante de nós, numa grande profundidade, Brooks Range. Ou seja, a Cordilheira Americana

Acabou de aparecer no céu (aliás, o céu bem embaixo de nós — também *isso* há para hoje) e por apenas poucos segundos (mas foi tão impactante como o encontro de duas embarcações em alto-mar) um nada, um ponto, algo que não parece de feitura humana, mas também não pode ser natural. Em suma: acabamos de vislumbrar um avião. E como esse avião se movimentava numa direção que leva a lugar nenhum (ou que só levaria a algum lugar caso houvesse uma ligação polar pacífica entre os Estados Unidos e a União Soviética) e visto que ele desapareceu se movendo para o Norte (ou seria já para o Sul?), só pode ser então um daqueles que estão sediados em "instalações vizinhas" e, carregados com pesada carga nuclear, voejam aqui na região em permanente disponibilidade para — como se comenta à guisa de tranquilização — já estar a meio caminho na eventualidade de uma "emergência". A isso se dá o nome de "teste de voo". Que expressão! Como se houvesse algo ainda mais propício a gerar uma "emergência" ou algo que representasse uma "emergência" ainda mais emergencial do que esse tipo de prevenção de emergência. Imagine que *você* fosse piloto e tivesse de fazer testes diários com tal carga apocalíptica — você tem certeza de que certo dia não seguiria em frente, a fim de descarregar a carga num lugar qualquer, para onde foi destinada? Sim, talvez você agisse assim. Muito provavelmente, até. E com certeza não para concretizar um sonho ávido por glória, mas simplesmente porque é um ser humano, porque você não é "*foolproof*"; porque seus nervos estariam a ponto de explodir; porque viver todos os dias no "como se" seria demais para você; porque é injusto que aquele que faz testes todos os dias não disponha de nenhuma chance de fazer o teste valer. Resumindo, porque você teria *direito* a isso. Aqueles que nos colocam em tais voos apostam em que variante de essência humana? E seus mandatários são que tipo de seres humanos? Resta alguma dúvida de que as pessoas que consideram as outras pessoas "*foolproof*" são, elas próprias, "*fools*", ou seja, idiotas? Nunca esquecer: nosso destino está nas mãos desses idiotas!

Sobre o Alasca.
A mais maravilhosa região montanhosa.
No meio, um profundo vale fluvial

Eu deveria olhar para baixo. Pois agora estamos voando a apenas oito mil metros de altitude; o Monte McKinley, dois mil metros mais alto que o Mont Blanc, está à nossa direita, bem embaixo; o brilho da cordilheira também não foi anunciado injustamente. E enxergar esse brilho *embaixo* de si não é algo corriqueiro. Mas perdi a vontade de ficar observando. Nem o indignado nem o enlutado têm um olhar para o belo. E eu ainda estou indignado e ainda estou enlutado porque, mentalmente, ainda estou naquele ponto que há pouco cruzou nosso caminho, naquele avião que seguia ordens de um tolo. E porque, mentalmente, continuo voando rumo ao Norte (ou, já que não mudo de direção, talvez já esteja em direção ao Sul) a fim de me livrar da carga — com a qual já fiz testes suficientes — para continuar fazendo testes. E daí finalmente acontece *algo*. E daí *algo* aconteceu. E fui *eu* quem o fez, *eu* que comecei... Mas o que significa "começar"? Pois não há dúvida de que esse início é o sinal, o sinal para o fim; e de que, depois de meia hora, tudo o que está a nossos pés é uma única Hiroshima; uma Terra que não mostra mais indícios de que estivemos ali.

Olhar para baixo: este planeta desabitado debaixo de você — *depois* desse dia, será que ainda é a Terra?

Ah, se eles compreendessem, eles, que vivem lá embaixo em algum lugar. Mas mesmo os sete ou oito que também enxergaram o ponto bem embaixo de si no céu e que comigo voam sobre o que um dia foi nossa Terra — mesmo eles, os antepassados de Dédalo e de Ícaro — não sabem. Pois uns bebericam seu Cointreau e outros dormem, folheiam revistas ou jogam cartas.

Meio-dia, depois de quinze horas de voo sobre o mar de nuvens do Oceano Pacífico

O mar de nuvens se dissipa; brilha o azul índigo entre as bolas de algodão. Depois de 32 horas, ainda é mar. Mas agora o algodão se dissipa, e veja lá, na direção do voo — chegamos! Chegamos aonde há pessoas! Lá começa um tabuleiro de xadrez! E que logo se move, feito uma esteira rolante, debaixo de nós; e as casas de xadrez se tornam campos, verdes e amarelos; à esquerda e à direita espoucam charcos ofuscantes, provavelmente plantações de arroz sob a água. E os detalhes crescem diante de nós, o verde se articula e no meio — sim, chegamos! —, no meio há uma cidade, passou, mais uma, e agora é possível distinguir centenas de telhados. "Extremo Oriente", sussurro a mim mesmo. Mas a expressão não me diz nada. O que significa "Extremo Oriente"? O arcaico ficou para trás. O apocalíptico ficou para trás. A Terra nos recebe de novo. Estamos em casa.

Tóquio, 22 de junho

Chegada ontem: várias curvas junto à baía, o aeroporto sob nós diretamente na orla, cidade sem limites. Com o avião inclinado, bem acima da linha da visão, nada de céu: a cidade se pendura à minha frente feito um mapa. Aterrissagem. Saída. Melhor, entrada: pois ingressamos no denso nevoeiro. Percurso até o prédio do aeroporto: de volta à maneira mais arcaica de se movimentar. Na estação do aeroporto, recepção calorosa, nada cerimoniosa, por seis integrantes do "comitê preparatório": professores, secretários, entre eles alguém que fala um alemão perfeito; explicação sobre a "grande estação". Sou o segundo a chegar, antes de mim veio um sudanês. Interminável viagem de carro, periferias típicas, tão sem caráter definido como em todos os lugares; aura de trabalho e descarte; oficinas, galpões, fábricas, ferros-velhos. Poderia ser uma periferia de Chicago conquistada por asiáticos orientais, habitada por japoneses, expondo cartazes escritos em japonês. Dois cartazes em inglês (referindo-se a carros) foram deixados ali sem querer. A cidade também não tem um rosto. "*Everything here was in shambles*", explica o professor O. Fico com a impressão de que a cidade ainda está "em meio a escombros". Ou novamente. Naquela época, a *cidade* japonesa foi destruída; agora, o que a reconstrução destruiu foi a cidade *japonesa*. Paramos diante de um hotel gigante. "*Western style*" ("ocidental" é um estilo que só existe no oriente, assim como "europeu" ou "continental" é um estilo que só existe nos Estados Unidos). "*Western*" abarca tudo o que não é japonês, tudo que é americano e europeu, da cama à Coca-Cola, passando pelo filé. O saguão do hotel é gelado, mas saturado pela ardente música de *Tosca*, que me persegue até meu quarto, no oitavo andar. Adormeço. Saio à noite, atiçado pela curiosidade. Em dois minutos a pé chego a uma região de galerias, ar cálido, aspecto de *vieux-quartier*, mas mesmo as personagens mais obscuras estão alinhadíssimas. As entranhas do mar estão por todo lado, tipos de algas e peixes fantásticos. Para o japonês, o mundo não é só visível, mas também comestível. Cheiros tintoriais, oleosos, amargos, médicos. Becos. Tipos de bordeis. A abordagem não é nem de perto tão terrorista quanto na Europa. Depois de dez minutos de multidão japonesa, não há mais espanto. "Pessoas se parecem com japoneses" se transforma em "ponto zero fisionômico". Olham para mim, sem maldade, mas com surpresa. Sou realmente o único que não é japonês. Às onze e meia, estou completamente perdido; devo ter andado em círculos *n* vezes. Perguntar em inglês não adianta. Por fim, estou diante da estação (Shimbashi Station, como agora sei), de lá é possível reconhecer o luminoso do telhado do hotel. Bem aliviado por voltar para casa. No saguão, sou bombardeado pela [ópera] *Cavalleria Rusticana*. Vozes sicilianas cantam vingança de sangue e embalam meu sono.

Tóquio, junho

Reunião (quantas, já?) do "*Preparatory Committee*". O grande número de acadêmicos traz satisfação; não apenas físicos e médicos mas vergonhosa e invejosamente também representantes das ciências jurídicas e sociais. Ah, de que lado eles estão, entre todos nós?

Primeira oportunidade de pelo menos introduzir meu "projeto", o "*Código moral na era nuclear*". Proposta: os delegados deviam desenvolver em conjunto um tal código e se comprometer com seus mandamentos e proibições. O estabelecimento do texto do código deveria ser anunciado como uma das tarefas oficiais do congresso, e, aos dois dias previstos para essa empreitada, seria acrescido um terceiro.

Solicitam fundamentação.

Fundamentação: "Visto que vivemos num mundo totalmente novo, nunca antes visto, imprevisível em seus efeitos, num mundo em que as distâncias foram eliminadas, mas, por outro lado, em que existe a ameaça de um apocalipse armado por nós, colocam-se exigências que nunca foram formuladas, nunca poderiam ter sido formuladas. Tais exigências, que ainda não penetraram na consciência moral contemporânea, exigem formulação".

Solicitam exemplos.

Exemplos:

1. "Visto que o efeito das 'armas', ou seja, dos supostos 'meios', extinguiria qualquer objetivo possível, não há nenhum objetivo que possa ser usado ou divulgado como argumento justificativo para o emprego de armas nucleares, inclusive para os chamados 'testes'". Ou:
2. "Visto que o efeito de suas ações (novamente inclusive os '*tests*'), independentemente de onde sejam realizadas, poderia alcançar, ferir ou até exterminar todos, independentemente de onde e em que tempo vivam, deve-se enxergar cada 'distante' (não somente do ponto de vista geográfico, mas também temporal) como seu vizinho e tratá-lo de acordo".

Eles assentem. Evidentemente concordam com os conteúdos dos postulados. Afinal, é por isso que estamos aqui juntos. Mas a ideia de colocar o que todos exigimos na forma de princípios morais lhes parece estranha.

Discussão — 1ª pergunta: "Com o estabelecimento de um tal código de postulados, o senhor espera que tipo de efeito, que não seja apenas moral?"

Resposta: "O de um *pano de fundo*."

Pergunta: "O que isso quer dizer?"

Resposta: "Enquanto a avaliação pública a respeito do armamento nuclear e de todas as operações correlatas se manteve, até o momento, desorientada, o novo código garantiria um pano de fundo diante do qual as ações e as declarações das potências nucleares se destacariam de maneira muito evidente, e garantiria um parâmetro a partir do qual elas poderiam ser avaliadas."

Pergunta: "O senhor acha que deveríamos tentar construir um denominador moral comum obrigatório a todos?"

"Sim."

"O senhor não está subestimando as resistências psicológicas surgidas das diferenças dos delegados de vários países do mundo e de suas filosofias na aceitação de um tal denominador comum?"

"Não acredito. Também acho que as dificuldades são enormes. Aguardo principalmente dificuldades do lado dos '*religionists*'."[3]

"Por que exatamente daí?"

"Porque eles consideram 'mandamentos e proibições' parte constitutiva de seu *corpus* religioso, de origem divina ou pelo menos sagrada. Acredito que vão considerar nossa demanda por 'novos mandamentos' um ataque indireto à suficiência e à completude de seus próprios mandamentos sacrais. Provavelmente vão argumentar que nossas afirmações continham implicitamente a suposição de que seus mandamentos não abarcavam todas as situações (por exemplo, não a atual). Claro que teriam razão, afinal, alego isso. Mas para eles essa alegação seria, é claro, impossível de aceitar. Por esse motivo, considero provável que eles venham a fazer de tudo para apresentar os mandamentos hoje válidos como meras variantes ou aplicações dos já existentes e válidos 'mandamentos eternos'; sim, na condição de representantes das diversas religiões positivas (sem levar em conta o fato de que suas 'positividades' se excluem mutuamente), vão se solidarizar e partir para uma linha de defesa comum."

"O que o senhor faria nesse caso?"

"Acolheria. O que mais quero é evitar a impressão de que, com a formulação do código, estaríamos pretendendo fundar uma religião (o que seria absurdo), portanto não teria nada contra se nossos postulados fossem considerados meros casos de aplicação ou complementos. De todo modo, nossa preocupação e nosso cuidado devem chegar até o nível estilístico: palavras ou formulações que 'façam

3. Refiro-me aqui, de acordo com o exemplo americano, a religiosos de todas as denominações.

lembrar', que deem a impressão de conter ambições religiosas ou até da 'concorrência de religiões' devem ser estritamente evitadas."

"E como o senhor quer *fundamentar* seus postulados?"

"Minha resposta vai espantá-lo principalmente por vir da boca de um 'filósofo profissional'. Mas é a seguinte: não quero. Ao contrário, devemos excluir propositalmente, como um 'tabu', o problema do 'sancionamento' (ou seja, da questão sobre qual é a fonte que garante a obrigatoriedade dos mandamentos, sobre onde eles estão 'ancorados'). Chegar a um consenso sobre esse problema em dois ou três dias de congresso seria simplesmente infantil. Quando há afogados esperando por salvação, não é permitido ficar na ponte discutindo questões filosóficas ou teológicas a respeito de como medir o valor da vida daquele a ser salvo. (Discreto sorriso da mulher do Ceilão.) Em outras palavras: temos de abdicar conscientemente de avançar às raízes, do ponto de vista da filosofia da religião. Espírito de profundidade é proibido. No atormentador perigo em que nos encontramos, nossa obrigação de encontrar um denominador comum que represente diferentes posições é maior que a obrigação de chegarmos a um acordo sobre uma raiz sancionadora de nossa obrigação. Afinal, tais mandamentos não são apenas reconhecidos por representantes de religiões monoteístas, que ancoram a obrigatoriedade na palavra de Deus, mas também por representantes de religiões para as quais o conceito de Deus não está no centro, por exemplo, os budistas (espero; não há réplica); e também por aqueles que, sem muita fundamentação, se pautam por 'direitos humanos'; ou por aqueles que, sem nenhuma fundamentação, acreditam na sacralidade da vida em si; sem esquecer dos milhões que não são religiosos ou até que são expressamente antirreligiosos — pois todos eles precisam se juntar, todos nós precisamos nos juntar, a fim de nos proteger uns dos outros. Estamos '*in the same boat*'. Ou seja, precisamos de uma única organização naval. Os motivos para que cada um a considere mandatória podem ser discutidos quando tivermos chegados, a salvo, no cais."

Primeira reação visível: estranhamento. Incerteza de como devem reagir. Pelo menos um grande número dos japoneses. Os motivos para tanto (provavelmente são vários) desconheço, claro. É possível que se trate de um "choque de vocabulário" (talvez um motivo entre outros); ou seja, que pelo menos entre os "de esquerda" do grupo, a palavra "moral" ainda seja considerada "burguesa" e, portanto, suspeita. O mundo não está sincronizado.

Mas também recebi apoio. E incisivo, até por parte da extraordinariamente capaz (curiosamente católica) representante do Ceilão. Visto que ela é tida em alta conta entre os japoneses, minha demanda é recebida com respeito. Os delegados do Peru e da Holanda também apoiam meu projeto. Já que somos os únicos presentes nesse estágio inicial dos preparativos para o congresso, a situação se tornou constrangedora por minha culpa: sem querer, formamos uma espécie de "frente". Mas os japoneses são perspicazes; um deles, H., faz uma piada, todos riem juntos e está tudo bem novamente. Previsão para o projeto: tempo bom não é impossível, mas bastante improvável. Para deixar absolutamente claro quais são os conteúdos que almejo para meu código, distribuí uma versão em inglês de meus "Mandamentos para a era atômica".[4]

Tóquio

Os verdadeiros inconscienciosos de hoje: aqueles que, partindo do fato de que não são atormentados por quaisquer dores de consciência, ou seja, partindo de sua analgesia moral, chegam à conclusão de que não fizeram nada inescrupuloso. "Não, não sinto a menor das '*pangs of conscience*'", foi a resposta de um homem a uma entrevista (aliás, trata-se de um ex-estadista, que poderia se vangloriar de ter dado o sinal para o início de dois genocídios). Desse modo, a questão estava encerrada para ele. E infelizmente não apenas para ele. Pois assim ficou comprovado que suas duas más práticas poderiam não ter sido más práticas. Fórmula: *sem peso na consciência = consciência limpa = critério da inocência.*

Os verdadeiros conscienciosos de hoje, por sua vez, são os que duvidam (para não dizer os "niilistas da consciência"), os que não apenas fazem questão de mostrar que sua "analgesia moral" comprova sua

4. Publicados pela primeira vez no jornal *Frankfurter Allgemeine Zeitung*, 14 jul. 1957. O texto integral está neste livro, no final da carta 4 a Claude Eatherly. Outra versão ("Teses para a era atômica") foi ditada pelo autor em 1959 a estudantes da Universidade Livre de Berlim (reproduzida em *Die atomare Drohung*. Munique: C. H. Beck, 1981, p. 93-105).

irrepreensibilidade como também se recusam a aceitar, de boa-fé, que o chamado de consciência (cuja presença e cuja pungência não contestam) *eo ipso* garante o caráter mandatório daquilo que é objeto do chamado de consciência. Esse desempenho excepcional da desconfiança, essa "apreciação da dúvida", é alcançado apenas muito raramente. Chegam nesse ponto apenas grandes naturezas, que vivenciaram consigo próprias e com outros que aquilo que tinham ouvido e seguido como suposta voz da própria consciência revelou-se posteriormente ser a voz de um papagaio. Uma voz que repetia o que inescrupulosos tinham inculcado, sob a forma de ordens, em seus corações. E essas grandes naturezas agora tomam os passos necessários. Fórmula: *consciência moral = desconfiar da própria consciência.*

Tóquio. Trechos de uma fala numa escola de educação para adultos

"Vamos imaginar que nossos esforços tenham sido exitosos: aqueles objetivos pelos quais lutamos há anos foram alcançados: os chamados testes de explosão e testes de voo, descontinuados; a produção de armas nucleares, encerrada; as armas armazenadas, inutilizadas; as bases para os foguetes, desmontadas; e os controles mútuos impedem a continuação das ameaças mútuas. Qual seria o ganho?

"Grande, certamente. Não podemos descansar nem um instante a fim de concretizar esses objetivos. Entretanto, não vale nutrir ilusões. O principal ainda não teria sido alcançado. Nunca avançaríamos tanto a ponto de relaxar, nunca poderíamos inspirar fundo e dizer: voltamos à condição anterior a Hiroshima ou à morte de Kuboyama.[5] Pois o que aconteceu, mesmo se tiver sido eliminado, nunca será como se nunca tivesse acontecido. *O que aconteceu, aconteceu de modo irrevogável; pois que um acontecimento igual sempre pode ser relembrado e sempre pode ser repetido.*

"Claro que todos ansiamos pela volta ao estado antigo. E aqueles entre nossos contemporâneos que não dividem esse desejo nos parecem cegos de alma.

5. O operador de rádio a bordo do barco pesqueiro, nascido em Yaizu. A primeira vítima distante da era nuclear. Morreu em agosto de 1954.

"Mas, infelizmente, também há sentimentos que estão em absoluta contradição com a realidade atual; numa contradição tão absoluta que temos de proibi-los a nós mesmos. E entre esses sentimentos está, infelizmente, também nosso desejo pela boa e velha era pré-nuclear. Esse sentimento contradiz nossa situação atual porque essa situação não consiste naquilo que nós (isto é, a humanidade atual) temos ou fazemos; mas naquilo que podemos ter ou podemos fazer.

"Independentemente de quão prodigioso o ser humano possa ser, uma coisa lhe escapa: ele não consegue revogar o próprio saber. Apesar de sua incrível capacidade de aprendizagem, ele não consegue aprender a desaprender o que sabe. As armas nucleares que ele *tem* no momento podem ser descartadas; mas o conhecimento de sua produção não vai para o lixo. A situação técnica na qual o ser humano se encontra se define não apenas pelo que ele domina, mas também pelo que ele é incapaz de *não* dominar. Também você, que não é físico — eu também não sou —, sabe que a capacidade de produzir armas nucleares não é uma capacidade isolada; que quem consegue produzir reatores pacíficos também está em condições de, em qualquer instante, produzir meios nucleares de destruição. Embora os possíveis efeitos desses meios nucleares de destruição sejam muito superiores a todos os efeitos que possamos causar tecnicamente de outro modo, estamos falando apenas de especialidades e partes do inventário da física e da técnica. E visto que esse inventário é impossível de ser abolido, a especialidade também é impossível de ser abolida. Em outras palavras: mesmo se não houvesse mais nenhuma 'arma nuclear', nenhum teste de explosão, nenhum teste de voo, nenhuma rampa de lançamentos e nenhum país trabalhando na produção dessas armas, o perigo não teria sido eliminado. Com a eliminação momentânea dos equipamentos ameaçadores, a capacidade de produzir esses equipamentos não teria sido igualmente eliminada, nem a tentação e a sedução de atingir a onipotência com a ajuda desses equipamentos, portanto estaríamos ainda (e para sempre) na situação apocalíptica em que a humanidade pode executar a própria destruição.

"Vejam vocês: a tarefa que está diante de nós, incessantemente, não pode ser realizada apenas com ações políticas, embora exija a cada instante o máximo de sabedoria e atenção no sentido político. As ações que precisam ser tomadas são de outro tipo, pois deverão nos impedir de fazer o que *conseguimos* fazer; e de produzir os instrumentos cuja forma de produção somos incapazes de esquecer. Em outras palavras: a transformação do ser humano será uma transformação de sua *moral*. A consciência de que se trata aqui de um *tabu* absoluto irá se enraizar tão profundamente em cada um de nós, bilhões de pessoas, e deve ser tão generalizada que quem aventar a possibilidade do uso desses meios para a obtenção de determinados objetivos políticos sempre seja confrontado com a indignação da humanidade em geral.

"Há uma frase terrível, terrivelmente ambígua, que o importante físico Von Weizsäcker proferiu. É a seguinte: '*Viver com a bomba*'. Deixamos em aberto o que Weizsäcker quis dizer com isso. Sua posição parece dúbia, pois, embora ele pertença ao grupo de Göttingen,[6] famoso por seus escrúpulos e sua coragem civil, a frase foi dita num momento em que a discussão sobre o armamento nuclear do exército da Alemanha Ocidental tinha alcançado seu ápice, oferecendo talvez certa munição àqueles favoráveis a esse armamento. Tanto faz — quando bem compreendida, a frase tem uma profunda verdade. Pois, compreendida corretamente, significa: não podemos nos convencer, por nenhum instante, de que vivemos 'sem a bomba'; nem nos momentos (talvez alcançáveis) em que não houver bombas.

"Sei que o que lhes digo parece pouco alentador. Quem, como nós, dedica seu tempo a um objetivo o faz na esperança de que esse objetivo seja um dia alcançado para sempre. Se lhes tiro essa esperança, essa esperança do 'para sempre', é para que vocês não tenham ilusões e vejam claramente que *a batalha* — que iniciamos há alguns anos e no meio da qual nos encontramos — *será infinita*. Cada dia ganho será um dia ganho. Mas nenhum dia ganho garantirá o ganho do dia seguinte. Nunca chegaremos ao nosso objetivo.

"O que temos diante de nós é a infinitude da insegurança. E nossa tarefa que não tem fim consistirá em garantir que ao menos essa insegurança nunca se encerre.

6. Em 12 de abril de 1957, dezoito cientistas nucleares da então República Federal da Alemanha divulgaram um manifesto posicionando-se contra o armamento nuclear do país. Muitos de seus membros tinham estudado na cidade de Göttingen, que dá nome ao grupo. [N.T.]

"Mais uma vez: não apresento essa reflexão para minar sua determinação de luta. Ou porque considero nossa luta vã. Se esse fosse o caso, então eu não teria vindo da Europa até aqui. Reforço essa ideia porque nossa luta estaria fadada de antemão ao fracasso caso avaliássemos incorretamente sua natureza. *Essa luta não é apenas nossa tarefa, não é apenas tarefa de nossa geração; a partir de agora, é tarefa de todos os seres humanos.* É também nosso *destino*. Teremos de legar aos nossos filhos, à medida que possamos ter filhos, nossos desejos; e esses vão legá-los, à medida que possam ter filhos, aos seus filhos. É necessário vencer a luta, mas nenhuma vitória será definitiva. No entanto, quem a perder vai perder de uma vez por todas. Perder para seus antepassados — pois, depois da derrota, não haverá mais sinal deles —, para seus descendentes — pois, depois da derrota, eles não existirão.

"Caros amigos, sei que, como convidado de um povo tão educado e hospitaleiro, é pouco educado falar de maneira tão franca e terrível como o faço aqui. Peço desculpas. Mas infelizmente há situações em que permanecer educado seria irresponsável. Nossa situação atual não é culpa minha nem de vocês. O que nos liga é a dor por sermos obrigados a nos tornar mal-educados. Muito obrigado."

Kyoto

Viagem noturna a Kyoto. Junto comigo, dois outros delegados, o holandês e o peruano; e o intérprete muito jovem, sagaz e risonho. Seis no compartimento. Sufocante, apesar do ventilador e da ventilação cruzada. Os guardas-noturnos do Japão: os sapos. Somos acompanhados incessantemente por seu coaxar que vem dos arrozais. Não é alto, mas as múltiplas vozes o tornam barulhento.

Motivo da viagem: um jovem budista (Atsushi Nishimoto, religioso do templo Nipponzan Myohoji) organizou uma procissão em Hiroshima, um tipo de procissão de alerta. Sua meta: Tóquio, a cerca de mil quilômetros de distância, aonde pretende chegar para o início do congresso internacional, como representante de Hiroshima. A distância corresponde mais ou menos à de Viena-Copenhague. Centro da marcha: o religioso e o povo de Hiroshima, entre eles um grupo de cegos e uma camponesa idosa. O contingente principal vai se alternando de cidade em cidade, visto que, a cada ponto de passagem, milhares deixam trabalho e família por alguns dias para se juntar ao grupo. Centenas de milhares já se uniram à marcha. Como nenhum dos participantes vai se esquecer das dificuldades do empreendimento (caminhar mil quilômetros no calor de julho do Japão não é coisa de somenos), também não haverá ninguém que se esquecerá do objetivo dela.

Depois de cada etapa, eles cedem seus lugares, de maneira semelhante a uma corrida de revezamento, a outros do vilarejo ou da cidade seguinte que estejam dispostos a caminhar. Apesar dessa troca, o cortejo — não diferente do barco de Teseu, não diferente de qualquer organismo — se mantém idêntico a si mesmo. O que marcha é o desejo de paz, a decisão de um povo de impedir que ele próprio se torne indolente ou desmemoriado.

Claro que a marcha não deve alertar apenas sobre o que passou como também sobre o perigo que se torna cotidiano. As pessoas não marcham por um sonho, mas por algo atual. Pois aqui no Japão o perigo não é menor do que entre nós; é até maior. Até há pouco o Japão se encontrava num tipo de "armadilha nuclear": a oeste, empesteado radioativamente por experiências russo-soviéticas; a leste, pelos testes americanos. No momento, a ameaça russa parece estar ausente, com a interrupção das experiências na Sibéria. Mas *um* perigo já é suficiente. E o perigo que ameaça pelo leste, quer dizer, pelos Estados Unidos, tem dois motivos para ser maior do que aquele que ameaça pelo oeste: não apenas porque o principal alimento do Japão, o peixe, sofre com a contaminação radioativa do Pacífico, mas também porque no país há supostamente centenas de bases americanas de foguetes (fala-se de quinhentas), ou seja, centenas de lugares que, no caso de uma guerra, viriam a se tornar alvos imediatos de ataques nucleares. (Como será que ficaria meu slogan "Bases para foguetes são ímãs de devastação" em japonês? Limite definitivo das possibilidades de tradução.)

O objetivo de nossa viagem: caminhar pelo menos um trecho junto aos japoneses, a fim de deixar claro de que eles não estão sozinhos, que reconhecemos sua ameaça como nossa, seu objetivo como nosso.

(Informar a eles que seu objetivo é o objetivo de *todos* seria, infelizmente, mentira.)

Chegada. Entrada e saída apressada do hotel, para encontrar com a manifestação fora da cidade. O percurso passa por templos espaçosos.[7]

Na rua lateral de uma periferia, que poderia ser a periferia de qualquer cidade grande, centenas de pessoas se agrupam. À frente, os oito ou nove monges budistas:[8] mantos amarelos, tambores, sandálias de palha. Entre eles, claro, Nishimoto, muito jovem, talvez trinta e poucos (mas aqui costumamos subestimar a idade), rosto de garoto camponês da Mongólia, alto, alegre, carinhoso, inteligente. Ao lado dele, minúscula, a velha camponesa: a fim de cumprimentá-la e ver seu rosto parecido com o de uma indígena, bronzeado devido à marcha sob o sol, enrugado feito couro, é preciso empurrar seu imenso chapéu de palha para trás na testa — o que ela permite, rindo. (Mais tarde, ela andaria como minha "acompanhante", marchamos de braços dados. Meu acompanhante à esquerda: um intelectual igualmente baixo, simpático, de aparência muito europeia, de boina, que durante a manifestação se revela professor de direito comparado. Na expectativa.)

Aparentemente estamos sendo aguardados. Saudações muito calorosas, embora a princípio não haja ninguém que fale inglês. Mas as pessoas se comunicam de algum jeito. "Jeito" significa que não nos preocupamos com as diferenças das línguas. Babel da cordialidade. A solidariedade é pré-linguística, já sabemos o que queremos nos dizer. Eles batem o peito uns nos outros (talvez devam ter aprendido nos filmes americanos); um dos homens fica falando

7. À primeira vista, se parecem com casas gigantes de camponeses, luxuosas demais. Curioso apenas o princípio dos telhados duplicados ou triplicados — um princípio construtivo que não tem valor prático, mas que deve espelhar um princípio hierárquico especulativo ou religioso. Além disso, os telhados (aliás, em todas as casas japonesas) são ligeiramente curvados para o alto em todos os cantos. Na realidade, a impressão do material (ou seja, a impressão da madeira) é totalmente falsificada. À distância, a semelhança com um teto de tenda é irrefutável. Será que o teto das tendas foi o modelo original desses telhados, assim como o caule das árvores foi o modelo original das colunas?

8. Um deles, Kobayashi, cometeu *harakiri* [suicídio por evisceração] em 3 de junho de 1959, em frente à residência do primeiro-ministro Kishi. Seu legado foi a mensagem de que só morrendo é possível chamar a atenção aos mortos da última e da próxima guerra.

algo como "*sweet, sweet, sweet*" (enquanto amassa minha mão artrítica), algo que compreendo a princípio como sua participação um tanto incomum em inglês; até que descubro que ele, no passado, esteve na Suécia como foguista. E como a Suécia fica na Europa e *eu* venho da Europa... Não, o silogismo não funciona; no máximo, como silogismo do coração, pois do seu jeito ele acredita fortalecer nossa solidariedade invocando a Suécia. Essa solidariedade é muito geral, algo como a vingança dos simpáticos ante a internacionalidade diabólica do perigo. "Você não conhece fronteiras", assim parecem se dirigir os mais simpáticos a esse perigo. "Ora, nós também não as conhecemos."

Quando eu estava no berço, ninguém anteviu que eu estaria alinhado com essas pessoas. Olho para mim. Difícil acreditar que sou *eu*. O eu verdadeiro deve estar em algum lugar na Áustria, escrevendo algum texto esotérico sobre o perigo nuclear. Afinal, foi assim que tudo começou. Naquela época — há quatro anos —, desesperado e sem saber o que poderia dizer a respeito da situação, fiquei sentado debaixo de uma nogueira na Estíria e rascunhei minhas primeiras palavras sobre a "cegueira perante o apocalipse" e minhas primeiras formulações sobre a "greve nuclear". Claro que sem a esperança de conseguir construir qualquer ponte com a realidade.

E agora essa ponte existe. E existe também um movimento, nutrido por milhares de fontes. O protesto insignificante e solitário sob a nogueira deu lugar a um movimento mundial; a mulher de Hiroshima está de braços dados comigo, companheira de ação. Trata-se de um momento capaz de desestabilizar até os inabaláveis. E já estamos caminhando.

E cantando em coro. Primeiro fiquei perplexo porque, embora esteja na primeira fila, o canto vem da frente. Depois, compreendi, claro. Aqui também não é diferente dos outros lugares. Aqui também é preciso mobilizar a impressão a fim de que o real seja colocado em ação. Pois aquilo que canta à minha frente, com várias vozes, é algo que tem como tarefa nos fazer cantar. E a coisa cumpre sua tarefa: não nos deixamos envergonhar por ela e também cantamos.

Não menos excepcional é *o que* cantamos. Durante duas horas (até me avisarem do contrário), estou convencido de que se trata de uma antiga canção russa.[9] Que os sacerdotes budistas do Japão acompanhem a "melodia russa" com tambores e que eu, europeu, me integre a esse desfile multicultural, isso é um curso de história salutar. *Assim* acontece a história; *assim* elementos disparatados se juntam a fim de formar um pedaço de história real. E vejam: *ça marche*, vai indo, o resultado *é* uma grande marcha. Que absurdo dar qualidades de organismos à história ou exigir dela "unidade orgânica".

Primeiro passamos por periferias, ao lado de postos de gasolina, oficinas, ferros-velhos. O sol se levanta rápido, mas avançamos lentamente. A lentidão talvez seja intencional: não devemos sumir da visão das pessoas num piscar de olhos. E a diversidade desses que caminham por *um* objetivo deve ser evidente para todos. É necessário. É verdade que o movimento é carregado aqui por massas; que centenas nos cumprimentam; que comerciantes ou compradores saem das lojas para nos observar; que, ao perceber por que caminhamos, acenam e nos chamam; que eles (supostamente convencidos de que somos americanos e, apesar de nossa origem americana, protestamos contra Hiroshima) se curvam diante dos outros dois delegados brancos e de mim; que muitas crianças, quando lhes acenamos, acenam de volta (afinal, somos algo divino: o que há para as crianças de mais divino do que um cortejo com música, sacerdotes caminhando, três brancos entre eles, com bandeiras e faixas?); mas seria exagerado, não verdadeiro, afirmar que fomos recebidos com entusiasmo pela população de Kyoto. Oitenta por cento da movimentação normal das ruas prosseguiu, inabalável. E, para alguns, não passamos de um grupo de malucos.

O sol se levantou. E logo cada passo se tornou um esforço insuperável. A velha de Hiroshima pesava no meu braço; eu não tinha uma noite em claro nas costas, mas algo pior, centenas de quilômetros per-

9. A canção é de "autoria" de um japonês. Mas está composta de um jeito habitual, em oito tempos, em tons menores, e prossegue nas modulações europeias mais usuais. Talvez não tenha sido disparate considerá-la russa. É possível que o estilo da canção tenha chegado aos partidos de esquerda do Japão via China, a partir da Rússia. O Japão tem influências europeias não apenas via Estados Unidos, mas também via Rússia e China.

corridos a pé debaixo do sol. Pouco a pouco, deixei de prestar atenção na cidade, notava apenas que as ruas que percorríamos continuavam sem sombras. Mas eu também não "enxergava" mais nada, pois meus óculos escuros estavam tão sujos que limpá-los já não adiantava grande coisa, a curiosidade e a vontade de ver coisas novas tinham arrefecido. Continuar caminhando não era mais questão de entusiasmo, mas de honra. E para defender essa questão de honra era preciso usar toda a força. Por fim, a manifestação ficou mais lenta; achei que estávamos em vias de chegar, mas eu não sabia *aonde* — e me enganei terrivelmente. A coisa estava apenas começando. A praça onde os sacerdotes se ajoelharam em semicírculo e, atrás deles, os outros participantes, e, com eles, algumas centenas de pessoas que haviam se anexado à marcha, ardia ainda mais do que as ruas. O intérprete decifrou os gritos: "Eles exigem que nós, brancos, falemos".

Há uma intensidade que apenas a exaustão extrema pode gerar. O ar fervia, a rua fervia, não espanta que minhas palavras também tenham saído fervendo. O pedido tinha me surpreendido de tal maneira que era impossível organizar alguns pensamentos. Antes de compreender o que estava acontecendo comigo (e por quê; isso não compreendo até agora), fui empurrado para junto de um carro — bati nele, o capô ardia feito uma chapa de fogão; e antes de saber o que diria, eu já estava falando. Tinha uma vaga consciência de que precisava superar não só minha própria exaustão mas também a dos outros. Além disso, sabia que, com essa fala, ouvida não por acadêmicos europeus, mas por asiáticos reunidos sobre o asfalto, estaria queimando todas as pontes às minhas costas; além disso, sabia que as pessoas tinham o direito de exigir de mim palavras que pudessem levar consigo. Tudo isso, porém, apareceu em segundo plano, enquanto eu já estava falando. Visto que, como mencionei, não tinha preparado nada, fiquei muito surpreso ao me ouvir afirmando que naquele dia havia apenas uma única grande marcha, cujos milhares de participantes encontravam-se distribuídos sobre a superfície da Terra, uma vez aqui, outra acolá. Enquanto o intérprete traduzia essa afirmação, lembrei-me de repente que era o dia do meu aniversário e, nessa fração de segundo, pensei em minha mãe, que, quando me deu à luz em Breslau, certamente não imaginava que eu estaria um dia discursando num mercado em Kyoto. Mas esse pensamento desapareceu com a mesma velocidade que havia aparecido, e o intérprete, que tinha terminado de traduzir o que eu dissera antes, me cutucou; e na sequência eu me ouvi falando de novo. Dessa vez, para minha surpresa, contei da manifestação de alunos de Munique da qual eu havia participado algumas semanas antes; da inteligência e determinação daqueles garotos entre treze e dezessete anos, que, sob chuva forte, apesar da falta de apoio das autoridades, caminharam pelas ruas, lembrando tanto aos seus pais — que já tinham se esquecido dos horrores da guerra — quanto ao seu governo como tinha sido a guerra e como seria a próxima. "Eu me recuso", cito um desses jovens, "a me tornar um genocida porque um velho no comando do nosso governo é incapaz de imaginar aquilo que endossa; e também me recuso a me tornar vítima desse genocídio por esse mesmo motivo". "Vocês veem", prossegui, "companheiros de luta há em todos os lugares. As diferentes localizações, raças e idades não importam. Teremos uma falta de futuro em comum ou um futuro em comum". E encerrei transmitindo (sem ter solicitado a permissão) os cumprimentos desses jovens de Munique, ou seja, os cumprimentos de uma manifestação a outra manifestação.

Jovens de Munique, perdoem-me essa inverdade. Creio que vocês teriam me dado permissão, caso eu lhes tivesse informado, e, uma vez que as pessoas de Hiroshima e Kyoto se sentiram encorajadas por seus cumprimentos, vocês certamente não ficarão bravos com minha inverdade. Foi uma inverdade, mas uma inverdade no interesse da verdade.

Kyoto

Três décadas e meia atrás, num escritório na Lorettostraße, em Freiburg. Encastelado atrás de um muro de análises escritas ininterruptamente desde o início do século, que ele realmente não conhecia mais (em parte porque, de tanto escrever, não tinha tempo para ler, em parte porque seus olhos fracos o impediam de ler), o velho Husserl estava sentado junto à escrivaninha, humanamente paternal, cientificamente incansável. Ele tinha me convocado para falar à minha consciência. Pois aos seus ouvidos chegara a terrível lorota de que eu, vestido de fantasma, tinha dançado na Kaiserstraße durante uma noite de Carnaval; ele nutria as "mais sérias reservas contra esse tipo de balbúrdia". Um jovem, ele dizia, que agia assim — melhor, que agia assim por gosto — dava provas de não merecer os juízos com ele aprendidos; de ser mais imaturo que a própria inteligência; e, de acordo com seu tipo, ainda era mais vulnerável e mais perigoso que o senhor [Max] Scheler. Permaneci em silêncio. Eu era jovem demais para explicar, para ter permissão de explicar ao grande senhor que o mundo não era composto apenas de "objetos em geral", e que o filosofar e o dançar não eram mutuamente excludentes. E ele era velho demais para compreender isso; constitucionalmente, deve ter sido velho demais durante toda a vida. Mas o que, pelo amor de Deus, o *grand old man* teria dito hoje se soubesse que "filosofei" na praça do mercado de Kyoto, diante de sacerdotes budistas e de cegos de Hiroshima sentados no asfalto? E o que ele teria respondido caso eu tivesse tentado lhe explicar que estar lá, naquele dia, ensinando, não era contrário, hoje, às tarefas daqueles que filosofam, mas é uma das tarefas principais da filosofia? E que não somente a mensagem deve ser verdadeira como também o momento e até o lugar da transmissão da mensagem?

Certamente, o fosso entre o tipo de pensador de ontem e de hoje é muito largo, tanto que séculos parecem separar aquele dia do passado de hoje. E apenas a posteridade do velho homem — pois, para as muralhas de seus manuscritos não desaparecerem, foram colocadas a salvo no exterior por religiosos — atesta que ele também se projetava no hoje, em nossos dias de extermínio.

Lago Biwa

Convidado pelo comitê de Kyoto, passei o dia inteiro no Lago Biwa. Barco de excursão de linhas elegantes, mas que ardia de tão quente. O lago era do tamanho do Lago Constança, o azul semelhante aos lagos de Ticino. À direita: panorama montanhoso flutuante, que imita as paisagens da pintura japonesa. Do começo ao fim do dia, rádio e televisão.

No deque intermediário, camponeses alegres, barulhentos, instalados em esteiras de bambu. Apesar do calor do meio-dia, tomam sem parar o saquê que trouxeram. Apesar do calor, do álcool e da embriaguez, mantêm-se animados e compostos. Enigmático e invejável. Descobrem, por intermédio de nosso intérprete, o motivo de nossa estadia no Japão e em seguida nos convidam a beber de maneira efusiva. Alguns nos puxam para o chão, rindo, e forçam as garrafas nas nossas mãos. Tento imaginar como seria caso os papéis fossem invertidos. Mas não consigo imaginar três japoneses em viagem pelo Lago de Starnberg sendo servidos por camponeses bávaros.

Outros nos fotografam. Curioso. Não apenas porque, diferentemente de anteontem, camponeses fotografavam gente da cidade, mas porque os orientais também fotografam europeus. Para eles, isso é natural. Tão natural que é possível imaginar as máquinas fotográficas fazendo parte do equipamento dos arrozeiros há gerações. Felizmente, ninguém me pede para tirar uma foto. A Europa ficaria desacreditada, como o interior atrasado ou tecnologicamente incapaz. Ou não a Europa, mas a Austrália, porque eles acham que "Áustria" é Austrália, e tentar explicar essa diferença sutil aos borrachos seria inútil.

Paramos numa ilha íngreme com um templo. Escada de pedras mediterrâneas. Durante nossa subida, embaixo ecoa a música de *Turandot*, de Puccini. Perseguido até no templo, no alto, por esse "Extremo Oriente" italianizado. Algumas sequências pentatônicas realmente parecem japonesas.

Então é assim que a história acontece: o Oriente assume um pacote de artigos importados do Ocidente. Esse pacote contém também o pseudo-Oriente europeu. E esse pseudo-Oriente transforma o autêntico Oriente numa canção sobre suas águas. Ou seja, "*transporte de volta*".

Fixar esse conceito para a interpretação da importante categoria histórico-filosófica do mundo atual. Também ouvi no templo: música bebop, que vinha do quartinho do vigia. À noite, de volta a Kyoto.

Tóquio

Descobri hoje, numa conversa simpática com o professor O., algo sobre os bastidores do estranhamento que se seguiu à minha proposta de código. Segundo ele, atualmente a expressão "*Moral Code*" é usada pelo Ministério da Cultura no sentido mais reacionário: sua intenção é reintroduzir a educação para jovens interrompida a partir de 1945 e, assim, reviver os princípios imperiais que valiam até então. A expressão é associada a essa política hoje em dia. Claro que, no campo da docência progressista, eu me oponho de maneira enfática a essa política. O estranhamento surgiu realmente de um "choque de palavras", mas a partir de um motivo que me era desconhecido.

Reunião. Descubro que minha ideia de código continuou a ser discutida em círculos internos japoneses. K., um japonês que não conheço (provavelmente cientista), ressalta que a aceitação da minha proposta comprovaria ao mundo que o objetivo da conferência não é apenas político, é mais abrangente. (Temos de esperar para ver se ele estava falando sério ou se era apenas um álibi.)

Em seguida, eu disse que não me importava com a expressão "código moral". O título de trabalho "The New Moral Obligations in the Atomic Age" era igualmente aceitável. Imediatamente as chances parecem melhorar, embora nada tenha mudado em si. Ainda reforcei, dizendo que o código que tenho em mente seria fundamentalmente distinto do que se costuma entender por "*Moral Code*". Pois os mandamentos não seriam "promulgados" de cima para baixo, mas, ao contrário, de baixo para cima. Expliquei que o código não serve para registrar *nossas culpas, nossas obrigações*, pelo menos não em primeiro lugar, e sim as culpas e as obrigações daqueles que detêm o poder nuclear sem compreender *o que* têm nas mãos. Afinal, *nós* seríamos os demandantes.

"Leis sem força de lei!", alguém contradiz. Assumo, mas não como argumento contrário. O papel da moralidade é mais o de descreditar e destruir aquela moral que possui força de lei. Se a legalidade é imoral, a voz da moralidade é a voz da resistência. (Algumas palavras sobre a diferenciação de Kant entre "moralidade" e "legalidade", depois sobre Antígona. Por fim, referindo-me a outra demanda também em debate:) Visto que se trata de uma exigência moral que *nós* colocamos para os governantes, e visto que suas dívidas e obrigações são de natureza diferente das nossas, não seria aconselhável desenvolver (como estava planejado) um manifesto assinado pelo congresso e dirigido "a todos". Mais interessante seria apostar em dois manifestos a dois destinatários diferentes. Essa última sugestão é recebida com interesse imediato; meu projeto permanece no limbo. A partir das minhas explanações anteriores, parece que as pessoas pretendem sondar "especialistas", "*religionists*" e professores de filosofia.

Yaizu

Viagem passando por Yokohama, ao longo da costa do Pacífico, até Yaizu,[10] cidade natal de Aikichi Kuboyama, a fim de reencontrar a passeata de paz de Nishimoto e, juntos, irmos até o túmulo de Kuboyama. Conheço o nome desse vilarejo de pescadores desde meus tempos de estudante, da leitura de Lafcadio Hearn,[11] que passava seus verões em Yaizu. Também conheço o nome Kuboyama, pois, 35 anos mais tarde, há quatro anos, num banco de parque em Viena, li alguns parágrafos sobre sua morte. Sabia pouquíssimo a seu respeito na época, só aquilo que as primeiras notícias de jornal trouxeram, chamando-o de "pescador". Desse modo, via-o à minha frente como pescador de caranguejos num pequeno barco a vela. Totalmente equivocado. Não se tratava de um sujeito interiorano, mas de um operador de rádio formado, o conselheiro da equipe do barco, um homem cheio de humor, um homem de seu tempo; e um homem que, ao morrer, sabia o que estava acontecendo. Agora, quatro anos mais tarde, devo me encontrar com sua velha mãe, a viúva e suas filhas.

Chego à praça da estação, ofuscante de tão ensolarada; me cumprimenta um prefeito amedrontado e claramente conservador; servem chá frio no prédio do sindicato dos pescadores. O local está agitado: atravessamos um mar de crianças minúsculas que carregam bandeirinhas. Do alto, enxergamos apenas os reflexos pretos de seus cabelos de laca. Depois de alguns minutos quentíssimos de tambores rufando, aproxima-se a marchinha que conheci em Kyoto.

10. Porto de origem do barco pesqueiro *Daigo Fukuryu Maru* ("Lucky Dragon") que, embora 130 km distante do Atol de Bikini, foi coberto por pó de coral radioativamente contaminado.
11. Escritor, tradutor e professor de origem greco-irlandesa, Patrick Lafcadio Hearn (1850-1904) viveu no Japão de 1890 até o fim da vida. Naturalizou-se japonês, escreveu mais de uma dezena de livros sobre o país e foi, na época, um dos principais disseminadores da cultura japonesa no Ocidente. [N.T.]

E agora eles aparecem: à frente, grande e alegre, como se não estivesse fazendo qualquer esforço, tal como em Kyoto, está Nishimoto; ao seu lado novamente a camponesa idosa de Hiroshima, de rosto ressecado. Acenamos um para o outro, nos abraçamos, falamos bobagens, os dois em japonês e eu em inglês. Ninguém entende ninguém, todos se entendem.

Na primeira fila do grupo há uma mulher pequena, curvada certamente por poliartrite, se não espondilite. Levam-me até ela. A mãe de Kuboyama. Homens ágeis com gravadores: "Diga alguma coisa!". O real deve acontecer para ser reproduzido. Mas aqui isso talvez seja justificado. É evidente que a velha pouco compreende a questão desses dias e nada do papel que hoje representa. Quando minhas palavras são traduzidas para ela (que muitas mães em muitos países do mundo pensavam nela — não ouso dizer "todas as mães de todos os países"), ela pergunta por quê; sim, a mensagem parece amedrontá-la um pouco. Mas ela segura cuidadosamente a minha mão na sua, analisando-a com o olhar especialista de uma artrítica graduada. Essa solidariedade não me é menos bem-vinda do que a política. A viúva de Kuboyama, por sua vez, um tipo indígena, bronzeada, de aparência vital e inteligente, naturalmente digna, compreende totalmente seu papel; mas ela não se envaidece, está à disposição da opinião pública exclusivamente a serviço da causa. Grudada nela, tímida, está uma de suas filhinhas.

Alguns discursos em japonês. Depois aquele do delegado holandês sobre a conferência mundial; por fim, o meu:

Cara senhora Kuboyama, mãe de Kuboyama,
cara senhora Kuboyama, viúva de Kuboyama,
cara filha de Kuboyama,
habitantes de Yaizu,
prezado senhor prefeito,

Não viemos aqui para ensiná-los. Ao contrário: viemos cheios de respeito e como aprendizes. O que *nós*, oriundos de países distantes, "sabemos" no momento (saber na medida em que sabemos o que lemos nos jornais), *vocês* sabem de verdade.

Aprendemos três coisas por meio de suas experiências:

Primeiro: as distâncias foram abolidas. O filho de sua cidade foi o primeiro a comprovar, com sua morte, esse "fim das distâncias".

Sua morte transmitiu a mensagem do "fim das distâncias" até os pontos longínquos do mundo, tornando esses países vizinhos. Ouvimos e compreendemos a mensagem, e viemos. Ou seja, *não* viemos de longe, porque a distância não existe mais. Viemos de países vizinhos. E para um país vizinho.

Caros vizinhos, o *fallout*[12] não conhece mais fronteiras. A poeira fatal que roubou seu cidadão de vocês está circulando por nossa Terra. E a morte que ameaça *vocês* também *nos* ameaça. Também nós na Europa. Também nós na África. Também nós na América. Nós, seja onde for.

Regiões entre as quais não há mais fronteiras para os mortos formam um *único país* (independentemente de os chefes de Estado quererem admitir isso ou não). Se nosso mundo se tornou tal que *vocês* podem morrer caso testes sejam feitos *na nossa área*, que *nós* podemos morrer caso testes sejam feitos *na sua área*, então somos realmente *vizinhos*. Pelo menos na condição de mortais. Pelo menos como assassináveis. E, como vizinhos, vivemos já hoje num único país, no país que se chama "planeta Terra".

Mas eu lhes pergunto: basta sermos apenas pessoas capazes de matar, capazes de morrer, para sermos cidadãos de um país?

Seus e nossos antepassados faziam distinção entre "guerras" no sentido usual (infelizmente usual) e "guerras civis". Com a eliminação de fronteiras vinda no rastro da situação nuclear, essa distinção também não existe mais. Com as explosões, essa diferenciação também explodiu. Atualmente, qualquer guerra entre dois países seria uma guerra civil. Mas, concidadãos da Terra, deveríamos nos tornar concidadãos de um único país a fim de entrar em guerras civis?

A segunda coisa que aprendemos de suas experiências é que o que chamamos hoje de "testes" não são "testes", não são experiências. Vamos desconfiar dessa expressão. Ela confunde. Ao ser alcançado por um pedacinho do pó mortal, o amigo de vocês encontrava-se a 130 km de distância da área de testes. O fato de ele, mesmo assim, ter sido alcançado significa que a distância não era mais distância. E, por essa razão, o experimento não era mais um experimento. Para

12. Forma reduzida de *radioactive fallout* (ou *nuclear fallout*), designação para as partículas radioativas que caem no solo após uma explosão nuclear. [N.T.]

fazer um "experimento" — acreditem na palavra de um cientista —, é preciso que a operação experimental seja um processo que possa ser isolado. Não foi o que aconteceu no Atol de Bikini. E não acontecerá nos testes futuros. Nos supostos testes de explosão, o conceito "teste" também explodiu. Os chamados "testes" são a *realidade* atual. E, visto que eles danificam vidas *reais* daqueles que vivem hoje, amanhã e depois de amanhã, que podem até exterminar essas vidas, os "testes" são uma forma de *guerra*. Exatamente: os experimentos significam uma guerra contra a vida. No nosso caso, na Europa, há um velho ditado que diz: "A guerra é uma continuação da política por outros meios". Hoje, o inverso dessa frase é válido. *O que hoje chamamos injustamente de "paz" é a continuação da guerra ou sua preparação por outros meios.*

Não, vizinhos: é a preparação de um evento que não pode mais ser descrito com a palavra "guerra". Essa palavra também está ultrapassada. E quem a usa o faz para embaçar a visão. Não nos deixemos convencer de que aquilo que os jornais chamam de possível "guerra de amanhã" ainda será uma "guerra". Aquilo que aconteceu em Hiroshima ainda foi "guerra"? Houve resistência? A resistência *poderia* ter existido? Foi pura matança. E a próxima guerra, caso um dia aconteça, será a *devastação geral*. É fácil dizer isso. Fechem os olhos, vizinhos, pois o que vocês enxergam à sua frente e ao seu redor — a vida, as casas, as crianças, as bandeiras —, tudo isso os impede de compreender a palavra "devastação" em sua acepção total. A palavra significa que a Terra, que há pouco se tornou nossa terra comum, perderá toda a vida e vagará, sem testemunhas, como planeta entre outros planetas, pelo espaço. Viram o planeta sem vida diante de si? Então lhes pergunto, vizinhos, seus pais e nossos pais viveram para esse fim? Foi *para isso* que se sacrificaram? *Para isso* que sentiram alegria e nutriram esperanças? E nós, vivemos *para isso*? E as milhares de crianças aqui, nesta praça, foram geradas *para isso* e nasceram *para isso*?

Depois do discurso, o cortejo se forma novamente. Na ponta, o delegado holandês e eu, a mãe e a viúva de Kuboyama. Não entendo como a velha, apoiada à esquerda no meu braço e à direita no braço da viúva, conseguiu manter o passo e o ritmo. Mas, embora ela não compreendesse o motivo, sabia que esse era o dia em que tinha de dar o que restava de si. E viu que era seu dia de glória, pois, quando passávamos pelas ruas e sobre as pontes, toda a cidade abria alas. As pessoas ficavam paradas em frente às casas, apoiadas nas janelas, e como ninguém queria perder a oportunidade de prestar homenagens às duas mulheres, também havia pessoas seminuas, aquelas que tinham interrompido seus afazeres domésticos, aquelas que tinham vindo até a porta do jeito que estavam, as mães com os filhos no peito. E todas se curvaram, em silêncio. Suas expressões de respeito não eram dirigidas aos assassinos sangrentos, mas às vítimas.

Numa das muitas pontes — a vista sobre o riacho lembrava Amsterdã —, havia uma mulher que vendia peixes, provavelmente uma conhecida de Kuboyama. E como todas as mulheres que vendem peixes em todos os lugares do mundo, era uma mulher enérgica. Sem mais, ela agarrou a velha mãe de Kuboyama, com certeza para levá-la para casa, e a velha consentiu sem reclamar. Os olhares de alívio que a senhora Kuboyama e eu trocamos disseram mais do que poderia ser dito com palavras. Depois dessa ponte, as ruas ficaram tão estreitas que era possível olhar para dentro das salas, logo atrás das portas abertas. Mas quase não éramos mais cumprimentados nessa última etapa do caminho, os espaços estavam mortos. Certamente porque a população como um todo marchava às nossas costas. Era impensável que houvesse alguém que fosse aproveitar o dia para entrar nas casas vazias.

Quando chegamos na grande praça, contamos — apesar do tamanho diminuto da cidade — mais manifestantes do que pouco antes em Kyoto, cidade de milhões de habitantes. Falou-se de quinze mil. Esse número não me deixou alegre. Trata-se da cidade natal de Kuboyama. Mas como vamos pôr em movimento as cidades nas quais não nasceram Kuboyamas?

Yaizu

Pernoite na hospedaria. A palavra "hospedaria" está errada. A atmosfera tranquila, relaxada e luxuosa da casa lembra um delicado sanatório. O jardim no entorno da construção de um andar é completo, embora pequeno: uma cerejeira antiga podada, arbustos, um lago, caniço, flores de lótus, uma ponte e pedras chatas e grandes. Visto da minha "cama" (situada no nível do chão), ele dá a impressão de uma paisagem infinita. Aquilo que nós, europeus, conseguimos fazer apenas nas artes plásticas, na pintura e na escultura — aparência de diminuição do tamanho da natureza — acontece aqui *in natura*. Ou seja, a floresta não é representada por um quadro de floresta, mas por plantas reais, que representam algo um pouco diferente. Na verdade, essa arte de jardinagem deve entrar na classificação de "teatro", visto que no palco não surgem "imagens", mas pessoas reais, que apenas "significam" outras pessoas. Questão básica: será que esse gênero artístico surgiu porque os nobres, que deviam sair do campo e se mudar para as capitais, queriam tentar "levar" sua terra?

Nesse meio-tempo, fomos conduzidos à sala de banhos. A três, tomamos banho em água fervendo. *Yukata* [quimono de verão] fresco. Como autênticos "*okyaku*" (o intérprete soletra), ou seja, como hóspedes da noite, fomos regiamente paparicados. Depois, nós (o intérprete, o delegado holandês e eu) esperamos pelo "*yushoku*" (também soletrado), o jantar, junto à grande mesa de laca preta. Foi servido um mix de pratos, não em porções minúsculas, mas nenhuma excessiva. O peixe cru cortado em fatias finíssimas, que se parecia com salmão, era especialmente delicado. No todo, uma refeição muito farta. Cada prato foi servido por uma funcionária ajoelhada diante da mesa, cada qual acompanhado de palavras de recomendação e perguntas sobre desejos. A urbanidade das moças é inacreditável; claramente elas fazem parte, mesmo aqui na pequena cidade, dos mais importantes "representantes da cultura" (que expressão desajeitada para essa mistura de suavidade, animação, virtuosismo no entretenimento e autoconfiança no *métier*). Se os refinados querem ser servidos de maneira refinada, é preciso cuidar do refinamento de quem os serve. Na Antiguidade, essa era a prática. Aqui também. Pelo menos ainda é.

Mais um pouco sobre a "filosofia do comer". Para os japoneses, o mundo não é apenas visível, mas também comestível — e com a mesma universalidade. A exceção não é o comestível, mas o incomestível. Que mistura de curiosidade e gratidão frente à abundância do que o mundo oferece. Cada bocado é magicamente transformado em arte. A sopa clara servida em cumbuquinhas de laca preta parecia um laguinho de jardim; o pequeno bolinho leitoso de broto de soja que nadava nesse laguinho parecia uma ilha. E a folha que nadava solitária na escura água do lago era um poema para o outono. Pintura, jardinagem, poesia muito próximas umas das outras.

Às onze da noite, sob uma lua encoberta, na escuridão da cidade pequena, em todos os lugares, o brilho fugaz de salas de estar. A inocência é ilimitada. Praia noturna. Pequenos caranguejos estalavam sob os pés. À esquerda, supus um paredão de concreto ou pedras. Maré forte, espumante. Cheiro de Cuxhaven.[13] Andei com os pés na água. Lafcadio Hearn nadou aqui numa era pré-nuclear. E considerava Yaizu o jardim do Éden. *Tempora mutantur.*

Yaizu

O delegado L. é um dos poucos que ainda estão realmente chocados e emocionados. Além disso (digo "além disso" porque uma coisa tem pouca relação com outra), ele compõe poemas. Hoje se deu a seguinte situação, altamente constrangedora:

Depois de um jantar oficial, L. foi instigado por um anfitrião japonês a dizer algumas palavras, ou seja, fazer um *after dinner speech*; assim, ele se levantou e pediu, na sua língua, para apresentar algumas estrofes — um poema inspirado pela vivência em Yaizu. Não acreditei nos meus ouvidos. A ideia de declamar algo para esses anfitriões impecavelmente vestidos, que cumpriam seu dever de maneira cerimoniosa, ainda por cima numa língua desconhecida por todos, era prova de uma arriscada cegueira da situação. O fato de os senhores não deixarem transparecer nada, considerando a sugestão fora de lugar como uma honra absolutamente imerecida, quase tornou tudo ainda pior. E L. acreditou piamente na hospitalidade dos anfi-

13. Cidade litorânea alemã na foz do Rio Elba, na costa do Mar do Norte. [N.T.]

triões. Ou seja, era impossível brecar o desastre. Ele rapidamente puxou um papel do bolso do paletó, decerto preparado de antemão, olhou ao redor e, ao me descobrir na outra extremidade da mesa, fez um sinal em minha direção (visto que eu era o único a compreender sua língua), nomeando-me seu tradutor. Ele não percebeu meu constrangimento. Mas não adiantava resistir, pois a desgraça estava tomando seu curso: tremendo de nervoso e suando muito, ele leu — não, não é possível falar de "leitura"; ele gemeu, sussurrou, gritou. E gemia para *mim*, sussurrava para *mim*, gritava para *mim*, porque *eu* era o primeiro a ser contagiado por seu fogo e, em seguida, capaz de incendiar os outros. Querendo ou não, eu tinha de entrar no jogo.

Apressado, tentei acompanhar: as metáforas que se sucediam, as rimas, as exclamações; e comecei a suar frio quando pensei que, a partir desses elementos, tinha de produzir um texto discursivo em inglês traduzível ao japonês. Não tive tempo de me perguntar se o jorro poético do delegado holandês tinha valor ou não. Nessas circunstâncias, qual o sentido de diferenciar entre boa e má poesia? Um hino de Hölderlin não teria sido melhor aqui. O que importa é a situação.

De repente, ele havia terminado. Depois de uma pausa de desconcerto ou comoção, os ouvintes aplaudiram até com algum entusiasmo. Em seguida todos sentaram-se um pouco mais para trás, a fim de *me* ouvir.

Independentemente de quão ridículo possa ser, quem tem de entregar um produto se sente tão responsável por seu conteúdo como se fosse seu próprio. Mas como eu poderia explicar a situação, que já estava esquisita o suficiente, sem descreditar L.? Por que motivo eu deveria ter recusado aceitar a responsabilidade? Então me levantei. Evitei olhar para L. Visto que eu estava firmemente decidido a evitar o *páthos* e sussurrar como ele, muito menos gemer ou gritar como ele, ficou claro para mim que L. se sentiria traído e vendido (embora eu tenha aplicado o máximo em solidariedade). Mas não adiantava. Eu tinha de começar de algum modo. Traduzi para o inglês os elementos compreensíveis de seu jorro lírico, mas, claro, em prosa — e claro que numa prosa pobre, discreta, dura, talvez até incorreta e sem sentido. À exceção do intérprete japonês, a quem eu teria de passar essa versão, e que por sua vez teria de passar minha produção inglesa ao japonês, não olhei para mais ninguém. E também só olhei para ele sem querer e apenas por um segundo. Mas esse segundo já foi suficiente para me convencer de que também ele estava entrando em pânico, que suas tentativas de tomar notas eram tão inúteis quanto as minhas tinham sido. Acho que diante de seus olhos havia uma imagem de horror ainda mais atemorizante do que a minha: a vergonha ante os notáveis de quem ele dependia. Mas, como eu disse, a desgraça era irrefreável, eu não conseguia fazer nada melhor, *ele* também tinha de se sacrificar.

Quando cheguei à última linha, que consistia na exclamação tripla "Concha! Concha! Concha!", decidi, com a coragem do desespero, eliminar inescrupulosamente esse final, que não me sentia capaz de encarar, e me sentei abruptamente. Também recebi aplausos entusiasmados, aos quais inclusive L. e o intérprete haviam se juntado, embora L. tenha me lançado um olhar gelado, e o do intérprete me condenasse à morte. Não revidei nenhum dos dois, concentrei-me nas migalhas da toalha de mesa e, por um instante, aproveitei que o improvável tinha passado. Evidentemente não sei como meu sucessor, de quem me compadeço, se saiu na empreitada, que texto ele conseguiu formar a partir da minha massa disforme. As únicas coisas que chamaram minha atenção foram que eu nunca tinha ouvido ninguém falar tão baixo, de maneira tão inexpressiva e tão sem convicção, e que seu trabalho foi particularmente breve. Se eu transformara o poema de dez minutos de L. em uma prosa de cinco minutos, o terceiro encurtou-a para três. O jorro ardente que saíra da boca de L. se tornara um fio d'água minguado e fugidio.

Mas o que se sucedeu foi muito curioso. Pois mal o intérprete se sentou — aliás, de maneira não menos abrupta do que eu —, foi a vez de aplausos verdadeiramente animados. Sabe-se lá o que o tímido sussurrante intérprete colocou na boca de L.; nunca poderemos saber, provavelmente palavras de agradecimento de cortesia chinesa. De todo modo, a situação estava salva, L. ficou convencido de que seus poemas "serviam para alguma coisa", de que faíscas de sua verve tinham se mantido acesas, apesar das duas traduções. E quando foi a vez de agradecê-lo pela "*profound impression*" que ele havia deixado (novamente o intérprete japonês e eu fomos convocados), L. começou a sorrir.

Por mais que a situação tenha sido horrível, foi também incrivelmente educativa, quase insubstituível. E, na verdade, tenho de ser grato a L. Por quê?

Poesia é poesia apenas no próprio idioma. Ela não pode ser traduzida para outra, assim como "eu" não pode ser "ele" ou "minha dor" virar "sua dor". Ela é o *arcanum* do grupo linguístico.

Hoje, por sua vez, "minha dor" é "nossa dor de todos". Pois todos estamos "*on the same boat*". Quer dizer: o que precisa ser dito hoje é válido porque todos podemos nos "encontrar" e ser "encontrados" pelo outro — e não apenas no sentido de nos encontrar numa "*meeting*", mas num sentido fatal; não apenas como poesia, os poucos que dividem a mesma língua. É preciso um tipo de latim.

Ora, o conteúdo da elegia de L. não era estreito. Sua elegia de Yaizu era dirigida "a todos". Mas o idioma que ele usou era compreendido por poucos, e *a discrepância entre o objetivo do apelo e o meio do apelo* é simplesmente insuportável, para não dizer ridícula. Não é possível conclamar milhares de pessoas — Venham *todos*! Somos *um*! — numa língua compreendida por apenas três.

Em outras palavras: hoje em dia, fazer poesia é uma tarefa provinciana; pelo menos nesse momento, o poeta se tornou uma personagem do vilarejo. A tarefa consiste em gritar para Corinto e escrever a Roma. Fazê-lo em hebraico ou aramaico não teria sentido. Temos de compreender isso. E o entendimento não exclui apenas a poesia explícita — que, a princípio, deve se calar —, mas muitas outras maneiras de falar.

Enquanto somos condenados a viver em nosso mundo que se torna comum sem uma língua comum (e o esperanto, como mistura de línguas, não é solução), temos de nos voltar a um método provisório: temos de aprender a falar nossa própria língua, de antemão e de propósito, de *maneira traduzível*, ou melhor, *para ser traduzida*: ou seja, de modo que nossa fala desgaste o mínimo possível os liames da tradução. Vejo pouco sentido em ficar especulando até que grau isso é possível; é preciso tentar. Se o parâmetro for o ideal da profundidade da língua materna ou da riqueza da língua culta, então o exercício pode representar um empobrecimento. Mas uma palavra pobre que chega longe é mais rica do que uma palavra rica que fica presa em casa e não alcança seu objetivo. Também o latim medieval era, talvez, comparativamente pobre. Mas ele assegurou a Europa. E não está comprovado que esse "novo latim" deva soar mais decadente do que as línguas maternas hoje faladas e escritas; nem mais estridente do que o idioma daquele que tem por profissão defender o vernáculo.

Certamente será preciso disciplina para falar bem essa língua instrumental, quer dizer, de maneira lacônica. E como será impossível utilizá-la para tagarelar, provavelmente será vista como torturante imposição; a mais elevada indignação vai chamá-la de sacrílega e rejeitá-la em favor da língua materna. Mas tal indignação não deve nos intimidar. Apenas nós podemos garantir que essa língua venha a refletir o espírito da nossa. Por outro lado, também é possível prever que a exigida disciplina possa exercer um efeito reverso benéfico na língua materna. A literatura mundial sempre abarcou criações linguísticas (não apenas máximas de formas breves ou fábulas, mas textos de verdade) potentes o bastante para manterem sua força e verdade independentemente de para qual língua fossem traduzidas. Epiteto é traduzível. O mesmo não se pode dizer de nenhum dos filósofos alemães da atualidade.

Claro que não cumpri totalmente o postulado na praça do mercado em Kyoto e na praça da estação em Yaizu. Não posso afirmar que minha fala tenha chegado pronta, sem penduricalhos, para a tradução. Nesses momentos, pela primeira vez a tarefa se tornou visível para mim. Mas agora (principalmente depois da situação absurda em Yaizu), conheço a questão; e conseguirei descobrir quais firulas sintáticas devem ser dispensadas e quais tonalidades mistas devem ser evitadas a fim de que o desenho chegue nítido e reproduzível a outras línguas.

Entretanto, aquele que domina apenas a própria língua, que nesse caso é dominado por sua própria língua, mal conseguirá alcançar o objetivo necessário: introduzir na própria língua um status linguístico global. Apenas quem tem constantemente a chance de testar se aquilo que tem a dizer ainda se sustenta ou se torna bobagem total em outra língua (a qual também domina) pode alcançar esse status necessário atualmente.

Agradeço a L. por seu jorro poético. Ele me deu um empurrão.

Pela manhã, nova formação do cortejo. Caminhada pelos galpões dos peixeiros. Montanhas de peixes enormes, vítreos e gosmentos, que desconheço. Tremores irregulares fazem com que as montanhas como um todo pareçam vivas, embora amorfas. Para fora da cidade, à direita a areia cinza, atrás o mar ofuscante. Ponte imensa sobre o rio, até a colina do cemitério budista na margem oposta. Lá, um festejo junto ao túmulo de Kuboyama. De joelhos, entre as duas mulheres de Kuboyama, devo enfiar um "*kodo*", uma vareta de incenso, no túmulo. As duas rezam. No meio, enlutado e silencioso, o ser humano.

Viagem de volta. Trem superlotado. Passei horas com um garotinho japonês, de cerca de três anos, no colo. Desenhamos juntos, como meu pai fazia comigo: barcos que se transformam em pássaros, que se transformam em veleiros, que se transformam em rostos. Tudo se transformava em tudo, o feiticeiro da Disney empalideceria de inveja. *Ele* balbuciava japonês, *eu*, inglês. Em momento algum ele se surpreendeu com o fato de falarmos línguas diferentes. Ele nem percebeu. Viva o pré-linguístico!

Tóquio

Circularam rumores aqui, não comprovados, de que o enorme livro de Jaspers sobre o perigo nuclear — lançado durante minha viagem de vinda — discorre sobre uma teoria do sacrifício. Em determinada situação, segundo Jaspers, poderia se tornar moralmente imprescindível (outra versão diz até "exigido") ousar fazer "o sacrifício", ou seja, o sacrifício da humanidade. Pergunto *quem*, segundo Jaspers, sacrificaria *quem*? E *a quem* o sacrifício deveria ser dedicado? Até o momento, nenhum dos responsáveis pelos rumores leu o livro. Simplesmente não pode ser verdade.

Ou será verdade? Pois as pessoas não devem ter inventado a palavra "sacrifício". Será que há alguma verdade aí?

Se ao menos ele tivesse se contentado com a expressão mais sóbria "suicídio da humanidade", isto é, em determinadas circunstâncias, poderia se tornar moralmente inevitável (ou até "proscrito"?) que a humanidade cometesse suicídio — o que já seria sem sentido o bastante. Pois não há como imaginar que os milhões, com seus filhos e netos, que morreriam na guerra nuclear, pensariam coletivamente em pôr um fim a suas vidas. Eles não *se sacrificariam*, mas *seriam* "sacrificados". A única palavra genuína para isso é "assassinato". Ou seja: em determinadas circunstâncias, poderia se tornar moralmente inevitável assassinar a humanidade. Ridículo! Antes de ter lido com meus próprios olhos, recuso-me a acreditar que Jaspers tenha apresentado o assassinato como "inevitável em determinadas circunstâncias" (ou até "exigido"), transformando-o em "sacrificar-se".

E, como eu disse, sinto falta do objeto indireto: *a quem* o sacrifício deveria ser dedicado?

Como a vingança é terrível quando alguém, feito nós, há tempos já distantes de cultos (e entre estes está Jaspers, aliás), continua empregando categorias de cultos e fazendo uso de sua força de *páthos*. Essas palavras servem para quaisquer propósitos, os mais aventurescos! "Sacrifício"! Como se esse conceito tivesse algum sentido sem estar submetido a um deus, *a quem* se oferece o sacrifício, *àquele* que exige a oferenda, *àquele* que a recebe, *a quem* ela é dedicada.

Nossos antepassados no século passado que diluíram sua fé em... em uma crença vazia e "intransitiva" certamente já estavam suficientemente secularizados. Mas, se tivessem ouvido falar desse clímax da secularização, desse kafkiano "sacrifício sem destinatário", teriam levado um susto e tanto. Em comparação, como sua "crença no vazio" era inerte, inofensiva!

Ou será possível que Jaspers *não* tenha deixado o destinatário de lado? Será que teve a audácia de afirmar que poderia ser Deus que tinha concordado com esse "sacrifício" em determinadas circunstâncias, aprovando ou até o exigindo? E que o sacrifício fosse dedicado *a ele*? Inimaginável. Igualmente inimaginável. Uma coisa tão obscura quanto a outra.

Mas, se — que sejamos poupados disso — o burburinho vier a se confirmar, se Jaspers realmente tiver falado de "sacrifício", temo que os filhos do conformismo vão gostar de ouvir, principalmente os filhos do Parlamento alemão. Pois que melhor presente poderia cair em seu colo que uma nota existencial, de tonalidade profundamente séria e solene, para sua sórdida cantilena política?

Bobagem. Amanhã descobriremos que tudo não passou de bobagem. E Jaspers estará reabilitado.

Pensamento noturno

Hoje em dia, quem se limita à percepção do que é visível no momento não está mirando a realidade. Pois a realidade está grávida do fantástico. Quem não tem imaginação suficiente ou quem, por medo de sua imaginação, impede-se de imaginar o fantástico de maneira adequada, permanece um sonhador. *O suposto mundo da percepção é uma torre de marfim, empirismo é escapismo.* Enxergar de verdade só é possível, hoje em dia, com os olhos cerrados; e realista hoje é apenas quem tem imaginação o suficiente para pensar o amanhã fantástico.

Tóquio, depois de uma das inúmeras reuniões do comitê preparatório

Dores de crescimento da globalidade. O mecanismo de tradução é torturante: primeiro fazemos a pergunta em inglês (em geral, significa: traduzimos algo da língua materna ao inglês), depois a questão em inglês é traduzida ao japonês, a pergunta japonesa é respondida em japonês, a resposta japonesa é transformada novamente em inglês — e eis que surge a resposta. *Quando* surge! Pois quantas vezes acontece de a metade do que foi dito acabar sendo esmagada pelas rodas dessa custosa máquina de transmissão. Durante as primeiras reuniões, eu ainda ficava um tanto fascinado. O processo me parecia simbólico, um modelo em miniatura daqueles processos que aconteceram e acontecem no mundo multilinguístico desde sempre e são chamados de "trânsito internacional", "troca", "entendimento". Ou seja, um modelo em miniatura de processos históricos mundiais. Depois de uma semana, porém, eu estava farto desse simbolismo. Tento explicar e defender pontos que não estavam previstos no programa e que não conseguem ser formulados dentro dos limites do vocabulário previsto; desde então, essa dificuldade me deixa furioso. Ainda tenho semanas pela frente. O paraíso linguístico existe em casa, com respostas que chegam diretamente ao ouvido.

O que temos de aprender hoje é: falar de maneira tão simples que o perigo de uma deturpação se torne mínimo. Por meio frases curtas, cada uma sendo uma afirmação por si e independente das outras. Dificuldades sintáticas ou falas cujas frases estão em complexa relação (por exemplo, "e isso é tudo menos que") são basicamente compreendidas de maneira errônea, confundem o tradutor, causam estranhamento aos ouvintes. Resumindo, não comunicam. Um único minúsculo erro de tradução (por exemplo, a tradução equivocada de "e isso é tudo menos que") destrói toda a frase que dependia dessa firula. O tradutor é tão bom quanto a tradução das menores palavras e firulas, mas um palestrante é ainda melhor quanto menos necessita de um intérprete excepcional, quanto menos se expõe a interpretações equivocadas. As falas de R. acabaram não recebendo a atenção necessária devido a essas dificuldades básicas de tradução. Meu inteligente intérprete até me explicou: "Se o senhor quer um texto intrincado e fluente em japonês, por favor não me entregue um texto intrincado e fluente no original, mas apenas frases únicas justapostas. Eu as encaixarei. Por outro lado, não consigo traduzir imediatamente um texto original intrincado, pois preciso primeiro dividi-lo numa porção de frases únicas". Como exemplo, imagino um filme que é "exibido" na forma de muitas imagens únicas, mas que o olho enxerga como uma se fundindo na outra, formando um *continuum*.

Aqueles que não dominam nenhuma língua estrangeira são totalmente provincianos. E não apenas por razões técnicas, não apenas porque dependem de tradução para toda e qualquer palavra, mas porque eles (mesmo que saibam que existem outras línguas) consideram sua língua "a" língua. "Por que os franceses chamam *Brot* [pão] de '*pain*'?", perguntaria o camponês da Alsácia. "Afinal, pão é *realmente* 'pão'." Eles não fariam esse tipo de pergunta, mas não há dúvida de que sua prática linguística se baseia nessa proposição de identidade camponesa.

E para eles é totalmente incompreensível que hoje ainda seja necessário outro passo adicional. Briand[14] certa vez desdenhou das negociações na Liga das Nações: "*On parle Français dans toutes les langues*". Essa graça deve ser invertida e tornada regra (e aí está o passo adicional): nos congressos internacionais é preciso falar

14. Aristide Briand (1862-1932), primeiro-ministro francês por seis mandatos e ministro das Relações Exteriores por dezessete vezes, incluindo nos períodos entre 1915-17, 1921-24 e 1925-31. [N.T.]

a própria língua materna "*dans toutes les langues*", ou seja, garantir que aquilo que é falado seja acessível à tradução em outras línguas, pelo menos à tradução na língua dominante do congresso. Apenas então estaremos falando de maneira "pura", isto é, "livre de firulas locais". Claro que esse conceito de pureza contradiz o habitual, marcado pelo nacionalismo do século passado; mas também esse conceito de pureza já era subsequente, ele também tinha passado por cima dos cadáveres do dialeto puro. A despeito de quão provocadora soe a exigência de se falar de modo "internacionalmente puro", não estou me referindo à pureza apenas metaforicamente. Se um dinamarquês sentado entre um indonésio e um peruano tenta se fazer compreender em sua língua materna, ele imediatamente provocará a impressão de que perdeu a chance, ao entrar na sala do congresso, de limpar os preconceitos locais grudados nas solas de seus sapatos.

Aconteceu de alguém, falante de uma língua românica, encerrar sua fala com o jogo de palavras "*scientia-conscientia*", ou seja, o conhecimento só é autêntico quando também é consciência. Esse jogo, que é facilmente traduzível para o alemão [e também para o português], não encontra correspondência em várias outras línguas. Aquilo que era para ser um estouro na língua materna do falante revelou-se um malogro em japonês. Jogos de palavras, mesmo os mais profundos, são provincianismos.[15] Quem os usa em círculos internacionais se exclui — independentemente do caráter global do conteúdo e da intenção de seu discurso — da globalidade. Globalismo provinciano.

Tóquio. Comitê preparatório

"Dois objetivos estão anunciados aqui: o de banir a ameaça nuclear e o de incentivar a soberania dos povos até então não soberanos ou apenas parcialmente soberanos. Antes de desenvolver a ideia que

15. Talvez até a "profundidade" como tal seja uma categoria provinciana. O que não significa nada contra a "profundidade", mas apenas que se trata daquela dimensão em que o enraizado lança suas raízes. Mas é incompreensível por que a amplidão do horizonte devesse ser menos que a profundidade do solo, o pássaro, menos que as árvores, Colombo, menos que Novalis.

pretendo, gostaria de fazer uma observação pessoal: vim aqui apenas pelo primeiro objetivo — não sou competente para lidar com o segundo. Agora vamos ao ponto principal.

"O uso da palavrinha 'e' entre os dois objetivos não faz com que sua relação mútua seja resolvida intelectual ou politicamente. O 'e' permanece sendo asserção.

(Espanto.)

"Estou aliviado pelo fato de, durante as inúmeras reuniões anteriores, ter revelado tanto de mim mesmo que não sou suspeito de perseguir objetivos 'antiprogressistas'. O que lhes peço é o seguinte: complementem sua exigência por soberania com a exigência paralela de redução de soberania. Se não fizermos isso, estaremos nos contradizendo. Explico:

"O princípio da soberania sofreu uma inversão dialética. Pois atos soberanos se tornaram atos de intervenção: a intervenção na soberania alheia, na de todos os outros Estados. 'Intervenções' são, por exemplo, 'testes nucleares'; embora, do ponto de vista jurídico formal, eles pareçam ocorrer sob a competência de Estados soberanos (visto que ocorrem em ou sobre Estados soberanos, como a Sibéria), na realidade afetam os direitos de soberania de outros Estados, pois é tecnicamente impossível manter os efeitos dessas ações dentro dos próprios limites nacionais. O conceito jurídico formal da soberania é antiquado, pois as ações que outros Estados (inevitavelmente) tomam também os afetam em conjunto. O conceito deve se adequar à técnica modificada. Se o raio de impacto — quer dizer, o inevitável raio de impacto das ações desenvolvidas em áreas soberanas — se modifica (se amplia), então se modifica também (ou seja, diminui) a soberania dos vizinhos. O conceito habitual de soberania presumia que o que acontece no território soberano A não diz respeito aos outros Estados de B a Z, porque o impacto das ações desse Estado A não afeta os outros Estados. Ou seja, havia a precondição da *identidade de local de ação e local de efeito*; uma precondição que já há tempos tinha começado a se tornar inválida, com o emprego de artilharia de longo alcance. Mas hoje (visto que outros também são atingidos quando não são eles o alvo e mesmo quando deliberadamente não se tenta atingi-los) sua validade foi totalmente anulada. Violações de soberania no sentido atual acontecem nos momentos em que

Estados tomam ações que impactam outros países. O critério para a violação da soberania hoje *não é mais o local da ação, mas o local do impacto*. Formulando de maneira negativa: nenhum Estado pode ter o direito soberano sobre ações que impactem outros Estados.[16]

"Desse modo, chego ao postulado do início: *se exigimos 'controle nuclear', como fazemos, então temos de exigir também uma revisão ou uma limitação do princípio de soberania.*"

Tóquio, International House

Entrei por acaso em uma "discussão religiosa". Debatedores: um executivo americano [E] e um historiador japonês [H].

E: Falando francamente, fico muito deprimido quando vejo quantos japoneses, melhor dizendo, acadêmicos, são totalmente ateus.

H: O senhor não deve se esquecer de que o ateísmo não é nada de novo para nós; e que o budismo também foi ateu no começo.

E: Qual é sua religião? É ateu?

H: Certamente. Mesmo que não no seu sentido. Visto que a imagem que temos de Deus, mesmo que o senhor a negue...

E: *Eu* a nego?

H: ... os ateus europeus, mesmo que eles a neguem, ainda pressupõem que não precisam negar. Acho que, no nosso caso, de fundo budista, o passo ao ateísmo moderno é menos excitante, menos revolucionário e menos herético que no seu caso. Talvez tenha sido até uma mera transformação: a transformação de *um* tipo de ateísmo em *outro*.

E: Transformação soa curioso. Então o senhor não concorda que o marxismo *destruiu* suas tradições?

H: O marxismo? Por que o marxismo agora?

E: E o que mais? Afinal, por meio do que — como o senhor formulou mesmo? — uma variante do ateísmo foi transformada em outra?

H: Pelo marxismo? Por que justamente *ele*? Acho que o senhor vai ter de escarafunchar um pouco mais.

16. A violação da soberania causada pela técnica corresponde à invasão, na esfera privada, que os aparelhos de escuta (os "*bugs*", instalados distantes de suas vítimas) trouxeram consigo.

E: Então, quem é o culpado, na *sua* opinião?

H: Ninguém tem culpa. Mas, se nos tornamos ateus no seu sentido, então foi por causa dos *senhores*.

E: Por nós?

H: Por seus iguais. Pelos que nos trouxeram as ciências naturais e a técnica. Pois as ciências naturais e a técnica *são* ateias.

E: Não faça piadas. Cresci entre irmãos e primos que eram técnicos e cientistas. Mas nunca ouvi uma palavra ateia de suas bocas.

H: É possível. Concordo até que a maioria rejeitaria isso. Alguns até com indignação.

E: Mas...?

H: Eles não têm necessidade de formular um credo expressamente ateu. Pois eles *praticam* o seu credo. E isso é muito mais. E muito mais impressionante.

E: Eles o praticam?

H: Seus irmãos nos institutos e seus primos nos workshops tratam os processos da vida como se fossem processos que são de Deus?

E: (hesitante) No fim das contas, sim.

H: Isso não me parece muito encorajador. O senhor está querendo dizer: "muito no fim das contas" e "apenas enquanto não são cientistas e técnicos". Aos domingos. Mas nos dias úteis, eles contam que os processos do mundo obedeçam a *leis*. E leis que existem e são válidas, independentemente de terem sido feitas por Deus ou não. O antigo Buda parece ter dito o seguinte: não nos importa se existe Deus, ou deuses. Seus irmãos e primos poderiam assinar embaixo. Pelo menos nos dias úteis. Pelo menos enquanto trabalham em instituições e workshops. E os *senhores* nos trouxeram essa mentalidade.

E: Além disso, nós lhes trouxemos o cristianismo.

H: Além disso.

E: Por que a repetição?

H: Porque soa errado. Se o senhor me dissesse que a Inglaterra exportou algodão e, *além disso*, lã, tudo bem. Dois tipos distintos de mercadorias. No nosso caso, porém, não são duas mercadorias distintas, mas duas visões de mundo. Uma naturalista e uma supranaturalista. Ou seja, que se contradizem mutuamente. Por que o senhor espera que uma das duas que os senhores importaram permaneça inerte?

E: (permanece em silêncio)

H: E permita-me voltar ao começo. Não posso achar correto que o senhor responsabilize o marxismo pelo fato (tão deprimente, para o senhor) de tantos asiáticos que encontra por aqui, tantos acadêmicos, seguirem uma filosofia naturalista. O marxismo foi apenas um neto do naturalismo importado pelo senhor. Um neto especial, porém: um neto que falava uma língua mais aberta do que seu silencioso ancestral e seus irmãos igualmente fechados; que formulou abertamente, como teoria, os princípios religiosos ou não religiosos geralmente apartados das práticas das ciências naturais ou da técnica. Ou seja, que falava a partir da escola da prática. Ou seja, da escola da época. Por esse motivo, foi justamente esse neto que ganhou tantos adeptos. Mas, se o senhor responsabilizar o neto por aquilo que é responsabilidade do silencioso ancestral, então, como historiador — aliás, como não marxista, mas amante da verdade histórica —, devo protestar.

Ele falou assim, despediu-se e foi embora.

"Que lamentável", o executivo se dirigiu a mim. "E se trata de um homem tão culto. As ciências naturais! Que dificuldade de entendimento entre cultura e cultura! Que abismo entre continente e continente! A técnica! Onde o homem está parado? Mas não podemos abandonar nossa esperança jamais."

"Jamais", ecoei.

Tóquio

No decorrer da discussão, minha sugestão de redigir um "código moral da era nuclear", subscrito por todos nós, ainda é recebida com curiosa insegurança. A reação oscila entre dois extremos: suspeita e admiração. Um tão sem base e sem sentido quanto o outro. Mas eles ficam espantados que alguém que não advoga em favor de uma organização nem participa de qualquer movimento, partido ou doutrina apresente um projeto. Eles não sabem direito se devem me considerar um charlatão, alguém muito esperto que não quer mostrar todas as cartas ou talvez algo especial (o "inventor de um novo sistema"). A próxima coisa que lhes peço é que considerem minha sugestão simplesmente como ideia mais ou menos aproveitável e analisem seus prós e contras, o que parece complicado. O que está no meu caminho não é falta de inteligência, ao contrário. O grau de inteligência e formação do comitê preparatório é incomumente alto, principalmente de inteligência. Eles são prudentes o suficiente para serem céticos em relação à própria capacidade de analisar e classificar corretamente os estranhos. Como isso me foi revelado aberta e amistosamente, e eu lhes expliquei que sinto algo semelhante também em relação a eles, a situação não tem nada de ofensiva em si.

Tóquio

Recebi a solicitação para apresentar minha ideia de código a dois professores de filosofia, cuja avaliação será levada em conta. Visto que eu não sabia (e ainda não sei) a posição de ambos, tratava-se de tudo ou nada. Ressaltei: a situação atual, ou seja, a possibilidade do autoextermínio da humanidade, não foi prevista em nenhuma ética. Disse que exigências de complementação, a bem da verdade exigências de complementação idênticas (uma vez que todos somos atingidos com a mesma intensidade e da mesma maneira), são imprescindíveis. Como ilustração, li para eles alguns parágrafos dos "Mandamentos para a era atômica" do jornal *Frankfurter Allgemeine*.

"E os mandachuvas nucleares", um deles perguntou, irônico, "vão seguir imediatamente seus postulados, certo?"

"Claro que não", respondi. "Mas a história não avança de maneira assim tão simples. Se as ações que os governantes impõem, e tentam nos convencer de que são imperativos morais, forem consideradas imorais com base em um código moral largamente disseminado, então os que ameaçam se encontram num clima moral modificado." O outro queria saber algo sobre a relação com as religiões existentes.

Resposta: mandamentos e proibições devem ser formulados de modo que se adaptem, da maneira mais natural possível, à moral existente, e completei dizendo que isso não significa que tal formulação possa ou deva ocorrer a partir de quaisquer tipos de truques linguísticos. Aliás, também é desnecessário, visto que, à exceção das doutrinas políticas de força transformadas em pseudorreligiões (como no nacional-socialismo), não há nenhuma religião que não seja contrária à ideia da extorsão, do genocídio ou da extinção da humanidade.

A terceira questão era explicitamente filosófica, uma questão crucial: "Como é possível justificar a *obrigatoriedade* de seus mandamentos, tendo em vista a multiplicidade de pressupostos religiosos? Em qual absoluto o senhor pretende ancorar a validade dos mandamentos nucleares?". Minha resposta: "Não pretendo". Para explicar, usei o termo "ascese metafísica", e concluí: "Por ocasião de um incêndio, não se pergunta pela legitimidade dos bombeiros". Curiosamente, foi exatamente essa resposta, não exatamente acadêmica, muito menos profunda, que me angariou as primeiras simpatias. Talvez ela se assemelhe a algum ditado popular ou a alguma máxima budista. De todo modo, eles sorriram e se despediram amistosamente. Fiquei com a impressão de que as chances melhoraram.

Tóquio

Almoço na International House com um simpático americano, professor de faculdade, economista. No decorrer da conversa, quando exigi a interrupção definitiva dos testes, ele me chamou de *utopista*. Na sequência, deu-se o seguinte diálogo:

Eu: O que você entende por "utopista"?

Ele: Meu Deus, o habitual: um homem que mira diretamente um mundo ideal ou de postulados.

Eu: E o que significa "diretamente"?

Ele: Sem se perguntar se há caminhos que possam conduzir a situação presente ao seu mundo imaginário; ou por quais caminhos esse mundo poderia ser alcançável ou concretizável; e não faz nada de indireto, ou seja, não toma desvios, a fim de alcançar seu objetivo. E ainda se aferra à sua programação mesmo quando a impossibilidade dos caminhos lhe é demonstrada.

Eu: Ou seja, um sonhador empedernido.

Ele: *Exactly.*

Eu: Eu queria apenas me certificar disso para colocar a segunda questão. Você já se conformou com o apocalipse?

Ele: Pareço assim tão cético?

Eu: Não estou falando de seu aspecto saudável. Você imagina que em 1970 ou em 2000, nosso globo, desabitado e desconhecido, estará em órbita como uma estrela morta? Sim ou não?

Ele: (sorrindo) Não.

Eu: Surpreendente.

Ele: Por quê?

Eu: Porque *você* confessou que é utopista.

Ele: *Eu*?

Eu: Mas é claro. Pois você está perseguindo um objetivo totalmente imaginário. E — segundo *sua* definição — de maneira totalmente direta. Ou seja, sem se perguntar se esses caminhos que vão do estado presente até seu mundo imaginário são possíveis; ou por quais caminhos tal mundo poderia se tornar concreto.

Ele: E qual seria meu objetivo utópico?

Eu: A existência da humanidade depois de amanhã, algo que, visto a partir da situação de hoje, representa uma improbabilidade fantástica.

Ele: (franzindo a testa) Você está colocando tudo de cabeça para baixo.

Eu: Eu não. Você não percebe como é antiquado? Como fica manquitolando atrás do tempo, lamentando-se?

Ele: Eu, antiquado? Ninguém nunca achou isso. De que modo?

Eu: Porque utopista, atualmente, não é quem se ocupa ou se diverte em pintar uma imagem de sonho, um inexistente (*Nichtseiendes*); ao contrário, é alguém que imagina o amanhã (talvez, ou provavelmente, inexistente) como existente, como ainda existente; e assume esse ainda-existir (*Noch-sein*) sem justificativa. Não é aquele que está convencido de que o hoje vai dar a vez a algo que ainda não existe, mas, ao contrário, aquele que acredita naquele ainda-existir (*Noch-Dasein*) sem se questionar (*suas* palavras)... você sabe o quê.

Ele: (confuso) Para mim, você é um *sly bird*.

Eu: Isso não é um posicionamento a respeito do que falei.

Ele: Mas você é um *strange bird*, sem dúvida.

Eu: Não é o meu caso que está em debate aqui, mas o seu. E ele é ainda pior. Pois você não se limita a não refletir *se* pode haver um caminho que leve a seu estado ideal, seu ainda existir, ou qual seja. Você advoga inclusive pela continuação dos testes com explosivos, dos testes de voo, da produção de armas nucleares, sua "melhoria", sua exportação a outros países e assim por diante. Resumindo: o caminho que, ao contrário, segue direto rumo à autodestruição da humanidade e simplesmente deixa de lado a continuação do mundo como um *utopos*. E, *apesar* disso tudo, ou seja, embora você faça tudo contra essa concretização, apesar disso você *acredita na continuação do mundo*, sonhador empedernido. Todo o seu otimismo está baseado em nada além de uma omissão: a de que você não imagina a irrealidade do mundo, ameaçadoramente real. Talvez você esteja muito "acostumado ao ser" para fazê-lo, ou seja muito pouco independente ou muito preguiçoso ou muito covarde — na condição de estranho, não me sinto capaz de julgar.

Tóquio

Meu projeto foi aceito. Uma "terceira comissão" sobre as "New Moral Obligations of Man in the Atomic Age" será acrescentada às duas comissões planejadas inicialmente. Devo abri-la com uma palestra inicial, tal como um seminário. Não está bem claro o que motivou a decisão positiva. Além de meus argumentos, bem provável que também uma reflexão tática: o vocábulo japonês que corresponde à palavra "moral" foi monopolizado pelos círculos da direita, que fazem campanha pela reintrodução da disciplina de moral imperial-xintoísta nas escolas, abolida desde 1945. Tema e palavra devem ser desmonopolizados com a aceitação do tema e o uso da palavra. Por mim, tudo bem. O que importa é o que se faz com isso.

Aqui havia uma cidade.
Tinha um nome.
Escombros e fuligem — amém —
ficaram no seu lugar.

Os que aqui estavam ontem,
iam ou vinham,
estão hoje — amém —
sob seus pés.

Ninguém os toca.
Que sua moldura nua mostre
o que vocês — amém —
fizeram a si mesmos.

— "Placa sobre um monte
de destroços" (1945)

No trem para Hiroshima

A bomba — cuja força explosiva era comparável a uma arma nuclear "tática" contemporânea — explodiu em 6 de agosto de 1945, às 8h30, 66 metros acima do Hospital Shima, em Saikumachi. Geração de calor: 50 milhões de graus.

Número de moradores no dia da catástrofe:	250 mil 150 mil soldados estacionados e estrangeiros Total: 400 mil

Mortos (até 1950, inclusive):	282 mil[17]
Distribuição temporal:	50% no dia da catástrofe 35% nos três meses seguintes 15% desde novembro de 1945
Sobreviventes (inclusive feridos):	158 mil
Doenças dos sobreviventes:	Doenças hematológicas (anemia perniciosa, leucemia) Queloides por queimaduras, que causaram irrupções tumorais na epiderme Comprometimento hepático Catarata Neuroses

Acabei de "passar os olhos" por esses números. E, mesmo ao copiá-los, não os compreendi. Que terrível a expressão "passar os olhos". Pois foi assim, sem compreender, que o avião de bombardeiro passou os olhos pelas vítimas deixadas para trás.

Hiroshima

Viagem noturna de trem, calor de 38 graus, somos seis na cabine dormitório; diante de mim a novelista da Birmânia, até ela gemendo por causa do calor. Acompanhados durante horas pelo coaxar de sapos que vem dos campos de arroz irrigados. Estação tão clara que chega a ofuscar, casas modernas no estilo de Los Angeles. Escandaloso, porque nada comprova Hiroshima. Poderia ser Burbank ou San

17. Os números variam, mas, mesmo se considerarmos a versão de menor quantidade — 170 mil mortos —, a princípio tudo permanece igual.

Fernando.[18] Viagem de ônibus. A cidade permanece tão irreconhecível que, embora o ônibus se desloque sobre duzentos mil queimados, R. começa a cantar. Longe dos olhos, longe do coração. Nome do hotel: "New Hiroshima". Não se sabe se foi batizado por ingênuos ou por cínicos. Supostamente essa é a pergunta errada. Porque há circunstâncias nas quais a ingenuidade deságua no cinismo.

No calor do meio-dia, junto com K., amigo de Jungk, passamos pelo memorial sobre a ponte em direção à cidade, que não deixa nenhuma pista do acontecido, pelo menos não para mim. O., que é daqui, mas que no dia da catástrofe estava marchando como soldado em algum lugar da China, explica não ter crescido "aqui". Na verdade, havia outra coisa nesse lugar, e lá adiante, junto à ponte, havia uma coisa diferente também. Tudo isso lhe era estranho, nada estava certo.

Como a estranheza de O. me é familiar! Pois sua experiência de "não estar onde está" é tão conhecida nossa, moradores de cidades reconstruídas, que quase já perdeu seu aspecto terrível. Sim, somos acostumados ao horror. Quando O. exclamou, parando no meio da ponte: "Sim, quando eu revi a cidade, quando ela ainda estava reduzida a escombros, ela ainda existia. Mas agora!", isso também me soou familiar. Pois *a reconstrução é a destruição da destruição e, portanto, o ápice da destruição.* A semelhança entre a situação dele e a nossa, entre as experiências deles e as nossas, é simplesmente inacreditável. Há um denominador comum para todos os que tiveram o passado destruído; para todos os que foram enganados em relação ao seu passado. Quando lhe lancei um triste olhar cúmplice, ele sussurrou (imaginem: o japonês para o antigo imigrante, e falando em inglês): "Enganados do mundo inteiro, uni-vos!". Realmente, os caminhos do globalismo são estranhos.

Não, *eu* não consigo ver nada do ocorrido. As coisas visíveis: as casas *novas*, que ocultam o ocorrido da mesma maneira que os jornais ou a linguagem cotidiana. Tudo parece "temporalmente neutro", quer dizer, tudo passa a impressão de que sempre foi assim. O atual se disfarça de "sempre foi assim", e esse suposto "foi assim" vigia o que

18. Cidades na Califórnia, Estados Unidos. [N.T.]

realmente foi. A história é falsificada retroativamente e pela própria história (afinal, a reconstrução também é história). História — a história de sua autofalsificação.

Se perambulo pelas ruas e bazares da cidade — como disse, poderiam ser ruas e bazares de qualquer outra cidade japonesa de 250 mil habitantes —, para mim só existe "aquilo" e "eles". Não encontro outras expressões. "Aquilo" é o que aconteceu há treze anos aqui; "eles" são os duzentos mil que estão debaixo de mim; a Pompeia feita de seres humanos e quase não escavada. Não há vestígios visíveis nem "daquilo" nem "deles". Se quisermos "vivenciar" isso, dependemos de nós mesmos; da capacidade de incessantemente tornar real a equação: "foi aqui que...". Portanto, temos de nos ajustar a cada minuto. Pois o supostamente real nos impede, ininterruptamente, de manter em evidência o realmente real.

Podemos nos perguntar se teria sido necessário vir até aqui, pois o sentimento devido não é ditado pela percepção, e sim pelo conhecimento — que é possível mesmo sem estar fisicamente presente. Pode ser até que alguns que vêm até aqui sejam impedidos, pela visão da Hiroshima atual, de se conectar com o verdadeiro saber, a verdadeira dor, a verdadeira indignação. Porque eles, acostumados com o fato de a percepção superar a mera imaginação em pungência e impressionabilidade, se apoiam na percepção, e ela lhes transmite impressões inocentes. *Atualmente, a condição moral da verdade é a imaginação.* Que reviravolta nas relações habituais! Que absurdo! Quando eu era aluno em intermináveis seminários de fenomenologia, aprendi que toda imaginação tinha que se "cumprir" no ato da percepção "originalmente dado". O que Husserl teria pensado se tivesse ouvido falar de fatos que se "apresentam como eles mesmos" (se tanto) apenas por meio da imaginação? E de percepções que só alcançam seu ponto de evidência quando se preenchem em imaginações? Também eu fico sem fala, embora já há anos tenha classificado a "educação da fantasia" como *a* tarefa de hoje. O que é necessário, portanto, é a disciplina do "pensar constantemente no assunto", "ficar ligado na questão", que não pode ser perturbada nem confundida por qualquer percepção. Essa tarefa é provavelmente desconhecida para todos aqui, exceto

V. e eu. Eles sempre recaem no esquecimento (também eu, muitas vezes). Por exemplo, eles jogam cartas no saguão do hotel. Mas que direito tenho eu de admoestá-los? E quem ganharia com isso? Pois o alerta de nosso pensamento não trouxe ganhos reais a ninguém. E a dor do alerta ainda não reviveu ninguém.

Contudo, se conseguimos não nos esquecer nem por um instante de onde estamos, então acontece algo extraordinário, que transforma esse solo num *solo consagrado*. É difícil saber o motivo disso. Por que as pessoas — ou pelo menos o solo onde estão enterradas — devem se tornar sagradas por terem sido vítimas dos crimes mais extremos? Mas os lugares onde os campos de concentração estavam situados também passaram por uma transformação semelhante. Tentativa de explicação, embora provavelmente insuficiente: talvez o crime seja tão desmedido que só possa ser trabalhado por meio de categorias religiosas, mesmo que negativas, ou seja, como *evento luciférico*; e os inocentes vitimados por esse evento luciférico estão, de certa forma, infectados pela qualidade religiosa do crime. De todo modo, a proximidade da atrocidade e do sagrado nunca me pareceu tão evidente quanto aqui. Mas *minha* vivência não importa. A tarefa é estabelecer a generalidade dessa vivência e sua duração.

Quando empreguei a expressão "todos aqui" durante uma conversa com um redator de um jornal local — uma pessoa excelente, muito inteligente e sensível, que me perguntou isso e aquilo — e acompanhei-a não apenas com gesto indicativo à direita e à esquerda, mas acrescentei um gesto para baixo, pois "os mortos aqui são um contingente maior" do que os vivos, ele disse "*arigato gozaimasu*", baixando a cabeça. Disseram-me ser esse o "obrigado" mais cortês.

A semelhança com Los Angeles não foi surpreendente apenas no primeiro instante, ao contrário: ela vai se tornando mais e mais insuportável. E alcança seu clímax quando atravessamos o centro simbólico de Hiroshima, a praça onde "aquilo" aconteceu. E onde fica o memorial.

Esse memorial, conhecido por inúmeras fotos, é um arco de concreto; não se trata de uma "torre", nem uma "Peace Tower", como os americanos o chamam. É antes uma ponte (caso seja possível chamar assim algo que não leva a lugar nenhum). Mas, independentemente de como seja chamado, é moralmente inadequado e insuficiente como memorial. Um nada cercado impressionaria muito mais e seria um alerta mais enfático. Não, trata-se de algo sem sentido. Dá para perceber que deve significar alguma coisa, mas apenas porque a falta de função sempre passa a impressão do simbólico. E porque (pensa-se) algo tão ostensivamente inútil deve ser pelo menos "profundo". *O que* significa permanece enigmático. Justamente por isso, a coisa parece ser americana. Pelos seguintes motivos:

Como se sabe, nos anos 1940, os Estados Unidos deram a maior importância para propagar *arte abstrata* (*gegenstandslose Kunst*) (inclusive em revistas oficiais, publicadas pelo Departamento de Guerra); seu orgulho era provar, por meio dessas obras de arte, que estavam culturalmente atualizados (ou seja, a imitação de uma mania surgida vinte anos antes na Europa, e que lá e naquela época tivera seu direito indiscutível de previsão alertadora para o mundo que se desfazia em pedaços). Não foi por acaso que essa preferência oficial tardia por destruição de formas de objetos na arte (mais especificamente a propaganda para a fruição dessa destruição e o desdém por aqueles que não acompanhavam esse progresso artístico) tenha aparecido historicamente sincronizada com a efetiva destruição do mundo. Tampouco foi por acaso que a destruição do mundo, que teve em Hiroshima seu ensaio geral, foi homenageada na forma de um "*non objective object*".

Sei que o projeto desse memorial saiu não de uma prancheta americana, mas de uma japonesa. Mas dá no mesmo: os vencidos, a fim de atestar sua disposição interna em relação aos valores culturais dos seus conquistadores, assumem seu estilo; trata-se de algo historicamente normal. Essa afirmação não deve ser compreendida como acusação. É claro que os japoneses não sabiam que, ao construir essa "ponte", estavam imitando uma imitação; muito menos quando lançaram mão de uma antiga forma local de casa ou de ponte. Desse modo, puderam se convencer de que estavam permitindo que ao menos sua arte sobrevivesse na praça dos mortos. Esse objeto é insuperável como desanimador exemplo de como a história da arte se desenrola. Como um monumento, ele é um Nada.

Esse nada é o ponto central de Hiroshima. Pois os outros "*musts*" — o hotel da moda "New Hiroshima" e o igualmente da moda museu nuclear — também estão nesse lugar. O fato de terem sido erguidos como construções gêmeas que se complementam lindamente tem um efeito especialmente sagaz. Tanto faz: tudo está praticamente lado a lado, para que o visitante não sinta qualquer transtorno e para que ele, pelo amor de Deus, não perca tempo demais naqueles lugares que anunciam o final dos tempos. Memorial, hotel, museu: tudo de que o visitante precisa para ter estado lá. Ele pode "*make Hiroshima*" em uma única hora; reservando metade dela ao museu, mais especificamente à seção dedicada ao progresso, na qual são ilustradas as belezas incomparáveis da energia nuclear usada pacificamente — a escolha dessa cidade para essa ala de imagens é realmente engenhosa. E o visitante pode aproveitar o que resta do dia após esse acalentador *shot in the heart* para percorrer a pitoresca estrada que margeia o mar interior ao sudoeste de Miyajima, onde pode estacionar o carro para subir de balsa até a Ilha de Itsukushima, com sua densa rede de lojinhas; por fim, fotografar a propriedade onde se encontra um templo xintoísta, diretamente junto à água. Construção sobre palafitas. Três estrelinhas.

Não, caminhante, abra mão de Miyajima, abra mão de Itsukushima e permaneça aqui! Permaneça aqui e percorra as ruas e atravesse as pontes! E lembre-se de onde está caminhando, sobre o que e sobre quem! E lembre-se de que nada daquilo que você está vendo é o real; que real é apenas o fato de que você não está mais vendo o real, de que você não consegue mais ver o real. Feche os olhos e confie em sua imaginação. Pois hoje em dia apenas os indolentes confiam nos próprios olhos.

Hiroshima, 6 de agosto

Cronologia: 6 de agosto de 1945 foi o dia zero. Esse dia, no qual confirmou-se que a história mundial talvez não prossiga, que somos capazes de cortar o fio da história mundial; esse dia inaugurou uma nova era da história mundial. Uma nova era — mesmo que sua essência consista, talvez, em não ter continuidade. Vivemos no ano 13 da desgraça. Nasci 43 anos antes. Meu pai, que enterrei em 1938, morreu no ano 7 antes dela. Numa outra era.

Hiroshima — dia do aniversário. Início do ano 14

Acabo de chegar de uma cerimônia comemorativa. Ao ar livre, sob um ofuscante céu azul. Num lugar vazio, à exceção das pessoas cobrindo onde "aquilo" aconteceu. O início foi às oito da manhã, ou seja, no mesmo momento em que "aquilo" aconteceu.

Na frente, em bancos, convidados, representantes das províncias, cidades, igrejas, da monarquia, nós, convidados oficiais e oficiais da Marinha da Índia (provavelmente vindos de Nagasaki). Sobre nós, lamentavelmente simbólicos, aviões. Quando chegou o momento, silêncio total. Depois, música. "Marcha fúnebre", de Chopin. Que imortalidade especial! Mas inadequada como música de luto para duzentos mil. A música parece enterrar um único morto, alguém que recebeu uma honraria. Entrega de coroas, discursos, coros. Tudo acontece com uma rigidez ritualística. Que é boa. Pois ela combate a falta de medida daquilo que pudesse talvez desabrochar.

O mais constrangedor foi aquilo que *não* aconteceu. O que não aconteceu pode se tornar um acontecimento de uma violência tão insuportável que simplesmente apaga tudo o que efetivamente está acontecendo. Foi o caso aqui. Embora a cerimônia se desenrolasse sem intercorrências, embora o ar estivesse carregado com a música e com o zumbido dos aviões, embora os viventes não deixassem livre sequer um espaço do tamanho de um pé no solo, e os mortos, sequer um espaço livre do tamanho de um pé debaixo do solo, mesmo assim o não acontecido encontrou lacunas e frestas para penetrar nesse acontecimento denso, e com tal potência que preencheu toda a praça e ao longo de toda a duração da cerimônia. Descrevendo o evento do dia: *os assassinos não honraram este dia com nenhuma coroa, e as vítimas não dirigiram nenhuma palavra aos assassinos.*

Eis a vingança do negativo: o que não existe em lugar nenhum está em todos os lugares; e o que não acontece num momento determinado acontece em todos os momentos.

Ou será que eles estavam envergonhados? E, por isso, deixaram de ter o mínimo de participação nesse dia memorial?

Difícil. Pois eles, do próprio jeito, também *tinham* participado. Quer dizer, com testes de explosão que ocorriam no Pacífico, enquanto se preparavam as festividades aqui, e com o anúncio de novos testes.

Sim, também a celebração ocorreu *nesse* contexto: ela *foi uma demonstração do nunca mais num mundo do ainda e da repetição.*

Hiroshima, 6 de agosto. Noite escura e quente

Na região semi-iluminada (composta pela grande praça, as margens do rio e as pontes), na região onde "aquilo" aconteceu, reina uma agitação festiva. O mais doloroso: não é possível afirmar, ou mal é possível afirmar, que seja a agitação dos sobreviventes. Afinal, há poucos "sobreviventes" aqui. Os que andam para cima e para baixo aqui são apenas "sucessores", gente da leva seguinte.

No meio, vemos crianças com balões, até vendedores ambulantes que, oferecendo seus quitutes, dão um ar de festa popular à agitação. Entretanto, há uma curiosa atmosfera silenciosa, de filme mudo. Diante do memorial, que mal se vê com a montanha de flores espalhadas ao seu redor, queimam milhares de pauzinhos de incenso, cujo aroma adocicado torna o ar quase irrespirável. Em frente à montanha de flores, pessoas rezando. V. (a única pessoa com quem passar esta noite) e eu vamos andando a esmo. Sem conversar, no máximo apontando algumas coisas aqui e acolá. De repente, nos vemos às margens do rio. E levamos um susto. Pois o que nos recepciona é totalmente inesperado: milhares e milhares de velas, descendo o rio lentamente.

Já não sei por quanto tempo ficamos observando a cena. Tenho a impressão de que alguém às nossas costas sussurrou em francês: "Uma para cada um", mas também não nos viramos para ver quem falava. A explicação do desconhecido é clara: uma vela para cada uma das duzentas mil pessoas que, há treze anos, morreram queimadas ou se afogaram, queimando.

Aos poucos, a cena foi ficando mais nítida. Do outro lado do rio, foi possível reconhecer milhares que, às margens, olhavam igualmente em silêncio para a água. Como se aquilo que a correnteza estivesse conduzindo diante de seus olhos fosse uma esquadra de almas mortas, e não de velas. De outros pontos da margem, o vento trazia fragmentos de recitações, até de várias recitações ao mesmo tempo. Provavelmente missas para os mortos. Ah, *nós* não precisávamos desses sons. São sempre os errados que escutam tais missas. Outros ouvintes, aqueles que necessitariam delas com mais urgência, deveriam estar aqui, não nós. Eu cederia imediatamente meu lugar.

Uma sorte a noite estar tão escura. V. e eu ainda evitávamos olhar um para o outro. Cada qual está ocupado em lidar com essa cena e ocultar seus sentimentos. Mas não conseguíamos nos decidir a sair dali. Há algo como uma justificada *voluptas oculorum*, uma curiosidade que vem da dor e da indignação. Ou seja, voltamos sempre a caminhar com a massa; e sempre percorremos os mesmos caminhos (como se fosse uma ofensa para essa gente retornar ao mundo normal do hotel). Até que subitamente nos encontramos num lugar inédito: uma ponte que ainda não tínhamos cruzado. E sobre essa ponte havia algo que precisa ser registrado.

Primeiro ouvimos o som fraco de um instrumento de corda. Depois o vimos. Ou melhor, vimos *aquilo*. E o fato de ainda hoje eu oscilar entre escrever "*ele*" ou "*aquilo*" já revela o essencial.

Pois o que o músico fazia era, em primeiro lugar, não identificável. Não dava para enxergar um rosto; um pano o cobria desde a cabeça. Um visitante de Hiroshima não deveria ter dúvidas do motivo daquela presença.

Então olhamos para baixo (pois o que torna um ser humano mais ser humano é, depois do rosto, suas mãos). Mas não havia mãos. O que tocava era algo de metal. Um visitante de Hiroshima também não deveria ter dúvidas do motivo.

O que está sobre a ponte é, portanto, um robô. E o terrível não é sua falta de rosto e sua falta de mãos, mas, ao contrário, o fato de que, entre essas regiões atrofiadas e tornadas desumanas, entre a região que uma vez se chamou "rosto" e aquela que uma vez se chamou "mão", deve haver um corpo real, vivo e pulsante. Inimaginável. Durante a música, algo começou a zunir sobre nossas cabeças. A voz atrás do pano emudeceu imediatamente; a cabeça recoberta sumiu entre os ombros. E ficou assim até o barulho do avião não ser mais perceptível. Daí a cabeça se levantou novamente e a música recomeçou. Exatamente no ponto em que tinha sido interrompida. Depois dessa pausa, que pausa musical ainda poderia impressionar?

Ele era conhecido dos moradores. A maneira como eles ficavam ao seu redor, em silêncio, mas sem espanto, atestava que eles o aguardavam como um objeto de cena. Ele fazia parte do dia como um monstro oficial.

Mais tarde

Acabei de saber que o homem, embora seja reconhecido como uma parte de Hiroshima, não é considerado uma "autêntica" vítima da catástrofe. Apenas (e esse é o "apenas" mais lamentável que já ouvi) ficou assim durante a guerra. Dizem que há línguas ferinas chamando-o de farsante e de algo como "aproveitador da guerra". Para mim, é indiferente, não me predispõe contra ele. Mesmo que não seja uma "vítima autêntica", que não seja vítima desse último estilo de genocídio, ele está sobre a ponte que leva às margens desse estilo de genocídio. O fato de que *antes* dos meios nucleares havia armas que podiam fazer tamanho estrago a uma pessoa não a desonra. A dignidade de participar do grupo não lhe deveria ser negada. Se ele não é ícone, é alerta; se não é ponto-final, é indicador de caminho. E isso basta.

Hiroshima

Se tivesse acontecido hoje.

Sim, se hoje a cidade tivesse sido destruída, a bomba empregada seria considerada "*limpa*".

A maioria de nós parece ainda não ter se dado conta de que a tentativa de construir "bombas limpas" não é menos terrível do que a construção das "armas nucleares" em si. Não estou me referindo à hipocrisia perigosa que está contida na expressão — pois o que ontem era considerado "sujo", hoje é "limpo". Quer dizer: a limpeza não é medida pelo efeito de destruição real, que não pode ser aumentado, mas simplesmente pelo grau de destruição possível de ser alcançado hoje em dia. Também não estou me referindo à suposição perigosa de que aqueles que conduzem as guerras, embora tenham "armas sujas" à disposição, obedientemente se restrinjam ao uso das "limpas". Afinal, é evidente que, no momento da irrupção de hostilidades sérias, o "*princípio de leilão*" seria colocado em ação. Quer dizer, se A resolvesse empregar a arma de tamanho 1, B se sentiria compelido; não, justificado; não, obrigado a responder com a arma de tamanho 2. A, por sua vez, não se faria de rogado em responder com a arma de tamanho 3. Ou seja, o início modesto não representaria nada além de um ritual infimamente breve de autojustificação, que imediatamente, num *accelerando* quase impossível de acompanhar, resultaria numa batalha nuclear de nível máximo.

Não, a hipocrisia não é nenhuma novidade. Por outro lado, nossa tentativa (que chega a ser frenética) de produzir armas cuja potência seja *inferior* à potência das armas de que realmente dispomos é inédita e revolucionária; ou seja, nos esforçamos por uma "*melhoria por meio da piora*"; nos esforçamos nesse sentido porque as piores seriam as melhores, porque as "melhores" significariam a catástrofe absoluta, ou seja, totalmente sem sentido tanto política quanto estrategicamente; as "piores", por sua vez, talvez ainda pudessem ser empregadas como "armas", ou seja, como meios políticos e estratégicos.

Estamos diante de nossos produtos como até ontem estivemos diante das forças da natureza; aquelas forças da natureza que, para empregar, tivemos primeiro de domesticar (assim formulo o revolucionário status técnico que alcançamos). Se até ontem nossos equipamentos e instalações, produzidos por nós mesmos, garantiam a domesticação das forças da natureza, hoje a força de nossos produtos é tão ilimitada que somos obrigados a domesticá-los.

Não, a diferença entre ontem e hoje é ainda maior: se até ontem almejávamos ser domesticadores da natureza, assegurar e potencializar nossa cultura (no sentido mais lato do mundo artificial que nos é imprescindível), hoje em dia, como domesticadores de nossos produtos, almejamos assegurar a continuação da natureza (ou seja, de nossa mera sobrevivência). Portanto, palavra-chave para hoje: *domesticação dos produtos*.

Nosso próprio potencial de força aumentou de tal maneira que se tornou impossível de ser aplicado, é maior do que qualquer objetivo desejável ou até imaginável. Por isso, nós tentamos — e com esse "nós" me refiro não somente a nós, os adversários das armas nucleares, mas também a seus defensores — revogar essa força. Mesmo em meio aos defensores das armas nucleares há, em curso, uma rebelião contra as máquinas.

Não conheço nenhum outro momento na história moderna, quer dizer, na história da técnica produtiva em constante avanço, no qual tenha havido semelhante "retrocesso". Nunca antes se tentou construir locomotivas que andassem mais devagar do que aquelas já em movimento; nunca antes se tentou construir armas cujo alcance fosse menor do que o daquelas já empregadas. Apenas hoje, visto que o "limite da empregabilidade" foi transposto, a técnica é revirada para se tornar a técnica de sua própria revogação.

Hiroshima

Os mortos estão mortos. Mas os vivos: os moradores atuais de Hiroshima, os novos (que evidentemente são a imensa maioria) não vivenciaram "*aquilo*". E essa "segunda turma" de Hiroshima está claramente ficando cansada de ouvir falar o tempo todo "daquilo". O tema da catástrofe se tornou impopular. Portanto, não estão entre os favoritos da cidade nem as vítimas, que caminham por aqui como encarnação e exortação do tema contra a própria vontade, nem os que voluntariamente não dão trégua ao assunto. Como são impopulares, tornaram-se envergonhados, constrangidos. Esse desenvolvimento, embora lamentável, é compreensível.

K. me relata o seguinte caso:

"Meu vizinho sofre de leucemia. Como sempre se ausentava do trabalho por cansaço, perdeu seu lugar na fábrica. Em seguida, decidiu aceitar serviços menores. Trabalhos de desempregados, mais penosos que a lida na fábrica. Não é de espantar que ele não tenha conseguido se firmar. Consequência: perdeu seu vale de desempregado, não era mais reconhecido como desempregado."

"E o que ele fez depois?"

"Trabalho doméstico. Que não rende nada."

"Ele não recebe nenhum tipo de apoio?"

"Recebe. Finalmente. Mas apenas há três anos e meio."

"Você quer dizer que, durante oito anos, não houve um enfrentamento oficial da miséria das vítimas dos ataques nucleares?"

"Correto. Estamos aliviados por finalmente termos conseguido a aprovação desse apoio."[19]

"Mas por que ele não vai ao hospital? Não teria um tratamento gratuito?"

"Sim. Mas ele se recusa."

"Por que não conseguiria mais sair de lá?"

"Não. Porque senão sua família, que são a mulher e o filho, morreria de fome."

"Eles não receberiam uma pensão?"

"Não."

"Eles não são considerados família de vítimas de guerra?"

"Não."

"Ainda há muito o que se fazer nesse sentido."

"Sim. Por isso a negociação a que o senhor acabou de assistir transcorreu de forma tão acalorada."[20]

"E seu vizinho participa dessas negociações? Ele também faz parte?"

"Não. Não conseguimos mais trazê-lo."

"E por que não?

"Porque ele já está exausto. Porque se tornou alguém quase associal."

"Quer dizer que ele não vê mais ninguém?"

"Quase nunca. Nas palavras dele, 'não tem sentido'. Além disso, ele acredita — e não podemos dizer que ele está totalmente errado — que, na condição de relíquia alertadora, não seja muito querido. Ele ainda se encontra esporadicamente com outras vítimas. Mas considera inútil conversar com pessoas saudáveis. 'Eles não entendem a gente', diz. 'Eles não sabem o que é sofrer de uma doença radioativa.'"

"E o homem é um caso único?"

"Você quer dizer o único a se esconder? Não."

"Mas é o único que se recusa a ir ao hospital?"

"Há mais gente como ele. De dez doentes graves, é improvável que mais de um resolva se internar no hospital."

19. Lei referente ao tratamento médico das vítimas de bombas atômicas, abril de 1955.
20. Congresso da prefeitura de Hiroshima no Japan Council.

Hiroshima

A vergonha de hoje: a vergonha daquilo que seres humanos *poderiam* ter feito a seres humanos; ou seja, daquilo que *ainda hoje* podem fazer uns aos outros; ou seja, daquilo que *nós* podemos fazer uns aos outros; ou seja, a vergonha de *também* ser um ser humano.

Essa vergonha tem de ser assumida. Visto que aqueles que fizeram aquilo, os culpados, os devedores, não quitam o tanto de vergonha que está sendo cobrado (nem reconhecem a dívida), seus representantes têm de entrar em ação a fim de assumir a vergonha em aberto.

Que divisão de trabalho: *uns fazem e os outros se ruborizam.* E se ruborizam ainda mais em relação ao papel que são forçados a representar.

Hiroshima

O mais escandaloso nessas "ações de guerra": o fato de eliminarem a diferença entre vítimas e enlutados, não deixando ninguém de fora. *Os mortos não têm direito ao lamento da morte.* A população atual é composta não apenas por "sobreviventes" — esses estão quase desaparecendo —, mas por gente de uma "nova formação". É quase impossível falar de uma continuidade física. Na medida em que há continuidade, então há apenas a continuidade puramente moral da "descendência".

Hiroshima

Além de transcorrer no front principal, a batalha contra o perigo nuclear precisa sempre ser conduzida em fronts secundários. Por exemplo, no linguístico. Pois enquanto continuarem circulando as palavras que obscurecem a situação, seja de maneira inocente ou maldosa, a batalha no front principal não será ganha. Há cinco anos, alertei sobre a caracterização dos "objetos" em questão como "armas", e chamei-os de monstruosos instrumentos de catástrofe, visto que a dimensão de seus efeitos supera qualquer objetivo e seu emprego não pode ser justificado por nenhum objetivo. Devemos eliminar não apenas as "armas nucleares" como também *a expressão "armas nucleares"*. Essa expressão é "ideológica".

Sim, a própria expressão.

A afirmação soa curiosa. Via de regra, entende-se sob "ideologia" não palavras isoladas, mas determinadas afirmações ou teorias. Palavras isoladas podem ser ideológicas?

Sim, e não só. Pois não existe (pelo menos hoje em dia) melhor lugar para as ideologias se aninharem do que as palavras. Explicação dessa preferência: palavras fazem de conta que não estão afirmando nada em especial nem proferindo qualquer pré-julgamento. Ou seja: a mentira festeja seu triunfo porque, travestida de palavra simples, afirma não ser qualquer afirmação.

As palavras isoladas hoje não são tijolos de possíveis afirmações, mas afirmações concentradas em pílulas verbais. Desse modo, a expressão "arma nuclear" (*Atomwaffe*) oculta a suposição não expressa de que aquilo sobre o que se fala seja uma "arma". O predicado mentiroso está colado de maneira mentirosa ao sujeito. A mentira (ou o que pode ser mentiroso) não é tanto o que se fala sobre "armas nucleares", mas o que a própria expressão "arma nuclear" afirma, ou seja, que estamos falando de armas.

A rejeição a *essa* expressão, entretanto, é apenas o início daquilo que deve ser realizado no front linguístico. Pois nada menos que todo o vocabulário nuclear deve ser modificado.

O pedaço menos limpo da linguagem nuclear internacional: a expressão *bomba limpa* parece encontrar tanta suspeita e resistência que uma hora não será mais usada. Isso não significa que haverá espaço para a verdade, é claro, e sim para uma segunda mentira apresentada como verdade. Pois a tática da mentira atual é chamar "pega ladrão!". Quer dizer: quem mente adora conceder o caráter de mentira a outras mentiras, a fim de se tornar crível por meio dessa confissão. Já hoje a expressão *arma convencional* está tão enraizada que mesmo aqueles explosivos nucleares (empregados na artilharia), cujo potencial de destruição se assemelha ao da bomba utilizada aqui, são tranquilamente classificados como "convencionais". Também a palavra "convencional" tem de ser combatida. As pessoas que, pelo uso disseminado dessa expressão, atestam ser "convencional" aquilo que ocorreu aqui (ou seja, o extermínio de duzentas mil pessoas) devem ser lembradas, em todas as oportunidades possíveis, e de maneira igualmente pública, como seria pouco convencional, para nós, sentar à mesa com pessoas de tal convenção.

Mas temos de explicar a guerra total com a palavra *guerra*. Bons tempos pacíficos, quando ainda havia guerras! Pois é mentirosa a suposição de que, com a irrupção de um conflito nuclear, aconteça algo parecido com o que até ontem costumávamos designar por essa palavra, guerra. Podemos falar de "guerra" quando a ação de guerra deixa em aberto uma continuidade da vida; quando ela supõe um inimigo que pode se defender; quando ela visa a um estado pós-guerra que não seja anulado pela própria ação. Essas condições mínimas foram alcançadas por um fio na última guerra. Hoje, por sua vez, não podemos mais garantir tais condições. Portanto, a alternativa atual não é "guerra ou paz", mas "ruína ou paz". Uma vez que, como enfatizamos, as mentiras não são (ou não são somente) afirmações, mas palavras (que contêm afirmações), temos de assumir as consequências. Ou seja: temos de assumir o princípio usado pelos enganadores e também meter nossas verdades nas palavras em si. Sem temer as risadas de desdém dos outros, devemos sempre usar a palavra "*ruína*" (*Untergang*) toda vez que a palavra "*guerra*" for aguardada e, assim, falar de "Ministério da ruína", de "estratégia de ruína", de "ruínas de defesa", de "ruínas justificadas e injustificadas" e dizer que temos "objeções de consciência à ruína".

Hiroshima

Sobre a questão linguística — acabei de achar a seguinte frase numa das primeiras páginas de um livro de Kissinger:

"Até hoje não foram empregadas armas nucleares, à exceção das duas bombas lançadas sobre Hiroshima e Nagasaki."

Mais uma mentira que se disfarça de verdade. Não é possível apontar nenhuma inverdade na frase de Kissinger. Ele se defende com a oração subordinada "à exceção [...]". Mas, visto que essa oração subordinada parece nos liberar moralmente para abrir os olhos uma vez e fechá-los outra vez, e visto que essa suposição é mentira, sua afirmação também é mentirosa. Poderíamos falar do emprego tático da sintaxe. Com sua ajuda, ele transforma o fato decisivo numa exceção desimportante. Se deixarmos a oração subordinada de fora, restará a afirmação: "Até hoje não foram empregadas armas nucleares".

Hiroshima

R., correspondente de jornais franceses, outrora ligado aos movimentos clandestinos de resistência, vive no Japão desde 1947. Ele não passou a última década na Europa e se manteve fiel ao desespero do pós-guerra, por nós esquecido rápido demais. Em outras palavras, ele "ficou parado", ainda hoje sombrio, mas talvez exatamente por isso muito mais íntegro que todos aqueles "superadores do niilismo" profissionais que a prosperidade nos legou. Uma ramificação colonial dos bons velhos tempos desesperançados da Europa. Fui tomado pela nostalgia.

Já que ele havia expressado por meio de algumas palavras seu desdém por Kissinger e sua alta consideração pelo tamanho do perigo, achei naturalmente que ele fosse um dos nossos. Mas o jornalista logo negou. Antes mesmo que eu lhe perguntasse: "E por que não?", ele tinha apontado sua pistola contra meu peito para perguntar: "Por que sim?". Ou seja, por que eu tinha me colocado à disposição do movimento? As perguntas que ele disparava tinham o radicalismo exclusivo dos niilistas. Aqui estão elas:

"Qual a fonte de seu 'furor moral'?"

"A autoridade de suas exigências é derivada de qual absoluto?"

"Por que motivo o senhor considera necessária a preservação da humanidade?"

"Por que o senhor está convencido de que *temos* de ser?" Havia semanas que eu não ouvia mais esse tipo de pergunta. Durante os preparativos para o congresso, houve apenas aquilo que chamamos de "problemas", ou seja, problemas táticos e de manipulação. Não é de espantar que os dois delegados sentados à mesa comigo tenham trocado olhares irritados. Mas eu gostei de finalmente respirar mais uma vez o ar picante do ceticismo.

"Suas perguntas", eu disse, "são absolutamente justificáveis. Quero respondê-las na medida de minha capacidade."

Mas ele ficou desconfiado exatamente pela minha postura. Supostamente considerava enganação qualquer anúncio de resposta a essas questões irrespondíveis.

"Permita que eu qualifique minhas palavras. Suas questões são *filosoficamente* justificáveis."

"O que você está querendo dizer com isso?"

"Já respondo. Vamos observá-las filosoficamente primeiro. Nesse sentido, acho que temos a *mesma* opinião. Assumo que você nos considere *cosmicamente dispensáveis*. Ou pela negativa: você acha que a premissa de nossa existência ser cosmicamente indispensável é metafisicamente ingênua, petulância antropocêntrica."

"Exatamente."

"Eu também."

Ele ficou abismado.

"Resumindo: *somos dispensáveis*. Ou, para usar uma de suas últimas palavras: também não acho, como você, que *temos* de ser. Nem que *temos* de sobreviver."

Agora, a desconfiança dos dois ouvintes não era só em relação a ele. Eles me lançaram um olhar estranho e fiquei com a sensação de que, subitamente, viam em mim alguém suspeito, sem saber muito bem de que tipo, pois agentes do niilismo ou da ontologia ainda não tinham sido inventados. O espanto de R. era ainda maior. Provavelmente ele estava com medo de que eu me mostrasse uma enganação heideggeriana qualquer, apresentando-lhe um antropocentrismo traduzido ontologicamente, no estilo de que seríamos indispensáveis como "pastores do ser" ou algo assim.

"Parece", ele comentou, hesitante, "que estamos sobre o mesmo terreno ou que estamos pendurados sobre o mesmo abismo..."

"Mas...?"

"Mas assim você me comprova sua inconsequência. Pois, embora diga que 'somos dispensáveis', você age como o moralista de anteontem. Ou seja, como se o objetivo no qual você investe sua força, a nossa sobrevivência, fosse algo que se *deve* fazer."

"Eu usei a palavra 'dever' (*Sollen*)?"

"Não sei se usou a palavra. Mas por que você age desse modo, se não acredita no que 'deve ser'?"

"De novo!", exclamei. "Acho que *você* é o moralista. E de anteontem. Não *eu*."

"Por quê?"

"Porque, quando se trata do possível suicídio da humanidade, é ingenuidade usar uma palavra moralista tão pretérita."

"Ah."

"Você perguntaria pela legalidade da existência de leis?"

Ele não entendeu.

Repeti a pergunta. "A legalidade pressupõe a existência de leis. E, do mesmo modo, 'dever ser' pressupõe a existência da humanidade. Em outras palavras: uma ação ou um estado existe exclusivamente dentro de uma existência anteriormente suposta ou confirmada."

"Então você está querendo dizer que faz aquilo que faz não por razões morais?"

"Certo."

"E sim...?"

"Por razões muito mais profundas. As mais profundas, até. Os doutrinários acharão sua designação superficial. Inclusive os doutrinários do niilismo."

"Algo místico", ele achou.

"Que nada. De todo modo, sei duas coisas de um jeito totalmente não místico. Primeiro, considero errado (ou inadequado, ou pouco prático, ou imoral — escolha você o adjetivo) que, no instante em que vemos alguém se afogando, comecemos a quebrar a cabeça para saber qual seria o chamado correto para trazer o homem à margem; e se o chamado também é legítimo."

"E em segundo lugar?"

"Em segundo lugar, sei que o mundo é uma invenção engenhosa e incomparável, uma construção que vale a pena manter. Sei que participar dela é prazeroso. E que gosto das pessoas que também estão por aqui. E a ideia de que tudo o que elas passaram e passam, no que se refere a sofrimento e alegria, será em vão e de que a Terra ficará rolando no futuro como uma bola deserta no universo me é altamente desagradável. Até me sufoca."

Ele me olhou, com divertimento.

"Você está falando sério?", perguntou. "*Isso* lhe basta? Sua sensação de sufoco como uma justificativa filosófica de suas ações?"

"Não sei se é 'filosófica'. E também não me importo se é uma justificativa em seu ambicioso sentido. Mas é o motivo de minhas ações."

"E você acredita que esse argumento do sufoco comprova que o mundo *deve* ser? De que *devemos* sobreviver?"

Agora ele estava passando da conta.

"Mas eu não quero comprovar nada disso!", exclamei. "Acho que comprovar isso é fútil!"

"Então?"

"Então", respondi num tom que impossibilitava o prosseguimento da conversa, "eu também não acho que devamos morrer só porque não podemos provar que deveríamos existir."

A última palavra não foi dele, mas o último gesto, sim. Pois ele me olhou com o mesmo desdém que há mais de dois mil anos os rigoristas usam para comprovar a desimportância dos epicuristas. Nunca antes esteve tão claro para mim que os niilistas são os moralistas improcedentes de hoje.

Hiroshima

A situação do niilismo hoje:

É como se o espírito do mundo estivesse se vingando pesadamente pelo fato de termos de fato alcançado o ápice do niilismo. "Venham entrando!", ele grita. "Venham entrando, meus senhores! Aqui vocês receberão o nada! E não apenas o nada no copo de bebida, não apenas o nada como 'relativismo', como 'esvaziamento dos sentidos', como 'aniquilação', tudo isso é bobagem, moda de ontem, isso é para as madames, mas — meus senhores, uma oferta dessas é inédita! — a coisa em si, o nada em si, o nada para homens: ou seja, a *aniquilação*, sim, a aniquilação física, massiva, total, que não deixa pedra sobre pedra. O quê? Perderam a fala? O *senhor*, por exemplo. Sim, estou me referindo ao *senhor*, o moreno baixinho à direita na última fila. Será que o senhor pode me informar por que simplesmente o ente *deve* ser, e não antes o nada?[21] Por que as risadinhas? O senhor parece estar achando muito divertido não conseguir responder. Eu também acho! Vamos lá! Estamos esperando mais o quê? Vamos entrando, meus senhores! O nada, meus senhores! O nada! O nada!"

21. No original, "*warum Seiendes überhaupt* sein *soll und nicht vielmehr nicht?*", uma variação da frase de Heidegger "*Warum ist überhaupt Seiendes und nicht vielmehr Nichts?*" [Por que há simplesmente o ente e não antes o nada?], que abre a conferência "Die Grundfrage der Metaphysik"; ver Martin Heidegger, "A questão fundamental da metafísica". *In*: *Introdução à metafísica*. Trad. Emmanuel Carneiro Leão. 4. ed. Rio de Janeiro: Tempo Brasileiro, 1999, p. 33. [N.T.]

Sem nós. Nós ficamos de fora. Nós dizemos não.

Nosso desconhecimento sobre por que e para quê: por que o mundo e nós, seres humanos, devemos existir e não antes nada; por que a vida deve ser "sagrada"; por que devemos dever; por que devemos combater o extermínio — independentemente de nosso desconhecimento metafísico, não necessitamos dele. E, mesmo se considerarmos todas essas questões uma bobagem: nosso desconhecimento está longe de atestar que consideramos a oferta ameaçadora bem-vinda ou até nos aproveitamos dela. O agnosticismo certamente não é uma carta de alforria. Nosso lema não é "*credo quia absurdum*", mas algo bem parecido: "E daí se não sabemos?".

Hiroshima

Noite quente de um dia ainda mais quente. De tarde, compareci aos debates intermináveis do congresso da província. Acompanhá-los, mesmo com fones de ouvido, era quase impossível. Agora estamos sentados, relaxando um pouco, no terraço do jardim do Hotel Hiroshima, ou seja, onde antes não havia espaço para um jardim. As utilidades das catástrofes! E esperamos pela visita das vítimas, os membros da associação de autoajuda.

Três horas mais tarde

Eles aparecem, um após o outro. Cada um deles — e todos eram gente muito simples — com uma educadíssima discrição.

Um sujeito moreno, extremamente vivaz, divertido e que parecia ser músico, começou (esse início foi diferente de tudo que veio em seguida). Ele narrava com verve, emoção e grande inteligência. Ainda antes de ser traduzido, o que dizia era emocionante; bastavam seus gestos. (Vim a saber que ele é considerado mais ou menos a "vítima luxuosa" de Hiroshima. Ele é acusado, inclusive, não sei se com razão, de ter criado um papel a partir de sua situação e de viver tirando vantagem de Hiroshima. Talvez a crítica seja procedente. Mesmo assim, isso não lhe deveria ser cobrado. Pois o homem alcançou sucesso mundial, apesar de ter uma fama de tipo muito curioso: trata-se do homem que exibe as maiores extensões de pele ferida, os maiores queloides. A fotografia de suas costas aparece em publicações médicas do mundo inteiro. Mas não acho que sua aparição tenha tido um caráter exibicionista. De todo modo, ele se mostrou muito menos vaidoso do que qualquer metido carregando uma medalha costuma ser.)

A maioria, principalmente as mulheres, limitou-se a sussurrar. Na realidade, elas não falavam para nós, mas para seus tradutores. Aliás, olhavam para o tampo da mesa enquanto estavam sendo traduzidas. A timidez era mais aparente que a vaidade ou o exibicionismo. E a tarefa incomum daqueles que não eram contadores de histórias profissionais, de não relatar um detalhe qualquer que se insira na conversa, mas um relato denso e concatenado, era difícil para todos, com algumas exceções. Três ou quatro deles ficaram tão nervosos ao reproduzir os acontecimentos de treze anos antes que perderam, ao menos temporariamente, o fio da meada.

Estou convencido de não ter ouvido nenhuma mentira nessa noite. Já que todos (talvez com apenas uma exceção) eram discretos quanto ao seu infortúnio; já que nenhum deles falou espontaneamente; já que os intérpretes não fizeram nenhuma pergunta sugerindo ou tentando esclarecer algo; já que nós, ouvintes, ficamos em silêncio, a chance de verdade era alta. (No mais, o tato dos intérpretes foi simplesmente admirável: eles fizeram perguntas com a delicadeza de médicos, e em nenhum momento houve aquela sensação que a psicologia chama de "atmosfera de interrogatório".)

Exemplo de um relato:

"Quando retomei a consciência, estava severamente queimado. Minha mulher também estava num estado lastimável. Caminhamos por entre os escombros. Daí minha mulher tropeçou em algo. Era um homem. Não o reconhecemos. E não pudemos ver se ainda estava vivo ou se estava morto. Mas ele nos reconheceu. 'Me deixem, filhos', ele sussurrou, 'fujam!' A voz estava empastada e estranha, mas percebi que era a voz do meu pai. Mas, quando olhei para ele, disse a mim mesmo: não é ele. 'Saiam daqui!', ele gritou (não, não acho que tenha gritado, mas soou como uma ordem), 'saiam daqui! Senão vocês também vão acabar deitados!' É ele *mesmo*, pensei, e saí correndo para trazer um recipiente qualquer cheio d'água. Mas, quando tentei lhe dar a água para beber e quando o vi falando novamente, disse a mim mesmo: *não* é ele. E fiquei com medo. E disse à minha mulher: 'Vamos obedecer!' e puxei-a atrás de mim, e assim partimos, deixando-o deitado. No caminho, vimos várias outras pessoas deitadas e as deixamos assim. A cada vez, eu pensava: é o meu pai."

"Amém", pensei.

O homem fez um gesto acompanhando cada uma dessas frases curtas, que parecia dizer: se vocês acham que *conseguem*, então me julguem. E, depois de ter encerrado, fez um segundo gesto que parou no ar e que dizia: agradeço-lhes, pois nenhum de vocês parece jogar uma pedra em mim. Mas não consigo ficar em paz com o que fiz ou deixei de fazer. Vocês também não ficariam.

"Ele e a mulher teriam morrido também", explica o intérprete, "caso ele tivesse tentado resgatar o pai."

Mas essa explicação era supérflua. Certamente não havia ninguém entre nós que teria pensado em atirar uma pedra nesse homem; nenhum europeu, indiano, americano, australiano ou japonês ousaria fazê-lo. Todos nos comportávamos de maneira absolutamente igual: mantínhamos a cabeça baixa, não apenas porque nossa dor era grande demais para que tivéssemos coragem de mostrá-la, mas também porque nossa vergonha era grande demais: *vergonha de sermos seres humanos*. Vergonha pelo fato de pessoas colocarem outras pessoas em situações nas quais é impossível agir humanamente. O que a indiana ao meu lado sussurrava, provavelmente mais para si mesma do que para mim — "*Do we know how we would have behaved*?" —, deve ter sido o pensamento de cada um. Quando o homem se despediu com uma mesura, a fim de dar o lugar ao próximo a falar, não havia ninguém que não se curvasse diante dele: por respeito a alguém inocente vítima daquilo e por vergonha de que essa infelicidade tivesse se abatido sobre *ele* e não sobre nós.

São simplesmente demasiadas as decisões esperadas dos seres humanos nessas situações. A famosa frase sem muitos rodeios "Não importa o que façamos, sempre agimos errado" assume grande veracidade aqui, onde o ser humano não tem mais permissão para agir corretamente. Se nosso homem tivesse decidido confiar nos ouvidos, e não nos olhos; se tivesse ficado ao lado do pai, em vez de tentar escapar daquele inferno, ou se tivesse tentado carregá-lo nas costas, como na antiguidade Eneias fez com o velho Anquises, ele teria sacrificado a mulher e a si mesmo. O que também não lhe era possível.

O postulado moral que resulta daí é muito particular. O que podia ser suposto sem mais nas morais anteriores, ou seja, que é possível agir moral ou imoralmente, perdeu a validade. A restauração dessa situação é, portanto, a principal exigência. Portanto, o postulado enuncia: impeça o surgimento dessas situações nas quais não é mais possível ser moral e que, por essa razão, escapam da competência dos julgamentos morais.

Se é possível falar de imoralidade aqui, então imoral não é esse ou aquele passo que as vítimas dão nesse tipo de situação, mas a ação de outros que (tanto faz o quão indiretamente e sem querer) produzem ou provocam essas situações, e, por meio de sua produção ou provocação, tiram das outras pessoas a possibilidade de um agir moral. E, *independentemente* de quão humanitárias sejam nossas ações, *nosso* comportamento também é imoral sempre que não consiste em impedir tais situações.

Odeio odiar. E odeio aqueles que me obrigam a odiar. Se odiei Hitler, então também foi porque ele me obrigou a odiar; a ser capaz de odiar; a ser capaz de odiar incessantemente.

Mas aqui há muito pouco disso para o meu gosto. Eles falam da catástrofe como se estivessem se referindo a um terremoto, a uma inundação ou a um sol que explodiu. Sua insistência em poupar os assassinos, ocultar que o fato foi uma criação humana e não guardar o menor rancor — embora tenham sido vítimas do maior crime —, é demasiada e não está correta. É impensável que cada membro do grupo aleatório de vítimas que esteve sentado diante de nós essa noite seja um gênio do amor, do cuidado ou da sabedoria. O que está acontecendo? O que há por trás disso?

Primeira hipótese: os primeiros interessados que apareceram como entrevistadores das vítimas eram de delegações americanas, ou seja, vitoriosos, ou seja, "assassinos". Por essa razão, os depoentes tiveram de encontrar ou inventar, à época, um modo de relatar que considerassem aceitável; que supunham poder expor tanto a seus ouvintes quanto a si mesmos sem se machucarem.

Desse modo, acho possível que essas versões surgidas nos primeiros relatos tenham se transformado em modelos continuamente usados pelos depoentes, sem modificá-los de maneira essencial. Também é possível que eles logo se lembrassem apenas dessa narrativa. Afinal, a relação entre a lembrança e o relato é reversível. Quer dizer: não só vale que a pessoa relate o que lembra como também que a pessoa só se lembre do que fixou uma vez (ou várias vezes) por meio de seus relatos.

Caso essa primeira hipótese esteja correta, então os americanos conseguiram — tendo isso em mente ou não — marcar as lembranças daqueles que se lembram a seu favor. Contra essa hipótese, entretanto, está a timidez com a qual as lembranças foram apresentadas.

Segunda hipótese: as vítimas não "vivenciaram" a catástrofe como tal, independentemente de quão estranho isso possa soar; apenas a vida que havia antes da catástrofe e a vida ou a morte que lhe sucedeu, mas não o raio no meio. Esse foi terrível demais, apareceu de repente e de maneira muito súbita, e também passou, de modo que não conseguiram apreendê-lo como tal. Essa impossibilidade de apreender se mantém, pois até agora eles não conseguem resumir ou nomear o acontecido, ainda costumam circundá-lo com um "*it*" ("*Then it happened*"). Talvez se trate de um eufemismo.

Terceira hipótese: o raio não foi entendido como uma ação do assassino. Porque não havia mais nenhum inimigo visível. O que sempre se ressalta hoje: o fato de o inimigo ter se tornado anônimo permanece insuficiente como caracterização e é antiquado. A verdade é que hoje não se vê mais nenhum inimigo: e que já no caso de Hiroshima não havia nenhum à vista. Por esse motivo, não houve a convergência do golpe com o golpeador; por isso nem se tentou fazer essa convergência. E, por isso, as vítimas permaneceram sem ódio.

Caso essa terceira hipótese esteja correta, então provavelmente também seja hoje, quer dizer, no futuro próximo e no distante, a mais séria. Na era dos foguetes de longa distância, é provável que nada mais seja visível: nem o atacante; nem a arma; nem o "golpe sem golpeador". E, como a destruição vai ocorrer num átimo e destruir tudo, nem mesmo o efeito do golpe.

Mais importante, o mundo de amanhã se tornará mais invisível e, portanto, seus eventos serão *inimputáveis*. (Não apenas como se diz, no geral, atualmente: imprevisíveis.) Tudo acontecerá com um "álibi". Quer dizer: aquele a ser atacado estará sempre em "outro lugar", não no lugar do criminoso, não no lugar do crime, já que este é iniciado pelo pressionar de um botão e se encontra em outro lugar. Agredido e agressor estarão tão distantes um do outro que o agredido será incapaz de se enxergar como vítima de um crime. Enquanto antigamente qualquer "local do crime" era, ao mesmo tempo, o local do criminoso e da vítima, da ação e do recebimento da ação, ele está agora dividido em dois lugares. Essa divisão é uma das "condições de existência" da cisão de consciência do ser humano atual. *Hoje em dia, não apenas a alma do ser humano é "esquizoide" como também os próprios acontecimentos.*[22]

Essas reflexões valem mais ou menos para cá, para Hiroshima. Supondo que o avião que lançou a bomba teria sido visto (e provavelmente *foi* visto por uma ou outra pessoa), associar esse ponto minúsculo zunindo no céu com a catástrofe sem limites que se sucedeu foi uma demanda psicológica excessiva, impossível — e continua sendo até hoje.

Quando um homem ergue seu punho para baixá-lo sobre mim, o gesto, o ato e o efeito formam um todo que vivencio de antemão como *um nexo causal*. Os sentimentos correspondentes às fases da ação — susto, defesa, raiva etc. — também formam um todo imediato. Não é preciso construir especificamente essas relações.

Essa vivência imediata de nexos e esses nexos de vivência nos foram roubados. Preparação, ato e efeito estão separados, e não apenas do ponto de vista espacial. Aquilo que percebemos permanece sempre um fragmento: ou é *apenas* a preparação ou *apenas* o efeito.

22. Isso vale também para o criminoso. Ele também sempre tem um "álibi", inclusive num sentido muito marcado, visto que, em seu caso, "álibi" assume, além de seu sentido espacial, também o conhecido sentido moral (melhor dizendo, imoral). Como ele está num lugar que não é o lugar do sofrimento, permanece incapaz de imputar a si a ação que cometeu; incapaz de reconhecer sua ação como sua *ação* e como *sua* ação, seu golpe como seu *golpe* e como *seu* golpe. Ou seja, ele é o irmão gêmeo da vítima: também se tornou incapaz de agir moralmente. [Anders joga com uma ambiguidade da língua alemã: "*Tat ohne Täter*" pode ser "crime sem criminoso" ou "ato sem agente" — N.T.]

E isso vale justamente para as situações mais importantes, ou seja, para aquelas nas quais decidimos sobre ser ou não ser, ou aquelas que se referem ao nosso próprio ser ou não ser. Essa mutilação da percepção corresponde à mutilação de nossas emoções. O que não sei não me atinge. Sem testemunhar seu efeito sobre a vítima, nossos sentimentos não conseguem elaborar aquilo que preparamos; sem que tenhamos visto os gestos de preparação do criminoso, nossos sentimentos não conseguem elaborar aquilo que nos atinge. Aqui em Hiroshima lidamos com essa impossibilidade de elaboração. E, por esse motivo, as vítimas não conseguem odiar.

Isso não quer dizer que as vítimas de Hiroshima não saibam quem causou a catástrofe, quem são os culpados. Eles sabem. Mas seu saber não tem peso emocional, pelo menos não tem consequências. Quando os soldados americanos entraram no país, após a capitulação, oferecendo chocolates e chicletes às crianças, sua condição de "criminosos" permaneceu irreconhecível aos japoneses. Algo não apenas compreensível, mas em certa medida até justificável. Pois igualar esses rapazes com aqueles homens que ordenaram o lançamento da bomba seria moralmente errado. Quero dizer outra coisa: há o perigo de a invisibilidade do culpado tornar a culpa invisível. E isso na medida em que seja possível ainda falar de "perigo". Pois se trata de um fato consumado: a falta de ódio aqui corresponde à consciência absolutamente limpa lá, na residência de Truman. Ambas as pontas andam juntas. A falta de verdade da situação é simplesmente espantosa. No exato instante em que o mundo se torna apocalíptico — por nossa causa —, acontece um instante de *fata morgana*, a visão de um paraíso habitado por assassinos despreocupados e vítimas sem ódio. Em nenhum lugar há sinal de maldade, apenas escombros. Mas esse amor generalizado não passa de defeito; nada além da terrível consequência de nosso estado tecnológico; a consequência do fato de que a destruição da "cena do crime" nos tornou incapazes de apresentar os sentimentos que seriam adequados à facticidade de nosso mundo.

Também o delegado S. notou — ele está quase perplexo — que os relatos das vítimas não contêm nenhuma palavra contra os americanos.

Mas sua interpretação é totalmente diferente. É cristão. E, como cristão, está profundamente envergonhado de que num país de minoria cristã reine um grau de falta de vingança inédito na Europa cristã. Considero sua vergonha infundada. É difícil dizer que a população da Alemanha tenha sido vingativa contra as tropas de ocupação que entravam no país. Mas também não podemos afirmar que sua mentalidade fosse cristã à época. Lá também crime e criminoso não eram mais vistos juntos; lá também o "disfarce", a "identificação", haviam se tornado irrealizáveis.

Hiroshima

Quando o brilho do fogo, mais claro que mil sóis, espocou sobre os telhados da cidade — e veja: onde houvera telhados, não havia mais —, ergueram-se no ar os lamentos, as queixas e os gritos. Eles se agruparam acima dos locais de devastação e foram ao encontro do ouvido do criminoso.

Como uma imensa revoada de passarinhos, tomaram seu caminho em direção ao leste: na frente, o grupo dos lamentosos; em seguida, o dos chorosos que gritavam de dor; por último, a interminável procissão dos uivos lancinantes. Assim eles seguiram acima do oceano e, depois de terem alcançado a costa dos Estados Unidos, atravessaram suas montanhas e planícies.

Quando os primeiros se aproximaram do fim de sua jornada e viram a cidade de Washington cada vez mais nítida diante de seus olhos, pacificamente coberta pela luz da manhã e ignorando o brilho do fogo que, mais claro que mil sóis, espocava sobre uma outra cidade, eles foram em sua direção. Depois de circundar torres e cúpulas e de eclipsar o Sol, mergulharam na vertical através da janela aberta para dentro da sala, preenchendo-a de tal modo que os que vinham em seguida imediatamente começaram a se juntar no beiral; e os próximos não encontraram mais lugar e tiveram de se contentar em ficar flutuando feito uma nuvem na frente da casa, aguardando até que os irmãos terminassem suas tarefas em seu lugar. Pois ninguém duvidava de que ali estava o criminoso, o homem que os motivara a empreender sua viagem.

Podemos imaginar que um pouco de agitação incomum deveria ter sido suficiente para acordar quem dormia. E era isso que os recém-chegados aguardavam. Na realidade, eles o rodeavam (bem próximos uns dos outros, com as asas se tocando e alguns pousados no pé da cama), a princípio como meros observadores, supostamente sem outro intuito senão o de ficar de olho em quem dormia e não perder o primeiro tremor do canto de seus lábios ou o instante do despertar, quando o homem se veria rodeado e perceberia que tudo estava perdido. Eles tinham se proposto a agir dessa maneira e era o que faziam. Só que *ele* não tinha entrado no jogo. Deitado com a boca entreaberta, respirando de maneira regular e sem se sentir acuado, ele não parecia estar no *mesmo* lugar que *eles*, mas num outro planeta; além disso, não era nada parecido com o que tinham imaginado. Pois quem estava deitado ali não era um homem, mas um jovem: um jovem que dormia o sono dos justos, respirando tranquilamente com seu rosto de bebê. E não importava o quanto eles o observassem, atentíssimos, e saltitassem sobre seu peito, ele não pensava em interromper o sono inabalável. Resta apenas dizer: o que aconteceu foi que simplesmente nada aconteceu.

Havia pouca coisa para a qual eles estavam tão pouco preparados quanto para esse nada. O homem que tinham imaginado durante o voo portava os traços tenebrosos do inimigo, o rosto fechado do bruto, a máscara do destruidor. Eles estavam aguardando essa máscara, ansiosos; queriam se meter no ouvido desse mascarado e, através do ouvido, chegar à sua alma; até com violência, se necessário, a fim de fazê-lo saber o que tinha cometido — esse, o objetivo previsto e imaginado como última compensação.

Mas esse aqui... Não, eles não tinham imaginado alguém assim. Esse aqui não apenas estava sem máscara como também nem tinha rosto. Afinal, como chamar de "rosto" essa coisa insuportavelmente fraca, sem raiva, indefesa e que sorria sem motivo deitada à sua frente? Eles tinham partido a milhares de quilômetros dali, percorrido milhares de quilômetros a fim de chegar ao homem que fizera a luz relampear por meio de sua palavra, luz essa que iluminara mais que mil sóis e que, seguindo seu aceno, tinha vindo para destruir o mundo deles. Reconhecer um exterminador em alguém tão desimportante, um culpado em alguém aparentemente tão inocente, era demais para seres tão assombrados como eles. Portanto, é compreensível que nenhum deles tenha tido vontade nem forças para realizar seu intento e encher os ouvidos do culpado de gritos; que eles, ao contrário, tenham balançado a cabeça, calados, espantados e imóveis, ao vê-lo assim; que tenham se olhado sem saber o que fazer; que inclusive alguns tenham começado a se empurrar (como se quisessem sair dali o mais rápido possível); e outros (quando um do lado de fora perguntou o que era aquilo, por que não acontecia nada?) gritaram de volta em solidariedade, irritados, que ele ainda não tinha percebido que tinham errado de cômodo ou até de casa ou até de cidade; e que era fácil para ele reclamar, mas, se *ele* estivesse onde *eles* estavam, também reconheceria que o homem dormindo ali não podia ser o *seu* homem. Resumindo: sua expedição tinha perdido a força e, supostamente, eles teriam se dispersado em breve caso um deles não tivesse tomado a palavra naquele momento. Foi o grito de um deles, que havia sido *cegado*, que (não compreendendo o que impedia os outros de realizar seu intento) continuou insistindo em chegar até os ouvidos do culpado. Não espanta que os desencorajados tenham visto no mais pobre de seus irmãos sua última esperança; que tenham sussurrado "deixem-no!" e "ele está imune à beleza dele!" e o empurrado para a cama.

Mas não creiam que a dificuldade tenha sido eliminada. É incontestável que o cego tivesse mais facilidade que aqueles que enxergavam e, portanto, eram mais influenciáveis. A fim de realizar seu intento, ele não precisava fazer outra coisa senão abrir o bico e trinar bem no ouvido do dorminhoco. Não podemos dizer que a tarefa foi cumprida com desleixo ou falta de mira ou de potência. Ao contrário: seu trinado foi tão forte e agudo que ele próprio se assustou, tão estridente que todos os outros acreditaram que o raio, que havia brilhado mais forte que mil sóis, tinha acertado o quarto pela segunda vez. Até retomaram a coragem com o tenebroso som, pois não acreditavam que houvesse uma alma tão impenetrável. "*Ele* é nosso mensageiro", eles sussurraram em seguida. "*Ele* é nosso porta-voz" e "*Ele* é nosso salvador".

Injustamente, no entanto. Estavam pela segunda vez pousados ali, encarando o jovem que dormia, a fim de não perder o instante em que, despertado num susto pelo grito terrível, ele também gritaria, mas nada aconteceu. O jovem continuou dormindo como dormia; mais uma vez, o que aconteceu foi que nada aconteceu.

Vocês vão retrucar: o grito do cego não foi suficiente; ele deveria ter cedido lugar para um irmão mais velho, um daqueles no peitoril da janela ou do lado de fora, voejando para lá e para cá diante da casa. Um deles certamente teria conseguido.

Infelizmente, não é assim tão simples. Mesmo se o maior de todos estivesse a postos para erguer uma voz ainda mais terrível, o sucesso não viria, e o fracasso seria ainda maior. Porque o cego não fracassou por ter gritado baixo demais, mas, ao contrário, porque, no auge da insuportabilidade de sua dor e do excesso de sua indignação, ele não foi capaz de outra coisa senão gritar muito alto e muito agudo. Seu grito foi demasiado para passar pela estreita entrada do ouvido e chegar à alma daquele que dormia, pois nem todas as mensagens conseguem entrar por ali. Aquelas que ultrapassam certa medida permanecem do lado de fora, caem no chão e desaparecem. O mundo poderia desabar e a pessoa não ouviria o barulho. Imperceptível é não somente o que é pequeno demais, mas também o que é demasiadamente grande.

Mas eles não sabiam disso. E, como não sabiam, nada fizeram; estavam novamente sem saber como agir, trocando olhares estranhos, com pouca coragem e cogitando novamente abandonar a missão. O que certamente também teriam feito, caso outro não tivesse se metido no último instante. Dessa vez foi o *emudecido*, que, se debatendo, desesperado, avisou, de seu jeito, que não dispensava dar uma lição ao homem surdo e ensiná-lo o que significa ser um emudecido. Não se sabe se os irmãos permitiram que ele fosse em frente porque não tinham coragem de negar a ele, o mais desolador de todos, ou porque achavam que qualquer ação, mesmo a mais absurda, ainda era melhor do que nada. De todo modo, eles se afastaram para abrir caminho até o rapaz dormindo, de modo que a terceira tentativa de contato pudesse começar.

Isso se for possível falar de "contato". É difícil saber como nomear o ato que estava prestes a acontecer. Afinal, a cena, que tinha a pretensão de ser um dueto, não era nem mesmo um solo, mas um nada, um nada duplo, realizado por dois totalmente incompetentes: um que não sabia como emitir sons e outro que não sabia como ouvi-los.

Mas não acreditem ser possível não levar a sério esse enfrentamento entre o mudo e o surdo; ou que seja possível enxergar nisso uma imagem inventada ou um evento único e, portanto, não característico. Isso seria errado e desastroso. Por mais estranho que possa parecer, nenhuma configuração de nossa existência é mais habitual que essa. Não temos como negar que vivemos num mundo onde alguns estão sempre mudos e aquilo que chamamos de "troca entre pessoas" acaba sendo uma troca entre mudos e surdos. Bem. Então vocês são, via de regra, cegos demais (o que acaba por tornar o terrível absolutamente terrível) para perceber a própria mudez e a surdez dos outros; desse modo, também incapazes de se reconhecer na cena que acabei de relatar.

Então lá estava ele, o mudo, batendo violentamente as asas, a fim de começar sua apresentação sem sentido. Afirmar que ele não tinha conhecimento de seu estado, que não sabia que seu emudecimento era definitivo, seria um contrassenso. Ele *sabia*, mas e daí? Através da sua raiva, do seu desespero e do seu comportamento desajeitado, ele comprovou, da maneira mais dilacerante possível, quão fraco é esse saber e quão pouco ele tinha se assenhorado do seu estado. Vocês conhecem aqueles feridos de guerra que, depois de perder as mãos, ainda permanecem essencialmente como "pessoas com mãos" e ainda sentem as dores mais excruciantes nos membros há tempos inutilizados. Ele se assemelhava a tais pessoas dignas de lamento: embora não tivesse voz, permanecia essencialmente um ser a gritar. Ou seja, sem condições de aprender que é possível não ter voz e incapaz de acreditar que quem precisa gritar também não consegue gritar. A encenação que faz, contorcendo-se da maneira mais absurda e terrível, comprova que ele ainda não aceitou a incredibilidade de sua mudez e que, apesar de tudo, permaneceu intimamente convencido de que conseguiria encontrar alguma posição na qual o inacreditável haveria de valer. Poupo-lhes a descrição detalhada dos inúmeros espasmos e torções aos quais ele submeteu o corpo. Até mesmo seus irmãos pareciam se envergonhar de acompanhar a luta silenciosa entre esperança e desespero; aguardavam com a cabeça virada, de modo que não viam nada exceto o último quadro congelado dessa cena lamentável: apenas quando o infeliz estava numa posição impossível para alguém saudável gritar, com o corpo inteiro tremendo e com o bico tão aberto que não mostrava nada além do vermelho da garganta e se parecia com um enorme filhote de passarinho à espera da comida. *Esse* foi o seu grito. E vocês vão compreender que esse grito tornou o silêncio reinante ainda mais silencioso; e o homem, a quem o grito era endereçado, continuava deitado, respirando de maneira regular, inatacável, o rosto de bebê da infâmia —parecia ainda mais surdo do que antes. E a ação tinha ficado para trás, definitivamente. E também a pior coisa que somos obrigados a aprender: *as vítimas não narram mais porque não conseguem mais narrar nada*. A imagem do emudecido deve ter lhes ensinado isso, definitivamente.

Supérfluo lhes contar o final. Como o que gritava, exausto pela inutilidade de seu esforço, sucumbiu; como as testemunhas, apoiando-o, se acotovelavam junto à janela; como os passarinhos voaram até as árvores do parque; e como eles, queixando-se não apenas do caráter indizível de sua infelicidade mas também de seu caráter incomunicável, passaram o dia em silêncio, juntos.

O mais importante, porém, é que no final eles *acabaram* achando uma saída. Decidiram que cada um partiria numa missão individual, a fim de achar um ouvido que se abrisse com mais boa vontade do que o primeiro que haviam procurado. E que, na noite desse dia infeliz, eles se ergueriam sobre os telhados de Washington, feito um bando, que como no passado se ergueu sobre os telhados de Hiroshima. Mas não apenas para ficarem juntos, e sim para se guiarem mutuamente. E que eles se espalhariam em duzentas mil direções, cada um tomando seu próprio caminho.

Não sabemos quantos desses gritos individuais foram exitosos, mas sabemos que eles sempre encontraram anfitriões que havia anos aguardavam esses recém-chegados para lhes oferecer uma recepção digna. E mesmo que vocês, tais anfitriões, talvez nunca tenham ouvido falar uns dos outros, vocês não estão sozinhos, vocês são um grupo. Independentemente de qual grito tenham ouvido, *ele* também foi parte do grande grito de Hiroshima, de modo que vocês também são parte de uma grande família, a família daqueles que não se esquecem do acontecido e que impedirão a ameaça.

Hiroshima, saguão do hotel

Somos dez ou onze sentados tomando drinques gelados. Entre nós, dois japoneses, um à minha frente, um ao meu lado. Olhar direto para a ruína. Na conversa, inocente, solto a pergunta retórica: "Mas onde está Hiroshima?". Cometi uma gafe.

A pessoa à minha frente, um homem melancólico e de aparência inteligente, pergunta imediatamente o que estou querendo dizer com aquilo.

"Hiroshima como epítome do extermínio."

"Para nós, Hiroshima também é isso", ele diz de maneira inexpressiva.

"Para o senhor principalmente. Mas o que quero dizer é que não estou vendo esse extermínio aqui. Que ele também foi exterminado. Que Hiroshima passou por um segundo extermínio."

"Segundo?"

"O que aconteceu aqui", explico, "também se passou, como o senhor deve saber, na Alemanha."

Ele franze as sobrancelhas. Deve estar com medo de que eu queira entrar numa concorrência de escombros ou de número de mortos.

"Claro que numa escala bem menor. Mas também da maneira mais terrível."

Ele espera.

"Lá também as cidades se transformaram em entulho. E o número de mortos também alcança as centenas de milhares."

"Mas?"

"Mas os jovens da Alemanha, mesmo aqueles que hoje estão com vinte anos, não sabem mais nada a respeito."

"E por que não?"

"Porque cresceram em meio a paisagens de escombros. Como se essas paisagens fossem as mais naturais e divinas paisagens da vida."

Agora ele assente. Sua desconfiança parece se dissolver.

"E porque essas paisagens depois começaram a rarear. Ou melhor: porque as lacunas foram preenchidas, e com uma velocidade espantosa; da noite para o dia, a terra arrasada se tornou irreconhecível."

"O senhor está falando da Alemanha?", ele pergunta.

Faço que sim com a cabeça.

"A terra arrasada se tornou irreconhecível. Então as crianças se esqueceram. E não se esqueceram apenas da paisagem desértica de ontem, mas também do tempo de ontem, quando surgiram as paisagens desérticas de ontem."

"Parece que conheço a Alemanha muito bem."

"Certo. E como os soterrados pelos escombros também foram esquecidos, assim como os que responsabilizamos pela destruição, então..."

"Entendi", ele me corta com um movimento curto da mão. "*Just everything is forgotten.*" Em seguida, me olha de maneira solidária, triste.

Ficamos um tempo em silêncio, todos.

"Veja", resumo minha explicação, "era isso que eu estava querendo dizer quando perguntei onde estava Hiroshima. E quando disse que Hiroshima tinha sido exterminada uma segunda vez; e quando disse que o extermínio havia sido exterminado. As marcas da extinção foram extintas, então os tempos de extinção foram extintos. Os tempos de extinção foram extintos, então a lembrança dos extintos foi extinta. A lembrança dos extintos foi extinta, então também a lembrança daqueles que causaram a extinção foi extinta. A lembrança daqueles que causaram a extinção foi extinta, então também a resistência contra os que causarão a extinção amanhã foi extinta. E os sobreviventes estão novamente a postos. Se não para realizar eles mesmos ações de extinção, então para participar delas; ou, pelo menos, permitir que aconteçam".

Ele inspira profundamente.

"Somos *um só* mundo", ele afirma, por fim.

"Em nossas fraquezas."

"Não apenas. Não somos companheiros de luta? Não lutamos juntos contra algo comum?"

"O bom combate!", digo eu. Hesitante, ergo meu copo.

Ele também ergue o copo.

"Desculpe se pareci deselegante no começo..."

Ele faz um sinal com a mão. "Desculpe se desconfiei de você no começo..."

Eu faço um sinal com a mão.

Em silêncio, os outros também levantam os copos. Todos são companheiros de luta. Mas ninguém ousa brindar de verdade. Nunca vivenciei tamanha solidariedade, ao mesmo tempo tão consoladora e tão triste.

O japonês ao meu lado foi quem mais hesitou em erguer o copo.

"Dúvidas?", pergunto.

"Talvez", ele responde, educado.

"E por quê?"

Ele se volta ao outro japonês, sentado à minha frente.

"Mas nós *pensamos* nisso!"

"Em quê?"

"Na preservação da destruição." E aponta para a janela. Todos olhamos para a ruína.

"Você realmente acha", pergunto, "que *essa* ruína o impede de esquecer? E que ela o alerta?"

Ele faz que sim com a cabeça.

"Diariamente", afirma.

"A mim, não", contradiz meu aliado. "A meu ver, inclusive, parece que poderíamos arrumá-la. Ou nos acostumar com a devastação. O estado da construção poderia ter sido ocasionado também por um incêndio nas vigas do telhado."

Meu vizinho está sem fala, tamanho o choque. A menção a "incêndio nas vigas do telhado" lhe parece um sacrilégio.

"Compreendo-o muito bem", tento mediar. "Você quis dizer que enxerga um *símbolo* na estrutura retorcida."

"Isso mesmo."

"E, na sua opinião, as crianças de hoje ainda sabem que se trata de um símbolo."

"Exatamente."

"O que significa 'saber'?", pergunta meu aliado.

"Também temo que elas apenas 'saibam'", afirmo.

"O que você quer dizer com 'apenas'?"

"Que elas não *enxergam* mais o que está simbolizado aí. Ou que elas nunca *conseguiram* enxergar."

Ele não compreende.

"Na Europa", explico, "usamos uma expressão latina que designa a simbolização. '*Pars pro toto*'. Isso significa: a parte representa o todo. A parte encarna o todo."

Ele sabe do que estou falando.

Aponto novamente para a estrutura enferrujada.

"Neste caso, entretanto, a expressão latina não cabe. *Esta* parte *não* representa o todo. Há partes que não estão à altura do todo que querem (ou fazem de conta que querem) representar; há partes que não conseguem auxiliar em sua visibilidade ou que até o falseiam ou tornam invisível."

"E por quê?"

"Por exemplo, porque a parte é limitada e percebida *como* parte; enquanto o todo, que ela deve representar, excede as limitações e percepções — e ele é o que é exatamente devido a essa transposição."

"O que é o caso aqui", completa meu aliado.

"Ou porque a parte se introduz num 'todo' completamente novo e, querendo ou não, torna-se parte *dessa* parte."

"O que também é o caso aqui."

"Em outras palavras, a falta de limite daquilo que ocorreu não pode ser encarnada por esta única construção em ruínas."

Meu vizinho passa a impressão de que uma parte de sua vida lhe foi retirada. Ele fica em silêncio por um tempo.

"E o que teríamos de ter feito?", ele pergunta, por fim.

Dou de ombros: "Agora é tarde demais".

"Para quê?"

"E o fato de que aquilo que deveria ter ocorrido não tenha acontecido aqui nem em nenhum outro lugar e em nenhum outro tempo no passado é muito compreensível. Pois as pessoas querem prosseguir vivendo. E no lugar onde viviam antes."

"Em outras palavras", completa meu aliado, "deveríamos ter transformado a coisa em si num símbolo."

Assinto.

"Que coisa?" Ele nos olha como se estivéssemos usando um dialeto.

"Hiroshima em si", responde meu amigo. "Hiroshima inteiramente devastada. *Isso* deveria ter sido preservado."

Ele está incrédulo. "Tudo?"

"Sim", confirmo. "É o que quis dizer."

"Tudo — como representação do todo?"

"Ah, não. *Também* como parte. Infelizmente também como parte. Porque Hiroshima devastada também foi apenas uma parte."

"Do quê?"

"De toda a situação nuclear", digo.

"Da possível ruína", responde meu aliado.

Em seguida, ele olha para mim, depois para ele e então novamente para mim. Acho que ele passou a ser um aliado também.

Noite

Em certo sentido, essa Hiroshima devastada ainda existe. Quer dizer, no coração de muitas pessoas que nunca viram o novo e nunca o verão. Elas nunca conhecerão outra imagem de Hiroshima. E vamos eternizar essa imagem como símbolo, colocá-la sobre rodas e rodá-la pelo mundo. Para que também aqueles que ainda hoje não sabem finalmente compreendam que o nome "Hiroshima" não significa uma cidade, mas o estado de seu mundo; e que também eles moram em Hiroshima.

Hiroshima

Há pouco recebemos a informação de que visitaremos o hospital para vítimas nucleares.

Qualquer visita a hospital é indiscreta. Mas, quando todo um bando entra nos limites estreitos do universo hospitalar, quando ninguém conhece um único doente, quando nenhum desses estranhos é capaz de trocar uma palavra com os doentes, então se alcança o grau máximo, insuperável, de indiscrição.

Ou seja, vamos alcançar esse grau máximo.

Talvez um de vocês, desamparados, venha a ler estas linhas algum dia. Essa pessoa deve então saber — e deve informar ao seu vizinho de leito — que nosso grupo, desde que soube da visita, emudeceu, simplesmente pela vergonha de ter de visitar vocês de maneira tão indiscreta. Mas *foi preciso*. Se aqueles que nos enviaram até aqui devem ajudar a evitar a repetição daquilo que aconteceu com vocês, então precisamos transmitir a eles uma imagem do sofrimento de vocês.

Não ousamos afirmar que somos seus aliados, pois viemos de mãos vazias. Também não somos capazes de ajudá-los.

Mas *vocês* são nossos aliados. E vocês podem nos ajudar. Apenas por sua existência, apenas por sua imagem. E temos de fazer uso dessa ajuda.

Hiroshima

Acabamos de voltar do hospital onde se encontram aqueles que, após longo tempo de latência, ficaram doentes e agora estão moribundos.

Ninguém reclamou nem mostrou, por meio de mímica (o que seria provável, dada a dificuldade de comunicação), seu sofrimento ou até seu medo da morte. Eles eram apenas tímidos e educados. "Os asiáticos do leste têm uma relação com a morte diferente da nossa. Eles são fatalistas." Quantas vezes ouvi essas frases da boca daqueles que combateram os asiáticos! Uma afirmação para açougueiros. Como é simples justificar danos desdenhando daqueles que os sofreram, talvez até lhes negando uma alma. Como é confortável tratar a virtude que esses homens demonstram (e exatamente porque não mostram nada) como curiosidade étnica ou até sinal de inferioridade.

A generalização de que os japoneses são "fatalistas" ou apenas "resignados" é uma bobagem, claro. Quem conheceu japoneses alegres — e é impossível não encontrar nenhum, pois a população é uma das mais alegres do mundo — sabe que aquilo que Aristóteles fala da vida em geral, de que é "algo doce", refere-se aos japoneses pelo menos tanto quanto a nós. Eles são mais disciplinados, porém; e de um modo tão civilizado, tão socrático, que ocultam não apenas seu medo como também sua disciplina. Transformar a virtude filosófica da "equanimidade" em indiferença no sentido de apatia ou idiotice é simplesmente injusto. Não podemos entender errado a palavra "disciplina". Ela também não tem nada a ver com "rigidez", apenas com consideração, ou seja, com boa educação.

Quarto da leucemia

Um homem inesquecível: magro, de tez esverdeada e cabeça pontuda, que, com apoio de um médico, sentou-se na cama. Ele parecia um santo pintado por El Greco esperando pela extrema-unção. Impossível dizer se tinha quarenta ou sessenta anos. Desde o primeiro instante achei que fosse religioso, primeiro apenas pelo seu "estilo El Greco", mas ainda agora acredito nisso, embora ele não tenha dito nada diretamente religioso ou teológico. É possível imaginar que ele tenha evitado se referir diretamente a termos teológicos porque sabia que estava diante de visitantes estrangeiros; ou também que o intérprete nos tenha traduzido essas expressões em termos neutros. Mas a tradução não deve ter modificado o sentido de maneira decisiva. O que entendemos de sua fala combinava perfeitamente com sua aparência e seu gestual.

T. considerava tudo uma encenação engenhosa, dizendo que o homem tinha declamado para nós um texto preparado para tais fins, aprendido de cor, certamente já apresentado inúmeras vezes. Se as desconfianças de T. tiverem fundamento, então o homem era um ator genial. Pois não apenas *o que* ele dizia era aterrador, não apenas *como* dizia, mas também o que *não* dizia. Quer dizer, a maneira como ele colocava as pausas. Considero impensável que fossem fingidos o desespero com que tentava vencer a exaustão, o gestual esforçado com o qual ele tentava sublinhar as expressões corretas após as pausas de exaustão e a intensidade com a qual lançava as palavras, apressando-se para chegar antes da próxima exaustão. Além disso, o intérprete também perdeu sua rotina habitual, ficando nervoso como se também ele tivesse sido contagiado. Finalmente, as palavras não eram destinadas a um uso qualquer, não eram formuladas para qualquer um, mas de maneira inequívoca para nós e nosso papel especial. Tratava-se de palavras de um mensageiro para mensageiros.

Ele não se referiu à própria infelicidade. Mal usou a palavrinha "eu"; optou quase exclusivamente pela palavrinha "nós", enquanto sua mão direita fazia um arco (ou ao menos fazia menção a um) que abarcava não somente os pacientes do seu hospital ou dos hospitais em Hiroshima e Nagasaki, mas todos que talvez ainda fossem adoecer, e principalmente os mortos. Não sei por que ele nunca os chamou pelo nome, mas, com incrível eufemismo, sempre se referiu a eles como "os outros". Até o momento, não ouvi esse sinônimo da boca de mais ninguém.

"As palavras de um mensageiro a mensageiros": enquanto nós, viventes, nos entendíamos como mensageiros dos condenados à morte, ele entendia os moribundos como porta-vozes dos mortos. Seguem dois trechos de sua fala:

"Os outros não podem ficar simplesmente largados. Sua morte não é uma morte no sentido habitual. É um alerta. Uma tarefa de alerta. Como 'os outros' não podem mais divulgar o alerta, mas nós podemos, vamos rapidamente fazê-lo em seu lugar. Por favor, digam a seus compatriotas, que os enviaram até aqui, que está nas mãos deles ter ou não o mesmo destino dos 'outros'; e assim como acontecerá logo conosco aqui. [...]

"Não nos considerem presunçosos. Nunca fomos ambiciosos. Se o mundo tivesse permanecido em ordem, então ninguém aqui teria tido a ideia de se imiscuir na vida de outros ou até na vida de visitantes. Sabemos que se trata de falta de educação. Mas se, apesar disso, lançamos alertas, não é porque acreditamos que sejamos, por natureza, mais sábios que vocês, nem porque desdenhamos da cortesia. É simplesmente porque alguns devem fazer o necessário; e a desgraça nos atingiu casualmente, e não a vocês; ela nos escolheu, não a vocês. Se vocês tivessem sido vítimas, então teríamos de ouvi-los. Por favor, também repitam em casa que nós não levamos em conta categorias, apenas o acaso. A miséria não é um ganho. E é casual que nós, embora vítimas, estejamos ainda aqui. (Ele apontou para a cama ao lado.) Esse homem estava trabalhando numa oficina de cerâmica quando 'aquilo' aconteceu e todos os seus colegas foram soterrados. (O homem na cama ao lado assentiu, tanto quanto é possível assentir deitado.) E ainda assim. Quando algo acontece por acaso, o acaso *está valendo*. Eis a realidade. Agora somos *nós* que temos de falar e de nos mostrar, que temos o direito e a obrigação de falar. (Em seguida, ele fez uma pausa breve e nos observou como se sentisse, pela primeira vez, que éramos pessoas totalmente estranhas. E prosseguiu.) Olhem bem para nós, pois logo estaremos entre 'os outros'. E daí não haverá mais ninguém para servir de porta-voz e ninguém para servir de testemunha." (Ele jogou a cabeça para trás, como se colocando à disposição como testemunha, ou seja, para que pudesse ser observado e memorizado por nós. Nunca antes eu havia presenciado um exibicionismo tão pouco vaidoso, nunca ele estivera tão parecido com uma figura de El Greco. Depois de permanecer na posição por um, dois minutos — mas que pareceram uma eternidade —, de repente sua língua se retorceu. O médico apontou para o alto, à guisa de explicação; um avião passava sobre o telhado do hospital. A mesma pausa que eu já havia presenciado. Sobre a ponte. Demorou algum tempo até seu rosto perder o aspecto de pânico. Em seguida, ele se sacudiu, certamente para reorganizar os traços. Mas, quando proferiu as últimas palavras, seu rosto continuava cinza.)

"Meu mundo é menor do que o de vocês", ele terminou. "Entretanto, estou alguns passos à sua frente. Não apenas porque tenho apenas uns passos para trilhar, e vocês têm mais. Mas também porque eu, desligado do mundo, não sou nada além de um aviso em si." E, depois de uma pausa: "Eu lhes desejo boa saúde!". Ele tentou algo que devia ser uma reverência, e o médico o colocou de volta deitado na cama. Todos nós nos curvamos e, em silêncio, deixamos o quarto.

"Nosso caso mais avançado de leucemia", explicou o médico no corredor.

Nosso comportamento: não havia ninguém que não estivesse à altura dessa tarefa periclitante, ninguém que tenha se comportado de maneira equivocada. Alguns de nós logo saímos falando com os doentes em inglês, inclusive quando não havia intérprete à disposição. E isso não foi algo insensato; ao contrário, talvez tenha sido a coisa mais sensata que poderíamos fazer. Pois *o fato* de conversarmos com eles era mais importante do que *o assunto* de nossa conversa. A fala ordenou nossos gestos e deu segurança ao nosso comportamento; não apenas ao nosso mas também ao deles. De todo modo, estava claro que eles não se sentiam apenas vítimas de curiosos. A compreensão internacional da mímica e da melodia da língua da boa vontade parece simplesmente não ter fronteiras. Que consolo!

Um segundo consolo: o mesmo comportamento, e o mesmo bom comportamento de pessoas que estão juntas há pouco tempo. Nenhuma diferença entre os gestos do sindicalista da Austrália, da novelista da Birmânia, do cientista nuclear da França. Sem combinados, de maneira totalmente improvisada, todos usamos o mesmo tom. Ninguém assumiu uma postura chorosa ou indiscreta. Atuamos como *mensageiros*, como transmissores de saudações dos povos da Terra, a fim de lhes dizer que eles estavam menos sozinhos do que talvez supusessem. Alguém disse que, se fosse possível olhar através das paredes para a amplidão do mundo tornado estreito, veria milhões de amigos; outro disse estar envergonhado de ter superado, de modo tão saudável, um tempo que começou com tamanha infelicidade, enquanto *eles*, justamente eles, eram as vítimas; um terceiro queria transmitir a gratidão de seu povo, embora pudesse parecer algo tão desmerecido, porque apenas por meio do sofrimento *deles* era possível saber o que havia pela frente.

Somente após essas palavras, transmitidas como informações, sem terror nem lamentos, oferecemos nossos votos de convalescença, que foi o mais difícil tanto para nós quanto para eles, pois nem aqueles que proferiam os votos acreditavam no que diziam nem os que os recebiam acreditavam no que ouviam.

Hiroshima

Convite do prefeito para o almoço. Elegância impecável de um grande hotel suíço. E em Hiroshima. Enquanto eles, os anfitriões, os enunciadores do mundo destruído e seus empregados (aguardando atrás de nossas cadeiras) vestidos de maneira formal, com trajes europeus e camisas branquíssimas, nós — os representantes de partes comparavelmente intactas do mundo — usávamos nossas roupas ainda amassadas da viagem, sujas do calor úmido, e parecíamos excursionistas no fim do dia. O pobre S., incomodadíssimo pelo calor já em Tóquio, não havia compreendido a extensão de sua longa viagem e partira até sem paletó; não teve alternativa senão aparecer em mangas de camisa. Além disso, a maior parte do nosso grupo ainda mantinha os lábios cerrados depois das fotos do acervo do museu nuclear e das descrições infernais que ouvimos da boca dos sobreviventes.

Embora nenhum de nossos anfitriões tenha deixado transparecer algo sobre a discrepância entre seu caráter impecável e nossa desordem interior e exterior — sua não atenção tinha o efeito de uma conspiração da boa vontade —, foi terrivelmente difícil superar esse abismo e iniciar uma conversa. E foi ainda mais difícil porque o único meio possível de superar uma situação tão delicada, a *piada*, era descartado de antemão devido à vagarosidade das engrenagens de tradução. Além disso, a cordialidade cerimonial, característica dos japoneses e que fazia parte do comportamento natural de nossos anfitriões, ficou no ar simplesmente devido à falta de contrapartes à altura. Ao jogar contra gente que não sabe nada, até mestres enxadristas ficam perdidos. Na realidade, justamente os mestres enxadristas. E foi isso o que aconteceu. Resumindo: o jantar foi uma verdadeira tortura e, ao acontecer em Hiroshima, tinha algo de absolutamente ridículo em si.

Vagão-restaurante entre Hiroshima e Nagasaki

Sentado à minha frente, um homem mexeu o açúcar em seu café durante cinco minutos. Tive ganas de lhe arrancar a colher das mãos. Engenheiro alemão, antigo morador de Berlim, havia montado instalações para refrigeração de peixes em algum lugar no sul. Depois de uma semana estava voltando a Düsseldorf, aliviado por estar indo embora. E me perguntou como *eu* tinha me perdido por aquelas bandas.

"Não me perdi em absoluto. Mas ganhei. Bastante, até."

"Parabéns."

"Obrigado. Sim, ganhei novas ideias."

A colher parou. Ele me olhou, franzindo o cenho, como se algo tivesse entrado no seu olho.

"Que também serão importantes em casa. As mais importantes que se pode ganhar hoje em dia. Estou vindo de Hiroshima."

"Também estive por lá. Calor dos diabos."

"Sim. Mas não é a única coisa. É que participei de uma festividade."

"Qual?"

"Do lançamento da bomba."

"Questão de gosto."

"Estive também nos hospitais. E vi algumas das vítimas. E escutei suas histórias."

"Ah. E daí?"

Esse "E daí?" foi a coisa mais cruel que já ouvi. Vai ser difícil me esquecer dele tão cedo.

Ele fez um movimento com a mão.

"Você não me atinge com isso. Trata-se de um tema velho."

"Como assim?"

"Afinal, fazemos coisas bem melhores hoje em dia."

("Nós!" Que solidariedade admirável do outro lado!)

"Você acredita nisso porque hoje é possível matar dois milhões de pessoas de uma só vez sem nem ter de ir até o local onde estão, e, naquela época, foram meras duzentas mil e ainda era preciso se deslocar... Por isso os duzentos mil deixaram de ser importantes hoje?"

Ele dá de ombros. "Além disso, tudo foi muito bem saneado. Está até muito melhor do que antes, dizem."

"E daí?"

"Como se chamava mesmo o hotel?" Ele pensa. "Certo. Modern Hiroshima ou algo assim. Veja: 'Modern'. Não, 'New'. Tudo novo. Arrumadíssimo. Em frente ao museu, caso você goste de coisas horripilantes."

"Gosto", respondi.

"Parece mesmo. Você sabe que tipo de pessoa você é?"

"Qual?"

"Você já sabe. Alguém que alardeia o pânico."

"Nossa. Quanta coisa você nota. É um profissional no assunto."

Isso o deixa desnorteado por um momento. "Profissional" lhe soa estranho.

"Você está zombando de mim?"

"De modo algum. Afinal, também há profissionais que colocam o mundo em perigo. Aliás, você também estará em perigo, não se esqueça. E há aqueles que profissionalmente embelezam ou menosprezam o perigo. Então é preciso haver algumas pessoas que resolveram alertar o mundo, de maneira profissional, para esses perigos."

"Parece lógico."

"Mas?"

Ele dá de ombros. "É *também* uma profissão. Você é político?"

"Não."

"Físico nuclear?"

"Também não."

"Ora. Tudo bem. Mas o que entende do riscado? Por que você não deixa toda a questão nuclear para os responsáveis pelo assunto?"

"Por um motivo simples: porque não há gente responsável pelo assunto."

"Há *um* responsável em todos os ramos."

"Isso é o terrível."

"O quê?"

"Que você considere a possível destruição da Terra como um *ramo*."

Visto que é do interesse da mentira dar outro nome à verdade, ele disse: "Você é um espertalhão".

"A competência não se resume a saber das coisas, implica também tomar decisões. Ou não?"

"E daí?"

"E você acha que o chanceler ou o ministro do Exterior ou da Defesa, só por saberem alguns dados a mais sobre os prováveis milhões de mortos, têm o direito de decidir sobre a vida e a morte de todos? De seus filhos, por exemplo? Pode ter certeza: esses senhores sabem tão pouco quanto você. Porque imaginam igualmente pouco como você. Porque são igualmente preguiçosos quando se trata de imaginar a coisa. Todos vocês são uns preguiçosos do apocalipse."

"Pouco aplicados."

"Insuficientes. E quem acredita, reforça e repete que deveríamos confiar nos 'competentes' comprova, além de sua preguiça, sua total incompetência. Quer dizer, na questão do fim do mundo."

Ele me ouvia, divertindo-se. "Meu caro", ele disse, balançando a cabeça, "você pode contar tudo isso para a vovozinha. *Eu* sei o que importa. E é o seguinte: qual empresa paga a sua viagem? De posse dessa informação, ninguém me engana."

"Você não conhece minha empresa."

"Vamos ver."

"Veja", eu falei com algum desdém, "você *também* é a favor dos valores ocidentais, não?"

"Sim. Claro. Mas e daí?"

"Eu também. Pelo valor da liberdade e da consciência."

"Não enrole. Você sabe muito bem em que ponto quero chegar. Em nome de quem você está circulando por aqui? E para quem você faz seus belos discursos?"

"Acabei de lhe responder. Sou escritor autônomo. E o que faço, faço por livre e espontânea vontade."

"Tudo bem. Você não vai dizer. Também não é da minha conta. Também gostaria de ser escritor. Também é uma profissão."

"No seu lugar, eu repensaria. De todo modo, meu chefe é um capataz. Alguém com mania de exatidão."

"Sinto muito." Ele não entendeu.

"Além disso, é uma profissão engraçada. Viver *uma vez* — e então passar essa vida delatando aos outros o perigo no qual eles vivem... Devo dizer..."

"Delatar é bom", ele diz, rindo.

"A melhor coisa que se pode fazer hoje em dia."

"Sabe de uma coisa?", ele exclama de repente, esticando as duas mãos para o alto, animado. Na direita brilha a faca; na esquerda, o garfo. "Seu cartão de visitas deveria anunciar: 'delator profissional'."

Infelizmente tive de me juntar ao riso.

Por mais inacreditável que possa parecer — mas são assim que fluem essas conversas —, a risada em comum imediatamente apaga para seus olhos todas as diferenças e, para ele, sela um final absolutamente satisfatório do diálogo. E, em alemão, ele pede: "A conta!". ("Eles vão entender", diz, piscando. O colonizador nato.) Depois, como se apelasse para o denominador comum, válido para todas as pessoas e que anula todas as diferenças: "Afinal, é tudo bobagem".

"O quê?"

Com as duas mãos armadas, ele aponta para os campos de arroz do lado de fora do trem. "*Você* consegue imaginar que tudo isso um dia vá acabar?" E ele logo dá a resposta: "Então".

Eu balanço a cabeça.

"Claro, claríssimo."

"Nada está claro. E é esse o ponto."

"Lá vai ele começar de novo." (Ele paga. "Eles não aceitam gorjeta. Prático.") "Qual a reclamação da vez?"

"Que você acredita que, só porque não consegue imaginar *a situação*, ela não vai acontecer. Porque *você* não consegue, *ela* também não pode ocorrer."

Ele se levanta.

"Tudo bem", diz, "continue assim. Sabe o que pensei primeiro? Ele é doido. Mas agora sei: você é apenas um sujeito hilário". E vai embora.

Então é o caso de andar por aí como um sujeito hilário. Já andei fazendo as vezes de coisa bem pior.

Nagasaki

Chegada numa atmosfera terrível, ambiente brilhante: metade água, metade fogo. Esforço total para não desmoronar, a vida é uma conquista. Impossível perceber exatamente *onde* estamos. Em Nagasaki, pois bem. A curiosidade é saciada. A minha também. A maioria simplesmente está passando o tempo no saguão do hotel. Estive fora, mas apenas por pedante cumprimento do dever. Esse também esmoreceu depois de eu ter me arrastado por meia hora por esse aquário quente. De volta "em casa", mas tiritando, com o ar-condicionado ligado. O que foi visto: uma cidade que se escalava em colinas, napolitana de estilo asiático. Apesar do tempo infernal e do burburinho das ruas, inacreditavelmente limpa.

No meio do caminho, tento imaginar o que aconteceu por aqui. Empurrar, no lugar do que existe, aquilo que não existe. Mas em vão. As novas casas que foram construídas permanecem opacas; o monte de escombros que eu queria ver não está aparente. Então caminho pelas ruas como se fossem as ruas de uma cidade estrangeira qualquer. O choque tão pesado em Hiroshima — a consciência de se movimentar sobre uma Pompeia soterrada por nós mesmos — não se repete. Quão pouco livres somos como seres sencientes! Exigir esse desempenho dos sentidos de analfabetos dos sentimentos seria inútil — e totalmente injusto exigi-lo daqueles que moram aqui.

À noite

Passei por um cinema cujo cartaz do lado de fora mostrava um homem deitado no chão, ferido de morte, sendo chutado por outro homem. Um terceiro aparecia, pálido, no fundo. Só agora entendo por que fiquei tanto tempo diante dessa figura vulgar e vista milhares de vezes antes. Trata-se da imagem do que aconteceu por aqui:

É costume geral (em parte por razão cronológica, em parte porque o número de mortos acabou "limitado" aqui a setenta mil devido a uma casualidade geográfica) identificar Hiroshima como *o* símbolo; a dizer seu nome em primeiro lugar, ou seja, dizer "Hiroshima e Nagasaki". Esse costume é injusto. Para os moralistas, Nagasaki deveria estar em primeiro lugar, deveria ser assim: "*Nagasaki e Hiroshima*". Pois esse segundo ataque foi ainda mais maldoso (caso haja algum sentido nessa comparação) do que o primeiro. Também aqueles meus amigos de Tóquio que, por um senso de justiça exagerado, tentam achar algo estrategicamente justificável em Hiroshima, ou que, na condição de cristãos, se esforçam para validar o ataque como "merecido", emudecem quando escutam o nome Nagasaki e em seguida ficam petrificados. Pelo seguinte motivo:

Todos sabem que, após o primeiro ataque nuclear, o Japão tinha ido à lona, desfalecido, e estaria disposto à capitulação incondicional. Nos Estados Unidos também não há ninguém que duvide disso. E alegam que, na época, havia dúvida a respeito entre as instâncias responsáveis dos Estados Unidos. Afinal, os duvidosos tinham possibilidade de, em vez de repetir o ataque nuclear de imediato, somente *ameaçar* com a repetição do ataque. "Somente." Parece incompreensível que não o tenham feito.

Mas só parece. Pois eles *realmente ameaçaram*. E de um jeito totalmente inadequado.

A explicação do que quero dizer é um pouco difícil, pois a relação usual entre ameaça e ação foi colocada de ponta-cabeça aqui de maneira diabólica.

Normalmente faz sentido e é justo distinguir entre a ameaça da ação e a ação em si.

Entretanto, a ameaça da ação já é uma ação. Foi assim com o ultimato de Hitler a Beneš,[23] de bombardear Praga "se..." — ou seja, uma ameaça com a ação (não realizada) que já é uma ação em si. Mas a *ameaça como ação*, ou seja, a chantagem, e a *ação ameaçada* (não realizada) permanecem duas coisas distintas.

Mas aqui, no caso de Nagasaki, essa relação foi invertida. Desse modo, tudo o que é habitual entre políticos e chantageadores profissionais ficou para trás. Pois *não* se ameaçou com uma ação (um ataque, que aconteceria "se"), *mas por meio* de um ataque que realmente aconteceu. Essa ação real era uma ameaça na medida em que se endereçava a alguém que, por seu intermédio, deveria saber que, "se" o ataque acontecesse, ele teria de presenciar a repetição desse ataque. E o que importava àqueles que realizaram o ataque — ou seja, o literal banho de sangue — não era o banho de sangue em si, mas exclusivamente a mensagem da ameaça que estavam transmitindo com esse banho de sangue.

23. Edvard Beneš (1884-1948), presidente da Tchecoslováquia entre 1935 e 1938. Anders se refere à ocasião em que Hitler ameaça bombardear Praga caso haja resistência da Tchecoslováquia à anexação da região dos Sudetos à Alemanha nazista. [N.T.]

Eu mencionei que o ataque tinha sido endereçado "a alguém". A indeterminação foi proposital. Mas quem era o destinatário?

Em ações habituais de guerra, ameaçado e agressor são idênticos. Um lado ameaça o outro com um ataque; um lado ataca o outro que acabou de ser ameaçado.

Mas aqui — e eis a novidade do evento — os dois lados se distinguem. Não se pode dizer que a ameaça valia àqueles que a sofreram, ou seja, aos japoneses. Afinal, o Japão não precisava de mais ameaças. Elas estavam destinadas ao "inimigo do amanhã" da época, a quem se queria intimidar pela *exemplificação* da catástrofe, de acordo com o provérbio "Se você quer assustar o carneiro, mate o filhote". Visto que a guerra contra o "inimigo do amanhã da época", ou seja, a chamada "Guerra Fria", ainda estava no estado da mera possibilidade; visto que ameaças diretas contra esse inimigo ainda não estavam sendo sopesadas, era preciso lançar mão de algo indireto, um disfarce. Esse algo indireto foi encontrado (e, com isso, a perversidade do caso se torna patente) justamente na ação mais direta, o disfarce da nudez mais nua. Ou seja, um ataque real, que apenas não foi direcionado àqueles que se pretendia ameaçar, mas àqueles que ainda era permitido tratar como inimigos, mesmo se, de fato, a guerra já tivesse terminado. Resumindo: os últimos momentos do estado de guerra contra o Japão foram usados para aplicar uma ação, uma ameaça, que não seria possível após a capitulação. Um banho de sangue foi promovido a fim de se aplicar esse gesto de ameaça.[24]

Desse modo, os setenta mil assassinados não foram assassinados porque ainda eram inimigos, muito menos inimigos perigosos; mas simplesmente porque seu assassinato em massa devia ser um exemplo, porque era possível emprestar uma função a setenta mil cadáveres, porque era possível empregá-los como "material de ameaça".

Note essas palavras: *banhos de sangue como gesto de ameaça contra um terceiro*; *mortos como material de ameaça*. Essas expressões são novas e feias, mas só porque as coisas são novas e feias. E repita

24. Ver também *Saturday Review*, 6 ago. 1955, editado por Norman Cousins; e Patrick Blackett, *Fear, War, and the Bomb: Military and Political Consequences of Atomic Energy*. Nova York: McGraw-Hill, 1949. O comandante Blackett considera Hiroshima o início da guerra contra a União Soviética.

as palavras, para que as coisas não desapareçam da sua frente. Pois elas são muito mais terríveis do que você poderia manter em evidência na mente, de maneira ininterrupta, caso um dia as tivesse visto. Ou seja: *banhos de sangue como gestos de ameaça* e *mortos como material de ameaça*. E não se esqueça: esse golpe não foi dado na última guerra quente, mas fazendo uso da chance aventada por uma guerra ainda não totalmente resfriada, já em vias de se tornar uma guerra "fria", uma "*guerra de manobras*". Os setenta mil carbonizados sob a cama na qual estou deitado não são soldados mortos; não são mortos de guerra, mas *mortos por manobras*. Lembre-se dessa expressão também. Diga: mortos por manobras.

O caso é típico para hoje. Não há nada que melhor caracterize a essência de nosso tempo que o fato de serem sistematicamente borrados os limites entre "teste" e "caso concreto", entre "ameaça" e "ato", entre "guerra fria" e "guerra quente". O exemplo clássico disso hoje em dia são os "testes de explosão", que, embora supostamente sejam apenas "testes", geram eventos que terminam em mortes, ou seja, são "casos sérios". Mas essa mancha não é nova. Já existia em 1936. Pois as manobras da Luftwaffe alemã e a ameaça de Hitler com a Segunda Guerra Mundial tinham acontecido na forma de uma guerra de verdade, a "Guerra Espanhola". E também os mortos de Guernica são "mortos por manobras". Desta vez, foram os japoneses.

Pensamentos noturnos

À semelhança dos termos "telefone" e "teletipo", deveríamos cunhar a expressão "teleassassino" (e "teleassassinato"). É claro que os diversos tipos de "teleassassinato" descartam as virtudes do cavalheirismo. E aqui, em Nagasaki, o espírito do mundo acabou de selar, de uma vez por todas, essa eliminação. O assassinato à distância eliminou não apenas o cavalheirismo mas (apesar de todo o caráter paradoxal) também a guerra em si. Quem ainda chama de "guerra" ações como as que aconteceram aqui tem preguiça de pensar ou é um farsante malvado. Certamente essa "abolição da guerra" significa que estamos dando lugar não à paz, e sim a um tipo de ação incomparavelmente mais terrível que a guerra: a "eliminação". E "eliminação" hoje não significa apenas (o que já bastaria) a aniquilação bélica do inimigo.

Essa já aconteceu no passado e, na Antiguidade, compunha a regra da guerra. Mas mesmo essa ainda era humana, se comparada com o que acontece atualmente — a ação basicamente não conta mais com nenhum tipo de resistência e se desenrola de tal maneira que a chance de resistência é anulada já *antes* da ação de extermínio. O inimigo é derrotado não à medida que se combate, não por meio da batalha, mas ainda como combatente, antes do combate e antes da derrota em si; a possibilidade de batalha é anulada. Em outras palavras: como "eliminação", a guerra se transforma de um processo estratégico em um processo puramente técnico, de modo que também ela é *eliminada enquanto guerra*. A pessoa que combate insetos, que extermina mosquitos, sem precisar contar com sua resistência, não está em guerra; executa uma tarefa técnica. O mesmo valeu para Hitler, que, quando "despejou" os internos dos campos nas instalações de morte, não estava "fazendo guerra" contra os judeus, os ciganos ou os seres humanos inferiores, mas os estava anulando. E esse princípio encontrou sua continuação. Aqui também não houve resistência. Nagasaki e as instalações de morte pertencem à mesma categoria de crimes.

Se ações contra grupos que não podem se defender não são mais "guerra", então, evidentemente, esses grupos também não são "opositores" ou "inimigos" no sentido usual. Essa categoria também é suprimida e o conceito deve ser descartado. Mas não só o *conceito* "inimigo" é antiquado como também tudo aquilo que se relaciona psicologicamente com "inimizade". Ao apertar um botão a milhares de quilômetros de distância dos seus alvos, alguém que consegue eliminar esses alvos não sentirá raiva, nem mesmo a raiva que cresce com a luta; ou seja, permanecerá sem raiva — apertando o botão, não se rangem os dentes. É evidente. Nada seria mais ingênuo, nada seria mais enganoso, nada atrapalharia mais nossos esforços do que a crença de que dois fronts que hoje existem sejam fronts de ódio e de falta de ódio. Não é tão simples assim. *Ambos* os fronts são fronts da falta de ódio. A guerra futura de "teleassassinatos" será a guerra mais desprovida de ódio que já aconteceu na história.

Mas essa afirmação, por mais encorajadora que seja, não deve nos permitir criar esperanças — ela só parece encorajadora para aqueles que pensam superficialmente. A simples expressão negativa "mais desprovida de ódio" não garante nada. Ao contrário: essa falta de ódio se tornará a falta de ódio mais desumana que já existiu; e falta de ódio e falta de escrúpulos acabarão se tornando uma coisa só. Quando aquele que extermina não enxerga mais quem tem de exterminar e não consegue mais imaginar essa gente, suas últimas inibições desaparecem. Quanto mais terrível a ação, mais fácil se torna. É comparativamente mais fácil se decidir a apertar o botão com o qual se matam centenas de milhares "bem além da Turquia" do que enfiar uma faca entre as costelas do vizinho. O senhor também não acha, sr. Truman? O senhor certamente nunca arrancou uma perninha de uma mosca. E confio cegamente que o senhor também nunca enfiou uma faca entre as costelas de nenhum vizinho e que também nunca enfiará. Para os outros atos, porém, o senhor reuniu coragem. Não crie ilusões. Não criemos ilusões.

Os motivos para a falta de ódio de ambos os lados são muito diferentes entre si, até opostos. Enquanto nossa falta de ódio se baseia no que há de mais simples, mas positivo, ou seja, que amamos os seres humanos e odiamos o ódio e não suportamos a ideia da não existência da humanidade, a falta de ódio dos tecnocratas é um puro "fenômeno de falta", um efeito de impedimento: visto que eles, sem agir verdadeiramente, obedecem cegamente ao curso de seus inventos e às exigências de seus aparelhos e só apertam botões; e visto que é impossível enxergar ou imaginar as centenas de milhares que são assassinadas por esse ato de apertar um botão, qualquer possível sentimento lhes é sufocado — não apenas seu amor mas também seu ódio. Mesmo essa sua falta de ódio é um sinal de desumanização.

Apesar disso, não deveríamos tratar como *quantité négligeable* o fato do não ódio ser o atual denominador comum que liga todos os seres humanos (sabendo eles disso ou não). A "obsolescência da inimizade" é a única coisa que nos liga hoje em dia, apesar da terrível intensidade dos atuais confrontos ideológicos. É muito provável que os antagonismos (em larga medida produzidos artificialmente) sejam tão ousadamente superestimados porque o status das nossas ações distantes e técnicas não dá mais qualquer chance à concretização do ódio e da inimizade. Já que não podemos mais ter certeza, como antes, de que a ação de luta em si vai gerar ou amplificar ódio e inimizade, acreditamos ter de gerar esses sentimentos de *antemão*, por meio da imprensa, do rádio etc. — uma crença errônea e antiquada, pois a guerra no futuro não necessitará mais de odiadores, apenas de apertadores de botões que sejam de confiança. Tanto faz: o ponto que temos de focar hoje é a antiguidade da inimizade. Quer dizer: aqueles que não têm ódio por motivos falsos devem chegar a uma falta de ódio positiva; a uma falta de ódio que não se chame "apertar o botão", mas amor.

Nagasaki

Noite escura, com neblina, mais de 35 °C ainda por volta das 23h. Sem chance de dormir. Longa conversa noturna no lounge do hotel com o americano R. sobre a vergonha que ele também sentiu à noite em Hiroshima. Primeiro, um tipo de alegria motivada pela solidariedade. Mas, depois de alguns minutos, descobre-se que a vergonha dele e a minha são de tipos bem diferentes — e isso faz com que nós, já muito irritados durante os últimos dias, agora estejamos irritados um com o outro.

Ele se envergonhava como "pecador", como alguém que, na condição de ser humano, "também *poderia* ter feito aquilo" e, dessa maneira, "também o *fez*". Para mim, essa autoacusação no condicional, essa tentativa de se colocar sob uma luz menos desfavorável do que se merece, é um horror. Parece-me um jogo de "autocomiseração" não permitido; uma heresia ainda pior do que a heresia daquele que tenta se colocar sob uma luz mais favorável do que merece. Simplesmente não é verdade que ele poderia ter feito "aquilo" e *não o fez*. Mas lhe falta a coragem de confessar a própria falta de maldade. Não, pior: ele *também* quer ser mau; ele se ressente da inocência a fim de não se privar da chance do remorso. E quando eu lhe digo, sem floreios: "Como você se sente é assunto *seu*. Mas *eu não o fiz*, eu *não* conseguiria ter feito e você também não", daí ele ficou profundamente indignado, duplamente indignado. Não somente porque uma flagrante confissão de inocência lhe soa terrível, mas porque ele tem a impressão de que contesto a superioridade que ele acredita possuir por sua confissão de culpa. Nisso ele tem razão.

Já há quase quarenta anos, em Freiburg, depois da leitura de *Confissões*, esse "remorso condicional" me encheu de aversão. Lembro-me de uma conversa noturna à época com J., que eu violentamente acusava de "*voluptas contritionis*": pela avidez (Matthias Claudius,[25] perdão!) "de também ter culpa"; e de ressentimento por não querer acreditar que outros fossem capazes de maldades das quais ele não precisava ser.

Não — minha vergonha é de outro tipo e tem outro objeto. É a vergonha do que o ser humano pode fazer contra o ser humano; como humano, me envergonho de ser um deles, de também ser humano. Depois de eu lhe ter explicado isso de maneira tranquila, R. fica indignado novamente; não, ele está quase sem fôlego: dessa vez por minha inacreditável falta de humildade e pela desoladora falta de solidariedade que essa minha vergonha atesta. Como se a solidariedade tivesse de existir em conjunto com os pecados ou as culpas! Solidariedade combina com *ação*: na ação de impedir aquilo que aconteceu por causa de nós mesmos e que poderia se repetir do mesmo modo; na ação que tenta proteger ambos, criminosos e vítimas. A verdadeira solidariedade *não* diz "eu também poderia ter feito", mas "vocês também são seres humanos que *não deveriam* ter feito aquilo ou que *não deveriam* ter sofrido, e que na realidade *nem deveriam ter condições de fazê-lo*".

A discussão religiosa foi acalorada, tinha algo de um frenesi tropical. Apenas quando subimos aos nossos quartos, bem depois da meia-noite, e o japonês da recepção nos deu boa-noite educadamente, mas desconfiado, percebemos outra vez onde estávamos (algo que tínhamos esquecido por completo durante a briga); não em Denver ou em Viena, mas em Nagasaki, e que estávamos ali pelo mesmo motivo, pela mesma preocupação. Portanto, mais uma vez nos desejamos boa-noite, um tanto envergonhados. Mas dormir, nem pensar. E brigas que vinham das janelas de casas vizinhas demonstravam que havia mais outros que não conseguiam encontrar sossego naquela noite de neblina que gerava maldade.

25. Matthias Claudius (1740-1815), poeta e jornalista alemão. Em 1778 escreveu o poema "'s ist Krieg" [É guerra], cuja primeira e última estrofe terminam com os versos "*'s ist leider Krieg — und ich begehre,/ Nicht schuld daran zu sein!*" [Infelizmente é guerra — e eu desejo/ não ter culpa nisso!]. [N.T.]

Nagasaki, visita ao hospital

Para evitar nosso constrangimento de entrar nos quartos hospitalares de mãos vazias, os organizadores nos entregaram flores e cestos de frutas. Como educados doadores, não nos deixaram tempo para lhes agradecer. Apenas agora posso corrigir isso. Sensibilidade organizada é cem vezes melhor do que nenhuma. Então, obrigado.

Tanto o quarto a que fui conduzido pelo intérprete quanto a pessoa a quem entreguei meu buquê foram resultado do acaso. Falaram de "doentes secundários"; para eles, provavelmente foi anunciado algum simples visitante europeu.

Os doentes secundários eram duas meninas que pareciam sagazes para a idade, totalmente enfraquecidas, de quinze ou dezesseis anos, que, para honrar o visitante europeu, postaram-se ao lado de suas camas e, segurando-se nas barras (com grande esforço), cumprimentaram as pessoas que entravam com uma reverência. Para seu comportamento, não me lembro de nenhuma outra palavra senão a antiga e patriarcal "modos", mas que aqui não tem qualquer carga de ridículo, pelo contrário: apenas essa palavra designa a vergonha elevada à virtude. E ambas pareciam corporificar esse tipo de vergonha: vergonha por serem frágeis; vergonha por terem de morrer; vergonha de serem honradas com uma visita; vergonha de estarem frente a frente com um estranho; vergonha de não conseguir responder ao estranho.

Sentir vergonha parece ter um efeito contagioso, assim como os sorrisos. A pessoa envergonhada faz com que seu interlocutor também sinta vergonha. Ela aciona no outro um mecanismo de inibição, ela o "desarma". Provavelmente a "astúcia da vergonha", ou seja, seu sentido pragmático secreto, seja tal desarmamento.

Evidentemente que as duas garotas de quinze anos não sabiam nada a respeito desse mecanismo. Elas se envergonhavam sem segundas intenções. Mas tiveram grande sucesso. Instantaneamente me envergonhei diante delas, não menos do que elas se envergonhavam diante de mim.

Mas isso não adiantava de nada. Como as duas crianças suportavam a situação, eu também tinha de suportá-la. Portanto, calibrei meu tom para sua idade e, quando lhes entreguei os buquês, escolhi palavras que me pareceram adequadas para escolares.

Embora elas não tenham entendido nada do que falei, era impossível terem confundido o tom. Não entendi por que seus rostos mostraram expressões de espanto, não imaginei ter cometido uma gafe. De todo modo, apesar do susto, elas receberam os buquês com a maior educação e, depois de terem feito duas reverências, por intermédio do intérprete me agradeceram por "ter feito viagem tão longa por causa da infelicidade". Supostamente tratava-se simplesmente de uma fórmula fixa, usada de modo natural em algumas circunstâncias. Mas, na tradução para o inglês, suas palavras soaram como se estivessem querendo dizer que *eu* era a vítima e que meu confortável voo causava mais transtornos e também era muito mais longo e perigoso do que essas suas viagens precoces rumo à morte. E elas me deixaram com vergonha também por causa dessa suposição.

Fiquei contente quando o intérprete fez um sinal que significava que o objetivo da minha visita tinha sido alcançado. Acenei a ambas como despedida, elas imitaram o gesto (mas de modo curiosamente lento, como se o movimento lhes fosse desconhecido) e saímos. Eu estava tentando me recompor quando um dos médicos, andando apressado pelo corredor, me viu saindo do quarto. Ele veio ao meu encontro e observou, de passagem, que, treze anos antes, as duas mulheres tinham quinze anos.

Antes mesmo de eu conseguir perguntar: "Essas duas mulheres?", o médico tinha sumido.

A verdadeira vergonha começava naquele instante.

Nagasaki

No ônibus, passamos por dresinas, escavadeiras e guindastes, depois pelo canteiro de obras onde, no lugar da catedral destruída há treze anos, ainda reconhecível pela estrutura, surge a nova catedral. Com o rosto impávido, o intérprete sentado ao meu lado explica: "*You brought it, you destroyed it*". "Vocês trouxeram, vocês destruíram." Não foi possível saber se ele estava se referindo apenas àquela construção ou a algo mais geral. Também não insisti, pois suas palavras tinham me impactado e eu tentava entender a razão. Apenas agora está claro que suas palavras soavam, da maneira mais absurda, como a frase "O Senhor deu, o Senhor levou; louvado seja o nome do Senhor". Só que essa glorificação não cabia nesse caso.

Nagasaki

Como são insuficientes os memoriais de hoje em dia. O motivo não está na história da arte. Dois temores (e dois que rivalizam entre si) parecem evitar o sucesso. Ambos são característicos para o comportamento moral dúbio que assumimos em épocas de horror.

De um lado, nos envergonhamos (não está claro diante de quem) de sermos pessoas absolutamente esquecíveis, ou seja, de abrir mão totalmente de memoriais. Por outro lado, nos defendemos, da maneira mais enérgica possível, de confrontar a verdadeira memória, quer dizer, de expressar claramente a advertência ou de erguer os monumentos de advertência em locais que nos saltariam à vista ou à consciência todos os dias. Não conheço nenhum memorial instalado no centro de uma cidade alemã que nos recorde diariamente dos assassinatos de Hitler. As estátuas de cavaleiros ainda persistem. Mas os memoriais, que evidentemente foram erigidos para ter a consciência limpa de *não* se ter *sucumbido à inação*, estão em locais escondidos; eles foram escondidos como escondemos aqueles crimes e aquelas vítimas que os memoriais deveriam lembrar.

O que vale para a Alemanha parece, infelizmente, valer aqui também. Os sinais exibidos são nulos. E temo que também aqui essa nulidade comprove não apenas uma falta de talento.

Acabei de estar no lugar no qual (ou sobre o qual) a bomba explodiu. Se eu já não soubesse, não faria a mínima ideia de que foi aqui. Um gramado. Nele, um tipo de obelisco, que poderia igualmente celebrar um encontro de imperadores. Diante dele, uma placa explicativa. E diante dela, um vendedor ambulante, que vende essa escassez em forma de cartões-postais brilhantes. É tudo.

Não. *Ainda* não é tudo. No gramado, há um pedaço do muro da catedral destruída, trazido para cá.

É certo que qualquer memorial seria igualmente inadequado. Mesmo o do mais importante escultor. Em comparação com a magnitude do mal e do crime, qualquer obra de arte, inclusive a mais séria, não pareceria séria. O fim da adequação da arte. Talvez essa noção estivesse ligeiramente delineada no inconsciente daqueles que planejaram o lugar. Pois eles abriram mão de uma obra de arte e simplesmente marcaram o ponto. Entretanto, a marcação deixou a desejar. Para gente com imaginação não confiável, ou seja, para nós, seres humanos, isso não é suficiente. Teria havido uma possibilidade. Uma que seria suficiente para sempre. Mas também aqui era assustadora.

O ponto central da desgraça deveria ter ficado intocado aqui, assim como também em Hiroshima. Por meio de uma paliçada, ele se tornaria um local tabu, um "temeno". Tarde demais. Não dá para voltar atrás nessas coisas. Produzir escombros apenas para sua exibição seria apenas um maneirismo.

Meia-noite

Minhas reflexões sobre o monumento não foram acadêmicas. Pois aqui alguém *ergueu* um memorial. Embora não nesse lugar. Mas num local tão representativo e visível que se tornou a verdadeira "praça nuclear" de Nagasaki.

Mas esse memorial é abominável.

Ninguém pode afirmar que essa "estátua memorial" tenha a menor relação com a desgraça ou com o desejo de paz (embora pretenda representar o deus da paz). O que se colocou sobre a colina acima da cidade — e que a domina — é um sujeito colossal, montado num pedestal de granito, cujo tórax excessivo, costas definidas, braços e pernas rijos foram copiados de um levantador de pesos. E sua cabeça (proporcionalmente pequena demais) é a de um cretino esperto que sorri com sono. Se a intenção do escultor era criar uma imagem herege da violência mais cega, mais irracional e mais luxuriosa, então ele não poderia ter se saído melhor. Além disso, seu corpo, supostamente alinhado com a simbologia asiática de postura, faz com que ele descreva uma suástica — não sei se de propósito ou não. Tanto faz; o gesto de sua mão direita voltada para o céu e de sua esquerda supostamente abençoando é de uma implacabilidade quase insuperável. Se alguém me perguntasse o significado da escultura, antes de eu ser informado sobre ela, eu teria dito sem qualquer hesitação: um *Baal*[26] gigante, cuja mão direita segura o animal a ser sacrificado, enquanto a esquerda aponta para o céu, a fim de expressar que o mandamento do sacrifício, vindo do alto, não suporta objeção. Do ponto de vista histórico, o estilo parece copiado das esculturas monumentais nacional-socialistas. Se a peça tivesse sido criada como símbolo para os Jogos Olímpicos do Japão, diríamos: "típico". O alerta é uma parte muito característica daquilo contra o que supostamente é preciso alertar.

Diante dessa montanha de músculos serão realizados dois eventos: um no início da noite de hoje e outro amanhã cedo.

Noite

O evento da noite: o "rapaz", supostamente o protetor de Nagasaki e até da paz mundial, foi iluminado cenicamente. "*The Lord in the Limelight.*" Reluzente e branco, ele se destacou no escuro céu do sul. Infelizmente, é impossível negar que o resultado tenha sido impressionante, pois é simplesmente infame como a boa iluminação pode engrandecer algo ridículo, lamentável até; quão incrível fica a escultura em relação a obras-primas iluminadas de maneira discreta. O princípio e o desempenho do "*limelight*" são claramente idênticos ao princípio e ao desempenho da publicidade: para ambos, continua sendo indiferente o grau de mediocridade, vulgaridade ou patifaria daquilo que eles retiram da escuridão. Em ambos os casos, o que se ilumina não é a grandeza; ao contrário, o iluminado é tornado grande *por causa* da iluminação.

Mas ninguém se preocupava com isso, ninguém parecia prestar atenção no indivíduo. Pois aqueles que tinham subido a colina na tarde anterior do dia comemorativo eram pessoas que não precisavam ser impressionadas de maneira artificial, que provavelmente não seriam impressionadas de maneira artificial: eram vítimas e sobreviventes que sabiam muito bem o que tinha acontecido, qual a ques-

26. Divindade muito citada no Antigo Testamento, trata-se de um dos mais importantes deuses do panteão de diversos povos do Antigo Oriente. [N.T.]

tão em jogo e o que queriam. Seu número aqui era provavelmente maior que em Hiroshima (pois as colinas da cidade haviam contido o fogo e a radioatividade). De todo modo, aqueles sentados no alto da cidade (enquanto embaixo, na região do porto, fogos de artifício espocavam) eram testemunhas, sobreviventes e acusadores. A reunião foi mesmo um encontro memorial, um evento de protesto.

Na abertura — um sinal encorajador de que o grupo tinha começado a romper um pouco com seu esoterismo —, cumprimentos (aliás, dignos) proferidos por dignitários. Mas os principais oradores eram homens e mulheres da associação de vítimas, e o tema principal era e ainda é a exigência de serem reconhecidos como vítimas de guerra, de receberem ajuda como vítimas de guerra, pelo menos *desta vez*: porque não deve haver uma "próxima vez". O fato de essas exigências precisarem ser repetidas no ano 14 da era atômica ainda é chocante, embora tenhamos ouvido falar bastante disso em Hiroshima. Evidentemente, a teimosia com a qual os políticos se aferram a antigas classificações de uma época em que não havia vítimas nucleares não é nada inferior à teimosia com a qual os militares mantêm suas classificações (por exemplo, a de chamar o "monstro" atômico de "arma"). Se essa falta de reconhecimento perdurar (o que é muito improvável), então, no caso de guerra, surgiria a situação mais absurda, na qual seria mais seguro ser soldado. Na guerra nuclear, militares e a população civil seriam igualmente ameaçados, mas os civis correriam o risco adicional de não estarem aptos a receber auxílio no caso de ferimentos ou mesmo de deixarem seus familiares desassistidos no caso de sua morte. Desse modo, o civil deveria ser compreendido como "*moriturus* não segurado" (sugestão para o dicionário do futuro); o soldado seria um "segurado".

Chamou a atenção a diferença entre as falas dos homens e das mulheres. Claramente os homens foram treinados nos quesitos reserva e autodomínio e têm muito menos desenvoltura retórica que as mulheres; de todo modo, não houve nenhum que tenha exposto abertamente sua emoção. As mulheres, por sua vez, não pareciam se sentir impedidas por quaisquer convenções: elas relataram livremente suas vivências pessoais, disseram o que traziam no coração; e aconteceu de uma delas, ao reviver detalhes dos acontecimentos de treze anos atrás, ficar tão nervosa que precisou fazer uma pausa para se recompor.

Nunca escutei um silêncio tão total quanto o silêncio durante essa pausa na reunião. De repente, nosso encontro tinha se tornado um lugar mudo, e era possível distinguir apenas o espocar distante dos fogos de artifício que iluminavam o céu sobre os telhados. Também foi inédito o sentimento de vergonha solidária. Pois não havia ninguém, entre nós que estávamos encarando a mulher à vista de todos, que tentasse abafar seus soluços. Todos baixaram os olhos, a fim de aliviar a vergonha à envergonhada (e também para aliviar a própria vergonha), e só voltaram a erguê-los quando a voz dela se fez ouvir novamente; não, quando ela recobrou a segurança. É quase inimaginável maior humanidade.

E houve outra, entre elas, que foi inesquecível: uma mulher carregada de dor e indignação raivosa, que não apenas perdeu a família inteira como também soube, há pouco, que está doente devido à radiação, e então dedica o tempo que lhe resta à "causa". O corredor de Maratona, que morre após entregar sua mensagem.[27]

Sua fala foi o ponto alto do evento. Embora, como creio — o intérprete parecia bastante confiável —, não houvesse muita diferença entre o que ela disse e o que foi dito anteriormente, os silenciosos ouvintes ficaram abalados: nervosos, gritaram no meio, alimentaram as chamas. Também na minha opinião essa mulher foi a palestrante da noite, simplesmente porque eu sabia que ela provavelmente não estaria presente nas comemorações do próximo ano.

Nagasaki, 9 de agosto

Aniversário da catástrofe. Estou vindo da comemoração matutina que ocorreu numa colina acima da cidade.

27. Referência a Fidípedes, soldado encarregado de informar os atenienses que tinham sido vitoriosos na Batalha de Maratona (*c.* 490 a.C.), contra os persas. Maratona fica a quarenta quilômetros de Atenas, distância que Fidípedes teria percorrido correndo, porque os persas haviam declarado que, se vencessem, invadiriam Atenas, estuprariam todas as mulheres e matariam seus filhos, de modo que elas tinham ordens para matar as crianças e se suicidar em seguida. Fidípedes conseguiu dizer apenas uma palavra — "vencemos" — antes de cair morto pelo esforço. [N.T.]

Não imaginava que minha descrença ainda pertencesse tão intimamente à crença que ela abandonou; até que grau ela se manteve um braço polêmico e dependente. Provavelmente minha descrença é muito mais parecida com a fé monoteísta do que com aquelas variantes da descrença que foram o fim de outras religiões. Não há qualquer "não" que não tenha permanecido herança de um "sim".

Resumindo: eu estava indignado, estava escandalizado. Pois a celebração foi uma comemoração de Baal.

Claro que essa afirmação não diz nada contra os japoneses. Somente contra nós, o teólogo protestante V. e eu, que, junto com outros delegados, participamos da celebração. V. e eu ficamos sentados lado a lado. V. empalideceu, apesar do calor, e começou a tremer tanto que fiquei com receio de ele cometer algum tipo de sacrilégio contra o sacrilégio. Se isso não aconteceu, foi porque ele também estava admiradíssimo pelo fato de minha raiva não ser menor que a dele. O embaraço causado pela minha descrença salvou a situação.

Como eu disse: foi um serviço de idolatria, não religioso; o primeiro de que participei; o último, espero, de que vá participar. Pois as festividades de hoje aconteceram não apenas como a de ontem, aos pés do deus de pedra, mas em sua honra e exclusivamente em sua honra. A pedra não estava ali *a serviço* daquele deus, ela *era* o deus. E as falas eram dirigidas a essa pedra endeusada; as reverências e os donativos lhe eram destinados. Por outro lado, nós, os seres humanos, pudemos observar o rito apenas de trás, olhando para as costas dos celebrantes; ao lado do colosso, éramos nada. Por vezes, tive a impressão de que éramos animais de abate esperando pelo sacrifício — algo completamente ridículo, pois as oferendas se limitaram a flores.

Apesar disso, teria sido mais razoável nos avisar de antemão sobre a natureza do evento, de modo que pudéssemos, com tato, tê-lo evitado. Mas tínhamos de participar de algum jeito, caso não quiséssemos ofender os santuários dos anfitriões. Desse modo, também levamos nossos buquês à pedra. Foi um certo consolo que a origem comum europeia sugerisse uma conspiração: não houve ninguém entre nós que, imitando os japoneses, tenha honrado a pedra; e que a pedra tenha aceitado, sonolenta, nosso desprezo. Mas a ofensa que nossa omissão causou nos religiosos e nos crentes deveria ter sido evitada. E agora era tarde demais.

Desde o começo, tentei responder à pergunta sobre qual seriam a postura e o papel esperados de nós, convidados europeus: se havíamos sido convidados como meros espectadores ou como participantes do culto. Mas a pergunta parece irrespondível, provavelmente nossos anfitriões nem pensaram nela, talvez nem a compreendessem. Até a atitude dos próprios japoneses me pareceu pouco clara. Se não estou muito enganado, também eles, pelo menos a maioria, permaneceram como espectadores de teatro não compromissados — na medida em que a diferença entre "compromisso" e "falta de compromisso" pode ser aplicada aqui. Talvez essa diferenciação também não faça sentido, exceto em nossa situação europeia particular de deísmo e secularização.

Tanto faz. Nunca a raiz de minha existência se tornou visível com tamanha clareza como durante essas três horas, nas quais rostos murmurantes davam à pedra o que não é de direito a nenhuma pedra. Mas agora conheço minha raiz. Ela se chama: "Você não deve formar nenhuma imagem". Dela nasceram todas minhas paixões. Quando eu "filosofo", minha atividade não é outra coisa senão o seguimento desse mandamento, o combate aos absolutos inventados pelo ser humano, ou seja, a *iconoclastia*. E quando alguém me diz que sou próximo do marxismo, é com razão: porque esse, independentemente de quão vilipendiado seja pelo materialismo praticante ao considerá-lo "materialista", e mesmo chamando ídolos de "ideologia", ao menos começou como luta contra os ídolos e foi a última grande concretização histórica da iconoclastia.

O significado da celebração permaneceu ainda mais obscuro para mim porque não parecia pertencer a nenhuma religião positiva. Isso soa estranho porque, no fim das contas (assim achamos), não há nada que possa determinar mais claramente a "positividade" de uma religião do que uma imagem de um deus. E essa imagem não só estava presente como dominava a celebração. Apesar disso — não sei interpretar, apenas informar —, o evento era um *ritual coletivo*, pois foi celebrado num "*teamwork*" de religiosos de três igrejas diferentes: dois sacerdotes budistas, um xintoísta e, curiosamente, um da High Church.[28]

É difícil saber qual a ligação entre esses sacerdotes. Entretanto, é possível descrever a imagem que passavam: sentados lado a lado como quatro grão-inquisidores (protegidos do calor do sol por guarda-chuvas empunhados por vigias do templo) ou como quatro múmias, absolutamente imóveis. Na verdade, a impressão era de que eles só se ocupavam em manter de pé o prestígio e a honra da religião que representavam; ou seja, em ganhar uma "corrida da paralisia". Todos estavam vencendo. Somente as penas sobre suas cabeças pareciam vivas, movimentando-se de vez em quando pela leve brisa do mar, fazendo a impressão da petrificação ou lenhificação de seus rostos se tornar ainda mais assustadora. Eu conhecia de antes a identificação entre imobilidade e honra. Mas não sabia nada a respeito desse "estágio prévio da escultura", no qual os dignitários, embora ainda vivos, se tornam estátuas eles mesmos, de algum modo antecipando em vida as estátuas que talvez um dia lhes sejam dedicadas.

A expressão "ritual coletivo" não é exagerada. Quando religiosos de diversas crenças participam de um único evento, sucedendo-se em suas funções num plano organizado minuto a minuto, o resultado é um *novo ritual*, pois criou-se uma *religião mista* comum. Para europeus, trata-se de algo incompreensível. O desenvolvimento que se iniciou entre nós há três séculos, quando o perigo de uma autodestruição da Europa se tornou agudo, em parte levando à tolerância ou ao respeito às religiões positivas restantes; em parte trazendo consigo religiões culturais neutralizadas pelo deísmo; em parte incentivando o surgimento de ateísmos exacerbados (muitas vezes eles próprios semelhantes à religião) — esse desenvolvimento ofereceu apenas uma possibilidade de desenvolvimento entre outras. Aquilo

28. A expectativa maior era por um católico. Se há uma igreja cristã que tem um papel realmente importante em Nagasaki, é a católica. Essa chegou há tempos, com os portugueses, no sul do país. A comunidade católica de Nagasaki tem uma heroica história de catacumbas; a catedral de Nagasaki, até o dia da explosão, era a maior igreja católica do Extremo Oriente. Mas o catolicismo pluralista praticado nessa festa é insuportável à Igreja católica. [A High Church é um segmento da Igreja anglicana — N.T.]

que é habitual como paz religiosa praticada nos Estados Unidos, a hospitalidade mútua das igrejas com a manutenção e o reconhecimento mútuo das diferenças de suas positividades (exemplo: o rabino ou o religioso episcopal convidado para um sermão), é estranho para um europeu. Mas o que aconteceu aqui, visto que se trata de uma efetiva cooperação de culto de diferentes religiões, também deixa essa forma de paz religiosa ativa bem atrás de si.

Meus amigos japoneses, com os quais posso discutir tantos outros problemas sem muitas dificuldades, certamente não compreenderiam meu espanto. Para eles, a "positividade" da religião significa algo bem diferente do que para nós. Há pouco, quando me espantei pelo fato de um casal casado na igreja xintoísta frequentar templos budistas com regularidade, eles se espantaram com meu espanto. Na verdade, também as divindades xintoístas são consideradas manifestações das forças básicas estabelecidas no budismo. Isso comprova que as duas religiões não apenas convivem em tolerância mútua como também na harmonia de uma teologia em comum.

Tampouco é mais simples falar desse problema com delegados da Europa ou dos Estados Unidos. O primeiro com quem tentei, católico, ficou admirado com minha discordância: "Justamente *você*", ele disse, "deveria estar satisfeito". Quando perguntei por que justamente *eu*, a resposta foi: "Seu esforço em apresentar um código moral mandatório da era nuclear tem alguma diferença do que se pratica aqui? Você também não deseja que sacerdotes budistas, teólogos cristãos, professores, ateus e todo o resto cheguem a um denominador comum?". "Sim", respondi. "Então! Você deveria saudar o que está acontecendo e não reclamar." Ele não deixou claro se sua própria postura em relação ao evento era positiva ou negativa; por outro lado, estava evidente que ele não conseguia enxergar uma diferença básica entre essa mistureba cerimonial e o meu objetivo.

Com o pessoal da esquerda também não foi fácil. Ao contrário: justamente eles estão profundamente impressionados com essa paz religiosa; justamente eles acham que devemos tomar essa harmonia como exemplo e aprender com ela.

Mesmo um religioso reformado da Holanda, evidentemente acostumado com o estranhamento mútuo entre a parte católica e a parte protestante da população, está entusiasmado. Ele não consegue compreender que é um erro as religiões abrirem mão de sua pretensão de verdade (e, com isso, de si mesmas) num momento de paz. Minha situação em relação a ele é simplesmente absurda: até ontem, eu era considerado um ateu perigoso. Como agora me afasto da teocracia e da mistureba religiosa, ele acredita que, por algum motivo tático secreto, eu me apresento como apologista da religião positiva. O que me torna totalmente suspeito a seus olhos.

O único que compreende minha posição é o teólogo protestante V. "Uma vergonha para nós", ele disse (ou algo parecido), "que você, o ateu, esteja mais indignado do que os nossos." E também me sinto um pouco desconfortável ao ver que existem situações que transformam em cúmplices o crente verdadeiro (ele) e o descrente verdadeiro (eu).

Nagasaki

Fomos recepcionados como grupo pelo diretor de um hospital. Perguntei-lhe sobre o papel das *neuroses*. A resposta: elas existem, mas não tanto entre os doentes como entre os saudáveis e os ainda saudáveis, entre os quais alguns (é impossível saber quantos) se deitam toda noite com medo de acordar no dia seguinte com alguma doença relacionada à radiação; que pensam reconhecer em qualquer cansaço inocente os primeiros sintomas agourentos. O fato de vizinhos ontem ainda aparentemente saudáveis ficarem doentes — ou seja, o terrível tempo de latência, que transforma os saudáveis em saudáveis "de fachada" — é muito chocante. E, embora o número de novos doentes seja evidentemente mais baixo do que o de mortos na catástrofe, esse choque causa mais danos do que os causados pelos três eventos terríveis: Hiroshima, Nagasaki e "Lucky Dragon".

Tive receio em apresentar abertamente a questão que agora anoto. Mas será que o dano psíquico, causado pelo medo, não seria um "dano produtivo"? Será que esse medo não tem valor como um corretivo do esquecimento? Será que não impede que as catástrofes de Hiroshima e Nagasaki submerjam na vala dos fatos ocorridos e se tornem meros eventos históricos? O quê, além desse medo, seria capaz de manter a presença da ameaça tão fresca na consciência?

Nagasaki

Escrevo isto não sei em qual andar do edifício de Nagasaki; muito abaixo de mim, oficinas, fábricas, casas fazem seus ruídos; atrás, a baía encosta na cidade; e, emoldurando três quartos do quadro, erguem-se as colinas, que parecem tão absolutamente californianas que tenho de me lembrar toda vez: você não está em Los Angeles! Então estou sentado aqui com uma Coca-Cola, diante de mim imitações de sanduíches prontos. E se eu fosse americano, teria com certeza a impressão de que viajar é dispensável. Para onde quer que eu vá, chego aos Estados Unidos.

Caso eu fosse americano, não gostaria de ficar num dos andares abaixo. Pois lá está reunida a "coleção", isto é, a coleção das coisas que restaram da catástrofe. E embora essa coleção, no que diz respeito ao tipo de exposição e ao número de peças, seja significativamente mais modesta que aquela do representativo museu atômico de Hiroshima, ela tem "peças originais", para usar a linguagem museológica. Na verdade, essas peças são tão terríveis que nós (pelo menos aqueles de almas ainda acessíveis e suscetíveis após Hiroshima) nos escondemos nos cantos das salas (como fazem os míopes, estudando de perto alguma foto de escombros) para nos acalmarmos e conseguirmos nos afastar o máximo possível da observação.

Uma exposição surrealista. Por que surrealista?

O que torna os quadros surrealistas tão chocantes não é o fato de misturarem diferentes tipos de coisas, mas que coisas que possuem diferentes modos de ser são obrigadas a se mesclar, seus modos de ser são trocados — e aqui aprendemos que a arte do surrealismo era absolutamente adequada para a era. Não estou querendo dizer que o surrealismo muitas vezes apresente seus hibridismos com gosto pelo horror; isso faz parte do que há de mais horroroso da nossa era. Porém é preciso lhe dar o crédito: o surrealismo não inventou esses hibridismos, mas os encontrou. Dessa maneira, foi totalmente realista; realista justamente *porque* descreveu o mundo de maneira atroz — não estou querendo dizer que ele *nos* desfigurou, mas que representou um mundo atroz, removendo tudo o que é vivo e humano: tirou o humano dos lugares devidos e o colocou em lugares indevidos, substituindo-o por objetos puros.

E tudo isso pode ser visto aqui, embora não estejamos dentro de uma galeria de arte moderna. Pois lá está, por exemplo, um objeto (sim, como chamá-lo?) que, numa primeira mirada desprevenida, permanece irreconhecível. Porém, depois da leitura da legenda explicativa, ele passa lentamente por uma metamorfose até ficar subitamente reconhecível — afaste-se! Não, mesmo se não for um "objeto", mas um monstro, *não* se afaste, você *viu* e você *tem* de chamá-lo pelo nome. Pois o que está diante de seus olhos, a apenas dez centímetros de distância, separado apenas por um vidro, tão próximo quanto seu próprio corpo, é uma mão fundida a uma garrafa de cerveja. Não dá para perceber onde a garrafa termina de ser garrafa, onde a mão começa a ser mão — mas por uma fração de segundo houve alguém que, com sede, quis levá-la à boca, talvez tivesse até dado o primeiro gole; a pessoa devia ter podido ao menos tomar até o fim. Mas a guilhotina desse juízo final caiu; e a guilhotina não estava interessada em saber se a ação tinha terminado nem em saber onde uma mão termina de ser mão ou onde uma garrafa começa a ser garrafa. Afinal, qual a diferença entre mão e garrafa, o que lhe importa a diferença entre os modos de ser — já que para ele é "tudo uma coisa só", ambas as coisas são fundíveis, ambas as coisas "não passam" de material fundível. Uma definição razoável do niilismo, se é que ela existe, não é de que ele considera tudo "vazio", mas que considera tudo igualmente exterminável.

Foi um momento fugaz. E o resultado desse momento ficou registrado, tornou-se o objeto eterno — quer dizer, felizmente eterno. Pois assim se transformou numa prova e, esperemos, numa prova eterna.

Basta disso! Não, não basta. Pois não lhe é permitido escapar, você é empurrado de vitrine a vitrine.

Aquilo que você enxerga primeiro parece ser irreconhecível. Mas o que é possível reconhecer é apenas a metade; não, não é nada. (Percebo que a descrição se torna cruel, mas: continue escrevendo! E quem haverá de ler isso algum dia: continue lendo! Pois apenas o cruel alcança o terror.) O que você enxerga à sua frente é — se parece com uma invenção patenteada — um *capacete de aço com fundo duplo*, ou seja: no interior oco desse objeto que serviria para proteção de um "semelhante", no interior oco desse objeto, há, bem encaixada, como uma sopeira em outra, a parte superior de um crânio. E em algum lugar, esquecido há muito, queimado em algum lugar, está o restante desse homem. Para o raio, o crânio pertencia mais ao capacete do que ao ser humano; e assim ele o dividiu de sua maneira surreal e manipulou os pedaços de seu jeito surreal.

Basta disso! Não, ainda não basta. Pois não param de empurrá-lo, e queixas não são aceitas. Onde setenta mil morreram de uma vez sob esse raio, o mínimo de consideração que você pode ter é ir de uma vitrine a outra, mantendo a atenção.

Primeiro se parece com um nada. Não deve ser uma relíquia. Afinal, é apenas uma foto. Apenas uma foto. A foto de um muro. E daí?

Olho mais atentamente para ela. Talvez você não a tenha olhado com a atenção necessária. O que você está vendo no muro?

Certo. Tem alguma coisa ali. Uma silhueta ou uma sombra. A sombra de um homem. O que há de tão espantoso nisso?

Você está vendo outras sombras na foto?

Não.

E vê um homem que pode estar fazendo a sombra?

Também não.

Então?

"Então" o quê? Impossível. A sombra de Peter Schlemihl.[29] Uma sombra sem homem. Uma sombra autônoma. Uma sombra eternizada.

Sim, isso existe. E por isso você está aqui. Leia a explicação.

Aconteceu assim:

Na manhã do dia 9, alguém desavisado parou junto a esse muro. Então veio o raio. Nesse momento, o muro se transformou numa superfície em brasa, e o homem, em cinzas.

29. Em *A história maravilhosa de Peter Schlemihl* (1813), de Adelbert von Chamisso, a personagem homônima vende sua sombra ao diabo. [N.T.]

A superfície do muro contra o qual o homem se apoiou na última fração de seus segundos não se tornou brasa. Esse pedaço ficou registrado por meio da foto com flash. Como um negativo. Ele salvou esse espaço. Ele se salvou nesse negativo. Trata-se do único sinal que restou de seus dias na Terra. E o único que vai ficar.

O que restará de nós?

Do último ser humano, restará o contorno no objeto que seu corpo vai proteger do raio no último minuto. Essa será a última imagem da pessoa. Caso seja possível chamá-la assim. Pois não haverá testemunhas que o reconheceriam ou o encontrariam. Apenas outras sombras em outros muros. Mas elas serão cegas e não enxergarão umas às outras.

E, desse modo, a visita à exposição chegou ao fim.

Contudo, mais abaixo, no mesmo prédio, distante apenas alguns metros daqui, há "ambientes culturais", até mesmo uma fonte refrescante e arquitetura interior de bom gosto. E ali somos convidados a participar, à noite, de uma apresentação de danças típicas e canções populares.

Temo, temo: os objetos expostos apenas alguns metros acima de nós, que ainda não entendo como não se tornaram pesados demais para suas caixas nem como não as derreteram — temo que esses objetos, guardados para evitar o esquecimento, aos poucos estejam sendo infectados pelo restaurante em cima e pela fonte do lado de fora. E que a coleção lentamente vá se transformar naquilo que os museus estão acostumados a ser: um depósito para as coisas que não sabemos como guardar, mas temos vergonha de jogar fora. Daí o extermínio de Nagasaki será exterminado e o lugar estará livre para novos extermínios.

Nagasaki

Subir as montanhas — ideia das mais simpáticas de nossos anfitriões, porque nós, delegados, precisamos urgentemente de ar e sono. Para Unzen. ("Sim, você precisa ir a Unzen", os médicos de Viena me disseram há oito anos, "para curar a artrite! Mas quem consegue ir até lá?" Eu. Porém com oito anos de atraso.) O ônibus sobe serpenteando, e a vista para baixo alcança aldeias de pescadores, incrustradas em baías; redes, infinitamente longas, secando nas praias, que daqui do alto parecem retalhos de véus; o mar; nele, feito migalhas, inúmeras ilhas. Quanto mais subimos, mais respirável é o ar. Cheiro de Floresta Negra. De repente, se torna fedido: enxofre, o chão ao lado da rua borbulha. Passeio noturno pelo lugar: poderia ser uma elegante estância de tratamentos curativos na Suíça. Hotéis grandes demais, restaurantes caros demais, lojinhas de lembranças com artigos folclóricos e místicos. Noite fresca, dormi pesado. Pela manhã, tentilhões impertinentes na janela, como se fossem *eles*, os tentilhões japoneses, os autênticos. Passeio pela manhã: as solas ficam quentes; poças que borbulham; rochas cujas frestas apitam feito chaleira fervente de chá. A natureza parece alertar, desdenhosa, que também ela não terminou a brincadeira e não precisa nos temer como concorrentes pela catástrofe. Depois, após um intervalo de catorze horas nas alturas, de volta às brasas de Nagasaki.

No trem de volta a Tóquio

"Estimativas", leio, "das perdas possíveis ou prováveis no caso de ataques atômicos contra as 50 cidades mais importantes dos Estados Unidos: além dos 10 milhões a 20 milhões de mortos, 20 milhões a 25 milhões de feridos."

O autor parece não concordar. Por quê?

"Um número desses", ele explica, "tornaria a questão de como tratar os feridos um problema quase impossível de ser resolvido."

O homem realmente não concorda?

Certamente não.

Pois os feridos (sem falar nos mortos) estão colocados *de que modo* na conta?

Simplesmente como um número que os *profissionais de saúde*[30] *não conseguiriam administrar*. Em outras palavras: o problema do

30. Nem vou perguntar como esses "profissionais de saúde" são considerados vivos, saudáveis ou aptos ao trabalho.

extermínio e da violação de seres humanos foi reduzido a uma mera relação de número de trabalhadores e quantidade de trabalho. Proibido matar devido ao possível excesso de trabalho dos coveiros. Consequentemente, seria possível dizer que o autor assumiria uma posição mais favorável diante do "problema quase impossível de ser resolvido" se houvesse organizações humanitárias assistenciais do tipo "Caritas" em escala industrial, capazes de cuidar de 20 milhões a 25 milhões de pessoas ao mesmo tempo.

Tóquio

Recebi em casa uma pilha de tabelas que se referem à guerra nuclear. Desconheço o remetente, mas, como moro na "International House", não é difícil adivinhar. Incentivo à banalização.

Certamente é muito instrutivo, pois revela o nível da mentira atual e desvenda o estilo da heresia contemporânea.

O material não contém inverdades, pelo menos não daquelas que saltam aos olhos. Visto que tudo pode ser falsificado por meio da inverdade da apresentação, supressões ou falsificações diretas se tornam desnecessárias.

Os fatos apresentados em tabelas são os seguintes:

1. "inevitável";
2. "não tão ruim". (Assim, uma tabela sobre os mortos de Hiroshima se parece com qualquer outra no mundo, por exemplo, uma tabela sobre a exportação de ovos em Idaho.)

"Inevitável, mas não tão ruim" — esse é o duplo efeito psicológico que se pretende alcançar. O autor das tabelas sabe o que quer. Ou melhor: o que se espera dele.

Guardo as tabelas. Regra: *quando uma afirmação em si verdadeira sobre o objeto A é apresentada de maneira adequada ao objeto B* (ou seja, por exemplo, por meio de tabelas), *então A é entendido como sendo B* e assim classificado; por isso, é falsificado. Quem se engana com essa falsificação não é apenas a razão mas também o sentimento, pois podemos tomar conhecimento das tabelas, mas não as tememos. Quem se comunica por meio de tabelas há de se tornar, cedo ou tarde, cego em relação ao seu objeto: isso se refere não apenas ao leitor como também ao emissor da afirmação.

A transformação de eventos em dados de tabelas é tão calamitosa quanto a transformação de nossa vida numa vida de consumo. Visto que a tabela impressa apresentando "o índice esperado de perda de X% da população do país A e a diminuição de Y% desse índice com apenas o emprego de Z% de bombas de maior potência" parece razoável (por exemplo, aqui), o tema também parece estar em ordem. *A limpeza dos relatórios passa para os objetos dos relatórios.* O visual organizado e confiável da apresentação estatística torna os escombros fumegantes mais higiênicos e desinfeta os cadáveres contaminados pela radiação.

E qual o tipo de manipulação contido nessa "desinfecção"? Algum "estranhamento"?

Evidentemente não. O que se pretende é algo oposto ao "estranhamento": que o estranho e o terrível daquilo que aconteceu ou poderia ter acontecido seja *diminuído.*

Então se trata de um tipo de "banalização" (*Verbiederung*)?[31]

Também não, evidentemente. O tom da linguagem científica não almeja a minimização, mas, ao contrário, o "tornar sóbrio".

O que resta além da alternativa "estranhamento-banalização"? Há algo além disso?

Sim, há.

Nada mais ingênuo do que acreditar que nosso mundo contemporâneo se divide em duas partes muito bem separadas entre si — "coisas familiares" e "coisas estranhas" — e que a operação do engodo consiste simplesmente em estranhar o familiar e tornar conhecido o estranho. A situação é muito mais complexa, até dialética: pois hoje existem coisas familiares que nos parecem familiares porque

31. Por "banalização" compreendo o contramovimento atual, mobilizado em todos os lugares, contra o estranhamento: a tentativa de eliminar o fato do estranhamento ao se apresentar o que é mais estranho como conhecido ou semelhante ao nacional. Exemplo: o teste com a bomba de hidrogênio [em 7 de março de 1955] recebeu o singelo nome de "*Grandpa*", "avô" (ver Günther Anders, *Die Antiquiertheit des Menschen*, tomo I. Munique: C.H. Beck, 1956, p. 116-54).

são estranhas e (o que não diz respeito aqui) coisas estranhas que nos parecem estranhas *porque* são familiares. Hoje em dia nada nos é mais natural do que, por exemplo, estarmos rodeados de milhares de instrumentos, profissões, fórmulas, que nos são desconhecidos; nada nos apazigua mais do que algo apresentado num jargão técnico que desconhecemos. Desse modo, por exemplo, as caixas de comprimidos estampadas com fórmulas químicas nos passam tanta confiança justamente porque fazem parte da área incompreensível (mas que gera confiança) da "ciência". *O estranho é então uma parte do mundo familiar*: nós o manipulamos e usamos sem desconfiança. E não fosse o fato de que há tanta coisa incompreensível em nosso mundo, este nosso mundo nos pareceria extremamente curioso e não familiar, se não incompreensível.

A "banalização" de hoje se serve desse fato.

Para evitar, por exemplo, que o estranhamento terrível de um perigo pudesse gerar pânico ou oposição e nos estranhasse de verdade; ou, para que esse perigo nos pareça supostamente familiar, ele é formulado naquela língua "estranha" que nos é familiar, ou seja, a língua da ciência. Em outras palavras: enquanto a "banalização" não dialética se limita a cobrir o fato do mundo estranho ao nos soterrar em casas com uma torrente de coisas muito estranhas, mas tão habituais que parecem familiares (revistas ilustradas, televisão etc.), a "banalização" dialética nos oferece, proposital e expressamente, coisas estranhas. Ela é capaz disso porque o processo de estranhamento e a existência de coisas estranhas já se tornaram as coisas mais elementares de nosso cotidiano. E ela se serve proposital e expressamente da língua "estranha", quer dizer, da língua "sóbria", porque esta também compõe a parte familiar e que gera confiança em nossa vida.

Como dissemos, esse procedimento ocorre principalmente quando se trata de coisas — como na situação nuclear — que, de um lado, não devem nos causar estranhamento demasiado, mas com as quais também não devemos criar familiaridade excessiva. Desse modo, a coisa se transforma em supostamente familiar (por meio do estranhamento). Se o perigo nuclear é traduzido naquela língua de estranhamento sóbria e inocente, que conhecemos de anúncios científicos inócuos ou de receitas cotidianas de comprimidos, e diante da qual costumamos dizer: "Não podemos comprovar a fórmula, mas graças a Deus não precisamos comprová-la", então o resultado está garantido. Perdemos a chance de realmente perceber a ameaça estranha presente nesse horror; perdemos a liberdade de nos aproximarmos dela *como estranha*; perdemos a capacidade de nos apropriarmos dela como "*nostra res*". E, apesar disso, nos sentimos bem, visto que o tom do estranhamento usado soa absolutamente corriqueiro e absolutamente familiar.

Claro que esse tipo de jogo de "banalização", que consiste na imitação do estranhamento familiar, é mais hipócrita que a forma básica não dialética da "banalização". Caso o mecanismo não fosse tão infame, seu refinamento seria admirável.

Tóquio

Ao retornar de Nagasaki, encontrei a carta de um antigo amigo de faculdade da Alemanha. Ela termina assim: "Apesar de seu endereço soar sensacional, ele me deprime. Pois comprova que você se tornou um 'particularista', que se perdeu num único problema especial, que está bitolado; e que passa a vida com sua *ideia fixa atômica*, ou seja, está desperdiçando a vida. Há tempos observo à distância sua evolução limitada. E fiquei de boca calada. Mas um dia tenho de falar como me senti decepcionado ao receber, em vez do aguardado segundo livro de filosofia, um artigo sobre a angústia nuclear. E até um segundo artigo sobre o mesmo tema em vez dos seus anunciados contos. Ser especialista já é bastante constrangedor. Mas ser especialista da angústia é simplesmente risível. De todo modo, você abandonou o lema filosófico de colegas da nossa época de estudos, 'O todo é o verdadeiro'.[32] Devo realmente abrir mão de você?".

Respondo primeiro com uma variação do *Galileu*, de Brecht: "Felizes os tempos que não necessitam de homens com ideias fixas". Depois,

32. Referência à citação "*das Ganze ist das Wahre*" [o verdadeiro é o todo]; ver G. F. W. Hegel, *Fenomenologia do espírito*. Trad. Paulo Meneses. 2. ed. Petrópolis: Vozes, 2003, p. 36. [N.T.]

prossigo: "E como eu seria feliz se vivesse num tempo desses. Afinal, antes do ano zero eu já tinha vivido uma vida nada vazia; e não precisei esperar por ideias fixas nem por aquela que você considera minha ideia fixa especial. Você há de se lembrar que, quando nos conhecemos, não era eu o especialista; naquela época, você não me acusou de monomania, mas, ao contrário, chamou atenção à minha '*pantomania*'; ou seja, meu desejo de percorrer todas as províncias da vivência; minha recusa em excluir qualquer tipo de atividade de maneira 'injusta' ou deixar intocado qualquer um dos presentes que o mundo nos dá — resumindo: minha recusa a qualquer fixação em quaisquer particulares. Naquela época, você não tinha muita compreensão para esse estado taciturno, composto, em igual medida, de fanatismo por justiça e pânico de perder algo, pois você o considerava simplesmente um disfarce inteligente de indecisão e fraqueza de vontade. Mas até hoje estou convencido de que esse estado, que carrega um inegável traço de falta de maturidade, foi o verdadeiro *morbus metaphysicus* e, portanto, a precondição do filosofar.

"Você está falando sério ao sugerir que é possível um viciado constitutivo em metafísica cair em outro extremo da noite para o dia, transformando-se subitamente num apaixonado abstinente da metafísica ou assumindo o estado de pupa de um especialista? Você acredita realmente que 'o todo' não me anima mais? Que o colorido não me tenta mais? Não, não é tão simples. Em vez de retomar todas as manhãs, como faço, tal qual Penélope, o pensamento impensável do 'fim de todas as coisas',[33] repetindo todos os dias o mesmo sermão, preferiria mil vezes, também hoje e também aqui, seguir minha antiga ânsia errante e submergir na riqueza do estrangeiro e descobrir, por exemplo, qual a perspectiva da pintura de paisagens daqui ou entender o irritante sistema de intervalos da música japonesa. Não faltam coisas e ideias que me interessem de modo mais ardente do que aquilo com que trabalho no momento (de modo exclusivo, para seu lamento). Eu poderia inclusive confessar (você não se refere a isso nenhuma vez) que o 'tema' dessa minha atividade de mão única tem algo de improdu-

33. No original, "*Ende aller Dinge*", também o título de um artigo de Immanuel Kant, que circula em língua portuguesa num opúsculo intitulado "O fim de todas as coisas". [N.T.]

tivo e idiota; que, comparada a qualquer tema intelectual ou artístico, a questão do mero '*se*' (*se* o mundo vai continuar) fica *vazia*; que lhe falta qualquer profundidade, qualquer saturação histórica; que não exige nem um mínimo de cultura — resumindo: a desolação do pensamento do possível nada, o *tédio do apocalipse*, é irrefutável. Dou-lhe de presente essa confissão do 'vazio' e do 'tédio' para que você tenha um argumento mínimo para sustentar sua afirmação de que eu estaria desperdiçando minha vida. E agora a essa afirmação como tal:

"Eu não acredito que esteja desperdiçando minha vida (a bem da verdade, nem sei bem como fazer isso). Mas, assumindo que você tivesse razão, esse desperdício seria realmente tão ruim? Imagino que você aceite que o desenvolvimento atual possa desaguar no evento pelo qual tudo (não só qualquer futuro, mas com ele também todo o passado) teria sido em vão, ou seja, tudo teria sido perdido. Tudo. Nesse contexto, não consigo imaginar por que *eu* iria me preocupar mais com o que eu poderia estar perdendo do que com todas as outras perdas. Mesmo se eu, seguindo seu conselho, tentasse não desperdiçar minha vida, evitando unilateralidades, no caso apocalíptico minha vida supostamente não desperdiçada seria nada mais que uma gota no oceano do todo, ou seja, perdida com todo o resto.

"E agora sobre sua diferenciação entre o 'todo' e o 'particular'. Que preto ou branco, que coisa não filosófica! Se um empreendimento, como esse do qual participo, objetiva garantir a existência da diversidade ou do todo que está ameaçado, então é possível classificar esse empreendimento (pelo motivo pedante de que é 'apenas um') como 'particular' e, desse modo, desdenhar dele? Sua suspeita de que eu tenha abandonado nosso antigo lema 'O todo é o verdadeiro' realmente não faz sentido. Não apenas por motivos pessoais, não apenas porque investi durante décadas todas as forças que a história mundial me deixou na lida com o 'todo', ou seja, na filosofia. Não apenas porque ainda sou suscetível à 'sedução do todo' e não menos do que antes, mas por um motivo que não tem mais nenhuma relação comigo como pessoa, que é porque *o lema nos deixou na mão*, porque perdeu a sua validade. Quero dizer o seguinte:

"Visto que o todo está pendurado por um fio, visto que está em perigo de cair e perder seu caráter de todo, a tarefa atual consiste em agarrá-lo naquele ponto em que sua manutenção possa ser garantida, em que sua ruína possa ser impedida. Não como antes, nos bons velhos tempos anteriores ao ano zero, quando o que valia era abraçar o todo com o verdadeiro conteúdo. *A verdade hoje não é o todo, mas a preservação do todo.* A questão de como é possível essa preservação, que faz parte da 'razão prática', e se tem ela alguma relação com a verdade no sentido usual, é uma *cura posterior*. O mesmo vale para outra questão: se 'o salvador reconhece aquilo que deve salvar'. Mas se você desdenha da questão da salvação como se ela se referisse unicamente a um ponto particular do quadro do todo, e não ao prego no qual esse quadro está pendurado, isso simplesmente prova a sua cegueira.

"E, por fim, algo a respeito de duas expressões suas, 'ideia fixa' e 'bitolado'. Mesmo que essas acusações não me caibam (como eu acho que não cabem), o que importa é a questão 'quem obriga quem?' e 'quem colocou os trilhos?'.

"Consideremos que eu realmente tenha me tornado bitolado. Mas então sou tão bitolado quanto os trilhos sobre os quais o vagão de nosso destino vai de encontro à sua possível catástrofe; sobre os quais soltamos o vagão de nosso destino em direção à sua possível catástrofe. Esses trilhos determinaram minha bitola. Não nego que existam algumas pessoas no vagão, passageiros como você, que estão ocupadas com mais coisas que eu no momento, ou com coisas diferentes. Mas de que adianta essa 'diversidade' se vocês estão dentro do vagão que vai ao encontro da catástrofe? Quem quiser salvar vocês, os que circulam em bitolas mistas, quem quiser parar as rodas do vagão, tem de correr atrás do vagão nesses trilhos sobre os quais ele se move. Sem olhar à direita nem à esquerda. E é isso que tento fazer."

Tóquio

Eis que chegam os filhos e filhas dos povos coloniais de ontem. Começa a aula expositiva sobre *dialética hoje*.

Primeiro passo dialético: como estiveram dominados por nós até ontem, eles dominam — todos eles — uma das nossas línguas, além da própria. Por esse motivo, estão informados de maneira mais diversificada do que nós; são mais globais do que nós; num sentido mais completo, são mais "contemporâneos" do que nós. Quem de nós fala hindi, árabe ou a língua siamesa? Eles, por sua vez, falam, além da própria língua, inglês ou francês ou russo (um deles até um pouco de alemão). O que sabemos sobre a vida deles? Eles, por sua vez, sabem muitas coisas sobre a nossa. Participamos em que medida de seu mundo? Eles, por sua vez, participam de todo o nosso mundo, pelo menos de todo o nosso presente.

Eis o resultado. Quero dizer, o resultado do colonialismo. Regra: como o colonizador, por meio da dominação, faz com que os povos coloniais aprendam sua língua, ele os transforma em pessoas que fazem parte de dois mundos ao mesmo tempo. Ou seja, têm um horizonte mais amplo, são mais "educadas" que o próprio colonizador. Essa dialética "colonizador/povo colonizado" é a versão do modelo dialético de Hegel "senhor/servo" aplicado à política externa.

Ao lado desses "exóticos", sinto-me um provinciano. E aqueles de nós (infelizmente não são poucos) que não dominam ao menos uma segunda língua europeia e que (querendo ou não, sabendo ou não) simplesmente por seu caráter de monoglotas agem como se o espírito do mundo tivesse se instalado justamente em sua língua local ou nela se revelado se parecem com atoleimados caipiras, mesmo sendo nova-iorquinos, parisienses ou berlinenses. Hoje em dia, provinciano não é aquele que não vem de um "centro" (afinal, o mundo não tem mais centro), mas aquele que só *consegue* estar em casa em seu local de origem (pois não entende nada nem se faz entender em nenhum outro lugar).

Segundo passo dialético: embora cada povo tenha precisado suportar seu período colonial em solidão; embora nenhum deles, enquanto esteve dependente como colônia, tenha entrado em contato com outro povo, eles olham para o passado colonial como se fosse um destino comum. *Aliança retrospectiva*. E essa unidade se torna até mesmo base de sua compreensão mútua atual. O indochinês cumprimenta o árabe em francês; entre eles, comunicam-se nas línguas de seus antigos senhores. E isso não vale apenas para suas línguas mas também para seus comportamentos: suas formas de comportamento e educação são, em grande medida, as nossas. A despedida da Europa acontece "à europeia".

Terceiro passo dialético: mas essa despedida da Europa consiste justamente numa europeização. Pois suas esperanças políticas e seus objetivos industriais foram herdados de seus senhores europeus. (Sob "Europa" compreendo o princípio que também engloba os Estados Unidos e a União Soviética. Essas duas potências, embora tenham diminuído o poder da Europa, também são nossas herdeiras. Diferentemente de antes, a Europa não será mais ameaçada ou destronada por princípios externos à Europa, mas — e esse fato também poderia ser considerado definidor de época — sempre pela europeização dos não europeus.) Se eles discutem sobre "autodeterminação dos povos" ou "soberania", ou se comparam a rede elétrica de seus países, isso não nos soa estranho.

Ali vêm eles, então. Ainda ontem estavam em casa na Argélia, na Mongólia, na Indochina; na noite passada, flutuavam sobre o Pacífico Ocidental ou sobre o Oceano Índico — hoje estão reunidos em Tóquio. Por sua vez, isso também é dialético, e num sentido bem parecido com o de antes. Pois, se eles podem se reunir num voo, isso se deve ao desenvolvimento da ciência e da técnica, ou seja, novamente à existência da Europa. Mas a história não conhece agradecimento, apenas dívidas; eles não são gratos, e em certo sentido até com razão. Não podemos afirmar que nossos antepassados europeus fizeram suas descobertas e invenções por motivos caritativos e, por essa razão, os espalharam pelo mundo. Mas, mesmo se tivesse sido esse o caso, sua "ingratidão" não seria um defeito moral, visto que eles não admiram aquilo que receberam das "nossas" mãos. Seus voos sobre continentes e mares com a British European Airways, a Air France ou a Scandinavian Airlines, o aumento do uso da técnica no mundo, a eliminação das distâncias — parece que não mais consideram isso digno de nota. Enquanto eu, o europeu, ainda hoje, depois de tantas semanas, sigo abismado pela impressão do voo polar, eles aceitaram a técnica que lhes foi disponibilizada pela Europa como a coisa mais natural do mundo e com uma leveza que mais uma vez me tira o fôlego e da qual fazem uso como se esse seu recomeço abrupto fosse a continuação mais óbvia de seu próprio desenvolvimento. Examino o rosto deles. De algum modo, penso, a ruptura em sua história (ou falta de história) deve ter deixado uma marca; algum tipo de imperfeição em sua fisionomia deve comprovar que são "pessoas quebradas". Nada disso. Provavelmente minha expectativa é apenas fruto da especulação, da especulativa filosofia da história do Romantismo alemão, da qual ainda faço parte; fruto de um axioma não manchado por nenhum empirismo que apresentasse a "história autêntica" como um "contínuo orgânico", que a história de modo algum "*facit saltus*". Enganação. Se considerarmos apenas essa história contínua como "autêntica", como vamos designar o que acontece aqui?

É impossível falar de uma "quebra fisionômica". Ao contrário, aqueles ao meu redor se comportam de maneira tão relaxada e tão focada, discutem com tamanha verve e seriedade, riem tanto e tão bem e com tanta vontade que só podemos dizer que essas pessoas não poderiam parecer mais *saudáveis*[34] (a palavra é terrível, mas qual outra se encaixaria melhor aqui?). Em grande parte, elas são até muito bonitas — algumas porque *ainda* dispõem da força e do vigor elegante do animalesco; outras porque, certamente na primeira geração, *já* refletem a beleza da paixão intelectual; por fim, outras ainda, nomeadamente os delegados dos povos antigos, porque têm às costas uma tradição de sabedoria que torna seu rosto mais amistoso. Ao lado deles, nós, eurasianos, parecemos pálidos e estranhos. De todo modo, nosso lugar nessa galeria global não é o de honra.

De antemão, eles são amigos. Há pouco coloquei a palavra "*exóticos*" entre aspas. Agi assim porque aqui não acontece de um exótico considerar ou tratar outro exótico como "exótico". Eles provavelmente não conhecem o termo. Deve ser de origem exclusivamente europeia: enquanto o mundo ainda não era *um*, enquanto havia "mundos fora do mundo", ou seja, fora da Europa, e nesses mundos também havia povos que não tinham sido tocados por nós, sendo mantidos inacessíveis, povos que eram alcançados muito fugazmente e no máximo por aventureiros, bandoleiros, colonizadores ou pesquisadores — até esse momento, esse termo quase zoológico ainda tinha algum sentido. Mas, como esse estado passou, o longe foi alcançado, ele se perdeu *enquanto* longe. Portanto, o vocabulário que se referia ao longe também se tornou inválido. *Nós* também deveríamos abandonar o termo "exótico".

34. No original, "*heiler*", "mais saudável". No comentário do autor, fica implícita a lembrança do uso da palavra "*heil*" no contexto da Alemanha nazista, quando eram populares as saudações "*Sieg heil*" [Viva a vitória] e "*Heil Hitler*" [Viva Hitler]. [N.T.]

Para as pessoas que estão aqui juntas, conversando, nunca houve "exóticos". Antes que eles pudessem se encontrar uns com os outros no voo, mal sabiam seus nomes. Para quais sudaneses a existência da Birmânia tinha alguma importância, para quais birmaneses a existência do Sudão era importante? Eles saltaram da não existência mútua total à total vizinhança mútua. Esse é um fator decisivo de sua falta de desconfiança mútua. Visto que não conseguiriam nada uns com os outros, também não lutaram uns com os outros. Quando se juntam, então, não é como nosso costume, *depois* do derramamento de sangue; não na esperança ou com a intenção de resolver um conflito, mas com a intenção de evitar conflitos. Seu pacifismo, portanto, é bem diferente do pacifismo que vem da paz. Eles parecem ser uma *família*, eles *são* uma família.

E *uma* família. Não se nota nada das "barreiras naturais" erguidas pela suposta "substância individual" e que separam os povos. Os resquícios de características nacionais não impedem o contato. Como todos eles, independentemente de sua origem, perseguem a soberania, por um lado; e, por outro, ainda antes de terem alcançado seu objetivo, já estão em contato uns com os outros, eles neutralizam — querendo ou não, de maneira consciente ou não — seu nacionalismo. Pelo menos, evitam que ele assuma uma intensidade máxima.

Talvez a situação de que sou testemunha aqui seja inédita. Pois nunca antes a soberania foi preparada em acordos comuns. Mas o fato de acontecer é, evidentemente, bom e consolador, pois o que precisamos neste momento atômico não é da soberania ilimitada e autocrática, mas daquela que se funda no controle mútuo, a *soberania relativa*.

Embora a questão da soberania seja importante para muitos, a ameaça comum do perigo nuclear permanece em primeiro plano. E como o programa principal inequivocamente se pauta pela formulação conjunta de ações contrárias perante esse perigo comum, a reunião é tão internacional quanto a própria ameaça nuclear. E quando a palavra "nacional" é proferida por aqueles que, no minuto anterior, tinham enfatizado o caráter coletivo da ação, então imaginamos ter ouvido mal. Suponho até que alguns discursantes também tenham o sentimento incômodo de estar falando errado.

Não se pode dizer que as diferentes religiões os dividam. Dos três que conversam animadamente, um é o cientista da natureza japonês, que é tão pouco religioso quanto qualquer um de seus colegas franceses ou russos; o outro, um muçulmano de Java; o terceiro, um hindu de Delhi. Não sei qual deles ainda pratica a própria religião. Onde as influências marxistas não decidiram nada, a técnica, a ciência e o nacionalismo fizeram sua parte.

Eles nos tratam, a nós, europeus, como iguais. Nem uma única vez ouvi uma palavra carregada de ressentimento ou vingativa contra os delegados daqueles povos que tiveram um papel condutor ou notório na história colonial. Fomos aceitos como semelhantes; quer dizer, iguais.

Quando estamos sentados juntos, à noite, eles cantam suas canções populares.[35] E pedem que façamos o mesmo. Se não temos talento para a música ou simplesmente temos vergonha, então às vezes aparece um asiático, um japonês ou indiano, que supreendentemente conhece canções europeias. Escutei ontem, numa festa para os delegados, a tradicional cantiga "O Tannenbaum" [Oh, pinheirinho de Natal]. Vamos imaginar: estamos numa noite de agosto em Tóquio e o cantor é de Bombaim. Quando lhe perguntei de onde conhecia a música, ele respondeu: da escola. Parece que seu professor a havia aprendido numa das escolas secundárias criadas pelos britânicos.

Durante muito tempo me senti como um "*no land's man*" (simplesmente pelo fato de ter tido de peregrinar de um país a outro). Pela primeira vez, sinto-me em casa: como "filho de nossa Terra".

35. Cantar canções populares uns aos outros deve ser influência (direta ou indireta) soviética. Influência dos costumes que a reabilitação das nações trouxe consigo. Apenas os australianos (entre os quais a polifonia europeia provavelmente degenerou) têm a mesma disposição para cantar que eles, enquanto os centro-europeus, acostumados à polifonia, pelo menos ao acompanhamento do piano, não gostam de apresentar uma canção típica como "Am Brunnen vor dem Tore" diante de cinquenta adultos de todos os países. E é difícil lhes explicar que as canções populares na Europa têm um papel totalmente diferente do que têm em outros países, que estão começando a recolher sua produção musical. Quase inimaginável que Jaspers ou Ulbricht, para citar duas pessoas de regiões sociais absolutamente diferentes entre si, fossem entoar "Am Brunnen vor dem Tore" diante de um grupo. Os homens do Japão ou da Índia, em igual posição, não têm o menor constrangimento nesse sentido.

Tóquio. Congresso

Que constrangedor quando os europeus — cujos países de origem são vistos aqui como algo único e não muito grande — se mostram incapazes de chegar a um acordo. E quão desonroso é o mecanismo de jardim de infância que precisa ser acionado para eles. Pois, quando o senhor X do país X quer comunicar ao senhor Y do país Y que também é contra bases de foguetes, então ele precisa lançar mão de um japonês, especialista na língua X, que vai traduzir suas palavras ao japonês, para que seu colega, o japonês especialista na língua Y, traduza essas palavras japonesas ao senhor Y na língua Y. E a coisa vai e vem dessa maneira.

Embora os japoneses acusem, com um sorrisinho, estar cientes da comicidade desse procedimento, é impossível fugir da impressão de que "sem os japoneses não há relacionamento entre nós, vizinhos europeus" e "a Ásia Oriental é o ponto de transbordamento da Europa".

Imaginemos o inverso dessa situação: japoneses e coreanos que, ao se encontrarem num congresso em Munique, só consigam se comunicar entre si com a ajuda de dois intérpretes alemães.

Tóquio

Sessão de abertura. Gigante arena esportiva ou para eventos. Pelo menos no sentido da representação. Mas alguém sentado ao lado do presidente da mesa atropelou a programação — organizada minuto a minuto e entupida com falas iniciais de delegados de todos os países — da maneira mais heterodoxa possível. Foi assim:

De maneira bem orquestrada, Nishimoto[36] entrou com os seus no auditório e, depois de ter apresentado seu pessoal, colocou sobre a mesa do presidente uma telha de Hiroshima derretida.

Nessa hora, o homem ao lado do presidente não aguentou mais. A ideia de que esse objeto permanecesse sobre a mesa, sem maiores comentários, ao lado de presentes trazidos de todas as partes do mundo, deve ter lhe parecido insuportável. De todo modo, ele bateu na mesa, levantou-se, pediu a palavra e, antes mesmo de ela lhe ter

36. Ver p. 66.

sido concedida, esperou o silêncio, ergueu o objeto à vista de todos e explicou em voz alta: "Este é o objeto sagrado da era nuclear".

A surpresa foi total.

"Neste objeto", ele prosseguiu depois da primeira explicação, "mora o evento que motivou nosso encontro aqui; o evento que nenhum tijolo do futuro deve carregar. Observem-no. Não é mais uma telha, e sim uma massa vitrificada. Mas algum dia, ela *foi* uma telha, uma entre muitas, parte de uma casa."

"Vamos honrar essa casa desconhecida. E aqueles que estavam nessa casa. Sei que não é fácil, não conhecemos essas pessoas; não sabemos em quem pensar, não sabemos que direção dar a nossos pensamentos. E nossas honrarias talvez errem o caminho e, em vez de chegar em quem deveriam, alcancem o vizinho. Mas, mesmo se isso vier a acontecer, não faz mal, pois eles também seriam os certos. Pois esse objeto, que representa todas as telhas que hoje não são mais telhas, representa também todas as casas que hoje não são mais casas. E também todos os seres humanos que hoje não são mais seres humanos. E há centenas de milhares desses. Ou seja, é impossível errar o alvo."

Depois de ter falado isso e pedido um minuto de silêncio, ele devolveu a palavra ao presidente e se desculpou pela interrupção. E os trabalhos foram retomados.

Tóquio

Ontem e hoje a "comissão moral" se reuniu. Uma vez que, nas reuniões anteriores e na reunião de abertura de ontem, houve muitos pontos de unanimidade, e alguns dos participantes, sem combinação prévia, sugeriram redações semelhantes dos mandamentos, eu estava a princípio confiante. Mas aquilo que eu imaginava resultar no texto não aconteceu. Em seu lugar, formulou-se um apelo.

Além de mim, ninguém mais parece ter se decepcionado. Os outros não tinham trazido nenhum plano previamente delineado. Na avaliação deles:

Foi um sucesso que o tema tenha conseguido juntar um número tão significativo de delegados (cerca de setenta), apesar das reuniões simultâneas das outras comissões; que o grupo de discussões (formado por japoneses, indonésios, indianos, árabes, europeus etc.) não tenha sido menos global do que o perigo em si; que os sindicalistas tenham se sentado lado a lado com professores de filosofia, cientistas com teólogos, médicos com políticos, sacerdotes de uma religião com sacerdotes de outra, fazendo com que o caráter profissional e ideológico do grupo fosse o mais abrangente possível; que a participação tenha sido apaixonada; e, por fim, para além de todas as diferenças na avaliação moral dos testes, que tenha havido unanimidade absoluta no que tange à produção posterior e ao armazenamento das armas nucleares, bem como à política baseada na chantagem nuclear.

O último ponto, entretanto, me parece tão evidente quanto o interesse unânime por medicina num congresso de médicos. Isso não resolve.

Por outro lado, é verdade que as negociações se desenrolaram de maneira apaixonada e que turbulências foram sentidas ainda antes de se explicitarem as diferenças de opinião; também é verdade que a escolha do tema foi acertada. É verdade ainda que nunca houve um colóquio filosófico tão global. Na primeira hora após minha introdução, quanto tudo ainda parecia andar sem percalços, fui até ousado o bastante para me referir à grande tradição das conversações religiosas ficcionais de Nicolau de Cusa até *Natan*, de Lessing,[37] e perguntar se hoje, já que o entendimento mútuo se tornou questão de vida ou morte, talvez tenha chegado o momento em que aquilo que outrora era fingido e utópico esteja se concretizando.

Mas logo percebi que tinha avançado demais. Como apenas a composição do grêmio estava correta, e sua boa vontade — embora suficiente para um texto de apelo — não bastava para um código praticável, o que ocorria lá era uma das inúmeras experiências de transformar o outrora fictício em realidade. E não sou despretensioso o suficiente para enxergar o valor de um evento não no seu resultado, mas na sua "função simbólica".

Os obstáculos para o êxito completo foram os seguintes:

37. *Natan, o sábio* (1779), peça de Gotthold Ephraim Lessing centrada na importância da tolerância religiosa. [N.T.]

1. O pouco tempo disponível. Chegar a um texto consensual em duas reuniões só seria possível se houvesse, de início, um texto quase pronto; isso significaria, entretanto, que a discussão se limitaria a detalhes, e com esses meios o sucesso alcançado seria uma vitória de Pirro. Além disso, a maioria dos participantes tinha acabado de chegar; como a comissão especial fora decidida pouco antes da abertura do congresso, foi impossível alcançar acordos previamente escritos.
2. Também houve motivos mais profundos para o resultado modesto das negociações: divergências reais de opinião, até uma colisão, com elementos de uma verdadeira batalha, inclusive religiosa, e que demandou muito tempo e energia. Da perspectiva dos outros, essa colisão pode ter sido apenas um incidente no meio do caminho. Para mim, entretanto, ela estava em primeiro plano.

Dois teólogos cristãos tinham solicitado apresentar um preâmbulo à planejada declaração comum, no qual ficaria explicitado que todos estavam cientes de que dividiam a culpa nos desenvolvimentos que levaram à ameaça atômica da humanidade. Em suas palavras: "Não podemos ocultar nossa convicção de que todas as pessoas, inclusive nós mesmos, têm culpa de o ser humano temer o ser humano, de o ser humano odiar o ser humano, de o ser humano matar o ser humano".

Contestei.

Eu tinha a esperança de chegar a um texto que fosse religiosamente neutro, ou seja, um texto que não contivesse trechos de determinada religião positiva e, portanto, pudesse ser aceito por representantes de todas as religiões. Na minha opinião, a declaração de culpa apontava claramente ao "*peccatum originale*", pelo menos à maldade como caráter constitucional do ser humano, e fiquei receoso de que esse ponto pudesse inviabilizar o trabalho em conjunto com representantes de outras religiões ou até com aqueles indiferentes à religião ou ateus.

Mas esse não foi o único motivo de minha não aceitação.

Expliquei que o aspecto decisivo na nossa situação moral (ou, melhor dizendo, imoral) era exatamente que o mal não era motivado por uma intenção má ou uma torpeza constitucional, mas que os elos da corrente entre intenção, ação e efeito estavam cortados, que os criminosos atuais não sabiam o que faziam ou ao menos não tinham ideia. Essa discrepância gerada pelo desenvolvimento da técnica e da divisão do trabalho é um "*malum*", mas se diferencia da "culpa" no sentido clássico. Mesmo o piloto de Hiroshima foi abusado, sendo quase um "*culpado sem culpa*";[38] até a culpa dos culpados perdeu seu caráter inconteste. Disse ainda que achava inexplicável que *nós*, que não somos responsáveis pelo desenvolvimento da técnica nem nos deixamos ser abusados, mas, ao contrário, nos opomos ao abuso do ser humano, devêssemos ser "culpados" e inclusive confessar nossa culpa abertamente.

Além disso, não há nada mais enganoso hoje em dia que o princípio de que "a moralidade começa em casa". Os atos em pauta aqui, as experiências nucleares ou ameaças de uso nuclear, sem falar em seu emprego real, não aparecem como "atos domésticos", como ações privadas. No meu entender, exatamente aí está a problemática da moral contemporânea.

Os princípios que deveriam ser listados se referem quase exclusivamente aos poderosos da Terra, aqueles que têm em mãos o poder (algo impossível de esconder). São esses que precisam abrir os olhos: somente para eles nossas proibições e mandamentos seriam intencionais e compulsórios. Teríamos de aprender, teríamos de ter a coragem de aprender a aparecer com a consciência limpa, nós, os que alertam, os que não batem no peito. Afinal, também não é costume que os médicos que operam a catarata dos pacientes se declarem de antemão cegos ou passem por uma cirurgia oftalmológica simultaneamente.

Por fim, referi-me àqueles que colocaram o pedido. Disse que achava ofensivo considerar "culpadas" pessoas que, sob ameaças, combateram o fascismo e que precocemente começaram a lutar incansavelmente contra a ameaça nuclear. Impossível entender por que mãos limpas teriam de se envergonhar de serem mãos limpas.

"Isso o senhor deve deixar a cargo de nós mesmos!", um dos solicitantes exclamou. Ele naturalmente não explicou em que medida

38. Ver, neste volume, "Para além dos limites da consciência: correspondência entre Claude Eatherly, piloto de Hiroshima, e Günther Anders (1959-1961)".

era culpado: talvez considerasse a culpa algo absolutamente natural, pois a defendia como um direito. Ele não confrontou meus primeiros argumentos; o que o irritava era exclusivamente o fato de eu não lhe garantir um "*bonum*" supostamente devido. A decepção com que olhava para mim atestava que enxergava em mim a corporificação da arrogância. A visão da consciência limpa lhe dava calafrios. Resumindo: a situação era quase idêntica àquela da conversa sobre religião no lobby do hotel em Nagasaki. Só que aqui, infelizmente, ocorreu diante de testemunhas.

Não posso avaliar se, e em que medida, minhas palavras foram convincentes; pela primeira vez, tive a sensação terrível de ter falado no vazio. Isso aconteceu depois que um religioso não cristão se manifestou de maneira favorável à proposição, se é que o compreendi bem. Seu argumento era o clássico argumento retrospectivo da lógica religiosa: já que, do ponto de vista religioso, as catástrofes (Hiroshima e Nagasaki) só podiam ter sentido e justificativa como punição, e já que punição comprova culpa, não era possível duvidar da culpa. Entrementes, o apoio à confissão de culpa se tornou tão enfático que o projeto em si estava ameaçado de ficar em segundo plano. Houve, por exemplo, uma cristã japonesa (conheço-a faz semanas do "comitê de preparação", ela é a bondade e a abnegação em pessoa, e também foi a primeira que, apesar das considerações dos outros, desde o começo defendeu a implementação do meu plano) que se levantou e, à semelhança de uma revivalista, passou a se autoincriminar, chorando; as autoincriminações se mantiveram incompreensíveis tanto porque não se baseavam em nada concreto quanto porque a pobrezinha tentava falar inglês para que nenhuma migalha da sua maldade nos fosse ocultada. Adoraria ter dito a ela que já era o bastante. Mas era impossível me intrometer nessa explosão de sentimentos, tão dilacerante quanto despudorada — há êxtases que não podem ser interrompidos externamente. A cena me ensinou que, atualmente, a culpa e o remorso também fazem parte da conhecida divisão de trabalho; ou seja, uns fazem, outros se remoem.

Acho quase impossível reconstruir como a situação se acalmou e normalizou. Ou como finalmente se chegou a uma solução de compromisso, ou seja, não incorporar a citação da culpa no texto da comissão, mas registrá-la no texto da conferência. Restou pouco tempo para a tarefa de produzir ao menos um apelo. Esse apelo[39] diz o seguinte: "Em que pesem suas diferenças religiosas, ideológicas ou políticas, os membros do 4º Congresso Mundial declaram que a produção, a testagem e o emprego dos meios de extermínio em massa que podem acabar com a humanidade ou até com a vida na Terra não são justificáveis por nenhum argumento ou objetivo. Visto que determinados governos não obedecem a esse princípio, todos têm o dever — em parte por meio da informação e em parte por meio da pressão sobre os governos — de contribuir para encerrar essa situação. Formulamos esse apelo com a consciência de que formamos uma única família de seres humanos; e reverenciamos a vida do ser humano e a vida em geral".

Tóquio. Noite de 23 para 24 de agosto. Partida e voo para Bangkok

Os faróis: um moinho de luz que tritura a chuva em poeira finíssima. Fui levado à aeronave da Air India sob um guarda-chuva gigante que ecoava os pingos. Assento bem ao lado da turbina direita: fogo laranja saindo da narina de um dragão noturno chinês. Para o alto em duas curvas e Tóquio desapareceu.

Apesar disso, olhei para baixo, como se a transposição do intransponível fosse coisa da vontade. Impossível sentir a movimentação, no máximo um leve tremor eletrizante. Parece que estamos indo na direção sul.

Algumas fileiras à minha frente, um cestinho a balançar, do qual se ouvem ruídos. Um recém-nascido.

Outros dormem. Onde será que estão no momento as pessoas que dormem? Em qual arcaica existência angelical? Incrível que possamos levar a tais altitudes um sono tão profundo. Incrível que, flutuando a tal altitude, seja possível se soltar tão profundamente. E sem cair. A indiana, por exemplo, ainda há pouco, quando entrou, era uma rainha inacessível. Onde está agora? E *quem* é agora? Ou *o quê*? De todo modo, aquilo lá no canto não é mais uma rainha. Antes uma oriental embaciada. Ou uma assassinada, cuja boca ficou aberta.

39. Ver o texto integral em *No More Hiroshima*, número especial, 1958, p. 7.

Não, agora é apenas um montinho. E que algo assim seja visível! Não deveríamos dormir na frente de estranhos. No melhor dos mundos, isso seria ajeitado: dormir nos tornaria não somente cegos como também invisíveis. *Off limits.*

Uma hora mais tarde

Em minha fileira, do outro lado do corredor, há um homem. Pálido, bem cuidado, provavelmente americano ou europeu setentrional. Está com dificuldade para acomodar as pernas de cegonha. Ele estende a manta sobre os joelhos com gestos magistrais-aristocráticos para o movimento mais cotidiano. Testa alta, nobre até, mas queixo quase inexistente; lábios teatralmente hostis, embora macios; olhar senhorial, mas olho opaco. Diplomata? Armador? Cientista? Começa a escrever. Provavelmente também não quer se expor dormindo na frente dos outros. Me observa assim como eu o observo: de esguelha. Em seguida, olha para fora. Quebro o gelo.

"Está na expectativa do nascer do sol?"

Ele estremece e me olha, exausto. "Acho que sim."

"Vai demorar ainda. Afinal, não estamos indo para o sul, mas na direção oeste. Perseguindo a noite."

Ele calcula e assente. "Não é uma experiência cotidiana." Inglês de Oxford.

"Cotidiana, infelizmente. Se finalmente pudéssemos segurar a franja desta noite."

Ele leva um susto. "Posso perguntar a qual noite você está se referindo?"

"Aquela de nossa era. Afinal, a viagem vai em direção ao mar interior. E também a Hiroshima."

"Eu não tinha me dado conta disso de pronto."

Graças a Deus, melhor que o sujeito da refrigeração de peixes, penso eu. Em seguida, ele olha mais uma vez para baixo, provavelmente ainda procrastinando, mas por fim se decide. Coloca a mão no bolso do paletó, infelizmente dessa vez também com um gesto magistral, e me entrega seu cartão. Psiquiatra dinamarquês. De minha parte, não tenho nada além de meu cartão japonês que me apresenta em minha função no congresso. De um lado, em inglês; do outro, em japonês. Ele olha para o cartão, balança a cabeça; em seguida, estremece quando lê o texto em inglês e, após mais uma avaliação, está quase decepcionado. Finalmente franze a testa, como se estivesse se repreendendo por ter se enganado *tanto* e se metido numa situação *dessas*, e coloca o cartão (que não quer guardar) ao seu lado, no assento.

"Despertei seu desconforto?"

"É um jeito de definir. Não estou acostumado a me comunicar com... pessoas de sua... categoria."

"Posso perguntar em qual categoria você me coloca?"

"Não é necessário. Li a respeito do seu congresso. Só manchetes, mas o suficiente para saber: você está... do outro lado."

A velha ladainha.

"O que quero dizer com isso é claro o suficiente?"

"Sem dúvida. Só que está redondamente enganado."

"A resposta usual. A resposta esperada."

"Possível. Mas o fato de ser esperada não quer dizer nada."

"Outra resposta esperada."

Então é assim que as conversas se desenrolam hoje em dia. Mesmo no céu noturno sobre o Japão. Prosseguir o diálogo sob tais prenúncios não adianta. Voltamos ao silêncio. Embaixo, à direita, luzes. Esparsas, mas num largo diâmetro. Provavelmente é Kyoto.

Meia hora mais tarde

Ele quebra o silêncio, depois de se certificar que eu não estava dormindo. Deve estar lamentando ter sido rude. "Como eu disse", ele retoma o assunto, "na verdade não é meu costume conversar havendo tal abismo. Isso vai contra meus princípios."

"Mas?"

"De certo modo, não estamos flutuando aqui no que não tem validade? No inconsequente? De férias do fundamental?"

Duvidei.

"Tanto faz. E, além disso, você e eu não devemos ter o mesmo nível cultural. De todo modo, a ideia de que não seria possível encontrar ao menos um denominador comum é inacreditavelmente dolorosa."

"Para mim também."

"Isso me alegra, sinceramente. E por isso não consigo compreender sua cegueira frente ao terrível dilema em que nos encontramos hoje em dia."

"Como chegou a essa suposição?"

"Pelo seu cartão."

"Meu cartão aponta o oposto."

"Compreendo que diga isso. Inclusive estou convencido de sua *bona fides*."

"Com isso você quer dizer: apenas de minha *bona fides*."

Ele deixa isso em aberto. "Eu lhe expliquei", ele prossegue, "que estou disposto, aqui no alto — como foi que eu disse?"

"De férias do fundamental..."

"Certo. Obrigado. Então, férias do fundamental. Não quer me acompanhar? Não quer tentar baixar um pouco a guarda? O que nos separa é grande demais para jogos de gato e rato. E o que está em jogo é muito evidente. Pois a verdade de hoje infelizmente é: o mais banal, mais ordinário e mais escandaloso 'isso ou aquilo' manteve terrivelmente a razão."

"Essa também é minha opinião. Nunca houve um tal 'isso ou aquilo'. Paz ou desaparição. *To be or not to be.*"

"Naturalmente também isso. Não estou minimizando esse perigo. E também não o cubro com banalizações. Rechaço banalizações."

"Isso realmente me alegra."

"Mas, no momento, penso numa alternativa. Afinal, vivemos entre *duas* cavernas. O senhor confirma que o ser humano pode ser arruinado por outra coisa, além do assassinato?"

"Que pergunta! Há uma longa lista de métodos de destruição."

"Isso nos deixa mais próximos. Num ponto decisivo, até. Gostaria de dizer que aquilo que pode ser arruinado não é apenas nossa *existência*. Há muito mais forças do mal, com outros propósitos: contra a humanidade do ser humano, a sua *essência*. E me refiro a esse tal poder, ou melhor, àqueles no qual o mal encarna — do colosso insaciável e talvez invencível, de Beemote,[40] que não tem

40. Monstro bíblico de dimensões gigantescas descrito no livro de Jó, trata-se de uma criatura destinada a enfrentar outro ser monstruoso, o Leviatã. Ambos são também utilizados como metáforas por Thomas Hobbes. [N.T.]

outro objetivo senão destruir a essência do ser humano, ou seja, nossa liberdade."

"Desculpe", eu o interrompo, "mas não estou muito familiarizado com sua linguagem um tanto mitologizada. Você está se referindo à técnica?"

Ele me olha desconfiado. "Também não minimizo o problema da técnica. Mas isso é outra coisa. Você sabe muito bem que neste momento estou falando do *totalitarismo*. Do totalitarismo que talvez possa manter nossa existência no sentido físico mais banal (e que talvez seja até obrigado a isso) — sim, *obrigado*: pois sua alegria diabólica consiste na manipulação do ser humano desumanizado, e para isso ele necessita de nós —, mas que não encontra sossego antes de ter se sentido satisfeito, antes de transformar o ser humano em fragmentos de aparelhos, totalmente alienados; nem antes de transformar *todos* os seres humanos em fragmentos desses aparelhos. Para o sistema, restos são escândalos. Isso também vale para esse sistema. Para esse, mais do que para os outros. Não preciso lhe dizer que esse colosso gostaria de nos engolir todos, quero dizer, tudo e todos: todo o mundo livre, incluindo Madri e Lisboa. Quem fecha os olhos diante dele, quem se limita a reduzir nossa situação à fórmula '*to be or not to be*', renuncia à pureza intelectual. Pois simultaneamente somos confrontados com a alternativa '*totalitarismo ou liberdade*'. E nossa situação se tornou realmente crítica ao sermos flanqueados ao mesmo tempo por essas duas alternativas igualmente imensas e igualmente diabólicas."

Só então ele me deixa um tempo para que eu possa proferir algumas palavras.

"De fato igualmente imensos?", pergunto. "De fato igualmente diabólicos?"

Ele é sagaz. Sabe aproveitar minha dúvida a seu favor. "Que bom que você perguntou", responde ele. "Realmente é o caso de inserir uma pequena correção aqui. Ela é muito necessária. Pois ambas as ameaças são imensas. Mas diabólica em sentido estrito, apenas a segunda, a totalitária."

"E por que somente essa?"

"Porque é uma chantagem. Porque nos impede de sermos morais."

"Como assim?"

"Se a segunda ameaça não existisse, a totalitária, a nossa atitude em relação à primeira, a ameaça nuclear, seria unívoca. Pois então poderíamos lutar livremente. Não, é o que deveríamos fazer. Escute bem, eu disse 'deveríamos'. Bem direto."

(Bem direto no condicional, penso eu.)

"Peço para se atentar a esse ponto. Assim você não me compreende de maneira errônea. O perigo de enxergar um Heróstrato[41] em mim certamente quase não existe. Mas não seria menos absurdo se achasse que faço parte daquelas pessoas ávidas pelo poder, toscas, que não conseguem dizer não a uma arma. Nada seria mais lamentável do que você ter uma imagem fantasmagórica e deformada de mim. A precondição da verdade é, tomando a liberdade de me citar, de natureza moral. Veja em mim um homem da razão, ou seja, um homem que trilhou um caminho pesado e solitário e que, para tomar posição neste nosso tempo, o mais sombrio de todos, lutou à noite com seu anjo. Mas, uma vez que o caminho solitário e a luta com esse anjo ficaram para trás, ele sabe o que diz. Esse homem lhe diz: além da existência do segundo perigo, ele não reconhece nenhum argumento que justifique a ameaça nuclear ou até a guerra nuclear, nem permitiria que alguém o convencesse disso. Essa é a única coisa válida para ele. Mas ela *comprovou* ser válida. Pois já *estaríamos* envolvidos, já *estaríamos* desonrados, nossa liberdade já teria sido roubada caso não tivéssemos (sei que parece cínico, e me dói ser cínico, mas superar essa dor é uma das tarefas mais dolorosas da atualidade) — digo, *estaríamos* todos assim caso o destino não tivesse colocado em nossas mãos um meio de igual valor; o meio cujo caráter maciço e cuja força de expulsão estão à altura do ameaçador totalitarismo."

(Falta apenas a palavrinha "misericordioso", pensei. "O destino misericordioso.")

"Essa é nossa situação", ele prossegue. "Não nego, nossa terrível situação. Embora, por outro lado, seja impossível não enxergar sua grandeza apocalíptica. Estamos postos à prova como nunca antes. Como nunca antes na história das provações humanas. Talvez a grandeza, ou, para dizer sem rodeios, a grandiosidade dessa prova nos empreste certo orgulho sombrio. A vida não é o maior dos bens..."

41. Responsável por destruir o templo de Ártemis em Éfeso, em 356 a.C. Segundo os historiadores, o objetivo de Heróstrato ao incendiar o templo era alcançar a fama a qualquer preço e imortalizar seu nome. [N.T.]

(Também não dos outros?, penso. Também não dos futuros?)

"... Então, para não deixarmos nossa essência à mercê de Beemote, se conseguirmos apresentar a disposição inquebrantável de enfrentar a ameaça total com meios totais e com ataque total, ou seja, com nosso próprio sacrifício..."

(Sacrifício para quem?, penso, sacrifício de quem?)

"... daí vamos superar essa prova. Se, ao contrário — e isso não é exatamente o objetivo nobre que você almeja, que ao menos seu famoso congresso almeja? —, não dispusermos dessa disponibilidade ou se, no instante decisivo, não apresentarmos essa disponibilidade, então já *teremos* fracassado, *teremos* comprovado que nossa mera continuação, vegetativa, nos é mais importante do que nossa essência. Em outras palavras: temos de encarar a possibilidade do sacrifício total. Quase teria dito: para nosso bem. A situação é terrível. Mas a desonra seria ainda mais terrível."

Pronto. Falta apenas a palavrinha "*dixit*". Ou "amém". Ele seca a testa. Com certeza não apenas está satisfeito com sua fala como também fascinado.

Sinto-me arrasado. Tão arrasado como apenas a iminência da falsidade consegue arrasar alguém. Ah, se fosse possível abrir a janela. Uma sorte ele não pressionar por uma resposta imediata. Talvez receie que ela possa prejudicar o efeito trágico de suas palavras.

Tinha me esquecido de onde estávamos. Tento me lembrar. E olhar para fora. É possível reconhecer o horizonte, mais nada. Não sei o que está embaixo de nós, se terra ou água. O que respiro não é ar da terra nem ar marinho, mas o ar sufocante da egolatria, do conformismo e do *páthos*. Da egolatria que se disfarça de disposição ao sacrifício. Do conformismo que faz de conta que é convicção duramente conquistada. Do *páthos* que quer se fazer passar por pureza intelectual. E estou preso nesse ar.

Algumas fileiras à minha frente, novamente a voz chorosa. A criancinha japonesa, nascida treze anos após o dia zero. Provavelmente despertou por nossa causa. Por nossa conversa patética ou por nosso emudecimento repentino. As palavras "bem" e "desonra" ressoam no meu ouvido. Como soam ocas ao lado dessa voz. E tão opacas. Será que essa criança, que voa pelo céu, poderá chegar à nossa idade? Será que isso lhe será concedido?

Ele também ouve o gemido. Vira a cabeça de maneira brusca, feito professor, como se tivesse flagrado alguém colando na prova. *Magister mundi.* E em seguida meneia a cabeça ceticamente.

Os gestos foram direcionados a mim. Insinuando que a criança também me perturbava. Para sacar de mim uma confirmação. "E então?", ele pergunta afinal. "Você não tem nenhuma objeção a fazer?"

"Algumas."

"Não tenha pressa", ele diz. Ele aprova o que já acontece.

Mas o que responder? Vale a pena? Será que ele consegue — ou quer — ouvir? Será que sua opinião não está implacavelmente definida? Será que já não *foi* implacavelmente definida há tempos? Antes mesmo de ele próprio se definir? À exceção do vocabulário e do nível da linguagem, onde está a diferença entre aquilo que ele acabou de discorrer para mim e o discurso oficial que entra em nossas casas todos os dias?

Por outro lado... como sua postura é autoconfiante! Que superioridade entediada. Como se o triunfo que ele aguarda já tivesse sido alcançado. Uma mentira pode ser assim tão autoconfiante? Será que o homem não deveria ser honesto? Pelo menos do seu jeito, quer dizer, de modo que ele ao menos *acredite* no que está dizendo? Será que não deveria realmente acreditar ter lutado com o anjo no escuro e ter tomado sua decisão de maneira solitária? Qual a possibilidade diabólica, qual a possibilidade angustiante e cômica de alguém lutar durante a noite, gemendo, "deslocando a articulação da coxa", sua luta de Jacó,[42] e depois voltar do campo de batalha agraciado com a resposta que poderia ter lido, sem maior esforço, no jornal do dia anterior? Mas talvez isso seja possível. Talvez a "astúcia da razão" contemporânea esteja nessa brincadeira. Supostamente ela deve sentir muito prazer em conceder um mínimo de liberdade àqueles indivíduos que têm roubada a liberdade de proferir as próprias respostas: ou seja, a ilusão da procura pela resposta. A ilusão da batalha pela resposta. A ilusão de conquistar por si aquilo que lhe é entregue. Seria possível acreditar nisso.

42. Referência a Gênesis, 32:25. [N.T.]

Olho para baixo. O mundo ainda não despertou para o colorido. E daqui do alto, nessa meia hora, nunca vi aquilo que se forma de maneira tão turva debaixo de mim. Mas essa "paisagem montanhosa da Califórnia" não me é estranha. Não importa se estamos voando diretamente sobre a prefeitura de Hiroshima, se ela já ficou para trás ou se está à nossa frente. Pois agora sei com o que vou começar. Como vou atingi-lo. Com o que está ali embaixo.

"Há pouco", começo, "você falou, sem sombra de dúvida, que não aceita qualquer tipo de banalização. 'Rechaço banalizações', você disse."

"Certo. Isso mesmo." E, depois de uma pausa: "E daí?"

"Nada de 'e daí'. E sim um '*mas*'. Apesar disso, eu o coloco entre aqueles que banalizam o tema."

Espanto. "E como se deu esse mal-entendido?"

"Logo ficará claro por meio de qual mal-entendido você se proclama inimigo da banalização. Mas você é alguém que banaliza porque se limita ao *futuro*. E ao *condicional*."

"Explique."

Aponto para o piso do avião. "Porque você não mencionou aquilo lá embaixo. Aquilo que está debaixo de nós. Nem uma vez."

"Você quer dizer aquilo que está abaixo de nós..."

"Sim. É o que quero dizer. Estamos na região de Hiroshima. Pelo menos, por perto. E o trajeto que fazemos é mais ou menos aquele que um outro avião fez, no passado."

Ele fica mudo por um tempo. Depois tenta olhar para baixo. "Mal dá para ver alguma coisa."

"Claro que não. Se fosse dia, também não daria para ver nada. Infelizmente não. Seria melhor se você visse o *nada*."

"O *nada*?"

"Esse nada que foi produzido naquela época. E que pode ser reconstruído imediatamente. Infelizmente somos obrigados a *imaginá-lo*."

Seu olhar inseguro mostra como está desconfortável. Que não sabe mais como me classificar.

"Infelizmente ele foi destruído."

"O quê?"

"Esse nada."

"Esse nada?"

“Esse nada. Se você estivesse lá, quero dizer, lá embaixo em Hiroshima, teria visto que tudo foi reconstruído. E de uma maneira tão perfeita que chega a ser revoltante; nada mais testemunha a destruição. O mundo parece são novamente. Apesar dos duzentos mil. Infelizmente ele sempre parece são.”

Tudo isso é novidade. “E o que você quer dizer com novamente?”

“Que a reconstrução é uma infidelidade em relação aos mortos. Eles não reclamam, claro. Quero dizer, os mortos. Eles nunca reclamam. E aqueles que não aparecem nas manifestações nunca são notados. Como pessoas faltantes, quero dizer. Não que os mortos sejam invisíveis; o escândalo é. O que falta é sua falta. Que sua falta seja invisível.”

Ele emudece mais uma vez. Seu conceito está completamente revirado. Nada daquilo que ele havia reservado para mim parece confirmado por minhas palavras. “Me diga”, ele diz, por fim, mas muito hesitante, “você por acaso é um ex-teólogo? Me desculpe a indiscrição.” E depois de outra pausa: “Parece que essas coisas acontecem”.

“Que coisas?”

“De ex-teólogos...”

“O quê?”

“Bem, em seu desenvolvimento posterior, de certo modo se lançarem ao território da política...”

Compreendo. “Não. Passou longe duas vezes. Passado errado. Presente errado. Fiz algumas tentativas na filosofia, apenas. Na filosofia moral. Claro que não com seriedade. Não de maneira tão profissional quanto você. As coisas em si me eram mais importantes.”

“As coisas?”

“Sim, por exemplo, a coisa lá embaixo. E os fatos. Por exemplo, o fato de que, desde que começamos a falar sobre — como se chama mesmo? — o ‘problema nuclear’, você não mencionou lá embaixo.”

Ele faz silêncio.

“Entenda. E esse é o motivo pelo qual o chamo de ‘banalizador’. Porque você se limitou a argumentar como se o assunto fosse simplesmente algo que pudesse acontecer. No condicional.” Aponto de novo para baixo. “Mas isso aconteceu de verdade. E é incontestável.”

“Não estou contestando isso.”

“Não poderia, pois não mencionou o fato.”

"Não tenho consciência disso. Mas se você tiver razão a esse respeito — qual a diferença hoje em dia? Afinal, aconteceu pelos motivos mais plausíveis do mundo. Simplesmente porque o fato é conhecido demais. Porque pode ser suposto em qualquer conversa."

"Parece um tanto estranho."

"O quê?"

"'Supor' Hiroshima."

"Não fique brincando com as palavras. Você me entendeu muito bem." E depois de uma pausa: "E, aliás, o perigo não consiste naquilo que *aconteceu*".

"Ah!"

"O que lhe desagrada nessa minha afirmação?"

"Ela é o auge da sua banalização."

"Aos poucos isso está se tornando absurdo."

"Eu, de minha parte, não saberia nada que exemplificasse o verdadeiro grau do perigo tão clara e terrivelmente quanto o *fato* de o uso de armas nucleares *realmente* ter acontecido. Isso sem falar nas circunstâncias nas quais aconteceu."

"Quais circunstâncias?"

"O momento histórico em que mandaram para cá o homem que voou para onde estamos voando e o fizeram usar a arma. Ou será que você seria capaz de dizer que os Estados Unidos ou o mundo livre, no início de agosto de 1945, ou seja, nos dias que antecederam os ataques, estavam sob um perigo agudo de serem dominados pelo totalitarismo japonês?"

Ele dá de ombros.

"É isso. Assim você está confirmando que a situação na época não foi nenhuma subcategoria daquela situação forçosa que você proclamou há pouco como a única justificativa para a ameaça nuclear ou para sua aplicação. E acho que esses 'que' e 'quando' apontam que e quando poderemos esperar por uma nova aplicação. Temos de esperar."

Ele balança a cabeça. "Não é justo, meu caro! Você tem de aceitar que está validando retroativamente o seu argumento. E argumentos retroativos nunca são justos. Afinal, você sabe muito bem que a discussão sobre a moral nuclear que está em curso ainda não tinha sido iniciada."

"Contesto isso também. Essa discussão já se havia iniciado antes de Hiroshima. Para ser exato: com a tentativa de intervenção de Szilárd.[43] E essa discussão nunca foi interrompida de verdade. Mas, *mesmo* se você tivesse razão nesse ponto... então um assassinato na segunda-feira não é um assassinato, visto que o 'assassinato' foi definido apenas na terça-feira?"

Ele me olhou desconcertado.

"Você considera injusto utilizar um critério a algo acontecido no passado. *Eu* considero uma inconsequência não utilizá-lo. Em outras palavras: hoje em dia, a discussão sobre a moral nuclear *existe*. Hoje *temos* critérios e parâmetros. E *você* também já discorreu sobre seus critérios."

"E?"

"Esses critérios de hoje são pura enganação."

"Alto lá!"

"Pura enganação. Pois a posição assumida hoje em relação ao primeiro emprego das armas nucleares, enfatizo, hoje, apesar dos critérios, mostra, da maneira mais terrível, o que temos de enfrentar."

"E você está se referindo a quais posições relativas aos primeiros ataques?"

"Ainda tem coragem de perguntar! Você mesmo encarna essa posição. *A total falta de posição*, claro. De minha parte, não conheço nada que comprove que o julgamento do que aconteceu no passado tenha sido afetado de alguma forma pelos argumentos das discussões atuais sobre a moral nuclear. Isso sem falar do revanchismo. Quando revelada, a 'missão Hiroshima' não era considerada passível de críticas, era tida como um tabu. E é tabu até hoje. O que realmente aconteceu também não é medido com os critérios de hoje. Ou você conhece alguma exceção? Você poderia citar, entre as personalidades oficiais, entre os estadistas, que, à sua semelhança, afirmam diariamente que, com exceção da 'ameaça do mundo livre pelo totalitarismo', não reconhecem justificativas para o armamento nuclear ou

43. Léo Szilárd (1898-1964), físico nuclear húngaro radicado nos Estados Unidos. Em 1939, Szilárd e Einstein enviaram uma carta ao então presidente dos Estados Unidos, Franklin D. Roosevelt, alertando para o risco das bombas atômicas, sobretudo se utilizadas pela Alemanha nazista. [N.T.]

para o emprego de armas nucleares; entre homens como Dulles[44] ou Adenauer,[45] você poderia citar apenas um que teria confessado ou reconhecido claramente que, nos dois ataques efetivamente ocorridos, em Hiroshima e Nagasaki, essa única condição justificativa *não* estava presente? Ou ao menos alguém que tenha denunciado esses ataques e se afastado deles?"

Ele fica em silêncio.

"Mas, afinal, *você* não é responsável por esses homens."

"Exato."

"Por isso vou me limitar a perguntar: *você* fez isso? Por causa dessa noção *você* denunciou a missão de Hiroshima? *Você* se afastou dela?"

"Você agiu por esse motivo?"

"Por esse motivo."

"Bem inteligente."

"Isso não é resposta."

"E você acha que vou deixar a conversa derivar para essa via secundária?"

"Via secundária? Você está querendo banalizar de novo?"

"Você está de novo se atendo às palavras."

"Tudo bem. Vamos deixar isso de lado. Eu não teria nenhum problema em desviar nossa conversa para *sua* via, para sua 'via principal'. E colocar meus argumentos nesse caminho. Não sei se o trajeto se tornará mais agradável assim..."

"... deixe isso comigo."

"Tudo bem. Então para qual via devo ir? Para a do 'totalitarismo'? Para a dos 'meios igualitários'? Ou para a das 'vítimas'?"

"Fica a seu critério. Os conceitos são interligados."

"Ok. Então para a via do 'totalitarismo'. Vou começar com uma observação muito particular."

Curioso, ele ergueu o olhar.

44. John Foster Dulles (1888-1959), secretário de Estado dos Estados Unidos entre 1953 e 1959, durante o governo de Dwight Eisenhower, defendia a utilização de armas nucleares como qualquer outra munição, especialmente em retaliação a ataques soviéticos ou chineses. [N.T.]

45. Konrad Adenauer (1876-1967), chanceler da Alemanha Ocidental entre 1949 e 1963. Durante o seu mandato, o país passou a integrar a Organização do Tratado do Atlântico Norte (Otan). [N.T.]

"Eu mesmo fui vítima do totalitarismo, por mais de uma década. Esse fato me marcou para sempre. Até hoje. Não apenas por ter tido de fugir da Alemanha por ser judeu, não apenas por ter vagado meio mundo como judeu (isso também), mas porque ainda antes do início da degradação e do terror, ou seja, há mais de 25 anos (infelizmente ainda tarde demais), tentei expor o mecanismo do totalitarismo num tipo de relato satírico — tentei fazer um alerta. Durante mais de uma década, minha vida foi sinônimo de registros, interpretações, dor, desespero e ódio; ou seja, a lida diária com o sistema autoritário. E seu colapso final não me trouxe apaziguamento, pois agora sei, de uma vez por todas, que aquilo que *uma vez* aconteceu *sempre pode* acontecer de novo. Minha maior desconfiança é dirigida àqueles que costumam dizer: 'Mas já passou!'. Resumindo — e esse é o argumento *ad hominem* ao qual queria chegar na minha observação inicial —, peço que me poupe de seus ensinamentos sobre o totalitarismo."

"Um minuto!"

"Sinto muito. Agora sou *eu* que estou falando. E, não se esqueça, a seu pedido. Seu pedido impaciente. E ainda nem comecei com as objeções que você me pediu."

"Tudo bem. Então mais tarde. E qual a objeção?"

"*Objeções*", eu disse. "*Embarras de richesse.*"[46]

"Então, quais objeções?"

"Você também não acha que o mais prático seria começar com aquela restrição que se refere a seu *proton pseudos*, ou seja, a premissa errada que está na base de todas as suas afirmações?"

"'*Pseudos*' no sentido de falsidade ou mentira?"

"Fica a seu critério. A questão '*Rather red than dead?*',[47] com a qual infelizmente foi possível atacar um famoso cientista, não é simplesmente uma pegadinha ordinária? Uma questão que transforma inverdades não comprovadas em verdades?"

"Inacreditável!"

46. Em tradução livre, "problema de ricos", expressão que denota dificuldade de escolher em meio a uma superabundância de opções. [N.T.]

47. Em tradução livre, "melhor vermelho que morto" — ou seja, antes comunista do que falecido. A frase foi atribuída ao filósofo britânico Bertrand Russell (1872-1970) e adotada como lema da Campanha pelo Desarmamento Nuclear. [N.T.]

"Certo. Afinal, a alternativa 'ameaça nuclear *ou* totalitarismo' é uma mentira terrível, pois a ameaça nuclear é, em si, totalitária. Ou seja, ela é a política externa do totalitarismo. Ela significa uma constante: 'se não, então...', uma chantagem eterna com possível extermínio. Ela condena a humanidade a uma 'vida totalitária', a uma vida que só pode ser definida, à semelhança de internos em campos de concentração, como 'ainda-não-ter-sido-assassinado'. Ela transformou a Terra num único campo de concentração, sem saída e que não pode ser desmembrado. Comecemos com essa objeção?"

"Um momento!" Ele pega sua caderneta e começa a tomar notas furiosamente.

Depois de um tempo: "Mais alguma coisa?"

"Mais um tantinho. Ou será que você prefere anotar essa objeção com suas palavras? Que a ameaça nuclear impede o ser humano de concretizar sua 'essência' humana? E de maneira ainda pior que a ameaça hitlerista ou stalinista? E que nesse caso é a *humanidade como um todo* que está em jogo? Que a humanidade inteira tem sua chance de 'essência' roubada? E que, nesse caso, a humanidade está *duplamente prejudicada*: em sua essência *e* em sua existência? Devo começar daí?"

Balançando a cabeça, ele faz anotações.

"Ou talvez com a objeção de que é absurdo querer salvar a liberdade mobilizando um tipo de totalitarismo contra outro?

"Ou com a objeção de que ninguém pode saber com certeza aquilo que você simplesmente afirma, que a essência do ser humano poderia ser extinta de maneira *definitiva* por regimes totalitários? De que também ninguém tem o direito, mesmo que considere a extinção provável, de justificar o suicídio da humanidade?"

"Ou?"

"Ou de que ficar repetindo a dicotomia 'mundo livre/mundo não livre' atesta preguiça e um pensamento esquemático? A de que muito mais pessoas do mundo livre, por exemplo, nos Estados Unidos, já foram decisivamente induzidas e abduzidas — pela técnica, pelos meios de comunicação de massa e seus produtos —, tornadas assim sem essência e não livres? De que dá no mesmo se essa 'morte do ser' for gerada por *aparelhos partidários* ou por *aparelhos no sentido técnico habitual*? De que o ser dos destruídos pelos aparelhos —

vivi durante catorze anos entre essas pessoas manipuladas — não é de modo algum mais intacto do que aqueles induzidos e abduzidos pelo terrorismo partidário e pelos seus moldes? Será que vale alguma dessas?"

Ele solta um ruído estranho, que deve ser um tipo de risada desdenhosa.

"Ou será que você quer ouvir primeiro que os intelectualmente honestos precisariam se esforçar ao máximo para conseguir evocar de pronto algum tipo de perigo, de qualquer dimensão, que se ombreasse com o perigo absoluto, ou seja, com o perigo da destruição definitiva e irrevogável da humanidade? Apenas se esforçando ao máximo."

"Se você estiver querendo dizer..."

"Estou dizendo exatamente isto: que o totalitarismo, apesar de seu caráter terrível, é o perigo menor, que ele *não* ameaça a constituição e o futuro da humanidade. Que ele é mais um pedaço de *história*, que pode se modificar como qualquer outro sistema que apareça na história, que vai se modificar, que já se modificou e de maneira até essencial."

"Ah!"

"Ou será que devo lhe contar primeiro daqueles doutrinários do infernalismo que exigem, por causa do sistema, que o mal que eles absolutizam não se modifique e que rechaçam com indignação a possibilidade de uma modificação empírica, mesmo se possível apenas na mente, porque uma tal modificação desacreditaria seu movimento de absolutização ou porque o contexto do seu sistema poderia sair dos eixos? Será que devo começar com isso?"

O rápido olhar que ele me lança é agora um inequívoco olhar de ódio.

"Ou então — veja, meus pontos também estão interligados — que quem iguala o perigo totalitário ao perigo nuclear acaba minimizando (sabendo ou não, querendo ou não) o perigo nuclear?

"Ou porque é difamação insinuar que aqueles que negam essa igualdade e que possuem orgulho suficiente para não ceder à pressão e mudar de opinião advogam secretamente pelo totalitarismo?

"Ou que apenas quem pensa de maneira errada é capaz de achar que há objetivos — que *poderia* haver objetivos — que sejam da mesma grandeza que o 'meio total'? Que essa afirmação contradiz o conceito 'objetivo', porque o emprego do meio eliminaria totalmente as possibilidades de colocação de outros objetivos?

"Ou que é egocêntrico, 'historicamente egocêntrico', arriscar, por motivos de dignidade que só se referem (se tanto) no máximo à dignidade do presente, no máximo a de nossa própria geração, o futuro como um todo, o futuro dos filhos e dos filhos dos filhos? Que não há nenhuma diferença (pelo menos no que diz respeito ao efeito) entre aquele '*après moi le déluge*',[48] do qual fomos testemunhas há treze anos, e o seu '*après moi le déluge*'?"

"Repita isso, por gentileza", ele pede, em voz baixa.

"Acho que é desnecessário."

Então ele abre o caderno e faz de conta que não está mais prestando atenção.

Mas não me deixo abalar por isso: "Ou então", continuo, "que é um atrevimento chamar a possibilidade de extinção de todos, todos os outros, todos os outros futuros, de '*sacrifício*'?

"Ou que fica indeterminado *quem* terá de fazer o sacrifício ao qual você se refere? E igualmente indeterminado *quem* gostaria de arriscar esse suicídio da humanidade? E indeterminado se *nós* estamos no meio dessa conta? E a quem você está se referindo quando diz 'nós'? É à humanidade, aos milhões que vivem hoje? Ou quem mais?

"Ou que a humanidade livre, na hipótese de se declarar em bloco disposta ao suicídio por motivos de honra (algo que, claro, nunca será o caso), deixaria de ser uma 'humanidade livre'? Que ela só poderia alcançar essa sua disposição maciça à morte se primeiro fosse 'totalizada'? Que, então, o 'sacrifício pelo essencial' só poderia ser realizado com o auxílio da humanidade sacrificada *ad hoc* e despojada de sua liberdade essencial?"

"Ou que é incompreensível *quem* deveria fazer o sacrifício? E que soa absurdo aos meus ouvidos (e aos seus deve soar como uma blasfêmia) quando uma oferenda não entregue a ninguém (ou seja, a nenhum deus que a deseje) é chamada de 'sacrifício'? Que aquilo que aconteceria seria um mero descarte, mera distorção e extermínio, ou seja, resultaria em algo que, mesmo sob as tintas mais nobres e existenciais, não mereceria nenhum outro nome senão 'erostratismo'?"

48. Em tradução livre, "depois de mim, o dilúvio", expressão atribuída a Luís XV (1710-1774), utilizada para denotar completa indiferença quanto às consequências futuras das próprias ações. [N.T.]

Ele fez de conta que estava dormindo. Mas essa última palavra comprova que ainda ouve e que está bastante desperto. Ele estremece como se eu o tivesse golpeado com uma arma pesada. Depois se recosta, respirando com dificuldade; e seu repetido balançar da cabeça parece perguntar: "Meu Deus, por que eu fui me meter com *essa* pessoa?". Por fim, ele fica quieto. E volta a fingir que está dormindo.

Pronto.

Olho pela janela. A manhã está aí, perdi sua chegada. Estamos rodeados por um azul suave, com fiapos rosados no meio. Idílio engraçado.

Nossa movimentação é imperceptível. Parece que estamos enganchados no zênite. Bem embaixo de nós, envolto em um anel esmeralda-escuro, uma ilha de verde suculento, coberta por musgo ou caniço ou arbustos (quem consegue distinguir aqui do alto?). Inspiro. O pesadelo da noite ficou para trás. O mundo.

Os outros ainda estão como que empacotados. *Ele* é o único que também está olhando para fora. Grudado na janela, inclusive — para tanto, tem de se retorcer todo. Talvez esteja tão retorcido para se manter o mais distante possível de mim. Mas talvez o reencontro com o mundo também o comova, talvez não menos do que a mim. Talvez seja esse o segundo em que uma palavra conciliadora seria possível. Mas a maravilha do mundo é uma base moral comum? É possível abusar do céu e da terra, ou do céu e da água, para produzir uma solidariedade que lá embaixo se provaria imediatamente insustentável e irrelevante? Não dá.

Mais tarde

Cena: comissária, de lindo novo tipo mestiço, mistura de sacerdotisa selênica e jovem tenista americana; dá bom-dia a todos nós em todas as línguas imagináveis. Traz o café da manhã. Não, descrição errada. Pois o gesto de sua entrega da bandeja — e esse gesto de dança vai da sola dos pés à ponta dos dedos — é tão festivamente belo, é tão sinônimo de uma apresentação ritual, que supomos haver uma oferenda sacrificial para uma divindade na bandeja, e não o suco de laranja, a torrada, o café, os ovos cozidos moles que ela apoia na minha mesinha dobrável. Suas cinco palavras: "*Watch out, sir, piping hot*" soam tão doces e consoladoras como se fossem a certeza de todo o cuidado terreno e celestial. Nossos filhos e netos (se existirem), os viajantes interplanetários de amanhã (se existir um amanhã) receberão seu café das mãos dessas sacerdotisas no foguete Sirius. E este relato será chamado de crônica de uma charrete, comoventemente antiquada.

Ele. Ele faz de conta que não existo. Será que também tenta fazer de conta que a noite não existe? Não vai conseguir. Tentarei imediatamente reconstruir a "conversa", quer dizer, os seus e os meus monólogos, e registrá-los por escrito.

Os outros também se mexem; finalmente os pacotes começam a se movimentar. A indiana faz uma trança grossa nos cabelos pretos luzidios; ela já percorreu a maior parte de sua viagem de volta à realeza. Um garoto japonês, com meia banana na boca feito um cigarro, salta entre as fileiras de assentos. *What's your name?* Envergonha-se, vai embora.

Novamente a sacerdotisa do café da manhã. Agora ela também entrega a ele a bandeja sacrificial. Também ele não é cego, também nota a beleza impactante. Com um gesto magistral na direção da janela — como se ele próprio tivesse produzido o que está do lado de fora: o azul e o rosa e o cinza feito xisto e o verde feito esmeralda: "Como no primeiro dia".

"*Certainly, sir*", ela confirma.

"Ainda!", exclamo.

Ele estremece.

"Por pouco, ainda!"

Ele estremece uma segunda vez. Mas, antes de conseguir se acalmar, a voz do piloto sai dos alto-falantes para assustá-lo uma terceira vez:

"Estamos ao sul de Taiwan. Acabamos de passar ao lado do cenário da guerra, num grande arco. Próxima escala, Hong Kong."

As hostilidades entre Kinmen e a terra firme começaram. É a manhã de 24 de agosto de 1958.[49]

49. Kinmen (ou Quemói) é um dos arquipélagos de Taiwan. Anders se refere aqui à chamada Segunda Crise do Estreito de Taiwan, quando, em 23 de agosto de 1958, Mao Tse-Tung bombardeia as ilhas de Kinmen e Matsu com vistas a retomar territórios. [N.T.]

Depois de Hong Kong

O lugar dele está vazio. Ele desembarcou. Sinto sua falta.

Talvez porque eu não tenha aliviado tudo o que estava em meu coração, o que sentia por ele e contra ele.

"Como é possível", gostaria de lhe perguntar, "que você desconfie do filosofar, ou seja, da doxa; que você esteja assim tão convencido de estar defendendo seu próprio posicionamento independente e de resistir à banalização, que você fique até orgulhoso, e que, apesar disso, esteja tão afinado com a política oficial, com os discursos mais vulgares? Qual a explicação? Você se sente confortável assim?"

Mas ele não responde. Afinal, também não respondeu antes.

Será que o homem realmente não desconfia do papel dúbio que está executando? De para que está sendo usado? De quem está ajudando? De quem é empregado?

Supostamente não. Supostamente ele está mesmo "limpo". Realmente não é aquilo que antes considerávamos "corrupto".

Mas o que isso significa hoje em dia?

Nada.

Afinal, hoje em dia é desnecessário corromper as pessoas com ações expressas de corrupção.

E também é desnecessário porque o *procedimento da corrupção em si está corrompido hoje em dia*. O que isso quer dizer?

Que a corrupção não é mais um procedimento único. Ela se transformou numa minúscula onda parcial na enorme maré do processo de influenciar as massas; e esse processo, que acontece de maneira ininterrupta, anônima, subliminar e em ondas, lança tarefas à margem e não precisa dizer explicitamente o nome do remetente nem do destinatário, nem o desejo do remetente nem a obrigação do destinatário, torna supérflua a existência de lacaios ou de canalhas. (Essas personagens realmente se tornaram ultrapassadas.) *Visto que a formação de opinião na sociedade de massa é corrupção como um todo*, a corrupção individual ocorrida por meio de idílico trabalho no próprio lugar de origem perdeu sua função; o suborno ou a pressão diretos e inequívocos, a compra de pessoas e as pessoas se vendendo conscientemente transformaram-se num tipo de produção antiquada. Indiretamente e sem perceber, cada qual hoje recebe a tarefa que lhe foi pensada; uma explicação especial em casos especiais é desnecessária. O pedido não precisa ser mais do que pensado, ou seja, aplicado *expressis verbis*; o fornecedor da sociedade de massa cumpre sua tarefa de maneira indireta e sem se dar conta disso, pois não a reconhece *como* tarefa (nem deve reconhecê-la), de modo que pode viver com a consciência mais limpa na loucura de arrancar dolorosamente do coração sangrando os pedaços sob medida que lhe são entregues para serem modelados e que ele fornece no prazo, colocando neles tudo que lhe é mais particular e mais sagrado, ou seja: a manutenção de sua independência intelectual e de sua integridade. Por esse motivo, o religioso pode assumir hoje em dia o papel que antigamente era do lacaio. E o que vale para o recebedor da tarefa, o corrompido, vale também para quem atribui a tarefa, o corrompedor: pois muitas vezes (se não no mais das vezes) acontece que ele também não tem consciência de que passa ou passou tarefas; ele também sempre prefere quando seus empregados fazem seu trabalho sem ter a sensação de estarem cumprindo uma tarefa, mas com a sensação tão desenvolvida no meu dinamarquês: a de estarem cumprindo uma *missão*.

Esse é o mistério do "terror suave", esse o triunfo do mundo conformista, no qual o mundo livre se transformou: visto que, como um todo, ele não é livre nem verdadeiro, ele pode se dar ao luxo de renunciar a coisas declaradamente não livres e manifestamente mentirosas. Mesmo se ele fosse formado exclusivamente por "gente honesta", isso não descontinuaria a desonestidade do sistema. A soma dos honestos ainda não resulta necessariamente em mais honestidade. Ao contrário: o sistema deseja que cada uma de suas partes lhe sirva como álibi, quer dizer, que cada um se sinta subjetivamente livre, que cada um resplandeça honestidade. E o meu dinamarquês é um desses honestos subjetivamente livres e brilhantes.

Olho para baixo. Ainda água. Mar é mar. Não dá para saber que é o do sul da China. Poderia ser também o Mar Báltico.

Ele repetiu várias vezes que "desaprovava" a banalização do perigo nuclear. Provavelmente ele o faz de verdade, até *bona fide*. Mas isso não comprova nada. Há métodos indiretos de banalização. E os "cultos entre os banalizadores", dos quais é representante, aprendem esses métodos indiretos. Sua tarefa consiste em banalizar o perigo nuclear ao *banalizar o perigo dos banalizadores*. E de que modo?

Ele começa com um prelúdio festivo e sombrio, orquestrado apocalipticamente para tubas e tímpanos, que soa como "Não estou me enganando e vocês também não devem se enganar. O perigo é imenso e não deve ser desprezado por ninguém". Com essa abertura que intimida e alerta, ele ganha o público, que o saúda como porta-voz da honestidade e da responsabilidade e a quem se confia integralmente.

Depois de ter manipulado os ouvintes de maneira tão extensa, um aceno seu faz com que a cortina se abra, sem que a música de alerta seja interrompida; do palco ainda escuro ainda ecoa, ainda acompanhado pelas tubas do fim do mundo, um canto coral harmônico, de quatro vozes, e lentamente reconhecemos a canção nuclear "Liberdade e Sacrifício"; gradualmente a cena também fica mais iluminada, os cantores se tornam reconhecíveis — e veja: um dos cantores, cuja maioria parece ser formada por homens de negócios e militares, não é ninguém menos que *ele*: *ele*, que alertava, o compositor do prelúdio.

O espanto entre os espectadores é ilimitado. Mas os sons apocalípticos ainda são audíveis. E visto que lhes seria difícil demais renunciar imediatamente à confiança recém-conquistada, eles se tornam terrivelmente desorientados. *Les amis de mes amis sont mes amis.* Em vez de renunciar à confiança em relação ao homem, como seria o caso, por causa daqueles que o acompanham no coro, eles, ao contrário, por sua causa passam a confiar no líder do coro. Já que os outros cantam com *ele*, então também devem ser homens conscienciosos, responsáveis, confiáveis, de todo modo inofensivos; por fim, também eles opositores do armamento e da ameaça nucleares. Resumindo: as linhas que delimitam os fronts foram borradas; não é possível reconhecer quem é a favor e quem é contra; todos parecem ser contra; ninguém parece ser inimigo; a situação como um todo não é tão ruim; podemos ir tranquilos para casa.

Eis a ação do meu dinamarquês. Pelo menos, seria essa sua ação caso ele não fosse um intelectual esotérico, mas uma figura pública. Mas é possível imaginar que alguém perderia a oportunidade de transformá-lo numa personalidade?

Voo noturno Bangkok-Calcutá

Novamente no avião. Novamente indo para casa.

Lá embaixo, Bangkok — esse pote de piche em ebulição — foi realmente o estrangeiro, o "Extremo Oriente". Pois, se você tivesse ficado preso lá numa de suas escapadas solo, se tivesse se perdido nos labirintos das cidades do templo ou dos canais, se a cólera o tivesse pegado, eles morreriam tentando encontrá-lo, eles poderiam esquadrinhar o mundo, pois quem imaginaria que você estaria em Bangkok? Mas agora você está novamente em casa, estica as pernas, agora tem novamente algo firme sob os pés, agora está novamente sentado no antigo lugar, no *seu* lugar, onde você esteve sentado desde Tóquio. E também se trata de outra poltrona num outro avião — hoje em dia, porém, qual o significado de "outro"? Também não é a mesma poltrona, mas é a mesma, não é o mesmo avião, mas um avião gêmeo, e estou morrendo de vontade de pegar de volta a caneta esferográfica que, antes de Hong Kong, caiu entre as poltronas no avião anterior. E não ficaria espantado caso a encontrasse. Quem conhece A, também sabe onde encontrar o interruptor de luz em B, o mecanismo de saída de ar ou o sabonete; e nada acontecerá a essa pessoa, pois ela "voltou". Debaixo de você pode haver um brejo ou a cólera pode estar grassando, mas aqui em cima, bem atrás de você, há o ruído pacífico da cozinha elétrica cromada, símbolo do mundo estável; você não a viu, mas a encontraria de olhos fechados. Aquilo que tanto o irritou no voo de ida: que você não tenha conseguido reconhecer o que havia sob o meio vítreo leitoso do ar, se realmente era a superfície da Terra com montanhas e vales ou o fundo do mar com suas profundezas e recifes — você tinha razão, *é assim*: a superfície da Terra se transformou no fundo do mar, nadamos sobre ela como marinheiros sobre os fundos de coral. O que vale e o que realmente existe está aqui no alto: a poltrona, o sabonete, o café cujo aroma chega ao seu nariz e que não fica atrás de nenhum café vienense. Relaxe e seja grato. Você pode abrir seu escafandro, você está de volta.

Mais tarde

Antes que me esqueça — pois o improvável não é recordável —, como é que foi mesmo?

Há quatro horas — mas são anos que me separam daí — eu tinha ficado preso sem querer na cidade-templo Wat Phra Kaew. E caminhei sem rumo, molhado pela chuva, sozinho, entre pagodes com sininhos pendurados, enormes torres no formato de falos e ídolos com traços dos habitantes das Ilhas Fiji. Até que cheguei, graças a Deus, a uma porta que estava apenas encostada. De início, fiquei contente e acreditei ter escapado e que conseguiria voltar pelo caminho pelo qual tinha vindo. E comecei a caminhar. Mas não saí, entrei, então entrei de verdade no labirinto da cidade úmida e subitamente cheia de sombras. E depois de uma hora — já deveria estar "em casa", no hotel — não dava mais para ter ilusões: no caminho de ida, eu não passara pela fumaça de gordura dos fogões a fritar peixes, meu nariz teria percebido, sabe-se lá em qual esquina errada eu me afastei da cidade-templo. Creio que em Bangkok não encontrei brancos em lugar nenhum. Mal-humorado. Com a mais educada reverência, perguntei a um careca de túnica amarela (ou seja, um sacerdote budista) qual era o caminho; uma em cada três pessoas ali era sacerdote. Mas ele seguiu em frente feito um surdo-mudo, como me pareceu: passando diretamente por mim. Nunca fui tratado *dessa* maneira, como se fosse ar. A mesma experiência com o segundo, com o terceiro. Desisti de pedir ajuda a Buda e decidi tentar novamente por conta própria. Parei ao lado de um canal de odor podre, onde sapos coaxavam, porque ele me lembrava de um canal que eu tinha visto da janela do alto do hotel. Apenas agora sei que foi um acaso ridículo esse canal realmente ter me levado de volta e, posteriormente, assustei-me mais uma vez ao ver no mapa da cidade quantos canais semelhantes existem por todo lado em Bangkok.

E hoje pela manhã — mas isso já faz décadas — escalei o maciço montanhoso da pirâmide de Wat Arun, o feito humano mais colossal, a coisa mais híbrida que já vi, pois não se trata de uma construção *em meio* a uma paisagem, mas de uma paisagem em si, com todos os seus pagodes secundários e ramificações; conduzido pela mão de maneira especial por uma menina de quatro ou cinco anos, fedorenta e imunda, mas de sorriso angelical, que caminhava tão naturalmente entre esses afloramentos rochosos e desfiladeiros como eu fazia quando menino entre as rochas das Montanhas dos Gigantes.[50] Provavelmente ela sabia tão pouco quanto eu o que queria de mim, quem achava que eu era. Quando cheguei à pirâmide, ela veio imediatamente ao meu encontro, sorridente, e a partir desse momento não soltou mais a minha mão. Não quis dinheiro, tentei comprar minha liberdade. Nunca ninguém confiou tanto assim em mim. Pobre criança! Algum dia, a vingança chegará!

E ainda ontem — tenho a impressão de que foi numa outra vida — percorri tempos paleontológicos, quer dizer, entre as centenas de afluentes do Rio Chao Phraya, nas ruas da periferia de Bangkok, entre as colunas intermináveis de palafitas, devassáveis ao olhar como uma sala de teatro, pois não tinham parede na frente e lá as pessoas cozinhavam, comiam, teciam e dormiam como há cinco mil anos. Fiquei o tempo todo com a sensação de que *eles* não serão afetados, *eles* sobreviverão à catástrofe, pois *eles* ainda não alcançaram nossa era atual, a atômica. Isso é uma bobagem, claro, pois, assim como a catástrofe destruirá nosso passado, ela também destruirá aqueles que ainda vivem no passado.

Num ponto, num cruzamento de canais, havia uma feira com melancias, legumes em forma de vagens e pedaços pretos de carne, envoltos por nuvens de moscas. Eles vendiam e compravam de barco para barco, eu fechei os olhos, a ilusão era total: os chamados para lá e para cá soavam feito venezianos.

Mais tarde

Devo ter dormido. Sobre a Birmânia. Parece que estamos sobre o Golfo de Bengala. Não presto atenção, minha cota de globalização já foi cumprida. Estou contente de ter chegado e de que nada tenha mudado.

Voo noturno Karachi-Cairo

Não dá para enxergar nada. Debaixo de nós, supostamente a Arábia Saudita. Meus vizinhos: simpático religioso australiano, meio dickensiano, meio caubói, com filho de dez anos e filha de oito. Ambas as crianças são gigantes doces: comportadas, mas uma cabeça mais

50. Cordilheira na fronteira entre a Polônia e a República Tcheca. [N.T.]

altas do que eu, rostos de lenhadores, mãos de lenhadores, sapatos do tamanho de caixas de violinos. O interesse geográfico da família é exclusivamente bíblico. Ao ouvir a palavra "deserto", o homem se lembra primeiro de Agar. Então, ele conta aos filhos a história (higienicamente limpa até se tornar irreconhecível) da serva Agar, dispensada sumariamente, e ficamos com a impressão de que, nesse momento, no meio da noite no deserto, ela está se encaminhando a um posto de gasolina chamado Shur para de lá ligar para Deus e reclamar com Ele sobre a dispensa ilegal. A suave gigante arde de indignação, o motivo da dispensa permanece incompreensível para ela; enquanto o gigante não presta nenhuma atenção, mas fica mexendo sem parar na sua máquina fotográfica — pois está com a ideia fixa de que nossa rota pela manhã passará pelo Ararat e teme, por causa da velocidade do avião, perder o momento do instantâneo da Arca de Noé. Quando aponto no mapa de voo que estamos centenas de milhas ao sul do Ararat, assegurando-lhe que os restos da arca não seriam perceptíveis mesmo se fizéssemos um voo rasante sobre o pico da montanha, ele tem dificuldade de segurar as lágrimas. Para confortar o gigante, ofereço-lhe algumas belas pirâmides originais, que ele poderia fotografar pouco antes da aterrissagem no Cairo, mas não adianta: ele não se interessa pelo livro do Êxodo, pelo menos não como se interessa pelo Gênesis. Quando Agar deu à luz Ismael (cujos tataranetos estão dormindo no deserto, bem embaixo de nós) e Sara concebeu Isaac (cujo tataraneto sou eu), ou seja, quando as duas mulheres conseguiram o que lhes era de direito, fui instado a contar uma história. Aproveitando a ideia fixa do jovem, relato alguns detalhes, não exatamente oficiais, da vida de Noé. Como título, escolho "*As respostas erradas*".

Um mês após o anúncio do dilúvio e quatro meses antes de seu acontecimento, Noé ficou sozinho; seu coração estava pesado, pois ele sabia que cada uma das árvores estava com os dias contados. Então ele escutou o som de um machado atrás de uma pequena floresta. Ele seguiu o som e deparou com um homem barbudo, que lanhava a árvore com vontade. Em silêncio, Noé observou o trabalhador. "Diga", ele perguntou, afinal, "o que você está fazendo?". "Estou derrubando uma árvore", respondeu o homem, dando de ombros. "Mas para quê?"

"Para uma casa." Noé achou ter entendido errado. "Sim, mas você não ouviu falar do dilúvio?", ele perguntou. "Ah, deixe essa sua conversa de dilúvio para lá!", o barbudo resmungou. "*Minha* conversa?", Noé perguntou, espantado. "Sim. Será que você acredita que é *minha* conversa?", retrucou o homem. "O que *eu* posso fazer a respeito?", ele disse, e deu outra machadada na árvore. Triste, Noé deu meia-volta e seguiu seu caminho.

Um mês mais tarde, Noé ficou a sós novamente no mesmo caminho. Dessa vez, o coração estava pesado porque as árvores anunciavam, com o som do vento nas copas, que pouco sabiam de sua extinção. Então ele ouviu, atrás da pequena floresta, o som de um serrote. E, ao seguir o som, deparou com uma pilha de tábuas recém-cortadas, que teriam sido suficientes para construir uma arca inteira. "Ainda é para a casa?", ele perguntou. "Para o que mais?", o barbudo murmurou, sem parar de serrar. "E o dilúvio?", perguntou Noé. "O dilúvio! O dilúvio!", o homem repetiu, desdenhando. "Eu já não disse que não tenho tempo para essas coisas?" "Infelizmente", confirmou Noé. "Por que 'infelizmente'?", o homem questionou, impaciente. "Será que devo deixar meu trabalho pela metade? Tenho de pensar no futuro!" Noé achou que tinha ouvido mal. "Meu caro", ele falou, por fim, "se você não tem tempo para o dilúvio, então você logo não terá mais tempo nenhum; e pela metade não ficará apenas seu trabalho, mas também você mesmo e o futuro de seus filhos". Triste, Noé retomou seu caminho.

Quando Noé ficou a sós pela terceira vez, estava desesperado, pois tinha necessidade de consolar as árvores e percebeu que nem as palavras de consolo eram ouvidas. Foi então que ele ouviu, atrás da pequena floresta, o som de um martelo. Ao seguir o som, deparou com uma casa semipronta; o barbudo, montado numa escada, martelava o acabamento de uma janela. "Devo alertá-lo uma terceira vez?", Noé perguntou. O homem lhe lançou um olhar furioso, pois a boca estava cheia de pregos. "Se você veio falar do dilúvio", ele sibilou, por fim, "então me poupe." "Mas *vai* acontecer!", Noé disse. "Há meses você está enchendo meus ouvidos com isso! Sempre a velha história do dilúvio! Como se não tivesse nada de novo para anunciar!" Noé achou que tinha ouvido mal. "Novo?", ele perguntou. "Claro", confirmou o barbudo. "A maior novidade", Noé disse, "parece não ter chegado até você." "Então diga", exclamou o homem, interrompendo as marteladas. "Diga logo. O que é?" "Que aquele que pergunta hoje pela 'novidade' é alguém do passado", respondeu Noé. O homem franziu a testa. "Porque", explicou Noé, "o tempo em que era possível esperar por novidades ou empreender coisas novas já passou." O barbudo retomou as marteladas. "Ah, essa seria a novidade!", desdenhou. "Sim", confirmou Noé. "Pois a novidade é que aquilo que ontem era a maior novidade continua sendo a maior novidade hoje; e tanto hoje quanto ontem diz que não sabemos se haverá mais alguma novidade. A não ser que façamos o que devemos." Ele falou e continuou, triste, por seu caminho.

Um mês mais tarde, quando Noé outra vez ficou a sós, e dessa vez inclusive discutindo com Deus, porque os inocentes não foram menos condenados que os culpados, ele ouviu uns gritinhos alegres. Foi atrás do barulho e encontrou a casa pronta, e a primeira fumaça já saía da chaminé. Diante da casa, porém, havia um grupo barulhento e parecia haver uma festa. Pois o barbudo dançava com os filhos e as mulheres dos filhos e seus filhos; eles não eram menos que cinquenta. Noé achou ter visto mal. "Parem!", ele exclamou, por fim. "Parem! Vocês se esqueceram do dilúvio?" Mal tinha gritado quando o velho parou de dançar, desvencilhou-se do seu par e veio ao encontro de Noé com o dedo em riste. "Mais uma vez", ele disse, e sua voz parecia bêbada e perigosamente animada. "Aí está o homem do dilúvio! Vocês não querem ouvi-lo falar? Devo perguntar alguma coisa para ele?" "Pergunte!", exclamaram todos, saltando no ar como se a presença de Noé fosse uma encenação que o velho tinha arranjado para diverti-los. "Pergunte", disse Noé. "Vamos com calma!", alertou o barbudo. E depois de mandar que fizessem silêncio, começou: "Então, caro Noé, você não está acreditando ainda que se seu famoso dilúvio acontecer..." "Ele *vai* acontecer", Noé corrigiu. "Mas claro, mas claro que vai acontecer! Então: se ele vier, seu famoso dilúvio..." "Não é *meu* dilúvio", Noé corrigiu. "Aí está!", exclamou o velho, novamente apontando o dedo para ele. "Ele não é seu. Mas, então, por que tem de ser *meu*? Por que será que ele vai *nos* afetar?" "Não só", disse Noé. E esse "não só" servia para provocar o velho. "Vocês ouviram isso?", ele perguntou, fora de si, tamanho o seu divertimento. "Vocês ouviram isso? Ele vai *nos* atingir! Justamente *nós*! Vejam como é esse homem. Como se o dilúvio atingisse indivíduos selecionados. *Ele atingirá apenas o mundo inteiro.*"

Noé não entendeu por que essa frase pareceu tão engraçada para o velho; e não apenas ele, mas toda a família achou graça (pois voltaram a cair na risada e até trocaram umas palmadas nos traseiros). Mas ele não tinha mais tempo para pedir explicações sobre o sentido da palavrinha "apenas" e para perguntar: "E *quem* é o mundo inteiro?". Na hora que estava abrindo a boca, uma pedra atingiu seu rosto e o sangue escorreu sobre os lábios. Em seguida ele deu meia-volta, triste, para prosseguir em seu caminho.

Um mês mais tarde, quando Noé estava junto à janela da arca e seu rosto estava molhado da chuva que caía do céu, ele teve a impressão de ouvir apelos por ajuda e o balido de animais assustados. No momento em que seu olhar esquadrinhou a água, ele descobriu, à esquerda, um amontoado de gente acima do nível do mar, reconhecendo as cabeças de homens, mulheres e crianças. E conseguiu perceber que as pessoas acenavam para ele. "Segurem firme", ele exclamou, acenando de volta. "Estou chegando! Já estou indo!" E ordenou que a arca desse meia-volta imediatamente, a fim de salvar aqueles que estavam prestes a se afogar. Mas, embora todos na embarcação trabalhassem febrilmente e até ele tenha arregaçado as mangas, salvar aquele que havia dito

"Você acha mesmo que é meu dilúvio?" e "O que *eu* posso fazer contra o dilúvio?" e

"Você não tem outra novidade senão o dilúvio?" e

"Você acha mesmo que o dilúvio vai *nos* atingir?" e

"Ele atingirá apenas o mundo inteiro"

era impossível. Nem sua boa vontade nem sua misericórdia bastavam para salvar essa pessoa, pois ele também não conseguia dominar o dilúvio. E rapidamente a arca se afastou dos que acenavam.

Mas, quando os náufragos desapareceram, Noé fechou a janela da arca e voltou para dentro do navio; enquanto a embarcação balançava em cima de florestas e montanhas e talvez até em cima de sua própria cidadezinha, ele ficou sentado encolhido no canto mais escuro de sua arca, chorando. Mas não pelo dilúvio. Nem pela maldade dos seres humanos. E sim pela burrice deles.

Contei essa história e, em seguida, fiquei em silêncio. O pastor também silenciou. O filho, que por raiva pela arca perdida tinha quebrado a máquina fotográfica em vinte pedaços, também. Em silêncio, voávamos sobre o deserto da Arábia Saudita. Até que percebi que a delicada gigante queria saber alguma coisa, mas era tímida demais para ser a primeira a abrir a boca.

"Você quer perguntar alguma coisa?"

"Sim. Isso está na sua Bíblia? Na minha, não."

"Na minha também não."

"Então você simplesmente inventou a história?"

"Também não."

"Então?"

"Eu apenas descrevi o que acontece diariamente."

O pastor sorriu para mim.

"Diariamente?", perguntou a menina.

"Diariamente."

"E onde isso acontece diariamente?"

"Em toda parte."

A gigante balançou a cabeça. "Você entendeu, papai?"

"Claro", o pai respondeu. "Você não percebeu que ele estava contando uma história do Juízo Final?"

"Ah!"

"Eu não sabia disso", afirmei.

O pastor não quis acreditar. "Mas ela combina tão bem."

"Infelizmente combina. Entretanto, eu estava pensando noutra coisa. É que estou vindo de Hiroshima."

Silêncio. O pastor me olha surpreso; os dois filhos, embora venham de um lugar ainda mais distante, estão admiradíssimos. Como se eu tivesse vindo da Lua.

"E por que você diz que sua história acontece em toda parte?"

Nesse momento, ouve-se uma voz vinda do cockpit: "As luzes à direita são as instalações portuárias de Porto Said. Estamos sobrevoando o Canal de Suez".

"Porque Hiroshima está em toda parte", respondi.

Chegando a Roma

Logo devemos chegar. Entre a calçada britânica em Calcutá e a agostiniana, que deve estar em algum lugar diante de nós, ainda não pus os pés no chão. O que há no meio: terras e mares por mim não tocados. Nunca estive ali. Deveríamos colocar uns pontos em branco de novo em nossos mapas. Para marcar não o que ainda não foi descoberto — não existe nada não descoberto —, mas o que foi perdido pela descoberta. O mundo conquistado se transforma no mundo sobre o qual saltamos. O mundo sobre o qual saltamos se transforma no mundo desconhecido.

Sinal de apertar os cintos.

Aqui também. Como essa vida é desordenada. E como é desordenada essa chegada. Em vez de chegar a pé, voando; em vez de vir pelo norte, pelo sul; em vez de vir de casa, de Bengala; em vez vir de perto, de longe; em vez de vir jovem, adulto. Aqueles que no passado atravessavam a região sob nós e avistavam os primeiros contornos da cidade no horizonte certamente paravam um instante para sussurrar: *urbs*. E, para eles, a chegada significava: ter chegado a Roma. Quão inútil ter chegado a Bangkok, São Francisco, Tóquio e Nova York, Hong Kong e Calcutá — mas não a Roma. E apenas agora a Roma. E pela primeira vez em Roma. Lá embaixo, a primeira cúpula, ainda minúscula, mas mais alta que todo o resto. Deve ser São Pedro.

Tarde. Coliseu

Incapaz de compreender que estou *aqui*. Que sou *eu* quem está aqui. Ao saltar o espaço, saltei sobre mim mesmo. (Essa mancha de gordura no papel ainda é do caldo de peixe em Bangkok.) Aquele que está sentado no banco de pedra aqui e tampa os ouvidos, porque escuta a multidão gritando na arena, é outro. Eu ainda estou lá, do outro lado.

Depois de seis horas de caminhada pelas ruas, à noite no Albergo Piazza Dante

Antes, no alto, será que você não deveria ter começado assim: "Finalmente aqui"? Depois de tantos anos de nostalgia? Depois de tantos anos de nostalgia de Roma? Você devia estar com dezesseis quando a doença se instalou. E quantos planos sobre Roma você inventou, mais tarde. Um por ano. Mas nenhum deu certo. Inflação, trabalho, Hitler, fuga. E agora deu certo. Acabou dando. E até sem plano nenhum. Agora você *está* aqui. Agora você *finalmente* viu a cidade. Toque a parede da casa, ela é real, é realmente Roma. Beba o *rosso*, ele é real, é realmente Roma. Você não pode festejar? Não tem motivo para celebrar? Não. Nada de "finalmente". Nada de "então". O que passou, passou. Seu mal de Roma deve ter se perdido em algum lugar. Não percebi nada a respeito. Fuga, trabalho, guerra, trabalho, Hiroshima. Deve ter ficado no acostamento dos séculos. Ou seja, nada de triunfo. Ou será que a concretização de um desejo perdido é um triunfo? Trata-se de um engano, nada além de engano. Apenas fome sem comida e depois comida sem fome. Termine de beber, vá para casa, vá dormir.

Hotel

"Nostalgia por Roma?" E "longe" significa estar aqui? Como essa sensação é distante. E como é distante esse conceito. Acabei de telefonar a Viena para dar bom-dia e disse: "Já estou perto, não estou mais longe; já cheguei, não estou fora". E do outro lado da linha alguém riu tanto, como se eu tivesse ligado de Wiener Neustadt [cinquenta quilômetros ao sul de Viena] ou como se eu realmente já estivesse em casa.

"Longe." O que seria longe hoje? O quê, além daquele tempo anterior ao ano zero? Sim, esse tempo é realmente distante, inalcançável. Mas, mesmo se essa costa fosse alcançável, será que eu precisaria de Roma para alcançá-la? Também sou uma relíquia, também venho de um tempo antigo. Pois tanto faz se alguém é do período agostiniano ou de 1902, quem veio ao mundo antes do ano zero faz parte da pré-história. Eis a única distância que ainda existe hoje em dia.

Mesa no jardim, Via Appia

Tarde demais. Não tem sentido tocar as pedras. Não tem sentido sussurrar: você realmente está aqui! E não tem sentido esperar que o coração bata mais forte quando você subir o Palatino, quando estiver junto ao Tibre, junto ao túmulo de Cecília Metela. Entretanto, faço tudo isso. Mas apenas para o jovem de dezesseis anos. Apenas para que ele tenha seu gosto. Mas eu? Eu só posso acompanhá-lo.

Coliseu

Parece "asiático" de uma maneira maldita, despótico e bárbaro. Apenas os testemunhos do poder sobrevivem. Darwinismo das coisas.

Estou farto do colossal. Quando eu (quando foi? Ontem? Há uma semana?) escalei as montanhas de pedra do Wat Arun, feitas pelo homem, e atravessei os desfiladeiros feitos pelo homem, passei ao longo das encostas feitas pelo homem e subi nas torres feitas pelo homem; e de lá do alto, em vez de olhar para a *urbs*, vislumbrei as setecentas montanhas-templo de Bangkok, feitas pelo homem; e, em vez do Tibre, o Rio Menam, largo e amarelo, como um braço de mar, nessa hora fiquei farto do colossal. Aqui é menor, mas ainda é colossal. Não foi feito para me "reeuropeizar". Onde está Horácio? Onde está Tibulo?

Fórum

Com que naturalidade as ruínas do passado estão espalhadas por aqui. Como se a realidade de ontem só tivesse existido para seus escombros futuros. E como se as pessoas de ontem só tivessem vivido para entregar a nós, contemporâneos, essas belas ruínas diante da soleira de nossas portas.

Não, quem vem de lá, das cidades destruídas no passado, que não têm mais ruínas porque as ruínas também foram arruinadas, não se comove ao ver isso. E sua suposta beleza não os seduz.

Vista do Palatino

Essas ruínas são "belas"? Por quê? Por que são ruínas de algo belo? São mesmo? Será que as ruínas de coisas medíocres também são belas? Até das coisas feias?

Ou será que são bonitas apenas *por serem* ruínas? Ou seja, encarnação da transitoriedade; ou seja, elegias?

E tudo isso aqui? O Palatino? É bonito? Por quê? Abra os olhos, não se deixe enganar. Por que seria bonito que os séculos, feito cogumelos em troncos podres, se aninhem na decadência de séculos passados? Que os guidões de uma época se enganchem nas rodas de outra época? Que o cimento de um regime preencha as frinchas do regime anterior? Que as igrejas estejam situadas nos escombros de tempos destruídos? E que tudo decaia, junto e misturado? Por que a história deveria ser bela? E por que a transitoriedade? Trata-se de uma selva, um caos cronológico, um ferro-velho dos tempos.

Eu sei, eu sei. Conheço o pano de fundo da apoteose das ruínas, o entusiasmo sobre a epifania da Antiguidade, mesmo sobre suas peças quebradas — não me esqueci. E o jovem de dezesseis anos, que não solta minha mão e que me conduz de fragmento a fragmento, de capitel em capitel, é um neto tardio desse entusiasta; para ele, é natural observar os torsos com o olhar de Mantegna[51] e algumas das pinturas de paisagens com o olhar de Lorrain.[52]

Meus olhos, entretanto, já não veem mais essas coisas. Eles não conseguem mais. Não querem mais. Não porque são muito velhos ou muito fracos, mas porque viram coisas fortes demais. Eles não têm capacidade de ver beleza nas ruínas em tempos de ruína real. E também não são do seu tempo. E já depois de amanhã — estou convencido disso — haverá pouca gente que achará beleza nas coisas destruídas porque estão destruídas. E os poucos que ainda o fizerem serão os mais podres e os mais desmemoriados de sua geração.

Entrada do Fórum

Ali, uma fila de visitantes. Eles não contradizem essa previsão? Houve, em algum tempo, tantos quanto hoje que fizeram desse monte de destroços seu destino de férias?

Nunca. E não se trata de contradição. Quanto mais baixo o sol, mais longa a sombra. Essa fila é apenas a longa sombra projetada pelos visitantes do século XIX.

51. Andrea Mantegna (1431-1506), pintor renascentista italiano. [N.T.]
52. Claude Lorrain (1600-1682), pintor francês radicado na Itália. [N.T.]

Termas de Caracalla

Lá estão elas novamente, as crianças de hoje, que se esqueceram de suas cidades em escombros de ontem; e que nunca verão suas cidades em escombros de amanhã, porque não haverá mais tempo para ver; e que, para comprovar em casa que cumpriram com sua tarefa e passaram as férias entre os restos do passado, não sabem fazer outra coisa senão registrar esses restos com fotos, colocando-se também entre esses restos. *Morituri inter mortuos*, náilon entre mármore. "*Aren't they a beauty!*", escuto uma mulher, que atravessa as instalações de banho; e uma outra: "Venha, querido, você precisa tirar uma foto disso por baixo. Adivinhe do que se trata. Você vai se espantar".

Quem, senhora, haverá um dia de chamar de "beleza" os restos do banheiro de sua casa? E quem, querido, vai tirar fotos dos restos dos fundamentos de sua cidade de um ângulo tão inusitado?

Agora eles se tornam barulhentos e alegres porque, nos buracos das paredes e entre as estacas rachadas, surge, de repente, aquele céu pelo qual pagaram: o típico céu italiano. Sigo o olhar de suas câmeras e — realmente — esse azul é quase escuro. Nas fotos provavelmente vai sair totalmente preto.

Mas bem no alto, no zênite desse escuro e emoldurado por colunas e colunas, brilha um ponto minúsculo. Eles não o veem. Ou já estão acostumados com ele. Pois é o pássaro contemporâneo.

Se você escutar bem, vai poder ouvir seu som. Não difere daquele outro pássaro que, voando por sobre uma ponte, por um tempo emudeceu o canto de certo homem.

E saúdo esse homem sobre a ponte. Também neste lugar. Também hoje. Porque ele está sobre a ponte do futuro também em nome deste lugar. E também em nome de hoje.

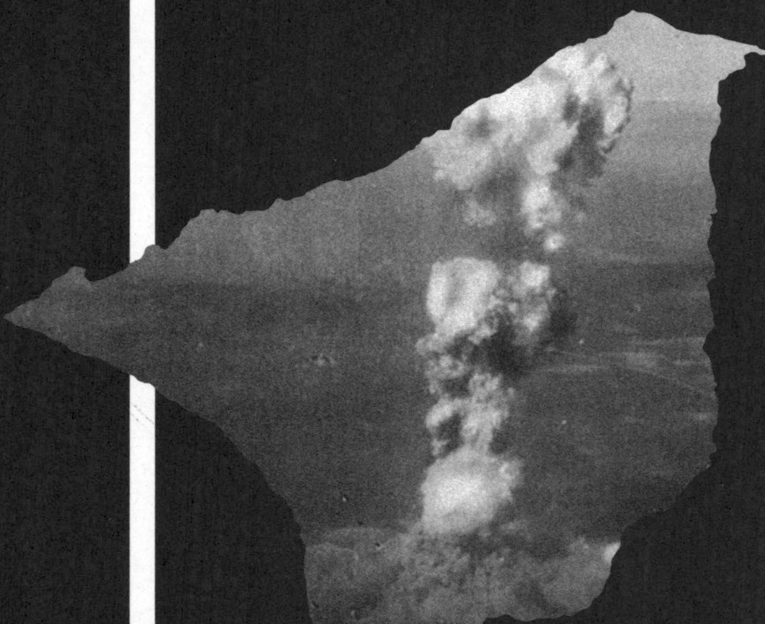

PARA ALÉM DOS LIMITES DA CONSCIÊNCIA

CORRESPONDÊNCIA
ENTRE CLAUDE EATHERLY,
PILOTO DE HIROSHIMA,
E GÜNTHER ANDERS
(1959-1961)

Os criminosos como vítimas

(Originalmente, esta correspondência foi escrita em inglês; Günther Anders traduziu as cartas de Claude Eatherly e seu próprio texto ao alemão.)

PREFÁCIO

Bertrand Russell

O caso Eatherly é não somente uma injustiça terrível e infinita contra um indivíduo mas também característico da loucura suicida de nossa época. Após a leitura das cartas de Eatherly, nenhum ser humano sem ideias preconcebidas pode duvidar de sua sanidade mental, e para mim é difícil acreditar que os médicos que o classificaram como demente estivessem convencidos da precisão do diagnóstico. Ele foi penalizado simplesmente porque se arrependeu de sua participação — comparativamente inocente — no massacre. Os métodos que escolheu para despertar a consciência dos seus contemporâneos e lhes abrir os olhos para esse e outros delírios atuais podem não ter sido sempre os mais razoáveis, mas sua motivação merece a admiração de todos que nutrem sentimentos humanos. Os contemporâneos de Eatherly estavam dispostos a honrá-lo por sua participação no massacre; mas, ao mostrar arrependimento, ele foi atacado. As pessoas tinham reconhecido no arrependimento a condenação do ato. Espero sinceramente que a publicação do caso faça com que as autoridades sejam convencidas a julgá-lo de maneira mais justa e que empreguem todas as suas forças para reparar a injustiça a que Eatherly foi submetido.

BERTRAND RUSSELL (1872-1970), filósofo, ensaísta e matemático britânico, é autor de uma prolífica obra que inclui títulos nas áreas de epistemologia, lógica, história da filosofia, ciências sociais e ensaios a respeito da ameaça nuclear. Com Albert Einstein, redigiu um manifesto contra a proliferação de bombas atômicas em 1955, conhecido como Manifesto Russell-Einstein, e liderou a Campanha pelo Desarmamento Nuclear.

INTRODUÇÃO

Robert Jungk

I

Desde 1945, especialistas ocidentais já escreveram milhões de palavras sobre os "efeitos das armas nucleares". Entretanto, há uma lacuna essencial nessa abrangente bibliografia. Os estudiosos investigaram milhares de escombros, examinaram minuciosamente dezenas de milhares de sobreviventes da grande catástrofe, mas deixaram de fora algo muito importante nos seus detalhados estudos: eles próprios.

Dessa maneira, não deram importância a um fato decisivo: a bomba atômica também atinge quem a utiliza, incluindo aquele que planeja seriamente sua possível utilização.

Esse "efeito retroativo" dos meios de destruição de massa, entretanto, não é de natureza física, mas intelectual e espiritual. Pois a força destruidora das "armas" nucleares — superior a qualquer meio já visto na guerra — inflige naqueles que as usaram ou querem usar cargas com as quais é impossível lidar, consciente e inconscientemente.

O "caso Eatherly" foi o que nos abriu os olhos para esse efeito retroativo das novas "armas". Trata-se de alguém que não fecha os olhos para a desgraça de cuja realização participou; que não a reprime, mas a vivencia como uma culpa profunda. Alguém que ergue a voz, enquanto quase todos os outros emudecem, petrificados ou resignados.

Seu desespero, sua indignação, seu sofrimento provavelmente parecerão "mais normais" às próximas gerações do que o comportamento de seus compatriotas e de seus contemporâneos.

Todos deveríamos sentir e confessar a mesma dor; todos deveríamos lutar com toda a força da consciência e da razão contra o aparecimento do não humano e do anti-humano.

Mas ficamos em silêncio, calmos, fazemos de conta que somos "duros na queda".

Trata-se de uma calma apenas aparente. Na realidade, assim como os outros, também não estamos à altura da carga trazida pelas novas "armas". Sob seu peso, desabam as bases de nossa existência moral e política. A contradição entre aquilo que queremos defender e os meios previstos para essa defesa se torna cada vez mais acentuada. Isso leva a tensões internas insuperáveis, a um adoecimento emocional coletivo que acomete, em grau avançado, cada vez mais pessoas hoje em dia.

Os Estados Unidos, que foram os primeiros a trazer ao palco mundial esse descalabro e, mesmo após os alertas do Japão, prosseguiram em seu desenvolvimento, foram os primeiros a serem atingidos pelo efeito emocional retroativo das bombas. No fundo, como é simples o "caso Eatherly" se comparado com o "caso Estados Unidos", muito mais sério porque não admitido. Na realidade, o objeto trágico desse drama não são os sofrimentos desse piloto do Texas, mas o catastrófico envolvimento do país e de seus cidadãos. A fim de batalhar pela "liberdade do medo", ele espalhou o temor nuclear pelo mundo; a fim de garantir a liberdade e a felicidade do indivíduo, ele acredita ter de contra-atacar com a morte de milhões e milhões.

Mais ainda, agora há o "caso União Soviética", o "caso Grã-Bretanha", o "caso França", o "caso Alemanha" — e provavelmente amanhã haverá o "caso Suécia", o "caso Suíça", o "caso Israel" e o "caso China": nenhum país que, no intuito de garantir seus valores e seus direitos, decidir empregar as "novas armas" que destroem todos os valores e todos os direitos poderá suportar, sem maiores danos, a carga emocional que tal ação traz consigo.

Pois, mesmo sem explodir nenhuma arma nuclear, aquelas já à disposição agem retroativamente nos possíveis agentes. Elas esvaziam a democracia ao deixar nas mãos de poucos as mais importantes decisões; geram uma brutalização geral dos portadores de armas, que sempre devem estar prontos e convictos para o último passo. Com o armamento nuclear, destroem a crença interna dos países em sua própria humanidade e moralidade.

2

Quem observa a foto do jovem Claude Eatherly, o voluntário que se alistou na Força Aérea dos Estados Unidos, vê o rosto de um típico "*clean-cut boy*" americano. Há pouca coisa escrita a respeito, mas esse pouco parece refletir todas as virtudes habituais: sinceridade, coragem, inocência e pureza.

Na época, muitos milhares desses rostos angelicais alistaram--se nas Forças Armadas a fim de lutar por "*decency and democracy*" contra a barbárie do nacional-socialismo. Ao se transferir da instituição de formação de professores no Texas para a caserna, o estudante Eatherly talvez ainda acreditasse que a liberdade e a humanidade podiam ser defendidas com armas.

Portanto, seu posicionamento atual contra qualquer guerra, mesmo uma guerra considerada justa, tem ainda mais peso. Pois entre a decisão do voluntário de guerra e o repúdio à guerra do pacifista internado está a experiência da destruição atômica, de cujo início Eatherly participou sem saber o papel que lhe havia sido destinado.

Conta-se que, após o aterrorizante evento de Hiroshima, o major Eatherly ficou dias sem falar com ninguém. Entretanto, isso não foi levado muito a sério na Ilha Tinian, ponto de apoio onde o piloto aguardava a desmobilização com seu grupo de bombardeiros — agora alçados a uma controversa fama mundial. "*Battle fatigue*" — fadiga causada pela batalha — era o nome desse estado. Alguns combatentes sofriam dele; inclusive Eatherly havia relatado exaustão mental em 1943, após treze meses de prolongado e ininterrupto patrulhamento no Oceano Pacífico.

Naquela época, ele se recuperou após um tratamento de catorze dias numa clínica em Nova York, e também dessa vez ele pareceu retornar rapidamente ao antigo estado de espírito que os veteranos do Pacífico chamam de "comportamento normal" em épocas tranquilas: disposição para jogar pôquer durante horas a fio, com interrupções para xingamentos, piadas e reminiscências.

Naqueles dias, espalhou-se pelo mundo a notícia de que um dos pilotos envolvidos no ataque a Hiroshima tinha procurado um convento a fim de orar pela absolvição de sua culpa. Tratava-se de uma lenda. Na verdade, o major L., cujo nome era citado nesse episódio, tinha assumido o cargo de diretor numa fábrica de chocolates. O boato provou ser "mais real que a realidade". Inventou-se um ato de arrependimento que, de fato, deveria ter acontecido.

Nesses meses do pós-guerra, entre todos os participantes dos dois bombardeios nucleares, Eatherly foi o único que resistiu à tentação de se permitir ser festejado como herói. E os moradores da sua pequena cidade, Van Alstyne, compreenderam seu ponto. A introspeção do piloto não foi considerada maluquice, nem mesmo algo estranho.

Naquela época, o "bom americano" e seus concidadãos ainda estavam próximos. A comoção pelo terror de Hiroshima ainda não era considerada sinal de fraqueza, e o julgamento das bombas nucleares não era algo suspeito. Nesse período, não faltaram expressões de culpa ou autoacusações. Quase toda a opinião pública passou a exigir o controle imediato dos instrumentos da guerra nuclear; as mais diversas correntes políticas insistiam que os Estados Unidos deveriam abrir mão, voluntariamente, de seu monopólio nuclear, que supostamente seria mantido apenas em curto prazo, e num gesto de grandeza deveriam revelar a todos os aliados das Nações Unidas os segredos da nova invenção revolucionária.

Mas o grupo a princípio isolado e pouco numeroso daqueles que defendiam o monopólio americano das novas armas superpoderosas foi se impondo gradualmente, apoiado pela recusa (muito bem-vinda por eles) da União Soviética em aceitar os mal-ajambrados planos norte-americanos de controle nuclear. A "Guerra Fria" começou, a corrida armamentista nuclear foi disparada. Se o número de mortos no Japão, de seis algarismos, tinha antes assustado as pessoas, elas foram se acostumando com cifras dez a cem vezes maiores. Uma nova unidade de medida foi criada: "*megadeath*", que compreende um milhão de mortos por arma nuclear. E seu emprego foi quase natural nos cálculos da política de dissuasão.

Se uma única pessoa tivesse maquinado isso, ela necessariamente seria declarada louca e encarcerada como ameaça pública.

Mas não é o caso quando se trata de um estado-maior, não é o caso quando se trata de um governo. Os órgãos executivos da sociedade têm permissão para tecer planos delirantes e até para prepará-los concretamente sob os aplausos de uma parte da opinião pública.

Se um indivíduo até há pouco razoavelmente pacífico e tranquilo passasse subitamente a reconhecer intenções de assassinato em cada gesto do vizinho, começando a se entrincheirar, trancar, realizar todas suas ações numa atmosfera de mistério, ele seria diagnosticado como portador de um delírio persecutório e receberia tratamento psiquiátrico.

Mas não é o que acontece quando se trata de uma grande potência. Nesse caso, atitudes semelhantes são consideradas até "politicamente responsáveis" e "realistas".

O "efeito retroativo" da bomba atômica em seus donos tinha começado. O fato de os poderosos possuírem, à semelhança divina, forças apocalípticas, não os tornou mais sábios e razoáveis, e sim arrogantes e cruéis.

3

Amanhã — se ainda houver "amanhã" —, aqueles que dispõem de armamentos nucleares e sua matemática do extermínio serão julgados no tribunal da história, assim como Hitler e suas doutrinas, hoje consideradas lunáticas por todo o mundo. Mas uma sentença dessas sempre vem tarde demais. Ela não é capaz de devolver a vida às vítimas.

Antes de cidades e países serem destruídos por uma falha da política das ameaças mútuas, antes de a Terra (caso não tenha sido transformada ainda num cemitério) ser uma grande enfermaria, o mundo inteiro deve ficar ciente de que o efeito psíquico retroativo das bombas nucleares literalmente enlouqueceu seus donos; uma loucura que é ainda mais perigosa porque seus representantes parecem manter narrativas razoáveis, ou seja, fazem de conta que são pessoas normais, decentes, responsáveis.

O que nós, cidadãos, os sofredores de amanhã, podemos fazer para evitar que a loucura de uma catástrofe nuclear nos seja infligida por esses "frios calculistas"?

O major Eatherly tentou responder essa importante questão colocada aos sobreviventes da Segunda Guerra Mundial.

A princípio, as respostas que ele deu foram erradas e, principalmente, ineficazes.

Primeiro, ele tentou a saída da emigração. Logo após pedir dispensa da Força Aérea, em 1947, ele deixou o país, assustado com os desdobramentos da política.

Depois, voltou para casa e, como tantos ao seu redor, tentou esquecer, ganhar dinheiro, se dedicar à vida privada. Empregou-se num conglomerado petrolífero em Houston, ia ao escritório durante o dia, frequentava a escola noturna para estudar direito e chegou a ser diretor de vendas.

Eatherly tinha se casado em 1943 com uma jovem atriz, Concetta Margetti, que conhecera durante sua formação na Califórnia. Nos primeiros sete anos do casamento, eles tinham se visto apenas alguns dias, no máximo algumas semanas. Finalmente estavam levando uma vida um pouco mais normal, com casa, jardim, filhos, modestas chances de ascensão social e todo o resto de uma "vida sossegada no próprio canto".

Assim é durante o dia. À noite, porém, angústia e rostos torturam o ex-piloto de bombardeiro. A situação ainda é suportável — alguns drinques conseguem afugentar a depressão, pílulas dão fim à insônia.

Mas logo tais calmantes artificiais não servem mais. Eatherly tem a impressão de ver, em seus sonhos, os rostos desfigurados dos queimados nas chamas do inferno de Hiroshima.

Por essa época, começa a colocar cédulas de dinheiro em envelopes e enviá-los a Hiroshima, despachar cartas ao Japão, nas quais ele ora se acusa, ora se desculpa. Esse "remédio" também não ajuda. Em 1950 — ano em que o presidente Truman anuncia que os Estados Unidos vão construir uma arma nuclear ainda mais potente, uma bomba de hidrogênio —, Eatherly tenta se suicidar com sedativos num quarto de hotel em Nova Orleans.

Ele é encontrado com vida, recebe alta hospitalar depois de dois dias e dá entrada, voluntariamente, no hospital militar de Waco, destinado ao cuidado de soldados emocionalmente abalados, onde fica por seis semanas. No fim desse período, seu estado não se alterou.

Desse modo, ele tenta uma terapia própria e troca o trabalho burocrático pela atividade braçal nos campos petrolíferos. Durante algum tempo, o esforço físico faz com que ele consiga dormir mais tranquilo. Mas recomeçam ruminações sobre o que aconteceu, o que vai acontecer, o que tem de acontecer, caso não seja possível evitar a repetição dos eventos.

Ele amadurece um plano. Fará oposição à nova tendência simpática ao militarismo dos Estados Unidos — que acabou de eleger um general da Segunda Guerra como presidente — conforme desmascara e expõe o exemplo nacional, o virtuoso herói de guerra, derrubando-o do recém-construído pedestal. E o objeto desse ato de revelação será ele mesmo: o "herói de Hiroshima", major Claude Robert Eatherly.

4

No início de 1953, aparece diante do juiz de pequenas causas de Nova Orleans — ao lado de muitos outros "pequenos contraventores" — um homem que falsificou um cheque de valor irrisório. Registro de dados pessoais, duas a três perguntas, sentença: nove meses. Próximo caso...

Eatherly mal consegue falar. Ele talvez poderia ter dito que enviou o dinheiro a uma instituição que cuidava de órfãos em Hiroshima, ele poderia ter mostrado sua patente militar, suas ações na guerra. Nada disso. A máquina judiciária trabalha rápido demais, e o "caso" é por demais insignificante para gerar atenção.

Soltura com diminuição da pena por bom comportamento. Próxima tentativa em Dallas. Assalto. Mas o curioso assaltante não levou nada. O caso é arquivado quando o advogado explica que seu cliente é inimputável e vai passar por tratamento hospitalar. Mais quatro meses em Waco. A invalidez psíquica do major Eatherly, causada pela guerra, é reconhecida e ele passa a receber uma pequena pensão de 132 dólares por mês, valor que mais tarde seria duplicado.

Ele não é marcado como criminoso, como esperava que acontecesse, nem lhe é concedida a "graça da pena", por meio da qual poderia tentar alcançar a absolvição de sua grande culpa. Mas Eatherly também não pode ser curado. Depois de atuar como representante de máquinas de costura por seis meses, tenta suicídio novamente. Sua esposa o encontra com os pulsos cortados. Caso o marido não passe por novo tratamento psiquiátrico, ela ameaça se separar. Ele então vai mais uma vez à clínica de Waco. O médico-chefe, dr. McElroy, descreve seu estado à época com poucas palavras, frias: "Mudança de personalidade claramente visível. O paciente está totalmente apartado da realidade. Episódios de ansiedade, tensão emocional crescente, abafamento de reações sentimentais, ideias fixas". Sua consciência atormentada é considerada patológica, sua sensibilidade — que o diferencia das tantas pessoas despreocupadas ao seu redor — é interpretada como "insensibilidade", e as ideias fixas são combatidas com injeções de insulina.

Eatherly passou por esse tratamento de quatro a cinco vezes por semana para finalmente esquecer. E, depois de meio ano, as lembranças más pareciam ter sido realmente eliminadas. O ex-piloto se mudou para a casa da família da esposa em Beaumont, cidade petrolífera, mas logo percebeu que seu casamento tinha terminado de maneira definitiva após tantas complicações. Concetta Margetti primeiro entrou com um pedido de separação, mais tarde com o de divórcio. Ela conseguiu que o marido fosse impedido de visitar os filhos e recusou expressamente receber qualquer tipo de pensão por parte dele. Eatherly respeitou o primeiro desejo, mas continuou a pagar voluntariamente uma quantia destinada à educação dos filhos.

E durante cinco anos, de 1954 a 1959, essa vida abalada pelo efeito retroativo da bomba transcorreu em monótona agitação entre tribunal e clínica, entre os atos rebeldes desesperados de um gângster amador, que assalta caixas sem pegar o dinheiro, arromba portas de agências de correios sem mexer no caixa, e os esforços de convalescença de um paciente que não convalesce nem com psicoterapia nem com tranquilizantes, porque ele, o mais moralmente saudável, não consegue se adaptar à sociedade doente na qual é reinserido a cada vez; porque naquela época, depois dos eventos de 1945, perdeu para sempre a couraça emocional que permite ao contemporâneo "normal" se estabelecer de maneira mais ou menos confortável entre Auschwitz, Hiroshima e as ameaças de novos crimes de guerra.

5

De todo modo, o major Eatherly conquistou algo que havia tentado. Ele finalmente conseguiu fazer chegar seu "caso" à opinião pública. As primeiras reações às notícias sobre o "piloto maluco de Hiroshima", entretanto, foram bem diferentes daquelas imaginadas por Eatherly. Ele queria sacudir as pessoas, mas foi como se apenas as tivesse tocado de leve. Bem longe de desacreditar a casta dos militares — surgida na guerra e, nesse meio tempo, elevada a instituição permanente —, o caso lhe trouxe publicidade. Afinal, pela primeira vez estavam sendo divulgados os esforços da Força Aérea (que repetidamente interveio em favor de Eatherly nos julgamentos, a fim de livrá-lo da prisão e, em vez disso, transferi-lo a um hospital), que supostamente evidenciavam quão "humanos" eram os militares.

Muita curiosidade e um pouco de compaixão. Isso era quase tudo que as muitas notícias sobre a tragédia de Eatherly geravam.

Até que, no início de 1959, o filósofo Günther Anders, que vivia em Viena, calhou de ver a história de Eatherly numa revista americana. O "caso Eatherly" foi parar nas mãos de um grande moralista, uma mente original e de extraordinária formação filosófica, pois Anders reconheceu o significado fundamental desse "caso", notável do ponto de vista da história contemporânea, que vinha sendo tratado por todos como uma "*story*" interessante à margem do acontecimento mundial.

A correspondência que nasceu do encontro espiritual entre o "intelectual" e o "agente" oferece uma resposta à pergunta "O que fazer?". Ela não pode ser a resposta completa, exaustiva, mas dá um importante passo em direção à convalescença de uma sociedade doente, uma vez que *esquadrinha* de maneira perspicaz e inovadora o delírio nuclear, elevado a estado racional.

Mas, para o leitor, o acontecimento mais comovente dessa correspondência é seu perceptível efeito curativo sobre Claude Robert Eatherly. Onde drogas e neurologistas falharam, um espírito clarividente, um amigo empático e acolhedor presenteou ao torturado paz interior, segurança, sentido à vida e esperança.

6

O filósofo não pôde ajudar seu aluno e protegido à distância quando ele se sentiu ávido por começar uma nova vida em liberdade com os conhecimentos adquiridos sobre si e sua tarefa. Embora as autoridades sempre afirmassem que Eatherly não estava internado compulsoriamente no hospital militar de Waco, mas que permanecia lá na condição de voluntário, sua desejada alta lhe era reiteradamente negada e ele teve de conquistá-la com as próprias mãos.

Justamente quando ele não era mais um rebelde sentimental e um pouco confuso, mas um homem que havia começado a pensar e que queria colocar a vida a serviço do esclarecimento sobre o armamento nuclear, as autoridades o prenderam novamente como se fosse um fugitivo e o condenaram à mais severa pena de restrição de liberdade no hospital de Waco, num processo sem a presença de nenhum especialista independente, apenas psiquiatras a serviço das Forças Armadas.

O significado disso é revelado pelo repórter Ray Bell numa matéria para o jornal *Waco News Tribune*:

> O hospital para veteranos de guerra em Waco é constituído por um grande número de prédios de dois andares de tijolos vermelhos. Há pouco, Eatherly foi levado à ala 10. Trata-se do departamento para os loucos delirantes; a maioria dos pacientes lá não sabe nem o próprio nome. Eatherly diz: "As únicas pessoas com as quais consigo conversar são os vigias".
>
> Ele acorda cedo, mas não tem nada para fazer. Só vê os médicos quando estes fazem suas rondas diárias. Todo o seu tratamento se limita à ingestão de dois comprimidos de Therazin [clorpromazina]. No salão onde está preso, há cerca de trinta doentes mentais. A atmosfera reinante o deixa infeliz, porque impede que Eartherly faça o que mais gostaria. No momento ele não pode nem frequentar a igreja, embora ela esteja situada dentro das instalações do hospital.

Qual o comportamento desse homem, trancado com loucos delirantes, com os "*violent cases*", quando, em janeiro de 1961, um tribunal proferiu sua sentença de internação compulsória? O mesmo jornalista fez uma reportagem sobre esse julgamento, agora a serviço de um grande jornal francês:

> Eatherly se comportou de maneira exemplar [...]. Às vezes ria, quando seu defensor apresentava um bom argumento (por exemplo, quando um dos médicos convocados afirmou que Eatherly teria preparado uma lista datilografada de perguntas e ele sussurrou ao advogado que não sabia escrever à máquina). Respondia às perguntas sem dificuldade e com objetividade [...], em geral no estilo militar, com: "*yes, sir*", "*no, sir*". Ele só ficou irritado quando Don Hall, o advogado do requerente (nota: seu irmão John entrou com o pedido de sua internação a mando da Aeronáutica) começou a questioná-lo sobre a origem de seu dinheiro. Hall realmente o pressionou, e Eatherly disse: "O senhor ganha seu dinheiro do seu jeito, eu, do meu". Mesmo irritado, ele nunca perdia a calma, parecendo sempre tranquilo, sereno e contido, pelo menos como qualquer pessoa normal. Claro que ele ficou decepcionado com a decisão dos jurados. Mas realmente não parecia ter desistido. Ele disse apenas: "Bem, então assim será".

A carta anexada à reportagem de oito páginas do redator local acrescenta o seguinte sobre a pessoa internada na seção dos casos mais difíceis: "Na verdade, ele parecia ser a pessoa mais inteligente em todo o tribunal".

7

Mas o jornal do honesto repórter Ray Bell estampou uma matéria sobre o mesmo julgamento assinada por outro colaborador, frontalmente contrária às observações e conclusões de seu colega. Essa postura, por sua vez, representava a maneira com que grande parte da imprensa americana encarava a situação. Quem lia a matéria acabava por achar que o piloto Eatherly era um desmiolado e, justamente por isso, sua internação parecia ser totalmente justificada.

Vivemos num tempo em que a bondade é considerada ingenuidade; a decência, burrice; a empatia, fraqueza; o amor ao próximo, loucura. As virtudes só têm valor no discurso, visto que, na prática cotidiana, elas já não são mais levadas a sério. Atualmente, os ridi-

Claude Robert Eatherly

Günther Anders

cularizados, os enganados, os desiludidos não veem mais sentido em se revoltar — no máximo estão decididos pelo menos a não serem enganados. Se alguém fala sobre a moral, essa pessoa é desacreditada como sabichona ou hipócrita; no melhor dos casos, como antiquada. Pois os céticos e os cínicos que se autointitulam "realistas" acreditam ter finalmente compreendido o que está sendo jogado e participam ativamente do jogo. Mesmo que, na realidade, o jogo se volte contra eles. Mesmo se eles mesmos estiverem em ação.

Dessa maneira, é ainda maior a responsabilidade dos poucos que não se incomodam com o ridículo, com o espelho deformado que transforma momentaneamente cada cavaleiro da verdade em um Dom Quixote.

O auxílio emocional que Günther Anders deu ao desconhecido amigo nos Estados Unidos me parece um bom exemplo de que as pessoas cônscias de suas responsabilidades intelectuais e morais não devem se resignar nem capitular, mas que é cada dia mais urgente que cumpram seu papel de porta-vozes das vítimas.

Ao fazê-lo, não "destroem" a sociedade, mas a ajudam a se reconhecer, ela própria, como vítima de erros calamitosos.

O "caso Eatherly" é apenas um recomeço do processo em eterno recomeço no qual um portão sagrado confronta e expõe a camada dominante na época e sua moral decadente por meio de seu jeito diferente de ser.

Isso geralmente ocorre antes de novas leis serem cinzeladas em novas pedras.

ROBERT JUNGK (1913-1994), escritor, jornalista, historiador, ativista e documentarista nascido na Alemanha. Os principais temas de suas obras são o futuro — o que lhe rendeu o título de precursor da futurologia —, a paz e a militância contra o armamento nuclear. É autor de *O futuro já começou* (1953), *Heller als tausend Sonne* [Mais brilhante que mil sóis] (1956), *Der Atomstaat* [O Estado nuclear] (1978), entre outros. Colaborou com Russell nas campanhas em prol do desarmamento nuclear e fundou, em Salzburg, a International Futures Library, a primeira biblioteca especializada em títulos interdisciplinares a respeito do futuro.

Foi uma grande ideia aceitar
voluntariamente o castigo
de um crime inevitável e,
portanto, ao perder a própria
liberdade, comprovar
exatamente essa liberdade.

— Friedrich Schelling, *Cartas filosóficas sobre o dogmatismo e o criticismo* (1795)

Carta 1
Ao senhor Claude R. Eatherly, ex-major da Força Aérea dos Estados Unidos

Veterans Administration Hospital, Waco, Texas

Caro sr. Eatherly, *3 de junho de 1959*

O autor destas linhas lhe é desconhecido. Por outro lado, nós — meus amigos e eu — o conhecemos. Com o coração apertado, acompanhamos o senhor enfrentar sua infelicidade, independentemente de estarmos em Nova York, em Viena ou em Tóquio. Não porque sejamos curiosos ou porque seu "caso" nos interesse do ponto de vista médico ou psicológico. Não somos médicos nem psicólogos. Interessa-nos porque estamos ocupados, cheios de ansiedade e ardente preocupação, em lidar com aqueles problemas morais que hoje atrapalham o caminho de todos nós. A tecnificação da vida — o fato de que podemos ser inseridos (sem saber e indiretamente, como parafusos de máquina) em ações cujos efeitos não conhecemos e que, se conhecêssemos, não poderíamos admitir — modificou nossa situação moral. A técnica fez com que pudéssemos ser de algum modo *culpados inocentes*, algo que outrora, no tempo não tão avançado tecnicamente dos nossos pais, ainda não existia.

Você compreende seu papel nisso: afinal, é um dos primeiros desse novo tipo de culpa, na qual hoje ou amanhã qualquer um de nós poderia estar enredado, realmente enredado. Você passou por uma situação pela qual todos nós poderíamos passar amanhã. Por esse motivo, para nós, você tem o grande papel de um exemplo paradigmático, de um *precursor*.

É bem provável que você não concorde. Você quer ter seu sossego, *your life is your business*. Nós lhe asseguramos que, igualmente, também não gostamos de indiscrição e lhe pedimos desculpas. Mas, nesse caso, pelo motivo que acabei de mencionar, a indiscrição infelizmente é inevitável, até necessária: sua vida também se tornou nosso *business*. Visto que o acaso (ou seja lá como chamemos o fato inegável) quis que a pessoa física Claude Eatherly tenha sido transformada no símbolo do futuro, não há mais como se resguardar da nossa indiscrição. Não é sua culpa que você tenha sido condenado a essa função de símbolo, e não outra pessoa qualquer entre os milhões de contemporâneos, e isso é certamente terrível. Mas assim são as coisas.

Apesar disso, não creia ser o único desses condenados. Todos nós temos de viver nesta época, em que poderíamos ter nos envolvido com essa culpa; assim como você não escolheu sua lastimável função, nós também não escolhemos nossa lastimável época. Nesse sentido, então, como diriam vocês, americanos, estamos "*in the same boat*", no mesmo barco, somos filhos da mesma família. E esse traço comum determina nossa relação. Se nos ocupamos de seu sofrimento, então o fazemos como irmãos, ou seja, como se você fosse um irmão que sofreu a infelicidade de ter de fazer aquilo que cada um de nós pode ser obrigado a fazer amanhã; como irmãos, que esperam poder evitar essa infelicidade, assim como você espera hoje, em vão, ter podido evitar a situação na época. Mas naquela época isso não foi possível: a máquina de proferir ordens funcionou de maneira impecável, e você ainda era jovem e ignorante. Então você o *fez*. Mas, visto que o fez, podemos descobrir por seu intermédio, e apenas por seu intermédio, como nos sentiríamos caso estivéssemos em seu lugar. Veja: você é muito importante para nós, como que imprescindível. De certo modo, é nosso *professor*. Claro que você rejeitará o título. "Tudo menos isso", dirá, "pois *não consigo* fazer as pazes com minha situação."

Você ficará espantado, mas o decisivo para nós é exatamente esse "não consigo". Sim, é até um consolo para nós. Sei que, a princípio, a afirmação parece sem sentido. Vamos a uma breve explicação.

Não digo: "um consolo para você". Não tenho a menor intenção de consolá-lo. Aquele que consola sempre diz: "Afinal, não é tão ruim", ou seja, tenta minimizar o sofrimento ou a culpa, ou, com palavras, apagar do mundo o que ocorreu. É exatamente isso, por exemplo, o que seus médicos estão tentando fazer. Não é difícil adivinhar por que esses homens agem assim. Afinal, são funcionários de um hospital militar, não aceitariam bem a condenação moral de uma ação militar reconhecida e até elogiada por todos; na verdade, a possibilidade de uma tal condenação não pode nem ser aventada. Portanto, eles têm de defender sob todas as circunstâncias o caráter irrepreensível do ato pelo qual você, com razão, sente culpa. Por esse motivo seus médicos afirmam: "*Hiroshima in itself is not enough to explain your behaviour*" — que, numa linguagem mais direta, significa: "Hiroshima não foi tão ruim assim". Por esse motivo, eles não criticam *o ato em si* (ou a situação mundial que o permite); em vez disso, eles criticam *sua reação ao ato*. Por esse motivo eles são obrigados a chamar de "doença" (*classical guilt complex*) seu sofrimento e sua esperança de expiar sua culpa. E, por esse motivo, são obrigados a chamar o seu ato de um "*self-imagined wrong*", um erro imaginado por você. Esses homens, por meio de conformismo e de dependência moral, são obrigados a salvaguardar a irrepreensibilidade dos próprios atos e, portanto, consideram patológicos os seus dilemas morais. Então, a partir dessas prerrogativas tão mentirosas, seria de espantar que eles não consigam obter êxitos terapêuticos sensacionais? Imagino (e me corrija se eu estiver errado) sua descrença, desconfiança e rejeição em relação a esses homens, porque eles levam a sério apenas *sua reação*, mas não *sua ação*. Hiroshima... *self-imagined*. Inacreditável! *Eles* sabem o que fazem. Não sem razão os gritos dos feridos ensurdecem seus dias, e não sem razão as sombras dos mortos penetram seus sonhos. Você sabe que o que aconteceu realmente aconteceu, não foi imaginado. Você não permite que esses homens fiquem falando besteiras. E nós também não nos deixamos enganar. Não queremos nada com tais "consolos".

Não, eu digo: "*para nós*". Para nós, é consolador que você não tenha se conciliado com o acontecido. Porque comprova que você tenta lidar retrospectivamente com o efeito (à época inimaginável) de sua ação; ainda que sua tentativa fracasse, ela é um testemunho de que você conseguiu manter sua consciência alerta, embora um dia tenha sido empregado como uma peça de máquina num aparelho e tenha sido usado com sucesso. E como *você* foi capaz disso, comprovou que *todos* são capazes, que *qualquer um de nós* também deve ser capaz. E essa certeza — agradecemos por tê-la — nos consola.

"Ainda que sua tentativa fracasse", eu disse. Ela *tem* de fracassar. Pelo seguinte motivo:

A partir do momento que cometemos uma injustiça em relação a uma única pessoa — não estou nem falando de matá-la —, não é fácil "lidar com a situação", mesmo que a ação seja justificável. Aqui, entretanto, trata-se de outra coisa. Você tem a infelicidade de ter deixado um rastro de duzentos mil mortos. E como lidar com uma dor do tamanho de duzentas mil mortes? Como lamentar duzentos mil? Não apenas você não consegue; não conseguimos, ninguém consegue. A despeito de qualquer tentativa, a dor e o remorso permanecem insuficientes. A inutilidade de seus esforços não é sua culpa, sr. Eatherly. Ela é consequência daquilo que chamei de decisivamente novo em nossa situação: podemos *produzir* mais do que podemos *imaginar*; os efeitos que geramos com as máquinas que produzimos são tão grandes que não temos como enfrentar sua dimensão. Eles são maiores do que conseguimos lidar interiormente, do que conseguimos enfrentar. Não se culpe por não conseguir sentir remorso suficiente. Era o que faltava. O remorso não pode ser suficiente. Mas o *fracasso* de seus esforços é algo que você deve vivenciar e suportar diariamente. Com exceção dessa experiência de fracasso, não há nada que possa substituir o remorso; não há nada que possa evitar que atos tão terríveis voltem a ocorrer algum dia. É absolutamente compreensível que você sinta pânico e reaja descoordenadamente, visto que seus esforços não podem dar certo. É quase possível dizer: trata-se de um sinal de sua saúde moral. Sua reação comprova que sua consciência está viva.

O método usual para lidar com o que é grande demais consiste numa mera manobra de diminuição, ou seja, a pessoa continua a viver como antes; o acontecido é varrido para debaixo do tapete; a grande culpa não é considerada culpa. Para lidar com o problema, a pessoa não faz nenhuma tentativa de lidar com o problema. É o caso, por exemplo, de seu colega e compatriota Joe Stiborik, ex-operador de radar no [bombardeiro] *Enola Gay*, que lhe é apresentado como bom exemplo, visto que é robusto e desfruta de coisas boas, e porque declarou, muito animado, que "naquela época tratou-se apenas de uma bomba um pouco maior". Esse método é ainda mais bem ilustrado por aquele presidente que lhe fez um sinal de "*go ahead*", assim como você fez um sinal de "*go ahead*" para o piloto do bombardeiro e que se encontra, na verdade, na mesma situação que você, se não pior. Mas aquilo que *você* fez, *ele* omitiu. Pois há alguns anos — não sei se você soube — ele anunciou numa entrevista, invertendo toda a moral, que não sentia a menor "crise de consciência", comprovando assim a própria inocência. E há pouco, quando resumiu a própria vida por ocasião de seu aniversário de 75 anos, ele disse que seu erro digno de remorso era o de ter se casado apenas aos trinta anos. Parece-me improvável que você inveje essa "folha em branco". Mas tenho certeza de que você nunca diria que um criminoso comum é inocente só porque ele não tem peso na consciência. Será que um homem que foge de si próprio não é ridículo? Pelo menos *você* não agiu assim, sr. Eatherly. Você não é alguém ridículo. Você faz o que é humanamente possível, mesmo que falhe. Tenta prosseguir vivendo como *aquele* que cometeu o ato. E é isso que nos consola. Mesmo que você, justamente *porque* segue se identificando com seu ato, tenha mudado por causa desse ato.

Você compreende que estou me referindo a seus furtos, falsificações e outras atividades criminosas que desconheço. E pelas quais foi desmoralizado. Não creia que sou anarquista e que aceite furtos ou falsificações ou que faça pouco disso. Mas, em seu caso, essas ações são outra coisa. Passos de desespero. Pois ser considerado inocente pela opinião pública, apesar de ser tão culpado, e ser elogiado como *smiling hero* por causa dessa culpa deve ser insuportável para um ser humano decente. Para interromper esse estado de coisas, esse ser humano faz algo de errado. Visto que o terrível que estava e está sobre suas costas não foi compreendido no seu mundo, não teve o direito de ser compreendido, não pôde ser compreendido, você teve de tentar falar a língua compreendida ali, com o dialeto da pequena ou grande bandidagem, com os termos da própria sociedade. Você tentou comprovar sua culpa por atos que sempre foram tidos como contravenções. Mas isso também não deu certo. *Você continua condenado a ser considerado doente em vez de culpado.* E como *a culpa*, de certa maneira, *não lhe é concedida*, você permanece um homem infeliz.

Agora, por fim, um estímulo.

No ano passado, visitei Hiroshima; falei com as pessoas que restaram após sua passagem por lá. Pode ter certeza: entre essas pessoas não há ninguém que pensaria em perseguir o parafuso de uma máquina militar, que é o que você foi ao completar sua missão, aos 26 anos; não há ninguém que o odeie.

Mas agora você comprovou que, embora tenha sido usado um dia como parafuso, continuou sendo um ser humano ou voltou a ser um ser humano, diferentemente de outros. Segue, então, uma sugestão, para que você pense a respeito.

No próximo 6 de agosto, como em todos os anos, a população de Hiroshima faz uma celebração no dia em que "aquilo" aconteceu. Você pode mandar uma mensagem a essas pessoas aludindo a essa celebração. Se falasse a esses seres humanos, na condição de ser humano: "Naquela época, eu não sabia o que estava fazendo; agora sei. E sei que algo semelhante não pode acontecer de novo; e que nenhum ser humano pode exigir que outro ser humano o faça". E: "A luta de vocês contra a repetição de uma ação dessas também é minha luta; e seu '*No more Hiroshima*' também é o meu '*No more Hiroshima*'". Se você falasse isso ou algo parecido, esteja certo de que a mensagem proporcionaria uma grande alegria aos sobreviventes de Hiroshima; você seria considerado um amigo, um deles. Isso se daria inclusive com razão, pois também você é vítima de Hiroshima. E talvez isso lhe fosse, se não um consolo, pelo menos uma alegria.

Receba minhas saudações, com o sentimento que nutro por cada uma dessas vítimas.

Günther Anders

Carta 2
A Günther Anders

Prezado senhor, *12 de junho de 1959*

Muito obrigado pela sua carta, que recebi na sexta-feira da semana passada.

Depois de tê-la lido várias vezes, decidi que lhe escreveria, talvez até iniciando uma correspondência, a fim de discutir aquelas coisas que ambos, acredito, compreendemos. Recebo muitas cartas, mas simplesmente não consigo responder à maioria delas. Por outro lado, senti necessidade de responder à sua e informar-lhe qual a minha posição diante das coisas do mundo contemporâneo.

Durante toda a minha vida adulta, sempre fui vividamente interessado na questão de como agir e como se comportar (*human conduct*).[1]

Embora não me ache um fanático em nenhum sentido, nem religioso nem político, estou há algum tempo convencido de que a crise na qual todos estamos envolvidos exige uma revisão geral de todo o nosso esquema de valores e nossas obrigações de lealdade (*loyalties*). No passado, houve épocas em que os homens se viravam (*coast along*) sem colocar muitas questões de consciência sobre seus hábitos mentais e modos de agir. Mas hoje está claro o bastante que nossa época não é essa. Ao contrário, acredito que nos aproximamos rapidamente de uma situação na qual seremos obrigados a checar novamente como anda nossa disposição para transferir (*to surrender*) a responsabilidade por nossos pensamentos e por nossas ações a instituições criadas pela sociedade. Nenhuma dessas instituições é capaz de oferecer conselhos morais infalíveis, e por essa razão é necessário desafiar (*to challenge*) sua pretensão de dar esses conselhos. A experiência que tive precisa ser estudada sob esse ponto de vista caso sua verdadeira importância não fique restrita a mim, mas seja conhecida por todos e em todos os lugares. Se você tiver a impressão de que essa reflexão é importante e está mais ou menos de acordo com suas próprias reflexões, gostaria de sugerir que tentássemos esclarecer essa relação — por meio de uma correspondência provavelmente prolongada.

Sinto que você me entende como mais ninguém, exceto talvez apenas meu médico e amigo.

Minhas ações antissociais foram catastróficas para minha vida privada, mas acredito que, se me esforçar, conseguirei trazer à luz meus verdadeiros motivos, minhas convicções e minha filosofia.

Günther, estou contente de lhe escrever. Talvez por meio de nossa correspondência possamos iniciar uma amizade baseada na confiança e no entendimento. Não hesite em escrever sobre os proble-

1. O autor mantém algumas expressões originais em inglês na sequência de sua tradução ao alemão, entre parênteses. Esta edição reproduziu o mesmo procedimento. [N.T.]

mas da situação e da ação com os quais somos confrontados. E vou apresentar o meu ponto de vista.

Agradecendo mais uma vez sua carta,
subscrevo-me atenciosamente,

Claude R. Eatherly[2]

2. A linguagem de Eatherly é qualquer coisa menos a de um escritor; muitas vezes é até primitiva.
(a) Claro que os primeiros *motivos* são *geracionais*. Como todos de sua geração, ele participa de uma economia linguística que poupa tempo; e ele cresceu com o rádio, ou seja, em uma "situação de conversa unilateral": uma situação na qual a linguagem não aparece mais como língua falada, mas como língua emitida e ouvida.
(b) *Motivos especiais*: a linguagem falada aparece geralmente ligada a situações, mas também como consequência delas. Por exemplo: como pergunta ou como resposta; como aquilo a que o falante se refere: por meio da situação (visível a ambos os interlocutores), a relação é anterior à linguagem; as pequenas conjunções e advérbios ("embora", "então", "mas", "evidentemente" etc.) são em geral supérfluos. Aquele que escreve não dispõe dessa base anterior à linguagem, é preciso criá-la na língua. Visto que Eatherly começou a escrever sem estar ciente das leis especiais da escrita, ou seja, sem ser um escritor, ele escreve como fala. Via de regra, deixa as conjunções de lado. Na verdade, essa "*pobreza sintática*" e a mera *justaposição* de frases é mais característica de sua linguagem do que a pobreza vocabular.
(c) Além disso, por estar preso durante muitos anos, ele deve ter perdido a familiaridade com a língua. Em certo sentido, não dá nem para dizer que ele escreve como fala, já que a prisão o desacostumou de falar.
(d) A linguagem frequentemente fracassa pela terrível *discrepância* entre a linguagem cotidiana (muitas vezes idiomática e dialetal), que era sua herança, e a *imensidão* do *tema* apocalíptico. Até escritores profissionais que tentaram escrever sobre esse tema fracassaram. Por essa razão, Eatherly se transforma, às vezes, num "mensageiro gago"; às vezes o abismo entre a linguagem disponível e o objeto a ser tratado gera um efeito surrealista.
(e) Não sei avaliar se os remédios também podem ser responsabilizados pela inadequação da linguagem, pois Eatherly cita "*tranquilizers*" apenas uma vez (ver carta 38). Essa carta e a anterior (carta 36) realmente saíram dos trilhos do ponto de vista da língua, com desvios de gramática e sintaxe, e contêm passagens incompreensíveis. Explicação desse desastre linguístico: ver notas das cartas 36 e 38. Uma comparação do nível de linguagem à época com a situação parece demonstrar alguma coerência, isto é, sempre que suas esperanças de liberdade são frustradas, sua linguagem também sofre. E ao contrário: chama muito a aten-

Carta 3
A Günther Anders

Prezado senhor, *23 de junho de 1959*

Fico feliz em ter notícias suas novamente. E eu ficaria contente se pudesse receber uma cópia dos "Mandamentos para a era atômica".[3]

Ah, se eu escrevesse tão bem quanto você. Mas, se há escritores como você, então basta que *um* deles tenha a capacidade de se expressar o suficiente, a fim de espalhar uma mensagem que coloque o mundo na direção da conciliação e da paz. Talvez você seja essa pessoa. Se eu puder ajudar de alguma maneira, conte comigo. Você tem minha permissão para publicar minha carta.

Disponho de pouco tempo para escrever. Mas, se você tiver alguma pergunta, responderei de modo realmente honesto. Estou ávido (*I starve*) por respostas aos pensamentos nos quais estou enredado, pensamentos que se referem à proibição da proliferação de mais

...

ção que as duas cartas que Eatherly escreveu após sua fuga, ou seja, em liberdade, estejam quase corretas do ponto de vista linguístico. Essa observação seria supérflua caso as cartas escritas enquanto internado tivessem alcançado o nível das cartas escritas em liberdade. A recuperação em dois meses de liberdade foi tão grande que, apesar da reinternação, ela se manteve. A carta 56, a primeira escrita após essa pesada decepção, mostra equilíbrio linguístico e autocontrole. É difícil dispersar a suspeita de que a doença que justifica sua internação tenha sido produzida pela própria internação.

Sobre a *tradução*: reproduzir a pobreza sintática no alemão talvez pudesse ter sido possível, mas a imitação produziria uma impressão ridícula. O uso de expressões idiomáticas e dialetais faria de Eatherly um berlinense ou um vienense. Em certo sentido, a tradução é uma "modificação", mas que se constitui exclusivamente na eliminação de justaposições, na introdução de pequenas conjunções (e, de modo análogo, na separação em parágrafos dos textos das cartas, escritos em bloco único). Meu trabalho correspondeu mais ou menos ao de um editor de redações sem qualquer tipo de relações dinâmicas. Do ponto de vista do conteúdo, nada foi modificado; ao contrário, por meio dessas mudanças ele se apresenta mais coerente. Via de regra, a introdução de um "embora" ou um "entretanto" esclareceram totalmente as relações referidas por Eatherly. Apesar disso, considero necessário apontar essa articulação do texto, pois modificou ligeiramente a figura de Eatherly como um escritor de cartas.

3. Refere-se a uma breve carta que se perdeu, na qual eu devo ter mencionado a Eatherly esse curto texto (publicado no *Frankfurter Allgemeine Zeitung*, 13 jul. 1957) e na qual havia pedido permissão para usar sua primeira carta (aqui indicada como carta 2).

armamentos nucleares e à contínua preparação para a guerra. Falei com diversas organizações a fim de conseguir apoio para minhas convicções. Mas essas conversas têm vida curta. Livros são monumentos. Por essa razão, faça os seus da melhor maneira possível. Leve às pessoas a mensagem pela qual anseiam todos aqueles que amam a paz. Fico na expectativa de sua próxima carta.

Atenciosamente,
Claude R. Eatherly

Carta 4
A Claude Eatherly

Caro Claude Eatherly, *2 de julho de 1959*

Em primeiro lugar, não me chame de "senhor" (*sir*). Embora a maneira como nós nos conhecemos tenha sido extremamente inusual, desde o primeiro momento conversamos totalmente convictos de que podemos confiar um no outro e de que iríamos nos entender. E esse é o caso.

Fiquei contente por você ter concordado com a publicação de sua resposta à minha carta. Aliás, eu já a mostrei para algumas pessoas, principalmente físicos nucleares, que sabem o que dizem quando falam da possível extinção da humanidade — e todos ficaram profundamente impressionados com o fato de um homem que teve a infelicidade de ser o primeiro "culpado inocente" da era atômica estar agora ao lado daqueles que tentam evitar o pior. Em uma de suas frases, você diz que falou várias vezes publicamente sobre nosso problema. Eu fiz o mesmo. Para pessoas dos mais variados tipos: professores universitários, alunos, até sacerdotes budistas em Kyoto — resumindo: para todos, pois nosso problema atinge todos e a ameaça não diferencia jovem ou idoso, militar ou civil, pele escura ou pele clara, cristãos, judeus ou muçulmanos. Gostaria de saber com quem você falou.

Envio também o "código moral da era atômica".[4] Minha esposa o traduziu para o inglês (ou melhor, para o norte-americano, pois ela nasceu na Califórnia). Desta vez, o "código" tem de substituir uma carta mais longa, pois justo ontem finalizei meu livro sobre minha viagem ao Japão — desse modo, não tive tempo para escrever cartas; e agora estou empacotando coisas, pois em alguns dias teremos de nos mudar. Mas espero conseguir tirar duas semanas de férias, e tenho a firme intenção de usá-las para escrever uma carta de verdade.

Sinceramente, seu amigo,
Günther Anders

Mandamentos para a era atômica

(*Frankfurter Allgemeine Zeitung*, 13 jul. 1957)

Que seu primeiro pensamento após despertar se chame "átomo". Porque você não deve começar o dia com a ilusão de que aquilo que o cerca é um mundo estável. Aquilo que o cerca é algo que amanhã já pode ter sido, um "apenas sido"; e nós, você, eu e nossos contemporâneos, somos mais efêmeros que todos que até ontem eram considerados efêmeros. Pois nossa efemeridade significa não apenas que somos mortais; também não apenas que somos passíveis de sermos assassinados, cada um de nós. Antigamente, isso também era costume. Mas que somos passíveis de sermos assassinados no todo, como "humanidade". E "humanidade" não significa apenas a humanidade contemporânea, não apenas aquela que se espalha pelas províncias de nossa Terra, mas também aquela que se espalha pelas províncias do tempo: pois, se a humanidade de hoje é passível de ser assassinada, desaparece com ela a passada e também a futura. O portão diante do qual nos encontramos ostenta a inscrição: "Nada terá sido". Do lado

4. Ver carta 3, nota 3.

de dentro, está escrito: "O tempo foi um episódio". Mas ele não se tornará episódio entre duas eternidades, como nossos antepassados tinham esperado, e sim entre dois nadas: entre o nada do qual ninguém se lembra e o nada daquilo que nunca será. E já que não existirá ninguém para diferenciar esses dois nadas, eles se tornarão um único nada. Esse é, pois, o tipo totalmente novo, apocalíptico, de efemeridade, nossa efemeridade; ao seu lado, tudo aquilo que até então foi chamado de "efemeridade" se torna irrelevante. Para que isso não aconteça, que seu primeiro pensamento ao despertar seja: "átomo".

A possibilidade do apocalipse

Seu segundo pensamento ao despertar deve ser: "A possibilidade do apocalipse é obra nossa. Mas não sabemos o que fazemos". Nós realmente não sabemos, e aqueles que decidem sobre o apocalipse também não sabem. Pois também eles são "nós", também eles são basicamente incompetentes. A incompetência deles não é culpa sua. É, antes, consequência de um fato pelo qual nenhum deles e nenhum de nós pode se responsabilizar: a consequência do abismo entre duas de nossas capacidades: aquilo que podemos produzir e aquilo que podemos imaginar.

No decorrer da era técnica, a relação clássica entre fantasia e ação se inverteu. Se, para nossos antepassados, era natural que a imaginação fosse "copiosa", quer dizer, mais exuberante que a realidade e a excedendo, hoje o desempenho de nossa imaginação (e o do nosso sentir e responsabilizar) é inferior ao do nosso agir. Desse modo, hoje, a imaginação é incapaz de se manter à altura daquilo que produzimos. Não apenas nossa razão tem "limites" (kantianos), não apenas ela é finita, mas também nossa imaginação, e, principalmente, nosso sentir. Se necessário, podemos nos arrepender de uma única pessoa assassinada — o sentimento não vai além disso. Entretanto, assassinar centenas de milhares não causa hoje nenhuma complicação. E não apenas por motivos técnicos e não apenas porque o agir se transformou em mero "agir com" (*Mit-Tun*) e em um mero "desencadear", fazendo com que os efeitos permaneçam invisíveis, mas justamente por um motivo moral: porque o genocídio se encontra infinitamente longe da esfera das ações que conseguimos imaginar, frente às quais conseguimos tomar uma posição emocional e cuja execução poderia ser impedida por imaginação e sentimentos. Por essa razão, seus próximos pensamentos devem ser: "*Quanto mais desmedidas as ações, menores as inibições*". E: "*Nós, seres humanos, somos menores que nós mesmos*". Essa última frase formula nossa esquizofrenia atual, quer dizer: nossas diversas capacidades trabalham de maneira independente umas das outras, como seres isolados e não coordenados, que perderam o contato próximo entre si.

Mas você não deve formular essas frases para proferir algo definitivo, definitivamente derrotista sobre nós; ao contrário, devem servir para se assustar diante da finitude. Para se ver envolvido num escândalo com ela; para escapar de limites "fixados" e rígidos; para transformá-la em obstáculos; para fazer a esquizofrenia retroceder. Claro que você também pode — enquanto lhe for permitido continuar vivendo — colocar as mãos no colo, renunciar à esperança e se conformar com a esquizofrenia. Mas, se não for esse o seu desejo, então é preciso fazer a tentativa de se tornar tão grande quanto você mesmo e chegar aonde você está. E isso significa que será preciso (eis sua tarefa) superar o abismo entre suas capacidades, entre o produzir e o imaginar; nivelar os desníveis; ou, formulando de outra maneira, você tem de ampliar violentamente o limitado "espaço de ação" de sua imaginação (e o espaço ainda mais restrito do seu sentir), até que a imaginação e o sentimento sejam capazes de apreender e compreender o monstruoso que você foi capaz de produzir, até que você consiga aceitar ou rejeitar o compreendido. Resumindo: sua tarefa consiste em ampliar sua imaginação moral.

Não seja covarde demais para ter medo

Sua segunda tarefa é: "Amplie sua sensação de tempo". Pois o decisivo para nossa situação atual não é que sistemas de posicionamento global tenham feito a Terra encolher (algo sabido por todos), que todas as cidades ainda ontem distantes umas das outras agora tenham se tornado vizinhas, mas que os posicionamentos também retrocederam no sistema de tempo; que os futuros que ontem ainda pareciam inalcançáveis agora se tornaram regiões vizinhas do nosso presente; que nós os tornamos regiões vizinhas. Isso vale tanto para o mundo ocidental quanto para o oriental. Para o oriental, porque lá o futuro é planejado numa dimensão inédita, mas o futuro planejado não é mais um futuro "por vir", e sim um produto "*in the making*"; visto que aquilo que é "previsto" já é considerado parte daquele espaço em que nos encontramos. Em outras palavras: como aquilo que fazemos se faz pensando no futuro, este projeta uma sombra no presente; pragmaticamente falando, o futuro pertence ao presente. E isso vale — é esse o caso que se refere a nós — para as pessoas do atual mundo ocidental, pois esse mundo, embora não planeje, influencia os futuros mais distantes. Ou seja, por exemplo, decide sobre a saúde ou a degeneração, sobre o ser ou o não ser de seus netos. Se esse mundo tem, ou melhor, se nós temos essa intenção ou não, é indiferente, pois o que vale moralmente é apenas o fato. E já que esse fato do "efeito na distância" nos é conhecido, caso venhamos a agir como se o fato nos fosse desconhecido, estaremos cometendo uma "negligente violação de limites".

Seu próximo pensamento ao acordar será: "*Não seja covarde demais para ter medo!* Obrigue-se a reunir a quantidade de medo correspondente à grandeza do perigo apocalíptico!". Também o medo, exatamente ele, faz parte dos sentimentos que somos incapazes de ou que rechaçamos concretizar. E a afirmação de que já temos medo, medo demais, de que inclusive vivemos na "era do medo", é apenas uma expressão de linguagem, que, se não for disseminada de maneira falsa, é ao menos ideal para inibir a erupção de um medo realmente à altura da grandeza da ameaça, tornando-nos indolentes. O contrário é verdadeiro: vivemos na "era da incapacidade do medo" e, portanto, assistimos passivamente ao desenrolar das coisas. Para tanto (sem falar na "limitação do nosso sentir"), há toda uma série de motivos que não seria possível listar aqui.[5] Mas um desses motivos, que ganhou espe-

5. Ver Günther Anders, *Die Antiquiertheit des Menschen*, tomo I. Munique: C.H. Beck, 1956, p. 264 ss.

cial atualidade e especial grandeza no passado recente, deveria ser citado: trata-se de nossa *mania de departamentos*, ou seja, nossa convicção, causada pela divisão do trabalho, de que todo problema faz parte de determinado campo de competência no qual não podemos nos meter. Por exemplo, o problema nuclear supostamente faz parte do campo de competência dos políticos e dos militares. Claro que o "não temos permissão" (não temos permissão de nos meter) logo é transformado num "não temos necessidade", um "não precisamos". Quer dizer: os problemas com os quais não posso me preocupar também não devem causar preocupação. E não tenho medo, porque ele é "resolvido" por outro campo de competência. Por essa razão, diga após acordar: "*Nostra res agitur*".[6] Isso significa duas coisas: (1) que estamos envolvidos porque podemos ser envolvidos; e (2) que a pretensão monopolista por competência de alguns indivíduos é injusta, porque todos nós, na condição de seres humanos, somos incompetentes. É simplesmente idiotice acreditar que poderia haver responsabilidades grandes e pequenas quando está em jogo o possível fim do mundo, e que aqueles homens que, por alguma casual divisão de trabalho, de responsabilidade e de tarefas, se tornaram políticos ou militares e, como tais, têm mais ligação ou ligação mais direta com a produção ou a "exploração" do objeto, seriam mais competentes que nós. Aqueles que querem que acreditemos nisso (sejam eles os supostos competentes ou terceiros) atestam assim apenas sua incompetência moral. Mas nossa situação moral se torna absolutamente insuportável quando esses supostamente competentes (que são incapazes de enxergar os problemas de outro modo que não tático) querem nos convencer de que não temos nem o direito ao medo, muito menos o direito à consciência. E isso porque a consciência implica responsabilidade, mas a responsabilidade é algo exclusivamente *seu*, coisa dos responsáveis por determinados âmbitos de competência. Por fim, ter medo, ter consciência do problema, equivaleria a usurpar algumas competências que não são nossas. Mas não reco-

6. Em tradução livre, "isto é do nosso interesse", alusão à expressão "*Tua res agitur*" [Isto é coisa tua], atribuída a Horácio (65 a.C.-8 a.C.). [N.T.]

nheça nenhum "clero do apocalipse"; nenhum pequeno grupo que se apodere do monopólio de competência pela derrocada, que seria nossa derrocada total. Se pudermos variar a expressão de [Leopold von] Ranke, "toda era está igualmente próxima a Deus", diríamos "todos estão igualmente próximos a um possível fim". Desse modo, todos têm o mesmo direito e a mesma obrigação de elevar a voz, em alerta. Você também.

Contra a discussão tática

Não apenas não conseguimos imaginar a "coisa", não apenas não conseguimos senti-la, não apenas não conseguimos responder por ela; não conseguimos nem mesmo pensar. Pois, independentemente da categoria na qual a pensássemos, pensaríamos errado, porque, ao ser classificada numa classe de objetos, ela se torna "algo entre outros" e, portanto, é banalizada. Mesmo se existirem muitos tipos da coisa, ela é única em seu tipo de não pertencer a classe nenhuma — ou seja, é um monstro. E visto que não conseguimos descrever o que não é, temos de nos apropriar das cautelas da "teologia negativa". Infelizmente é justo esse ("monstruoso") não pertencimento que faz com que desprezemos ou até nos esqueçamos do objeto. *O que não conseguimos classificar é tido por não existente.* Contudo, enquanto falamos do objeto (aliás, ainda não em conversas cotidianas), ele é usualmente classificado como "arma" ou um "meio", pois assim fica mais confortável e mais tranquilizador. Mas ele não é um meio, porque é da essência de um meio desaparecer no objetivo alcançado, assim como o trajeto acaba e desaparece no alvo. Entretanto, esse não é o caso nessa coisa. Seu efeito inevitável (se não proposital) é maior que qualquer fim, pois esse necessariamente é destruído sob seu efeito. Ele é destruído num mundo em que ainda havia "meios e fins". Afinal, é evidente que uma coisa que destrói a partir de si o esquema meio-fim não pode ser um meio. Por essa razão, sua próxima máxima é: "Ninguém vai me convencer de que a bomba é um meio". Já que ela não é um meio como milhões de meios que definem nosso mundo, você não deve permitir que ela seja produzida como se fosse uma geladeira, uma pasta de dentes ou mesmo uma pistola, cuja produção não é questionada. Assim como você não deve acreditar naqueles que a chamam de "meio", também não deve acreditar nos sedutores mais espertos que tentam convencê-lo de que a coisa serve exclusivamente para a dissuasão, ou seja, de que foi produzida apenas para *não* ser utilizada. Nunca houve objetos cujo uso se esgota em seu não uso; no máximo, objetos que ocasionalmente não foram empregados porque a ameaça de seu uso (muitas vezes concretizada anteriormente) já foi tida como suficiente. Aliás, não podemos nunca nos esquecer de que a coisa já foi efetivamente empregada (e com uma justificativa insuficiente): em Hiroshima e em Nagasaki. Por fim, *en marge*, você não deve aceitar que o objeto, cujo efeito é inimaginável, seja classificado erroneamente devido a denominações simplórias e facilitadoras. Chamar uma explosão da bomba H de "ação Grandpa" [avô] não foi apenas vulgarmente absurdo como também uma fraude consciente.

Além disso, você não deve concordar que a coisa, cuja mera existência já é um tipo de emprego, seja discutida sob "*pontos de vista puramente táticos*". Essa discussão é absolutamente inadequada, porque a ideia de que as armas atômicas poderiam ser empregadas taticamente dessa ou de outra maneira pressupõe o conceito de uma situação política que de certa maneira existe de modo independente dessas armas. Isso, porém, é totalmente irreal, pois a situação política — a expressão "era atômica" é absolutamente justificada — se define pelas armas atômicas. Não são as armas nucleares que "também" comparecem na situação política; na situação atômica, os acontecimentos se dão de modo inverso. E a maioria das ações políticas são passos fáticos dentro da situação atômica. As tentativas de empregar a possibilidade do fim do mundo como mais uma peça no jogo de xadrez da política são, não importa se perspicazes ou não, sinais de ofuscamento. A era da esperteza acabou. Por isso, tenha como princípio sabotar todas as explicações nas quais seus contemporâneos tentam discutir a ameaça atômica do ponto de vista exclusivamente tático. Tenha como princípio conduzir a discussão ao ponto principal: à ameaça autoimposta pela humanidade do apocalipse produzida por ela mesma. E faça isso mesmo quando estiver correndo perigo de ser ridicularizado como "politicamente não realista". Na realidade, os "100% táticos" é que são os não realistas, já que enxergam as armas nucleares apenas como meio e não compreendem que os fins que pretendem alcançar por meio de sua tática (ou que divulgam ter alcançado) perdem todo o significado por meio do uso (ou até pelo possível uso) desses meios.

• •

A decisão já foi tomada

Não se deixe enganar pela afirmação de que nos encontramos (e talvez desde sempre) apenas no estágio de testes, no estágio da experimentação. Trata-se apenas de um modo de falar. Não apenas porque já iniciamos a era da seriedade há mais de dez anos, ao lançarmos as bombas (fato surpreendentemente esquecido por muitos), mas porque nós — e, a princípio, isso é ainda mais importante — não podemos falar de "experiência" nesse caso. Sua última frase será: "*Independentemente de quão exitoso seja o resultado das experiências, a experimentação terá falhado*". E falhará porque só podemos falar de experimentação quando o evento da experiência não transcende o espaço isolado do laboratório nem o explode. E essa condição não é válida aqui. Ao contrário, faz parte da essência da coisa e do desejado efeito da maioria das experiências com explosões hoje em dia que o coeficiente de explosão e o raio de disseminação da arma sejam os maiores possíveis. Ou seja, independentemente de quão contraditório isso seja, trata-se de testar quanto se consegue *superar* o limite de cada experiência. Aquilo que resulta das (supostas) experiências não faz mais parte da classe dos resultados experimentais, mas do espaço da realidade, do espaço da história — aqui entram, por exemplo, os pescadores japoneses intoxicados —, até do espaço da história futura, visto que o futuro, por exemplo, o futuro das próximas gerações, já está afetado: "o futuro", como o título filosófico de Jungk formula, "já começou". A afirmação de que não há nada decidido sobre a utilização da coisa é totalmente enganosa. A decisão sobre os chamados "testes" já foi tomada. Por essa razão, entre suas obrigações está a de desacreditar a impressão de que ainda vivemos "na pré-história atômica" e chamar pelo nome aquilo que *é*.

Somos tratados por máquinas

Todos esses postulados e proibições podem ser condensados num único mandamento: "*Aceite apenas as coisas cujas máximas possam ser as suas máximas e, desse modo, as máximas de uma legislação geral*".

Esse postulado pode causar estranhamento. A expressão "a máxima das coisas" parece provocativa. Mas só porque o fato descrito com a expressão também causa estranhamento e é provocativo. Queremos dizer apenas que, vivendo num mundo de máquinas, agora somos tratados por máquinas; e sempre de um jeito determinado por máquinas. Por outro lado, como somos também os operadores dessas máquinas, como tratamos nosso entorno com a ajuda dessas máquinas, em vez de tratá-las de acordo com nossos princípios, tratamo-las com o auxílio do modo de tratamento das máquinas, ou seja, de acordo com suas máximas. O que o postulado exige é que tenhamos tanta clareza em relação a essas máximas (que, do ponto de vista prático, são nossas) como se fossem nossas máximas. Que nossa consciência não signifique a avaliação de nosso lado interior (que se tornou um luxo inconsequente), mas a avaliação dos "impulsos secretos" e dos "princípios" de nossas máquinas. Um ministro pró-nuclear, avaliando sua alma de maneira convencional, provavelmente não acharia nada de especialmente mau; mas, ao avaliar a "vida interior" de seus aparelhos, encontraria "erostratismo" num nível cósmico: pois a maneira como as armas nucleares tratam a humanidade é erostrática.

Apenas quando nos tivermos acostumado a essa nova ação moral, "*olhar o coração dos aparelhos*" (como se diz na Molússia),[7] teremos mais direito à esperança de que nós, que temos nas mãos a decisão sobre o ser ou o não ser, nos decidamos pelo nosso ser.

7. Referência a *Die molussische Katakombe*, romance de juventude de Anders, publicado somente no início dos anos 1990. De forma um tanto enigmática e em várias passagens de sua obra, ele constantemente cita "ditados molússicos". [N.T.]

Não podemos não poder

Seu próximo princípio é: não acredite que o perigo terá passado ao darmos o primeiro passo, o abandono dos chamados "testes", e que em seguida poderemos descansar sobre nossas coroas de louros. O fim dos "testes" não quer dizer o fim da produção de bombas nem a destruição das bombas e dos tipos de bombas que já foram testados e que estão à disposição para uma eventualidade. Há diversos motivos possíveis para o encerramento dos testes: por exemplo, um país pode decidir parar porque considera mais testes desnecessários, quer dizer, porque a produção dos tipos testados ou do estoque já produzido e armazenado é suficiente para qualquer caso imaginável. Ou seja, porque não faz sentido e seria antieconômico deixar a humanidade "*mais morta ainda*".

Também não acredite que teríamos direito à despreocupação caso conseguíssemos realizar nosso segundo passo: interromper a produção de mais bombas atômicas e de hidrogênio. Ou que poderíamos descansar após nosso terceiro passo, a destruição de todos os armamentos nucleares estocados. Mesmo num mundo absolutamente "limpo" (ou seja, sem a existência de bombas atômicas ou de hidrogênio, no qual supostamente não "teríamos" bombas), ainda teríamos as bombas, pois sabemos como produzi-las. Na nossa época de reprodução mecânica é impossível afirmar a não existência de algum produto possível, porque o que conta não são os objetos realmente físicos, mas seus projetos. Mesmo após a eliminação de todos os objetos físicos relacionados à produção das bombas atômicas ou de hidrogênio, a humanidade ainda poderia ser vítima de seus projetos. "Então seria preciso destruir os projetos", alguém poderia sugerir. Mas isso também é impossível, pois os projetos são tão indestrutíveis quanto as ideias de Platão; em certa medida, eles são como sua diabólica concretização. Resumindo: mesmo se fosse possível destruir fisicamente os aparelhos catastróficos e seus projetos, salvando assim nossa geração, isso não passaria de um intervalo ou um adiamento. A produção poderia ser retomada a qualquer dia, o assombro permanece, e por essa razão seu medo também tem de permanecer. A partir de então, a humanidade viverá sob a sombra escura do monstro. O perigo apocalíptico não pode ser eliminado de uma vez por todas, não por meio de *um* ato, mas apenas por meio de atos repetidos diariamente. Isso significa: temos de compreender — e essa compreensão nos mostra claramente quão terrível é nossa situação — que nossa luta contra o inventário físico dos equipamentos e sua construção, contra seus testes, contra seu armazenamento, ainda é insuficiente. Pois o objetivo que temos de alcançar não pode ser *não* ter a "coisa", mas apenas nunca utilizar a "coisa", embora não possamos fazer nada contra tê-la; nunca a utilizar, embora nunca vá haver um dia em que não *seja possível* utilizá-la.

Eis então sua tarefa: ensinar à humanidade que nenhuma ação física, nenhuma destruição de objetos físicos será uma garantia ilimitada; mas que devemos estar firmemente decididos a nunca dar o passo, embora ele sempre seja possível. Se nós — você, você e eu — não conseguirmos passar essa ideia à humanidade, então estamos perdidos.

....

Carta 5
A Günther Anders

Caro amigo, *(sem data)*

Desde o momento em que recebi sua carta com o "código moral da era atômica", seu conteúdo e sua verdade me ocuparam o tempo todo. Sua veracidade, sua seriedade e a maneira como você formula as coisas me encheram de esperança; confio em seus esforços de tornar nosso mundo mais seguro e mais pacífico. Ah, se fosse possível que você e eu e os milhares de pacifistas ganhássemos os integrantes de *um* grupo (o dos cientistas) e se conseguíssemos convencê-los a colocar em jogo (*to risk*) seu primeiro amor (a ciência), curvar-se à sua consciência e se aliar a nós, adiando seu trabalho nas armas nucleares pelo tempo necessário até que uma reunião internacional de juristas pudesse estabelecer um governo mundial, um governo sem organizações de interesses políticos[8] nem armas militares excessivamente poderosas. Apenas os cientistas têm condições de anular esse grupo, por meio de sua recusa a colaborar. Sem as forças da ciência, as forças políticas e militares vão encolher e morrer.

Falei com muitos grupos pacifistas na maioria dos estados americanos e enfatizei a importância do fim do armamento nuclear, dos testes nucleares e dos arsenais nucleares. Houve alguns programas de TV com religiosos importantes e eu. Não sou bem-vindo em nossas escolas e universidades.

No mês passado, o general Twining, chefe do estado-maior da Força Aérea, tentou me transferir para o Hospital Walter Reed, em Washington. Sua justificativa era de que eu receberia um tratamento melhor. Meu médico negou a transferência. Ele sabia, tão bem quanto eu, que o general Twining queria apenas impedir mais divulgação sobre mim e sobre meu problema. Pois eu e meu problema não somos uma boa propaganda para o Exército. Eles ficariam bem felizes se pudessem me calar (*to shut me up*). Graças a Deus meu médico confia em mim e me permite trabalhar e registrar por escrito minhas convicções aqui no hospital.

Gostaria de lhe fazer algumas perguntas. Podemos confiar nos cientistas nucleares? Quero dizer: eles continuariam atrasando seu trabalho a fim de nocautear as organizações de poder militares e políticas? Eles estariam dispostos a abrir mão de seu "primeiro amor", de todos os auxílios financeiros para suas pesquisas, de todos os auxílios dos laboratórios e do governo, para juntos exigir administradores e guardiões confiáveis de sua invenção (*brainchild*)? Se eles estivessem dispostos, então estaríamos seguros.

Aguardo avidamente por suas cartas e agradeço à sua esposa pela tradução.

Espero deixar o hospital em setembro. Poderia fazer isso na semana que vem, quando terá terminado o período de minha permanência (noventa dias), mas meu médico me pediu para ficar mais. Sempre obedeço a seus pedidos, estou há dez anos sob seus cuidados (*under him*).

8. Na carta original em inglês, apenas "*organizations*".

Torço para que você consiga tirar suas planejadas férias, vou considerar uma honra receber uma carta escrita durante esse tempo precioso. Posso lhe pedir um exemplar autografado de seu relato sobre o Japão?

Goodbye for now.

Seu amigo,
Claude R. Eatherly

Carta 6
A Claude Eatherly

Estimado Claude Eatherly, *22 de julho de 1959*

Sua carta viajou por dez dias antes de me encontrar aqui no alto, nos Alpes. Não, de maneira alguma eu arruinaria minhas férias com cartas para você. Ao contrário, a consciência de ter um amigo no estrangeiro que, com muita seriedade, tenta batalhar, do seu jeito, pelo mesmo objetivo que eu, que tento fazê-lo do meu jeito, é consoladora; e conversar com você não é um trabalho, pois sei que entre nós dois não há obstáculos que precisem ser superados.

Você me pergunta se os físicos teriam força moral para abrir mão de seu "primeiro amor". Difícil responder. Certamente alguns talvez o façam — o número de físicos que tiveram sua consciência despertada por Pauling é muito encorajador —, mas sempre teremos de estar preparados para outros que não terão capacidade ou vontade de realmente abrir os olhos para as dimensões dos efeitos de sua atividade. Claro que é absolutamente necessário alcançar o máximo de cientistas possível. Por exemplo, estou em contato com alguns membros do "grupo de Göttingen" — os dezoito físicos alemães que tiveram coragem de explicar à opinião pública as implicações dos armamentos nucleares, arriscando se tornar indesejáveis para Adenauer. Entretanto, não é suficiente limitar-se a influenciar esse tipo de profissional. Cientistas são também "gente" e, via de regra, moralmente não estão acima da média: gente que a opinião pública envolve, encoraja ou intimida. Por isso também é urgente, quiçá até mais urgente, transformar toda a atmosfera, a mentalidade de todos, a opinião pública na qual e com a qual os cientistas nucleares vivem. Essa nova atitude, que nós — tanto você quanto eu — tentamos criar deve se tornar tão ampla e geral que todos os físicos que prosseguirem trabalhando na exploração militar de projetos atômicos devem se sentir em meio a uma atmosfera hostil, num mundo onde são considerados inimigos, detratores e possíveis destruidores.

A frente ampla é uma das tarefas mais importantes. Você há de convir que a maioria das pessoas que deixa de fazer algo de que é fisicamente capaz de executar (por exemplo, matar o vizinho irritante) não tem esse comportamento educado, ou ao menos não criminoso, por paixão à felicidade de seus semelhantes ou pela inviolabilidade dos seres humanos, mas por medo de ferir um tabu amplamente aceito ou de ser banida da comunidade. Já que temos de contar com pessoas de verdade e não com personagens ideais, nossa tarefa é criar uma situação na qual mesmo a pessoa *sem* paixão moral e *sem* imaginação possa agir como se o fizesse por razões morais ou por amor à humanidade e a tudo que tem vida.

A frente ampla: isso tem a ver com *você*. Você está (tenho absoluta certeza de que não serei mal entendido como cínico) na feliz situação de emprestar amplitude à nossa frente, que, sem você, nunca teria essa dimensão. Não duvido que você seja um de nós: por seu intermédio, nosso "front" vai do "culpado" até a vítima; mais ainda, você revelou sua posição de maneira aberta e destemida. Por isso, tenho a sensação de que a sugestão com a qual encerrei minha primeira carta (a de que você envie uma mensagem às vítimas de Hiroshima) combina maravilhosamente com as suas esperanças e ações. Claro que eu, tão distante de você, não posso avaliar exatamente sua situação. Talvez existam dificuldades técnicas insuperáveis que o impeçam de proceder com minha sugestão; e sua observação sobre aqueles que tentam fechar sua boca e transformá-lo num preso mal-humorado tratado com luxo comprova minhas suspeitas. Estou contente de saber que você pode confiar num médico tão razoável e tão compreensivo — ele deve ser um verdadeiro amigo —, em um homem que tem energia e coragem suficientes para se opor a essas autoridades e para vigiar e garantir a sua liberdade. Por favor, transmita-lhe o quanto o respeito. Acredito que o que ele e eu tentamos fazer por você seja bastante parecido. Se há obstáculos que os poderosos põem no seu caminho, acredite: os poderosos não são todo-poderosos, sempre há desvios possíveis. E infelizmente vivemos numa época em que desvios são moralmente necessários. No nosso caso, isso significa que, se você for impedido de enviar pessoalmente o telegrama às vítimas (ao prefeito de Hiroshima) — o que teria, claro, o maior peso —, então a melhor alternativa seria que eu fizesse isso em seu nome. Você sabe que eu nunca agiria às escondidas. Por isso, peço-lhe permissão para tanto.

Acredito que o melhor e mais breve texto para um telegrama seria assim: "O *seu* 'Hiroshima nunca mais' é o *meu* 'Hiroshima nunca mais' — Claude Eatherly, um dos pilotos de Hiroshima". Caso você não possa enviar pessoalmente esse telegrama ao Japão, mas queira que eu o faça em seu nome, me mande um telegrama com um "ok".

Seu amigo,
Günther Anders

Carta 7
A Günther Anders

Prezado senhor Anders, *12 de agosto de 1959*

"Nossa" mensagem às pessoas de Hiroshima começou a dar frutos. Anexo duas cartas que lhe mostrarão mais ou menos como essas pessoas pensam. Peço que as devolva posteriormente.

Hoje meu médico me comunicou que acha que poderei receber alta no mês que vem. Cartas endereçadas a mim serão encaminhadas para a caixa postal 187, Van Alstyne, Texas. Daí terei muito o que fazer. A Bob Hope Productions me procurou propondo um contrato para um filme sobre minha vida. Assinarei, caso eles me garantam que minhas convicções serão transmitidas e que minha posição em relação aos problemas tão intimamente ligados aos problemas mundiais mais gerais — e que nos atingem tão profundamente — não será falseada. Preciso de sua ajuda para em breve rascunhar um programa ou um tema que sirva de base para que os produtores transmitam nossos objetivos e nossas crenças. Depois, por ocasião do lançamento do filme, eles pretendem me enviar em turnê mundial. Eu gostaria de poder levá-lo também. Tenho a impressão de que poderíamos agitar muitas coisas. E vou avisá-lo antes de assinar o contrato.

Esta é uma carta curta, mas espero que você me aconselhe nos assuntos relativos ao filme e ao livro.

Logo, espero, poderei ir à Europa. Talvez no ano que vem. Aguardo avidamente suas cartas.

Seu amigo,
Claude Eatherly

Carta 8
De Girls of Hiroshima
ao major Claude Eatherly

A/C Arden Yamanaka, 522 A oyama Kita Machi, Minatoku
Veterans Administration Hospital, Waco, Texas

Prezado senhor, *24 de julho de 1959*

Nós, as abaixo assinadas Girls of Hiroshima, cordialmente o saudamos.

Somos jovens que tiveram a sorte de escapar da morte, mas todas trazemos ferimentos em nossos rostos, membros e corpos causados pela bomba atômica lançada em Hiroshima na última guerra. Nossos rostos e membros têm cicatrizes e outras marcas de ferimentos, e é nosso desejo que a coisa hedionda chamada "guerra" nunca mais se repita, nem conosco nem com ninguém que viva neste mundo. Soubemos há pouco que o senhor, depois do acontecimento em Hiroshima, está sendo torturado por sentimentos de culpa e que, por esse motivo, foi transferido para um hospital para tratar de sua saúde psíquica e de seu estado de espírito.

Escrevemos esta carta para lhe transmitir nossa profunda compaixão e a certeza de que não nutrimos qualquer inimizade, em nenhum sentido, em relação à sua pessoa. Talvez o senhor tenha recebido ordens para fazer o que fez, ou talvez tenha pensado que assim encerraria a guerra e ajudaria as pessoas. Mas o senhor sabe que as guerras neste mundo não são encerradas com bombas. Fomos tratadas com muita bondade (*kindness*) por quakers nos Estados Unidos. Aprendemos a nos sentir companheiras deles e acreditamos que o senhor seja tão vítima da guerra quanto nós.

Desejamos que convalesça em breve e se decida a se juntar àqueles que se dedicam à boa causa de eliminar, em nome da fraternidade, o ato bárbaro que chamam de "guerra".

Cordiais saudações, sinceramente,

Hideko Sumimura	Mitsuko Kodama	Suzue Hiyama
Sayoko Komatsu	Chizuko Suzuki	Shigeko Hara
Chieko Komura	Atsuko Tada	Yukiko Okita
Tadako Emori	Misako Kannabe	Yoshie Kihara
Motoko Yamashita	Hiroko Tasaka	Sachiko Kawamata
Keiko Kawasaki	Shigeko Miimoto	Michiyo Zomen
Miyoko Matsubara	Michiko Yamaoka	Toyoko Yamanaka
Tazuko Shibatu	Arden T. T. Yamanaka	Yoshie Enokawa
Masako Wada	Yasuko Sima	Hisaomi Watanabe
Emiko Takemoto	Hatsue Inoue	Ruriko Funatsu

Carta 9
A Claude Eatherly

Caro Claude Eatherly, *18 de agosto de 1959*

Já estava preocupado com você, pois não recebi resposta à carta que lhe enviei da Suíça. Pareceu possível que você não tivesse recebido minhas linhas ou que a doença ou as pessoas que não concordam com nossa correspondência o tivessem impedido de responder. Bem, sabendo agora que minhas preocupações eram infundadas, que está tudo em ordem, que você logo será um homem livre com uma grande tarefa pela frente, agora respiro aliviado. Antes de falar sobre essa sua tarefa, gostaria de lhe dizer que você me deixou muito feliz com sua expressão "nossa" mensagem. Então, você a enviou *mesmo*. Pena que não tenha compartilhado comigo seus dizeres. Mas tanto faz — o fato de tê-la enviado é muito mais importante do que meu conhecimento sobre os detalhes.

Talvez você se lembre de uma frase da minha primeira carta, quando escrevi que não tinha conhecido ninguém no Japão que nutrisse ódio, nem mesmo a menor antipatia, em relação a você. Não consigo imaginar melhor confirmação, inequívoca e bela, do que essa carta das moças de Hiroshima. Não podemos nos alegrar pelo fato de que finalmente um front da paz foi criado, um front no qual *as vítimas reconhecem os "perpetradores" também como vítimas*? Agora todas as "vítimas" têm de agir — quero dizer que todos têm de fazer tudo o que estiver a seu alcance para evitar a situação na qual os seres humanos podem se tornar vítimas.

E agora em relação ao seu projeto, ou melhor, às possibilidades que estão à sua frente.

Acredite, Claude, sinto-me honrado pela confiança que você deposita em mim, principalmente ao dizer: "Preciso de sua ajuda para em breve rascunhar um programa ou um tema que sirva de base para que os produtores transmitam nossos objetivos e nossas crenças". Tenho uma experiência nesse sentido que provavelmente é semelhante à sua: para criar uma amizade e um sentimento de responsabilidade mútua, o conhecimento mais profundo um do outro se mostra supérfluo, e saber da integridade e da boa vontade do outro é suficiente.

E agora me permita ser mais concreto. Falando sinceramente, não me sinto muito confortável ao pensar na oferta que você recebeu da Bob Hope. Vivi durante anos na região de Hollywood e conheço os princípios, ou melhor, a total falta de princípios dos produtores cinematográficos. Depois que a pessoa (independentemente de ser autora, atriz ou seja lá o que for) é engolida por uma empresa cinematográfica (e, a princípio, ela é bem paga para ser engolida), passa a ser considerada propriedade do produtor, como uma coisa que pode ser tratada de qualquer maneira. Ainda que você tivesse experiência suficiente e fosse sagaz o bastante para formular as condições sob as quais estaria disposto a se tornar "propriedade da produção" (ou seja, se você conseguisse fazer com que sua vida, seus sentimentos, sua posição moral não fossem falseados e com que o produto final reproduzisse de maneira inequívoca as *suas* convicções), eles, os produtores, sempre acham um caminho não previsto anteriormente para preencher essas condições de maneira vaga ou até mesmo descumpri-las. Você, como indivíduo único, mal poderia sustentar uma batalha, pois seu contratante não seria *um* indivíduo, e sim um empreendimento comercial enorme, contra o qual um processo jurídico teria poucas chances de sucesso. E vamos supor que essas chances não fossem nulas — caso a falsificação tivesse ocorrido, então o estrago já estaria feito por meio da circulação do filme e continuaria feito mesmo se você fosse indenizado.

E esse não é nem o ponto principal. Você é alguém *real* numa situação histórica *real*, de hoje; e o que você deseja é ser levado a sério por pessoas *reais*, que tomam decisões *reais*. Não por fãs de cinema, que querem se divertir com histórias ficcionais. Não podemos subestimar o perigo de você, uma pessoa verdadeira, ser transformado em ator de sorriso fácil, ou seja, numa personagem inofensiva, que não faz parte do que é sério na realidade, mas do mundo da mera aparência. Você sabe tão bem quanto eu que há grupos poderosos que estariam interessados em tal transformação e que adorariam enterrá-lo em tal glamour. Sua transformação em herói no cinema poderia contradizer diretamente aquilo que você compreende como sua missão e tarefa. O perigo seria ainda maior se você se revelasse um ator fotogênico ou até muito talentoso. Se você assumisse o papel fatídico que desempenhou na sua vida apenas como um "*papel*", então estaria roubando a seriedade mortal de sua vida nessa época. Essas reflexões ensejam os seguintes alertas:

1. Sob nenhuma hipótese você deve aceitar interpretar seu próprio papel, tornar-se ator de sua própria vida.
2. Resista, por favor, a todas as tentações da indústria cinematográfica, até ter a absoluta certeza de que o produtor e o diretor estejam de acordo com nossa causa; e de que esses homens não estejam ávidos para se aproveitar de sua fama como "herói da era nuclear" e explorá-lo para seus objetivos duvidosos. Há algumas pessoas escorreitas, confiáveis e honestas na indústria cinematográfica; conheço algumas pessoalmente. Você ou nós deveríamos tentar chegar até elas.
3. O problema do "script": como disse, morei perto de Hollywood (não como integrante da indústria do cinema, mas conheci alguns deles). Há quatro décadas a produção de roteiros é um trabalho cotidiano muito especializado de empregados dos estúdios; mesmo escritores famosos, que foram convidados a Hollywood para escrever para o cinema, descobrem que seus rascunhos ou até seus manuscritos prontos lhes são arrancados das mãos, passam a alimentar as engrenagens da produção e acabam tão alterados que o produto final não guarda mais qualquer semelhança com o manuscrito original. Você deve ter isso em mente quando as pessoas do cinema o chamarem para escrever a história de sua vida: esses homens usarão seu texto simplesmente como pretexto para a produção, transformando-o naquilo que desejam; por outro lado, usarão seu roteiro como álibi, ou seja, vão propagandear seu produto como "*o* autêntico documento autobiográfico". Posso imaginar você na pré-estreia de *A Vida de Claude Eatherly, Contada por Ele Mesmo* e já vejo sua expressão incrédula porque aquilo que se passa na sua frente não guarda qualquer relação com sua vida ou com seu roteiro.
4. Mas se, apesar dos meus alertas, você tiver a sensação de que as chances ligadas a essa oportunidade são grandes demais para serem desperdiçadas, então aconselho-o a agir da seguinte maneira:

Como provavelmente você não está acostumado a escrever de modo profissional, seria necessário realizar esse trabalho com alguém que, por um lado, seja um escritor profissional e, por outro, tenha sua confiança. Sob nenhuma circunstância aceite trabalhar com um ghost writer que faça parte da equipe de produção, pelo menos não no primeiro estágio. Pois a primeira tarefa deve ser formular um texto que registre seu relato de vida e a formulação de suas angústias e esperanças, sem qualquer tipo de interferência daqueles que vão se aproveitar do seu material. Você precisará desse primeiro script para ter um parâmetro de avaliação do cenário definitivo e, no caso de falseamentos, comprovar de maneira inquestionável o que você disse e o que queria ter transmitido. Esse é o trabalho no qual você deveria se concentrar exclusivamente agora. Acredito que nunca é demais reforçar: publique primeiro o relato de sua vida na forma de livro antes de permitir que ele passe a alimentar as engrenagens da produção. É *você* que tem de apresentar a verdade primeiro.

Sua carta parece indicar que você gostaria de realizar esse trabalho em conjunto comigo. Não digo não, mas seria necessário pensar bem em como organizar a colaboração. Eu simplesmente não consigo ir aos Estados Unidos. Mas, como você está pensando em vir à Europa, talvez a Inglaterra possa ser uma opção. Isso me parece vantajoso por dois motivos:

1. Você estaria num país de língua inglesa, ou seja, não estaria perdido como, por exemplo, aqui na Áustria.
2. Para mim, os custos de viagem seriam incomparavelmente menores.

Trabalhando diariamente lá, poderíamos tentar produzir um texto, pelo menos uma primeira versão, que depois eu poderia lapidar a fim de lhe dar certa qualidade literária. Evidentemente isso ocorreria sob sua aprovação contínua: você estudaria minha versão e teria de criticá-la, acrescentando coisas necessárias, dando alguns trechos por concluídos ou descartando-os. Essa segunda parte do trabalho poderia ocorrer por carta, mas demoraria alguns meses, se não meio ano. Ao proceder assim, porém, teríamos certeza de que o resultado final não seria superficial e de que a seriedade do documento corresponderia à seriedade do assunto que está em jogo.

Caso você resolva considerar essa sugestão improvisada, seria bom vir à Europa antes do planejado. Independentemente do resultado dessas possibilidades de trabalho, eu ficaria contente de encontrar meu novo amigo não apenas por carta, mas ao vivo.

Por fotos, conheço sua aparência; envio aqui dois retratos que lhe dão uma imagem minha. O pequeno instantâneo foi tirado em Hong Kong e estou discutindo a situação mundial com um jovem chinês muito baixinho, mas claramente muito cético também.

Daqui a alguns dias, devolverei a carta das moças de Hiroshima.

Me informe, por favor, dos detalhes sobre sua mensagem a Hiroshima; e me conte do transcorrer das negociações para o filme, dos projetos para o livro e dos planos para depois que você tiver alta.

Com os melhores cumprimentos, seu amigo,
Günther Anders

Carta 10
A Günther Anders

Meu caro amigo, *22 de agosto de 1959*

Talvez lhe pareça estranho que eu precise procurar bem longe para encontrar alguém em quem confie e que possa me orientar (*trust and guidance*), mas espero que você entenda minha posição: há muitas pessoas e muitos grupos que querem me usar para esse ou aquele fim. E talvez lhe pareça maluco, mas tenho a sensação de que muitas pessoas e muitos grupos só entram em contato comigo por causa do meu nome — e posso confiar em todos?[9] No seu caso, tenho a impressão de que você não tem qualquer intenção oculta além de

9. Na versão em inglês, o trecho está mais condensado: "*I feel that I cannot trust so many people and groups only for my name*".

me ajudar a atingir o objetivo para o qual nascemos: alcançar o amor humano e a compreensão entre as pessoas. Se dependo do seu conselho, é porque sinto que posso confiar em você e porque também conheço o amor que você oferece a todos. Tenho essa confiança a partir da foto que você escolheu me mandar.

Gostaria de lhe dizer que nunca farei nada para me tornar um astro do cinema.[10] Meu único desejo é dar minha contribuição à paz, trabalhar para o fim do armamento nuclear e assegurar os direitos de todos os seres humanos, independentemente de sua raça, cor de pele ou religião.

Günther, não consigo me lembrar de todas as cartas que enviei ao Japão, mas... eu lhes contei que fui o oficial que deu o sinal de "*go ahead*" para a destruição de Hiroshima, que fui incapaz de me esquecer desse ato e que essa culpa muito me tortura. Eu lhes pedi perdão. Prossegui dizendo que os seres humanos não devem lutar uns contra os outros. "Por que deveríamos lutar? A guerra é selvagem e desumana. A guerra não devia ser nossa atribuição, já que somos o ápice da criação (*head of all creatures*). Acho que aqueles que dormem sob as cinzas de Hiroshima gritam, aos soluços, por paz. Espero que as pessoas, de mãos dadas, possam reconstruir um mundo melhor."

E eu lhes passei a "nossa" mensagem. Algo que eu nunca teria conseguido colocar em palavras. Resumindo, "nós" devemos ter impressionado (*It must have made an impression for us*).

Acho que não lhe contei que muitos escritores vieram me ver e que rejeitei todos. Isso evidentemente não os impediu de escrever a meu respeito, e muita coisa não é verídica. Antes de deixar o hospital, recusei-me a conversar com os advogados da Bob Hope Productions. Além disso, eu sabia que não tinha como assinar um contrato. Por fim, percebi que preciso de orientação e de tempo para decidir em quais termos irei negociar daqui em diante com a indústria cinematográfica. Por favor, acredite, Günther, não estou à procura de fama, mas, se tenho fama, gostaria de empregá-la para uma boa causa, para "nossa causa".

10. Ver carta 34.

Al Hirshberg, autor de bons livros por aqui, quer escrever minha história. Não assinei o contrato porque não conversei com ele. Ele entabulou o negócio dos livros com meu irmão, que cuida das minhas coisas. *Isso* eu lhe prometo: não me tornarei ator. Se você conhecer alguém na indústria cinematográfica que seja digno de confiança, tem minha permissão para agir em meu nome ou como meu agente. Daí produziremos, juntos, o livro que eles aceitarão. Disseram-me que Bob Hope é muito confiável. Se quiser, escreva para ele, sei que ele está interessado.

Não sei quanto dinheiro vou receber do meu irmão. Como disse, ele administra tudo o que tenho e o que recebo. Devo dizer que ele me respeita muito e também os meus desejos. Como sempre, ele está muito preocupado com a minha saúde. Ainda não sei dizer se e quando vou poder ir à Inglaterra, exceto se você e eu decidirmos que vamos escrever o livro juntos. Por favor, não ache que estou pedindo que o escreva por causa da nossa amizade. Tenho simplesmente a sensação de que você sabe mais e melhor sobre mim e minhas convicções do que todo o resto e de que você confia em mim. Além disso, certamente vou continuar considerando Al Hirshberg, já que ele entrou em contato com meu irmão.

Meu médico está de férias até 1º de setembro. Em seguida, vou pedir que ele me dê alta. Depois da alta, irei ao meu rancho e tentarei contatar meus amigos. Ainda serei aceito como amigo? Ficarei frente a frente com o mundo e as pessoas que conheço; se e como eles me aceitarão é problema deles.

Obrigado pelas fotos. Vou emoldurá-las assim que sair do hospital. Pena que a única imagem que você conhece de mim é de um tempo em que eu não estava assim tão saudável...

E, por fim, repito: não me tornarei um mero ator. Não trairei nem sua confiança nem as coisas em que acredito.

Com os melhores votos, sempre seu amigo,
Claude Eatherly

Carta 11
A Claude Eatherly

Caro Claude, *30 de agosto de 1959*

Não, eu não acho estranho que estejamos tão próximos apesar da grande distância que parece nos separar. Se os exércitos conseguem se atingir, a despeito dos milhares de milhas que se interpõem entre eles, então os amigos têm de mostrar que, como os inimigos, pouco dependem da distância física. Prossigamos, então, a fim de estreitar nossa amizade à distância, para comprovar àqueles que desejam apenas destruí-la que somos tão capazes de acabar com a distância quanto eles.

Sua carta me tranquilizou.[11] Agora sei que você não está ameaçado pela proposta do filme, que teria seduzido qualquer outra pessoa; e que o espaço ao qual você está condenado não vai estragá-lo; que você vai unicamente se aproveitar dele para dar maior peso à mensagem que quer divulgar. E admiro essa postura.

Agora aos seus pontos. Concordamos que é necessário primeiro escrever uma biografia sua e publicá-la. Apenas depois de encerrado esse trabalho, a ideia do filme poderia ser considerada. Gostaria inclusive de ir mais além: esse script não deveria ser a precondição inegociável para um filme, mas um parágrafo de seu contrato deveria estipular que seu texto e nada além de seu texto pode se tornar conteúdo do filme; e que você tem o direito de recusar cenas (ou até o filme como um todo) caso fique comprovado que elas são distorções ou que poderiam servir para alimentar objetivos que não são os seus.

Não conheço Al Hirshberg. De todo modo, tente conhecê-lo pessoalmente, mas sem se comprometer. Vou tentar conseguir seus últi-

11. Foi relativamente casual que a passagem a um tom mais informal tenha acontecido justamente nesse momento; no inglês, isso não fica marcado. Mas o tom das cartas a partir daqui (na verdade, já em algumas cartas anteriores) contradiz enfaticamente uma relação mais formal. [Ao traduzir as cartas do inglês para o alemão, Anders havia usado — como de praxe — o tratamento formal "*Sie*" para Eatherly, até a mudança, neste ponto, para o pronome menos formal "*du*". Para garantir a fluência em português, a tradução optou desde o início pelo uso de "você", mantendo "senhor" apenas nas fórmulas de início das cartas e eventuais vocativos — N.T.]

mos livros, a fim de descobrir se o nível moral e artístico de seus escritos o capacita e o justifica como autor de um filme do qual você depende tanto. Claro que para você seria um grande alívio poder escrever o texto nos Estados Unidos.

Se eu tiver a impressão de que Hirshberg não é adequado para esse trabalho, vou avisá-lo e sugerir que você procure outro colaborador ou que consideremos o caminho mais difícil: nosso trabalho conjunto na Inglaterra.

Nesse meio-tempo, fiz umas consultas preliminares. Escrevi ao meu editor alemão (que acabou de publicar meu livro sobre Hiroshima) dizendo que havia uma possibilidade de nós dois escrevermos a história de sua vida; para essa finalidade, teríamos de passar alguns meses na Inglaterra; e nesse caso nossa estadia lá precisaria ser garantida pelas editoras (dos Estados Unidos, Inglaterra, Alemanha, Japão etc.) que estivessem interessadas na publicação desse livro. Claro que reforcei que se trata de uma possibilidade e escolhi minhas palavras com cuidado, para tornar a consulta o mais descompromissada possível. Pedi apenas que ele pensasse a respeito e, como tudo são conjecturas, tratasse minha carta com a maior discrição. Esse foi meu primeiro passo.

Meu segundo passo: falei com a secretária de um diretor de cinema que faz parte das pessoas mais confiáveis da indústria cinematográfica, tanto moral quanto artisticamente falando; mencionei nossa correspondência, o plano de um script biográfico para o cinema e a oferta que você recebeu. Se entendi direito, o diretor está no momento em algum lugar da Ásia; como não sei seu endereço, não posso falar diretamente com ele. Entretanto, um grande amigo me informou que esse homem há tempos carrega a ideia de rodar um filme que tenha relação com o contexto nuclear e que hesitou até o momento porque considerava indigna e imprestável uma narrativa convencional do problema nuclear. Essa também é minha impressão. Sei que esse homem conhece meu livro sobre o Japão e tem algum respeito por mim. Se conseguir convencê-lo a participar de nosso projeto e se ele estiver em condições de levantar o dinheiro necessário, podemos ter certeza de que o resultado seria o filme sobre a situação nuclear. Tenhamos paciência. E não assinemos nenhum contrato antes de falar com esse homem e saber sua reação.

Aliás, acho possível que, se tentássemos, conseguiríamos auxílio financeiro para o filme no Japão. Você é famoso por lá, e eu não sou totalmente desconhecido.

Eu não escrevi para Bob Hope. Mas perguntei sobre ele [a conhecidos] nos Estados Unidos. Deve demorar até que eu receba uma resposta, é claro.

Aliás, há uma frase na sua última carta que não entendo. Eu teria sua permissão, você escreve, de atuar como seu agente. Do jeito que está posto, não posso concordar. (1) Porque não tenho os conhecimentos comerciais nem jurídicos indispensáveis a um verdadeiro agente, sem falar da rotina ou da falta de escrúpulos ou das ligações necessárias para esse trabalho. E (2) porque mesmo um agente profissional, vivendo em outro canto do mundo, não estaria em condições de representar seu cliente. Então, vamos permanecer em contato sem pensar na relação agente e cliente.

E agora, sobre sua vida. Você sabe que meus pensamentos e meus desejos estão contigo, porque uma nova fase de sua vida vai começar *depois* de sua alta. Temo que o recomeço não vá ser fácil. Primeiro, há possibilidade de você ser rejeitado por algumas ou até muitas pessoas que, para você, representam sua juventude e sua pátria; essas pessoas podem não ter evoluído desde a época da sua juventude, e, portanto, são incapazes de ter empatia com as suas experiências e as consequências advindas delas. Por outro lado, é muito provável que bandos de criaturas, feito mosquitos, apareçam e tentem sugá-lo, aproveitando-se da sua fama e tentando ganhá-lo para objetivos mais ou menos sérios ou para ideias tolas e mal pensadas. Não será sempre muito fácil separar o joio do trigo e organizar a vida de modo a evitar que essa gente sugue excessivamente sua energia. No seu lugar, eu tentaria desde o início — independentemente de como o futuro se delineie — me isolar totalmente durante duas horas por dia, a fim de começar a redigir sua história de vida. Sem esse trabalho preparatório, nem Hirshberg nem eu seremos capazes de assumir o trabalho conjunto.

Quando você se sentar à escrivaninha pela primeira vez para começar a escrever, talvez se sinta como todo escritor: talvez fique desesperado por não saber como começar. Trata-se de algo absolutamente normal, acredite, e é possível superar isso sem maiores problemas. Você precisa saber que não é de modo algum necessário começar com o início da sua vida. Em vez disso, comece tranquilamente com a cena da qual se lembrar no momento ou sobre a qual tiver a impressão de que realmente tem algo a dizer. Depois de ter colocado o primeiro parágrafo no papel, ele será seu ajudante, pois pedirá pela descrição de uma cena prévia ou conduzirá de maneira muito direta ao próximo parágrafo. Em nenhuma biblioteca do mundo existe um livro sequer que tenha sido escrito na sequência do texto lá impresso. Por outro lado — não quero negar —, a atividade da escrita vem acompanhada de uma dose de tortura. Visto que o escritor é seu próprio chefe, visto que nunca recebe ordens, ele nunca desfruta da confortável dependência dos trabalhadores, empregados ou soldados, que simplesmente cumprem ordens e nunca são confrontados com a tarefa de organizar por conta própria o tempo vago que dia após dia se lhes apresenta.

Por mais complicado que possa parecer, finalmente você tem uma atividade positiva pela frente. E essa atividade positiva impedirá que você recaia naqueles atos de desespero que quase arruinaram sua vida certa vez. E, quando estiver trabalhando, você saberá que não está sentado sozinho à mesa, mas que no mundo inteiro há pessoas trabalhando pelo mesmo objetivo.

Desejo-lhe um ótimo recomeço!
Günther

P.S.: Como não sei se você já recebeu alta ou não, envio esta carta aos dois endereços.

Carta 12
A Günther Anders[12]

(sem data)

Recebi sua carta de 8 de agosto e gostaria de agradecer pelas boas palavras que você me escreveu por eu não estar ávido pela fama cinematográfica. Se uma negociação para um filme realmente acontecer, deve se dar como você descreveu. Temos apenas uma vida, e se as experiências da minha vida puderem ser utilizadas para o bem da humanidade, então essa será a maneira como minha vida será utilizada: não para dinheiro ou fama, mas porque devo prestar contas a todos. Se agir assim, minha vida será uma reparação e me sentirei livre da minha culpa. O dinheiro que receberia caso estivesse ligado a outros objetivos me lembraria apenas as trinta moedas de prata que Judas Iscariotes recebeu por sua traição. (Por outro lado, sempre tive a sensação de que o verdadeiro culpado pelo assassinato judicial [*judicial murder*] de Cristo foi o sacerdote Caifás, o representante dos crentes, dos respeitáveis, dos bons no sentido convencional, também de nossa era.) Embora essas pessoas não possam ser repreendidas como Judas, elas também são culpadas, num sentido mais sutil e profundo do que ele. É isso o que torna difícil, para a sociedade, reconhecer minha culpa, que já aceitei há tempos. A verdade é que a sociedade simplesmente *não pode* reconhecer a minha culpa sem ao mesmo tempo reconhecer a própria culpa, muito mais profunda. Mas, naturalmente, é muito desejável que a sociedade a reconheça — por isso, tanto a *minha* quanto a *nossa* história têm importância fundamental. Agora aceito como fato: é improvável que eu alcance esse reconhecimento ao me enroscar com as leis (*getting into scrapes with the law*), como fiz ao decidir estraçalhar a "imagem de herói" que a sociedade tinha de mim, para conseguir continuar vivendo de maneira indolente (*to perpetuate its own complacency*).

[...] Não tive a intenção de usá-lo como meu agente; queria apenas que você soubesse que tem minha confiança nos assuntos

12. Nas cartas que se seguirão, as datas parecem ter se confundido.

que envolvem nossa empreitada em comum e que pode agir de maneira correspondente.

[...] Meu médico me disse que eu poderia deixar o hospital nos próximos dias. Me disse também que está disposto a nos explicar os pormenores clínicos da história, caso decidamos escrevê-la. Não vou assinar nenhum contrato antes de termos analisado seus possíveis contatos.

Espero que você esteja bem, em todos os sentidos.

Claude Eatherly

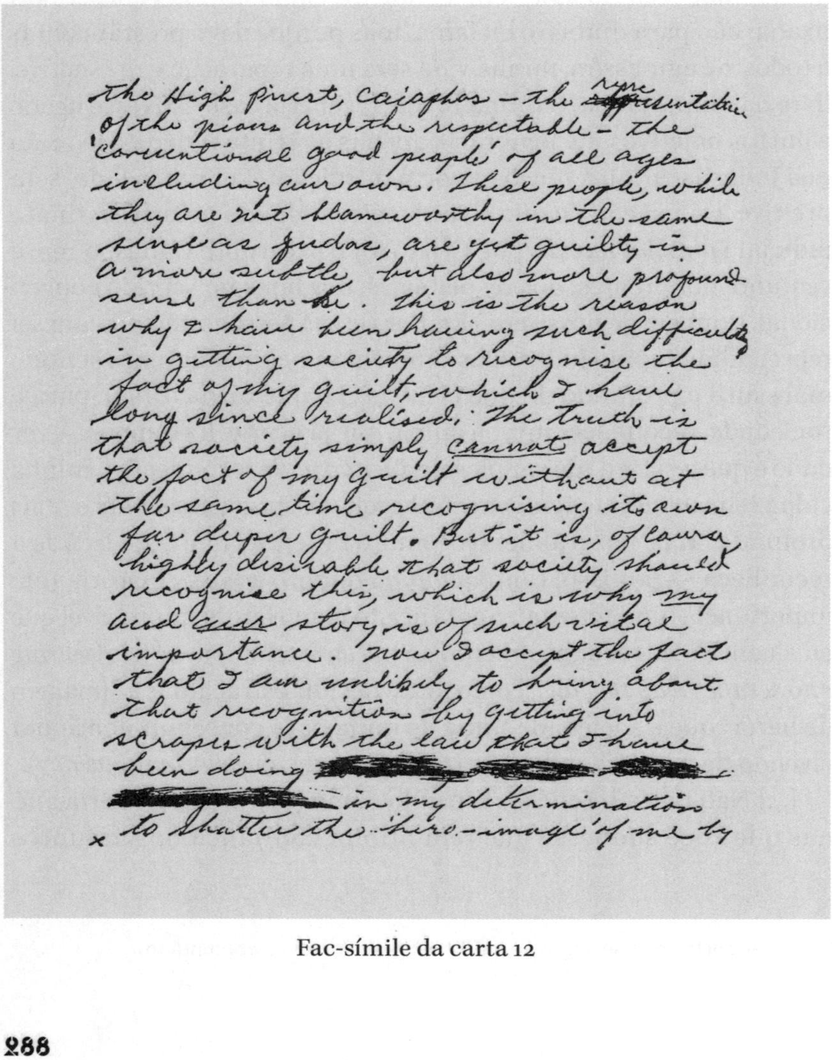

the High priest, Caiaphas – the representative of the pious and the respectable – the 'conventional good people' of all ages including our own. These people, while they are not blameworthy in the same sense as Judas, are yet guilty in a more subtle, but also more profound sense than he. This is the reason why I have been having such difficulty in getting society to recognise the fact of my guilt, which I have long since realised. The truth is that society simply cannot accept the fact of my guilt without at the same time recognising its own far deeper guilt. But it is, of course, highly desirable that society should recognise this, which is why my and our story is of such vital importance. Now I accept the fact that I am unlikely to bring about that recognition by getting into scrapes with the law that I have been doing [illegible] in my determination to shatter the 'hero-image' of me by

Fac-símile da carta 12

Carta 13
A Claude Eatherly

Caro Claude, *8 de setembro de 1959*

Muito obrigado por sua última carta. Agora estou tão convencido de que você não vai se corromper que nada mais pode abalar essa minha crença.

Esta não é uma carta de verdade; tenho estado muito ocupado no momento para escrever uma carta de verdade. Estas linhas devem apenas acompanhar a carta japonesa que você queria de volta. Ainda não recebi resposta às cartas que enviei para as editoras e para o pessoal do cinema. Precisaremos ter um pouco de paciência.

Você sabe que meus pensamentos e desejos estão totalmente contigo. Esse novo período de liberdade será uma vida totalmente nova. Você tem uma tarefa — e que tarefa!

Por favor, agora tente começar a escrever partes de sua vida. E não perca a coragem se não tiver sucesso na primeira tentativa. Só se aprende a nadar nadando, e a escrever, escrevendo.

Günther

Carta 14
A Günther Anders

11 de agosto de 1959

Escrevo para informar que você deve continuar enviando as cartas aqui para o hospital. Meu pedido de alta ou alta provisória foi negado.[13] Meu médico tentou conseguir uma alta (*leave*) para mim, mas ela foi recusada em Washington — e a partir disso você pode ver quão rígido será o controle sobre mim. Asseguro-lhe que eles nunca conse-

13. Em inglês, "*trial visit*". Provavelmente ele se refere à alta "teste" para visitar a família.

guirão me fazer desistir de escrever aquilo em que acredito, mesmo se me mantiverem internado feito um prisioneiro. Meu médico me disse que tentaremos novamente em um ou dois meses. Ele disse que a opinião pública está interessada no meu caso e a publicidade gerada por ele está grande demais para que eu seja solto agora. Entretanto, posso entrar com um pedido de alta *contra* a indicação médica, mas isso colocaria meu médico sob pressão (dos mandas-chuvas), e eu nunca faria algo que pudesse prejudicá-lo. Ainda recebo muitas cartas do Japão. As pessoas me mandam também muitos jornais, de modo que quase acredito que todo jornal no Japão tenha publicado minha história. Estou convencido de que sou mantido aqui em Waco por causa dessas histórias. Meu médico também diz que esse é um dos motivos.

Na medida do possível, tento responder a todas as cartas que me são enviadas. Acredito que esse caminho da correspondência pessoal seja o melhor meio pelo qual as pessoas em todos os países do mundo possam se comunicar. Ser humano é ser humano (*all mankind is alike*). Não acredito que existam linhas demarcatórias entre os povos; o único caminho que pode conduzir à paz é o da fraternidade e da compreensão, não o da guerra. Muitas dessas cartas são de jovens japoneses que me contam que tentaram de tudo para interromper a proliferação (*promotion*) das terríveis armas, que meus escritos são uma garantia de ajuda e que se sentem encorajados por eles. Isso me deixa muito feliz.

Me avise se você tiver alguma ideia do que eu posso fazer para promover nossa causa enquanto estiver no hospital.

Agora tenho a intenção de escrever alguma coisa sobre minha vida; notas que serão úteis para o livro. Guardo as cartas que recebo dos outros; acredito que talvez possam ser usadas mais tarde.

Não acho que eu esteja desanimado por não poder deixar o hospital ainda. Estou decepcionado, confesso, mas quero tentar fazer tudo o que for possível para que minha internação (*confinement*) valha a pena.

Espero que você e sua família estejam bem.

Seu amigo,
Claude Eatherly

Carta 15
A Claude Eatherly

Caro Claude, *20 de setembro de 1959*

Ah, se eu tivesse como vê-lo hoje. Estou mal, tamanha a minha decepção; indignado e enojado quando penso nos *motivos* pelos quais sua internação prossegue. Mas, se eu fosse vê-lo, iria não apenas por causa disso. Seria também, Claude, para lhe dizer como respeito sua postura estoica e a maneira leve como você descreve esse novo revés, ou melhor, apenas o aventa. Eu sei que a última coisa que você quer é o papel pomposo de mártir. Mas o verdadeiro mártir nunca deseja ser mártir; ele não pode evitar. Os mártires sempre foram *feitos* e ainda o são: feitos por aqueles que, a partir da cegueira e da falta de criatividade, tentam sufocar a voz da verdade. Acredite, Claude, sinto-me pequeno à sua frente quando penso em como você recebe o destino de ser *feito* mártir. Você demonstra que está à altura desse papel que não deseja. E isso acontece simplesmente pelo fato de você me pedir, sem se queixar, que eu continue escrevendo para seu antigo endereço, embora o fato de ele continuar válido signifique a derrocada de grandes esperanças. Há alguns anos montei uma estatística sobre a causa da morte de filósofos e figuras da vida religiosa. Talvez lhe interesse saber um pouco sobre o destino dessas pessoas; talvez possa até consolá-lo um pouco. Descobri que mais de 70% delas, da Antiguidade até o século XVIII, tinham passado anos em prisões, no exílio ou em fuga, ou tiveram uma morte violenta. O preço que nossos camaradas que viveram no passado tiveram de pagar por aquilo que consideravam ser verdade não foi menor que o atual; e se hoje assumimos o risco e defendemos aquilo em que acreditamos, então estamos em notável companhia, ao lado de Sócrates e de personagens ainda maiores.[14]

14. Digo "nós" porque também fiz parte dos perseguidos, daqueles que os desdenhadores da humanidade e da verdade perseguiram, pois o pessoal de Hitler achava que eu era lixo, tanto por ser judeu quanto, principalmente, porque alertei sobre a ditadura nos anos que a precederam de maneira semelhante à qual alerto agora sobre o perigo nuclear e sobre aqueles que preparam esse perigo, aceitam-no ou o minimizam.

E agora, Claude, quanto à sua pergunta sobre o que você pode fazer por nossa causa durante sua internação.

Se você fosse um médico que estivesse combatendo um câncer, teria duas tarefas distintas. Primeiro, teria de acudir quem está na cama, pois adiar essa visita seria irresponsável; vamos fazer de conta que, além disso, você tivesse também novas ideias teóricas sobre as causas ou sobre o tratamento do câncer. Então você teria a obrigação de anotar suas ideias de tal maneira que fossem significativas também para amanhã e depois de amanhã — nessa circunstância, se você fosse chamado a ver o doente, isso poderia impedi-lo de fazer sua tarefa mais importante. Bem, isso pode ser aplicado a você. Há dois tipos bem diferentes de trabalho que você pode fazer, e idealmente seria possível juntá-los. No momento não há como fazer visitas a hospitais. Mas não há impedimentos para a realização das outras tarefas.

Certamente concordamos que sua história *tem* de ser escrita. Eis sua tarefa de hoje; uma tarefa que, embora seja de hoje, não é para hoje, mas para o amanhã. Estou contente que você já tenha começado a anotar algumas coisas sobre sua vida. Por favor, prossiga.

Caso venha a sentir dificuldades durante o trabalho, ler grandes documentos autobiográficos do passado vai ajudá-lo a aprender como outros conseguiram redescobrir a própria vida, reconstruí-la e transmiti-la. Remontar a vida a partir de lembranças é um trabalho difícil. E, como estamos acostumados a viver olhando para o presente e não para o passado, a atitude necessária não é assimilada de um dia para o outro. Comece lendo as *Confissões*, de Santo Agostinho.

Você sabe que, se me mandar alguma produção escrita, transmitirei com prazer minhas impressões a respeito e talvez possa também dar conselhos concretos sobre como eventualmente prosseguir nesses trechos. Mas talvez você consiga (e torço por isso) tomar embalo sem qualquer ajuda e sem qualquer ghost writer. Em suas cartas há trechos que comprovam que você, embora não esteja acostumado a escrever e não tenha o devido treinamento, consegue registrar de maneira convincente, em palavras, sua crença e suas esperanças. Esse seu jeito de escrever não deve ser falseado; sua linguagem não deve ser tornada sem graça pela rotina nem deve ser rebuscada por maneirismos estilísticos. Claro que esse conselho não quer dizer que eu esteja desistindo de minha disposição de trabalhar em conjunto com você. Mas primeiro você deveria tentar sozinho, pois afinal trata-se da *sua* vida, da *sua* dor, da *sua* esperança, da *sua* coragem — eis o conteúdo do seu livro. Eu teria lhe dito exatamente isso caso tivesse tido a oportunidade de visitá-lo.

Infelizmente ainda não tive resposta das pessoas da indústria cinematográfica que tentei contatar. Você sabe que eu o informaria imediatamente.

Aliás, li uma resenha sobre um filme de Bob Hope que parece ser bobagem pura. Temo que não devamos levar esse homem em consideração. Ainda não recebi os livros de Hirshberg, mas, pelo que soube, ele escreveu exclusivamente sobre o *show business*. Meu livro sobre Hiroshima foi publicado. Escrito em alemão, claro. Sei que você não consegue ler, mas aceite-o como um símbolo.

E conte com minha amizade, não se desespere e nunca se esqueça: você tem mais amigos no mundo do que imagina.

Seu amigo,
Günther

Carta 16
A Günther Anders

Caro Günther, *12 de outubro de 1959*

Desculpe responder apenas hoje à sua última carta, e quero começar agradecendo pelo livro de Platão.

Fiquei novamente confinado (*locked up*)[15] por duas semanas depois de ter me queixado, de maneira um tanto enérgica demais, sobre a condução do hospital e sobre o fato de ter de permanecer internado. Quando estou confinado não é tão fácil despachar cartas. Então, não se preocupe se minhas respostas às vezes demorarem. Por fim, recebi as *Confissões* de Santo Agostinho por intermédio de

15. Trata-se de seu remanejamento à ala 10, reservada aos pacientes violentos.

um religioso que aparece por aqui de vez em quando. Os dois livros me deram muita alegria. Eu já tinha lido muita coisa sobre Sócrates. Agora já penso no tempo posterior à estadia no hospital, no qual tentarei escrever tanto quanto você me pede. O cronograma do hospital ocupa praticamente todo o meu tempo. Escrevi algumas linhas sobre minhas lembranças mais antigas e, assim que tiver tempo aqui, vou prosseguir escrevendo.

Ainda recebo sempre montanhas de cartas do Japão. A maioria dos remetentes me encoraja a ir até lá e conduzir os jovens japoneses em sua luta contra as armas nucleares. Além disso, recebi uma carta de um religioso austríaco no Quênia, África, na qual ele me conta que leu um artigo seu, talvez tenha sido seu livro sobre o Japão.

Ainda espero pelo seu livro, talvez encontre alguém que consiga traduzi-lo para mim. Estou muito atrasado com minhas respostas a todos que me escrevem. Sempre tento responder àqueles que estão interessados nos problemas cotidianos, encorajando-os a entrar em contato por carta com as pessoas que tentam evitar o início de guerras nucleares. Seria bom se você conseguisse publicar seu livro em inglês e em japonês.

A Força Aérea mandou novamente uma carta ao hospital. Perguntam pelo meu estado, se podem fazer algo por mim. Isso me preocupa um pouco, temo que poderiam tentar me transferir ao hospital *deles* assim que eu sair deste aqui. Esse talvez seja o motivo pelo qual meu médico não quer me dar alta agora. Ele pretende arranjar umas "férias experimentais" para mim, de modo que eu permaneça sob seu controle quando sair do hospital.

Muitas vezes imagino se você não precisaria de algo aqui dos Estados Unidos que não se encontra na Europa. Se sim, me avise e eu envio para você depois da minha alta. Certamente estarei fora antes do Natal.

Espero que esteja tudo bem com você.

Seu amigo,
Claude E.

Carta 17
A Claude Eatherly

Caro Claude, *18 de outubro de 1959*

Sua carta foi muito dolorida para mim. Entendo perfeitamente que uma pessoa que está ansiosa para viver uma vida independente perca às vezes a paciência e chegue a ficar fora de si. Sua explosão comprova, inclusive, que sua vitalidade não foi esmagada e que suas esperanças e ideais, apesar da monotonia terrível de seu cotidiano, não morreram. Explosões não são sinais de anormalidade, somente os anormais não se comportam de maneira anormal em situações anormais.

Palavras não são suficientes, porém. Desejaria fazer mais por você e quebro minha cabeça sobre o que e como. Você não acha que seria aconselhável que aqueles seus amigos nos quais você confia entrassem em contato uns com os outros para discutir alternativas? Sei que tem confiança plena no seu médico e que também confia em mim. Talvez fosse uma boa ideia contar algo a meu respeito para o seu médico (caso ainda não tenha feito isso) e pedir que ele me escreva, de modo que nós, como aliados, possamos discutir os possíveis passos. Claro que a decisão de fazer isso está em suas mãos, Claude, pois não gosto de fazer nada às escondidas de ninguém, e no seu caso o sigilo seria especialmente doloroso. Depois de tantos anos sem poder decidir livremente a respeito de sua vida, nada lhe é mais importante do que reconquistar seu direito a escolhas próprias. Por isso, reflita, por favor: se quer contar algo a seu médico sobre nossa correspondência e em que medida; se considera aconselhável que ele e eu nos coloquemos em contato. Eu, de minha parte, tenho a impressão de que ele deseja sua liberdade da mesma maneira que eu. Claro que sei que, como médico, ele tem de honrar a discrição que acompanha sua profissão ao falar de um paciente. Mas há problemas suficientes fora desse âmbito de discussão, por exemplo, aqueles que se referem ao seu possível trabalho depois da alta.

Aliás, um ponto na sua última carta tem certa relação com isso. Você escreve que é pressionado o tempo todo pelos japoneses para ir ao Japão e "conduzir" o movimento antinuclear. Isso é simplesmente uma bobagem. Já vai ser bastante difícil reconstruir sua vida fora de uma instituição. Isso só pode dar certo num mundo que fale a mesma língua que você. E, apesar da língua em comum, você muitas vezes terá a impressão de não ser compreendido pelas pessoas ao seu redor. Estou completamente seguro de que você seria recepcionado no Japão de maneira calorosa, até entusiasmada. Mas não conseguiria dar um passo sozinho e estaria obrigado a confiar em outras pessoas para qualquer necessidade cotidiana, mesmo a mais insignificante. Em outras palavras: a situação o deixaria ainda mais dependente do que está agora, num estado quase infantil. Além disso, é evidente que ninguém pode conduzir um movimento num país cuja civilização lhe seja desconhecida. Mesmo se você e os japoneses que o convidaram tiverem as intenções mais puras — e sei que é o caso —, você não passaria de uma peça de xadrez e um objeto de exposição. Não, Claude: primeiro é preciso caminhar com os próprios pés, fincados no solo do próprio país.

Sua última carta continha um trecho mais ou menos ambíguo: por um lado, você falou que espera estar fora no Natal, por outro, parecia temer a possibilidade de uma transferência para outro hospital. Muito provavelmente você ainda não sabe o que vai acontecer e tem esperança, apesar de seu temor; e teme, apesar de sua esperança; e as duas coisas ao mesmo tempo. Por favor, me escreva da maneira mais clara possível como vê e analisa sua situação atual, de modo que eu tenha uma base para minhas reflexões e para ponderar sobre uma possível ajuda.

Fiquei orgulhoso quando li que você começou a escrever alguns detalhes biográficos. Espero que consiga prosseguir. Ou será que você é obrigado a fazer outros trabalhos? Se sim, gostaria de saber que tipo de trabalho. Parece-me que essa escrita é sua tarefa mais premente. E a considero premente não só porque você deveria ter à mão o relato de sua vida para casos como aqueles a respeito dos quais conversamos anteriormente, mas também porque estou convencido de que a autoapresentação é uma espécie de autocura. O livro de Santo Agostinho certamente vai exemplificar o que quero dizer.

Há pouco recebi uma carta do Japão que me solicitava enviar detalhes sobre você e sua vida para um escritor japonês que está escrevendo um romance sobre Hiroshima. Recusei. A única pessoa que deve decidir o que será publicado sobre Eatherly é o próprio

Eatherly. Um trecho da carta: "Sr. K., um conhecido autor japonês, que, diferentemente da maioria dos escritores locais, tem um olhar amplo para a situação internacional, está em vias de escrever um romance sobre Hiroshima. Ele gostaria de conhecer todos os detalhes sobre o sr. Eatherly; sua correspondência com ele, publicada em *Asahi* e *Yomiuri*,[16] foi muito bem recebida. Por favor, escreva ao sr. K. tudo o que o senhor sabe sobre o sr. E. e avise ao sr. E. que o sr. K. vai escrever sobre suas experiências". Se quiser, reúna alguns detalhes pessoais nesse sentido e me mande. Eu os encaminharei a ele.

Fiquei muito comovido com a pergunta que você me fez, querendo saber se preciso de alguma coisa. Sim, preciso de uma coisa, até com urgência: dias com 48 horas e que me deixariam apto a realizar tudo que considero necessário. Eu ficaria muito grato se conseguisse me enviar, bem embaladas, mil horas, a serem pagas no recebimento. Outras coisas, ou as tenho ou não preciso delas. Não perca a coragem.

Seu amigo,
Günther

Carta 18
De Günther Anders ao irmão de Claude Eatherly

Grayston, Texas

Caríssimo sr. Eatherly, *16 de novembro de 1959*

Não sei se o senhor já ouviu falar de mim. Talvez Claude tenha mencionado que há meses mantemos uma correspondência contínua. Em junho escrevi a ele uma longa carta sobre os problemas morais de sua vida, e essa carta infundiu-lhe tamanha confiança em mim que, desde então, ele me relata suas questões pessoais. De minha

16. Dois grandes jornais diários japoneses publicaram as duas primeiras cartas.

parte, tenho tentado orientá-lo e ajudá-lo, quando tenho a impressão de que minhas palavras podem ser úteis.

Em sua carta mais recente, Claude mencionou, preocupado, que poderia ser transferido ao Hospital Walter Reed em vez de receber a alta esperada. Não sou capaz de avaliar se os temores dele têm base factual ou não. Como leigo em assuntos jurídicos, imaginei que Claude — visto que recebeu baixa do serviço — não estivesse mais sob jurisdição militar e que, portanto, não poderia simplesmente ser transferido a outro hospital.

Estou um pouco apreensivo com o destino de Claude, pois antes ele me escrevia sempre com intervalos de duas ou três semanas, mas faz mais de um mês que não recebo dele nenhum sinal. Por essa razão me dirijo ao senhor, pedindo-lhe informações sobre ele, pois sei, por intermédio de Claude, que o senhor o representa em todos os assuntos que lhe concernem e que ele está feliz por ter alguém em quem confiar irrestritamente.[17] Por favor, tenha a bondade de me dizer como vai Claude, se ele ainda se encontra em Waco, quais são suas chances de alta e como avalia as chances de ele voltar a se acostumar com a vida cotidiana.

Tenho o maior respeito pela seriedade com a qual ele tenta conduzir, de maneira incessante e escrupulosa, a carga que necessita carregar por toda a vida. Justamente porque o respeito tanto, seria insuportável para mim imaginar que talvez sua correspondência comigo ou a publicação em jornais e revistas do mundo inteiro (com autorização dele, claro) de minha primeira carta a ele possam ter dificultado ainda mais a situação. É por esse temor que me dirijo ao senhor para lhe pedir um conselho. Por favor, não imagine que desejo descobrir às escondidas algo sobre Claude. Na minha próxima carta para ele, vou contar que escrevi ao senhor e sobre qual assunto.

Respeitosamente,
Günther Anders

P.S.: Caso queira ver uma dessas publicações, basta me avisar.[18]

17. Ver carta 10.
18. A carta permaneceu sem resposta.

Carta 19
A Claude Eatherly

Caro Claude, *21 de novembro de 1959*

Esta será uma carta bem curta. Escrevo apenas para que você não pense que fiz algo pelas suas costas. Depois de ter recebido sua última carta, na qual você me escreveu sobre a possibilidade de sua transferência ao Hospital Walter Reed, pedi ao professor Linus Pauling (o famoso cientista que coletou nove mil assinaturas contra a continuação do armamento nuclear) que se informasse sobre o status jurídico de alguém que, como você, teve baixa do serviço militar, para descobrir se, nesse caso, um departamento do Exército ainda tem direito de tomar decisões sobre tal pessoa. Escrevi essa carta para saber dos detalhes jurídicos, que desconheço por não ser americano, e também para ter material suficiente para embasar meus conselhos, caso você os peça novamente.

Infelizmente o professor Pauling recebeu minha carta na época em que estava prestes a viajar à Austrália. Na confusão de sua partida, ele entregou a carta à American Civil Liberties Union;[19] a princípio, fiquei contente com esse passo, pois esperava que a organização me retornasse com os esclarecimentos necessários. Em vez disso, infelizmente, eles enviaram perguntas a você, solicitando respostas que eu também poderia ter lhe pedido diretamente. Está claro que agiram sem qualquer compreensão das necessidades especiais do caso.

Eu lamentaria muito, Claude, se você pensasse que fiz algo às escondidas. A verdade é que agiram pelas minhas costas. Mas estou firmemente convicto de que você não vai, nem por um instante, desconfiar de mim. Afinal, já nos conhecemos há meses e toda a nossa correspondência não teria sentido se você subitamente achasse que não sou confiável.

Para mantê-lo absolutamente a par das coisas: visto que não recebi correspondência sua durante muitas semanas, fiquei preocupado (e ainda estou); decidi, então, escrever para seu irmão e perguntar se ele sabia algo sobre seu estado e seu status jurídico. Não estou

19. Não se trata de um sindicato, mas uma organização de proteção das liberdades constitucionalmente garantidas aos cidadãos.

bem certo de que ele tenha recebido a carta, pois eu dispunha de um endereço incompleto que encontrei num livro sobre Hiroshima como local de moradia da sua família.

Bem, agora você está ciente de tudo novamente. Por favor, me escreva, quero saber quais foram as decisões que você tomou em relação ao futuro.

Seu amigo,
Günther

Carta 20
A Günther Anders

Estimado Günther, *(sem data)*

Por favor, me desculpe por não ter respondido sua carta. Eu espero e rezo dia após dia para ser liberado, e gostaria muito de lhe escrever sobre minha nova vida depois da alta. Há três semanas meu médico avisou que eu poderia ir para casa se meu irmão viesse me buscar e assinasse um "*responsibility form*".[20]

Conversei com ele por telefone, e primeiro ele disse que viria me buscar. Esperei por duas semanas. Depois telefonei novamente. Dessa vez ele me disse que, em sua opinião, eu ainda não estava pronto (*ready*) para ser liberado. Em outras palavras: ele se recusa a assumir a responsabilidade por mim. Ele não compartilha das mesmas posições que eu, e até já tentou antes impedir meu trabalho e minha escrita para organizações pacifistas. Ele se ressente (*he resents*) da aceitação que tenho em determinados grupos e também impediu que o hospital me concedesse alguns privilégios e permissões de visita. Eu não quis lhe contar a respeito antes. É difícil repreender meu irmão por isso. Eu também só soube da maior parte dessas coisas faz pouco tempo.

20. Uma declaração de que ele assumiria a responsabilidade pelo bem-estar e por quaisquer comportamentos ilícitos de Claude.

Mas há uma certeza: na semana passada, meu médico disse que vai me ajudar a sair daqui antes do Natal.

Agradeço a você e à sra. Pauling[21] por terem repassado meu caso à Civil Liberties Union. Ontem respondi à carta do sr. Watts, fornecendo as informações solicitadas.

Sinto muito que não possa dizer nada definitivo sobre meu status, mas por favor compreenda que o hospital não dá nenhuma resposta inequívoca às minhas indagações sobre a alta, que eles vão continuar me ameaçando com o prosseguimento da internação caso eu solicite uma "alta contrária aos conselhos médicos" e que sempre retornam à possibilidade de a Força Aérea me transferir ao Hospital Walter Reed. Não vou enviar nada ao sr. K., no Japão. Certamente ele pode reunir informações suficientes a partir de outras publicações.

Hoje é *Thanksgiving Day*,[22] e devo dizer: estou especialmente grato por ter tantos amigos. Por favor, agradeça à sra. Pauling por sua ajuda. Escrevo de novo em breve.

Cordiais saudações,
Claude R. Eatherly

Carta 21
A Claude Eatherly

Caro Claude, *2 de dezembro de 1959*

Finalmente! Acredite, eu já estava impaciente, até bastante preocupado, porque já estava pensando que tinha acontecido alguma coisa com você. Estou contente em saber que está bem, ao menos de saúde.

21. Referência a Ava Helen Pauling, ativista política norte-americana que conduziu o químico Linus Pauling, seu marido, à luta pelos direitos humanos, atividade que renderia ao famoso cientista o Nobel da Paz de 1962. [N.T.]

22. Dia de Ação de Graças. Originalmente, uma festa de agradecimento pela colheita dos "pais peregrinos". Atualmente, trata-se de um feriado inespecífico.

Agora acho que compreendo melhor sua situação. Estou convencido de que seu irmão não é uma pessoa maldosa, mas apenas um simpático sujeito mediano. Provavelmente tem medo de ter um vínculo com alguém que segue o chamado da consciência em vez de seguir ordens emitidas por meios de comunicação de massa. Não ser mediano sempre foi considerado uma traição pelos medianos, mesmo pelos mais decentes. Toda a história da religião e da filosofia está cheia de repreensões das pessoas medianas mais ou menos simpáticas àqueles que tentaram manter as mãos limpas ou limpar as mãos dos outros. Você vai se lembrar de tudo que lhe escrevi certa vez sobre os mártires. Precisamos tentar compreender essa gente mediana, embora seu caráter mediano signifique justamente que elas não conseguem nos compreender.

Claro que de modo algum isso pode significar que temos de ceder a elas ou a suas maquinações. Ao contrário: temos de fazer de tudo para superar os obstáculos que elas nos colocam — e não somente para nosso bem, mas também para o bem delas próprias.

Se entendi bem, seu irmão é o tutor a quem você está subordinado; e a avaliação dele, de que você ainda não está pronto para a alta e de que não poderia caminhar com os próprios pés, é motivo para o hospital não o liberar. Não sei das leis especiais relacionadas a esse tipo de situação. Mas me pergunto: como é possível que a palavra do seu irmão, que não é psicólogo nem psiquiatra, resumindo, não é especialista em nada, possa ser decisiva para a diretoria do hospital?

Da maneira como vejo agora, e falando francamente, você é prisioneiro do seu irmão, e ele se utiliza do hospital como um instrumento. Se esse realmente for o caso, e se não houver nenhuma outra pessoa nem nenhum outro grupo que esteja interessado em mantê-lo afastado do mundo, então me parece que essa situação pode ser revertida. Seria diferente se você ainda estivesse sob as ordens e a jurisdição da Força Aérea. Infelizmente até hoje você não respondeu claramente se recebeu baixa definitiva — ou seja, se é um civil. Por favor, responda logo a essa pergunta, porque simplesmente não tenho condições de tentar algo por você sem essa informação fundamental. E mais um pedido — um conselho técnico para toda a sua vida —, tenha a gentileza de estar com minha carta ao seu lado na hora de respondê-la, para não se esquecer sem querer de alguns pontos. O que quero saber é o seguinte:

1. Seu tutor tem o direito de influenciar a decisão do hospital? Pergunte para o seu médico.
2. Você recebeu baixa da Força Aérea? Se sim, quando?
3. Quem o internou no hospital? Aconteceu depois de um processo? Um processo da Justiça civil ou militar? Ou de seu irmão?
4. Quando e por que você perdeu a capacidade de administrar suas próprias coisas e quando começou a ser tutelado por seu irmão?

O melhor seria se você tentasse montar uma cronologia com todas as ações e resultados que levaram à sua situação atual. Por favor, agilize isso, para que eu tenha a oportunidade de fazer algo por você.

Casualmente topei ontem numa livraria com um livro sobre Albert Schweitzer. Vou enviá-lo a você. Espero que chegue até o Natal. Paremos com a gratidão e comecemos a agir.

Seu amigo,
Günther

Carta 22
A Günther Anders

Caro Günther, *13 de janeiro de 1960*

Estou certo de que você não recebeu minha última carta. Então vou responder novamente às suas perguntas. Antes de começar: todas as minhas cartas são lidas pelo doutor e só então enviadas, caso ele ache que está tudo bem. Por essa razão, desta vez vou dar um jeito de contrabandear a carta para fora. Logo após a última carta que escrevi a você, fui transferido para a "*maximum security ward*".[23] Para minha sorte estou com um médico novo, que compreende minha situação (*sympathises with my predicament*). Hoje pela manhã ele me disse que desconhece por que estou sob vigilância tão severa, mas tenho a impressão de que ele sabe o motivo. Tentei fugir, mas fui rapidamente capturado. Gente demais me conhece, e a polícia foi orientada a me prender e trazer de volta. Fui tratado de maneira decente e respeitosa, mas isso não me é suficiente.

Agora as respostas às suas questões:

1. Não tenho um tutor (*guardian*), mas meu parente mais próximo (meu irmão) pode (*is given to*) influenciar a decisão a respeito de minha internação. Na nossa última conversa ele ameaçou me manter internado por tempo indeterminado caso eu tentasse sair.
2. Recebi baixa da Força Aérea. Data de saída: 1947.
3. Fui internado no hospital por meio de um tribunal civil.

Eu entrei em uma loja, saquei uma pistola e exigi do homem no caixa que colocasse todo o dinheiro num saco. Depois, sem levar o saco, saí do estabelecimento. Fui preso imediatamente, porque já sabiam que eu tinha feito a mesma coisa antes. Fui examinado por dois médicos, eles investigaram se eu tinha alguma doença mental (*held a lunacy hearing*) e me internaram aqui. Você sabe que eu já tinha cometido alguns delitos antes, e que sempre acabei internado. Isso começou logo após a baixa da Força Aérea. Como escrevi o artigo contra o armamento nuclear, o hospital e a Força Aérea não permitiram que eu recebesse visitas, e por isso tenho certeza de que eles querem impedir que eu continue incentivando outros contra o armamento nuclear (*further antagonizing the public against*).

O hospital onde me encontro é um hospital para veteranos do Exército, então você pode concluir que a Força Aérea tem influência.

Acho extremamente difícil explicar minha situação a você por meio de uma carta sem passar a impressão de ser um maluco (*without*

23. Internação sob as mais severas condições de segurança; na verdade, apenas para casos violentos.

taking an attitude of the paranoid), mas relato apenas coisas que realmente aconteceram. Tenho a impressão de que estou em bom estado mental e não acredito que voltarei a fazer algo fora da lei. Mas o que desejo é sair daqui para conseguir dizer o que quero dizer.

Estou certo de que nenhum tribunal tomaria uma decisão contrária à dos médicos daqui caso eles atestassem que ainda estou doente. Quando se discute um estado mental, o advogado fica impotente diante do atestado de um médico.

Acho que uma carta sua e do dr. Pauling para o meu médico (dr. Frank) poderia ter alguma influência. Não quero pressioná-lo a escrevê-la, faça isso apenas se achar que, enquanto cidadão do mundo, pode explicar a ele, de algum modo, como vê meu comportamento e como avalia a possibilidade de eu dominar minha consciência e manter minha conduta.

Por fim, tenho de encerrar, porque meu contrabandista de cartas já está à minha espera. Já li o livro que você me mandou. *Thanks a million.* Vou tentar mandar logo outra carta.

Seu amigo,
Claude

Carta 23
De Günther Anders ao dr. Frank, médico de Claude Eatherly

Prezado dr. Frank, *22 de janeiro de 1960*

Não sei se o senhor me conhece por nome. Acho possível, até provável, que Claude Eatherly já me tenha mencionado eventualmente, relatando o fato de nos correspondermos há bastante tempo. Talvez o senhor se interesse em saber como essa correspondência começou: sem querer, caiu nas minhas mãos uma nota sobre Eatherly publicada em uma revista americana. Em seguida, escrevi-lhe uma carta tentando esclarecer a situação moral totalmente nova que o desenvolvimento tecnológico trouxe consigo. A guerra, escrevi, assumiu um fantasmagórico caráter indireto, visto que os inimigos não se veem mais e a intensidade dos efeitos de nossas ações supera em número e grau nossa capacidade intelectual — por exemplo, nossa imaginação. O que podemos *fazer* efetivamente, prossegui, é mais do que podemos *imaginar* fazer; podemos produzir mais do que reproduzir intelectualmente. Mais adiante, falei da curiosa relação invertida que existe entre inibição e grandeza da ação, porque o mecanismo de inibição é imobilizado justamente quando os efeitos daquilo que fazemos superam, de maneira inequívoca, nossa imaginação. Resumindo: expliquei-lhe que hoje em dia é possível se tornar um *culpado inocente*. Meus argumentos vieram quase exclusivamente do meu livro *Die Antiquiertheit des Menschen*, mas evidentemente os formulei com uma linguagem um pouco menos acadêmica. Além disso, expliquei a Eatherly que, com suas ações antissociais ou até criminosas, ele provavelmente procurava desesperadamente provar sua culpa para si mesmo e para as pessoas ao seu redor, que foram rápidas em classificá-lo como inocente, um brilhante herói; que ele então tentava conquistar seu certificado de culpa ao realizar ações extras, comumente consideradas penalizáveis. Esse foi o começo da nossa correspondência. A reação de Eatherly não apenas foi surpreendente como também me comoveu muito. Ele me escreveu uma carta que comprovou, por sua particular combinação entre linguagem simples, de um lado, e clareza de ideias e consciência, de outro, que não só era uma pessoa de inegável valor como também devia ser encarado efetivamente como uma vítima do novo estágio de nossa técnica. Claude claramente foi incapaz (e, a meu ver, isso o honra) de lidar com sua ação, porque sua dimensão supera todos os esforços imaginativos. Sua carta também comprovou que ele passou a confiar totalmente em mim na mesma hora e logo me pediu para prosseguirmos com a correspondência. Ao longo dessa troca de cartas, surgiram o tempo todo provas de sua grande pureza. Para lhe dar apenas um exemplo: há alguns meses, uma personalidade muito famosa da indústria cinematográfica o procurou (contato acertado por intermédio do irmão de Claude) para engajá-lo num simpático filme. Alertei-o imediatamente com o argumento de que nada seria mais prejudicial para ele do que uma "glamorização" de seu caso: que algo assim poderia acabar por condená-lo de uma vez por todas a viver como personalidade dupla, que ele seria identificado como o pseudo-Claude do filme e que isso faria com que seu caso ficasse ainda mais complicado. Claude foi grande o suficiente para abrir mão imediatamente da tentação do glamour. Ele me prometeu que só fecharia negócio caso pudesse comprovar, de antemão, a veracidade do filme. Eis uma ilustração para o padrão moral desse homem, que talvez (admito sem hesitar) possa ter permanecido um pouco menino, o que não é surpreendente, visto que mal teve a chance de viver a vida de homem adulto.

Considero possível — mas se trata apenas de uma hipótese — que a imagem que faço dele seja incompleta ou talvez até falseada. É bem provável que ele tenha me escrito em seus melhores momentos. Agradeço se o senhor souber me dizer se esse é o caso, pois então eu adequaria o estilo de minhas cartas. Falando abertamente, temo que o prosseguimento de sua internação possa produzir, por fim, um estado emocional anormal, um estado que originalmente talvez não tenha existido, pelo menos não nessa dimensão. Em outras palavras: o senhor acredita que será necessário manter Eatherly internado indefinidamente? Ou será que leva em consideração a possibilidade da alta? Se faço *ao senhor* essas perguntas, é porque sei por intermédio de Eatherly que a responsabilidade e a decisão se encontram exclusivamente em sua mão e na de seus colegas. E como há treze anos Eatherly não é mais parte da Força Aérea, ele depende única e exclusivamente de peritos médicos.

Não tenho ilusões a respeito do retorno de Claude a uma vida normal: será extremamente difícil. E seria preciso pensar muito para imaginar como arranjar isso da melhor maneira. Por outro lado, temo que essa dificuldade possa crescer proporcionalmente com o prolongamento de sua internação. Seria trágico que esse homem fosse punido com uma suspensão da vida real simplesmente porque, na juventude, participou de uma "missão" cujas dimensões não foi capaz de avaliar.

Por favor, me desculpe a franqueza com a qual me dirijo ao senhor, mas tenho a impressão de que a preocupação com esse homem representa um tipo de ligação entre nós e de que os amigos de Claude devem procurar juntos encontrar o melhor caminho para que ele saia de sua desolada situação.

Respeitosamente,
Günther Anders[24]

Carta 24
A Claude Eatherly

Caro Claude, *22 de janeiro de 1960*

Talvez você se interesse em saber que hoje pela manhã escrevi uma carta bastante longa para o seu médico [...].[25]

Claro que não o conheço, mas, como não tenho motivos para pensar o contrário, falei com ele como se fala com uma pessoa decente, ou seja, sem *much ado*.

Talvez eu devesse ter pedido sua permissão para esse passo, mas tenho a impressão de que — não, sei que — você não teria nada contra.[26]

Em todo caso, deixo-o informado, para que você não fique muito surpreso caso seu médico mencione minha carta.

Seu amigo,
Günther

24. Esta carta também permaneceu sem resposta.
25. Carta 23.
26. Considero aqui que não contava com sua autorização para escrever ao médico, porque Eatherly havia "contrabandeado" a carta em que me autorizava a fazê-lo (carta 22).

Carta 25
A Claude Eatherly

Prezado Claude, *20 de março de 1960*

Infelizmente, todas minhas cartas têm começado com a mesma frase: estou preocupado porque não tenho notícias suas há tempos.

Sua última carta chegou pouco depois do Ano-Novo, e a respondi imediatamente; além disso, escrevi uma carta mais longa ao dr. Frank, que não pode ter entendido mal sua seriedade, mas não recebi confirmação do recebimento. Minhas mãos estão atadas e não posso iniciar nenhuma tentativa de ajuda caso não tenha informações precisas sobre sua situação.

O motivo principal desta carta é o seguinte: quero informá-lo de que uma grande revista na Alemanha acabou de publicar a primeira parte de uma biografia sua, ricamente ilustrada. Não sei onde conseguiram todas as informações (até o momento, não são errôneas), mas o tom é desagradavelmente sensacionalista, e o assunto está apresentado como um romance policial; resumindo, não exatamente honroso. Sei que não deve ter sido você quem passou os dados para esse fim à revista, pois já havíamos conversado sobre o perigo do sensacionalismo e sobre sua firme decisão de não autorizar nenhuma biografia que não fosse de sua própria autoria. Até agora o objetivo dos artigos é desconhecido; mas tenho minhas dúvidas. [...] Caso você queria interromper a publicação, visto que não foi autorizada por você, seguem os dados [...]. Vou me informar sobre o que você pode fazer caso não queira permitir o prosseguimento dessa obra.

Seu amigo,
Günther

Carta 26
A Günther Anders

Caro Günther, *25 de março de 1960*

Obrigado por sua informação sobre a reportagem da revista. Você sabe que eu nunca autorizaria uma matéria dessas, e quero muito que a série seja interrompida. Se conhecer meio jurídico nesse sentido, por favor, aplique-o. Talvez você precise de orientação jurídica; se for o caso, assumo o lado financeiro. Será possível pedir que um tribunal impeça o prosseguimento da publicação? Passo a você a escolha dos caminhos adequados. Mas apenas se tiver tempo. Sei que é muito ocupado; por favor, só se ocupe do caso se isso não lhe for roubar muito tempo.

Sinto muito por ter negligenciado a correspondência com você, mas esperava conseguir lhe passar a boa notícia de minha alta. Pois tenho esperança de receber alta num futuro próximo. E por favor me avise o que pode fazer no caso dessa revista, o que a lei na Alemanha diz sobre publicações não autorizadas e se um processo é aconselhável. Resumindo, gostaria de saber sua opinião sobre tudo isso. E mais uma vez obrigado pela ajuda e pelos conselhos.

Sempre seu amigo,
Claude Eatherly

P.S.: Um artigo não autorizado acaba de ser publicado por aqui também.

Carta 27
A Claude Eatherly

Caro Claude, *6 de abril de 1960*

Muito obrigado por sua carta de 25 de março. Depois de tanto tempo de silêncio, fiquei muito feliz por receber ao menos um sinal que me comprova que a longa espera por dias melhores não o abate. Infelizmente recebi sua carta com grande atraso, pois estive em trânsito por duas semanas, sem acesso à correspondência. De todo modo, vou telegrafar imediatamente à revista, pois essa biografia dramatizada traz afirmações e conversas que *não podem* ser verdadeiras. Não sei quantos capítulos ainda estão por vir, talvez apenas mais um ou dois. Apesar disso, vou enviar o seguinte telegrama: "Eatherly demanda interromper a matéria não autorizada sobre ele e me autoriza a fazê-lo também juridicamente".

Aliás, as intenções e o tom dos três capítulos que já foram publicados não são contrários a você. Na realidade, as intenções parecem boas, mas a apresentação sensacionalista e as informações indiscretas sobre seu estado emocional precisam cessar.

Seu amigo,
Günther

Carta 28
De Claude Eatherly à American Civil Liberties Union

Prezado sr. Watts, *22 de abril de 1960*

Em 26 de novembro do ano passado recebi, por sugestão da sra. Pauling e de Günther Anders, uma carta sua; ambos manifestaram preocupação com o prosseguimento da minha internação no hospital dos veteranos. Na minha resposta, pedi ao senhor para, a princípio, não tomar nenhuma atitude, pois meu médico havia prometido me dar alta num futuro próximo. Sou paciente voluntário, o que me dá o direito de pedir por liberação. Solicitei a liberação e o hospital informou meu irmão que eu receberia alta em 21 de abril.[27] Meu irmão, por sua vez, imediatamente solicitou ao hospital o prosseguimento

27. Ou seja, Eatherly deu o primeiro passo um dia após a data não cumprida.

da internação (*immediately filed a commitment against me*). Ele veio até aqui e me pediu para ficar no hospital voluntariamente e sem que houvesse audiência no tribunal. Como motivo para o prosseguimento da internação, ele afirmou estar sofrendo pressão política em consequência de matérias a meu respeito em revistas contra o armamento nuclear. Não sei se a sra. Pauling ou Günther Anders lhe contaram minha história inteira. Fui o piloto que, na Segunda Guerra Mundial, conduziu a "Hiroshima A Bomb Mission", e desde então tenho agudas crises de consciência. Acabei cometendo delitos criminais, pois, desesperado, queria uma autopunição. Depois de cada um desses eventos, fui internado num hospital psiquiátrico. Estou no hospital há treze meses,[28] e faz quatro que não recebo mais qualquer tipo de tratamento. A incrível repercussão do meu caso na opinião pública e a pressão exercida pela Força Aérea sobre o hospital tornam minha liberação quase impossível, a não ser que eu vá a julgamento. A forma pela qual meu irmão me colocou no hospital (*the commitment my brother filed on me*) me permite solicitar uma audiência e um processo com júri. Meu irmão bloqueou meu dinheiro, que está todo numa conta conjunta no banco; isso me impossibilita de nomear um advogado.

Gostaria de receber sua assessoria jurídica. Se lhe parecer que não pode me ajudar, por favor, me avise o quanto antes. Não sei ainda a data exata do meu processo, mas vou pedir por um processo com júri e vou informá-lo sobre a data caso o senhor considere viável me ajudar.

Na expectativa de receber notícias suas,

Atenciosamente,
Claude Eatherly

28. Aqui ele se refere exclusivamente à última internação em Waco.

Carta 29
A Claude Eatherly

Caro Claude, *2 de maio de 1960*

Adiei minha carta porque esperava já lhe passar uma informação conclusiva sobre minhas tentativas de interromper a série de artigos. Tomei três atitudes:

1. Como já havia mencionado, pedi por telegrama, em seu nome, que a revista interrompesse a série de artigos. Até agora, não obtive resposta.
2. Solicitei que um escritório de advocacia em Hamburgo, onde a revista está sediada, entrasse em contato com a redação e tentasse impedir o prosseguimento da série, visto que você não a autorizou e ela trata quase exclusivamente de você e traz detalhes privados, se não íntimos, de sua vida. A resposta do escritório: (a) impossível agir sem uma procuração sua reconhecida em cartório; (b) mesmo assim, eles temem não conseguir nada, pois tais artigos sobre pessoas ditas públicas, inclusive sua dramatização romanceada, estão protegidos por leis de liberdade de imprensa. Minha réplica de que isso não se trata de liberdade de imprensa, mas roubo de liberdade, visto que o indivíduo se vê privado do direito à sua esfera privada, parece não ter impressionado.
3. Numa carta à revista, repeti meu pedido pela interrupção da publicação. Ontem recebi uma resposta extremamente seca, que me comprova que as ações jurídicas, mesmo se pudessem ser tomadas, demandariam tanto tempo que a série chegaria ao fim muito antes da decisão judicial. Em todo caso, escrevi mais uma carta à revista, registrando que a publicação não foi autorizada, para ter algo concreto em mãos a fim de basear uma queixa, caso algo possa ser feito.

Não acredito, porém, que valha a pena investir energia ou dinheiro nesse assunto. Os motivos são os seguintes: a intenção da série de artigos (até agora sete, mas ainda em prosseguimento) é quase louvável. Para os leitores desses artigos, é quase impossível se manter indiferente ao armamento nuclear ou até apoiá-lo. Como a revista tem uma distribuição excepcional, o efeito sobre os milhões de leitores pode valer a pena. Acho que temos de considerar a falta de gosto e as indiscrições dos artigos como preço para o efeito extraordinário que eles devem proporcionar.

Mas me parece, Claude, que esse assunto deve ser uma lição para nós. É mais urgente que nunca que você tente escrever de próprio punho a história de sua vida, a fim de impedir que pessoas ávidas por explorar sua vida como fonte de sensacionalismo apresentem uma imagem falsa. Seria profundamente decepcionante se o público leitor já estivesse saturado do "caso Eatherly" no momento da publicação de sua autobiografia, dando de ombros e dizendo: "Já sabemos de tudo isso". Por isso, alerto mais uma vez: por favor, não adie mais suas tentativas de registrar sua história. Se você estiver muito inibido — o que seria natural, pois nem todos que aprenderam a escrever são automaticamente escritores —, tente na forma de cartas e, em vez de colocá-las na caixa de correio, junte-as na gaveta. Claro que antes seria preciso decidir se o destinatário seria uma pessoa real ou imaginária (por exemplo: se seria, a princípio, contrária ou simpática aos seus valores; se conhecida ou desconhecida; se de nacionalidade americana ou japonesa). Sua atitude ao escrever vai depender dessas escolhas. Estou firmemente convicto de que seria muito útil se você pudesse se obrigar a escrever diariamente por uma ou duas horas. Isso até entrar no ritmo, pois você ficará feliz por ter um trabalho subordinado apenas a você mesmo e à sua própria consciência.

Por favor, me dê mais detalhes sobre sua situação atual e o que espera do futuro. Aguardo avidamente pelo dia em que ambos escreveremos como dois seres humanos igualmente livres.

Não se esqueça: os sinos só soam quando são tocados.

Seu amigo,
Günther

Carta 30
A Claude Eatherly

Caro Claude,

2 de maio de 1960

Hoje estou pensando muito em você, pois acabei de receber uma carta do sr. Watts, da qual se depreende que anteontem você teve uma "*hearing*" — e estou curiosíssimo para saber do resultado. Entretanto, temo que, dessa vez, as oportunidades de preparação para a audiência não tenham sido suficientes. Por favor, não perca a coragem se o resultado tiver sido negativo; afinal, em três meses você terá nova chance, e durante esse período todos os envolvidos farão de tudo para alcançar um resultado positivo. Como eu gostaria de estar aí para explicar a excepcionalidade do seu caso às pessoas que estão com seu destino nas mãos! Eu tentaria alcançar a profundidade da consciência deles e lhes pedir para que sua tomada de decisão não fosse pautada por intimidações de maior ou menor grau.[29] Mas isso é impossível, física e financeiramente, e é provável que não haja tampouco possibilidade jurídica de influenciar as pessoas. Por esse motivo, tenho de pensar em caminhos indiretos, mas que não quero trilhar sem antes saber se você está de acordo. Por essa razão, eu lhe pergunto: devo entrar em contato com o sr. Harold Henry, que representa a American Civil Liberties Union em Waco? Se sim, me avise de imediato. Além disso, estou pensando de que maneira encontrar um psiquiatra americano de renome mundial e totalmente independente que pudesse formular, no lugar do psiquiatra local (ou ao menos em paralelo a ele), um laudo sobre seu estado. E simultaneamente vou escrever outra vez ao sr. Watts e à sra. Pauling. Veja, você não precisa se sentir sozinho ou abandonado. E em noventa dias é possível fazer muitas coisas.

Como sempre, seu amigo,
Günther

29. Ver carta 58.

Carta 31
A Günther Anders

Caro Günther, *27 de maio de 1960*

Que bom ouvir notícias suas; e estou feliz em saber que ainda não sou um caso perdido para você. Prometo-lhe não desistir. Sim, houve a audiência, mas tanto o dr. Frank quanto o dr. Constantine disseram que ainda estou doente e que preciso de mais tratamento.[30] Foi uma audiência sem júri, e desde o primeiro momento estava evidente que minha chance de liberação era pequena. O juiz pareceu impressionado com minhas palavras e disse aos médicos que queria me ver de novo caso eu não tivesse recebido alta depois de três meses.

Parece-me que você poderia escrever uma carta ao juiz Haley (County Court of Law, McLellan County, Waco, Texas) descrevendo minha situação e explicando que minha liberação do hospital só faria melhorar meu estado de espírito, que meus esforços têm algum efeito e poderiam contribuir para que o mundo percebesse o perigo das armas nucleares. Se você conseguir convencer a sra. Pauling a escrever para o juiz também, acho que o juiz com certeza vai me liberar. Aliás, recebi muitas cartas do estrangeiro que se referem aos seus livros, e os autores me encorajam a fazer tudo o que for possível em prol da coexistência pacífica.

Concordo inteiramente com você: se a matéria da revista tiver um efeito favorável à nossa causa, isso já será recompensa suficiente. O sacrifício de orgulho e dignidade não é nada se paz e fraternidade são as recompensas. (*Pride and dignity is nothing to sacrifice if peace and brotherhood is the reward.*)

Durante toda a minha vida serei grato por nossa relação. Você nunca saberá quanto eu tinha necessidade de alguém como você para me manter vivo em meu trabalho dedicado às minhas convicções. Para a maioria, meu método de rebelião contra a guerra é o método de um maluco. Mas de nenhum outro modo eu poderia ter mostrado às pessoas que uma guerra nuclear não apenas traz consigo

30. Contradizendo o conteúdo da carta 28.

a destruição física mas também desmoraliza o ser humano.[31] Não me importo com o que as pessoas acham do meu caráter moral se eu as deixar desconcertadas e as fizer compreender que não podem voltar a cometer isso nem contra si mesmas nem contra seus filhos.

Por favor, não me considere totalmente altruísta. Minha recompensa será farta: terei o grande sentimento da satisfação de ter contribuído um pouco com a última decisão que os povos de todo o mundo terão de tomar caso queiram continuar vivendo nesta Terra.

Seu amigo,
Claude

Carta 32
A Claude Eatherly

Prezado Claude, *11 de junho de 1960*

Como me alegra saber que você não perdeu a coragem. Já que nenhum de nós dois conhece o falso orgulho, podemos tranquilamente assegurar um ao outro que somos necessários e, portanto, não podemos desistir. Trabalhamos pela mesma causa — por esse motivo, você não precisa ficar surpreso de eu não desistir da *sua* causa; se o fizesse, estaria cortando minha própria carne.

Há três semanas pedi ao dr. G, amigo meu e neurologista famoso nos Estados Unidos, que muito provavelmente simpatiza com a nossa causa, para indicar um psiquiatra que pudesse ajudar voluntariamente no seu caso. Escreva você também a ele (segue o endereço: [...]). Como se trata de um homem idoso, por favor, comece a carta desculpando-se pelo incômodo.

31. Esta frase, que passa facilmente despercebida, me parece significar: eu me coloco sob uma luz ruim porque me sinto obrigado a mostrar às pessoas que a guerra nuclear torna os seres humanos ruins. *De certo modo, Eatherly sacrificou sua moral por motivos morais.*

Mais: depois de receber sua carta, enviei imediatamente seu pedido à sra. Pauling. Como ela não o conhece, é bem provável que a carta dela seja breve. Mas de todo modo será útil, afinal é assinada por uma cidadã dos Estados Unidos. No que se refere a mim, estrangeiro: escreverei detalhadamente e acrescentarei trechos de cartas suas para documentar sua seriedade e sua "normalidade". O que significa "normalidade"? Pois você sabe que considero "anormais" aqueles que não reagem de maneira anormal à experiência medonha pela qual você teve de passar.

Não conheço o juiz, é claro, mas não me importarei com isso e me dirigirei a ele como se estivesse seguro de que ele tem a mais profunda empatia em relação ao seu caso e de que é um homem absolutamente consciente de sua responsabilidade. Talvez a abordagem seja efetiva. Depois da impressão que você teve dele, acho até provável.

Acredite, Claude: cedo ou tarde teremos sucesso, estou convencido disso. E você deve se preparar para esse sucesso. Quer dizer: deve refletir sobre como organizar sua vida *após* a liberação, para que o sucesso seja realmente um sucesso.

Escrevo esta carta no dia que comprova, da maneira mais cabal, como nossos esforços são necessários.[32] O que temos de combater não é apenas a maldade, mas também a burrice — burrice no sentido de falta de imaginação. Esta é a nossa tarefa: educar a capacidade imaginativa dos outros.

Seu amigo,
Günther

32. Referência ao movimento de protesto contra a renovação do pacto de segurança entre o Japão e os Estados Unidos e aos tumultos relacionados a esse movimento.

Carta 33
De Günther Anders ao juiz W. Haley

Prezado juiz Haley, *15 de junho de 1960*

O senhor certamente ficará surpreso ao receber uma carta de um escritor de Viena que muito provavelmente desconhece. Por essa razão, quero começar com a explicação: dirijo-me ao senhor incentivado por Claude Eatherly, que há um ano discute comigo os problemas que mais o afligem. Claude talvez não saiba disso, mas estou ciente do fato de que uma carta escrita a um juiz pode facilmente ser mal interpretada como uma tentativa de se meter numa decisão na qual, sob a ótica jurídica, nenhuma testemunha poderia se meter; muito menos alguém que não é testemunha ocular, mas de certo modo uma testemunha emocional. Por outro lado, Eatherly é da opinião de que eu conseguiria explicar melhor do que uma testemunha ocular a complicada situação psicológica e moral na qual ele se encontra; e me parece injusto com ele não corresponder ao seu desejo.[33]

Muitos trechos dessa correspondência não apenas comprovam a grande infelicidade de Eatherly como também atestam que ele é um homem que tenta, com rara seriedade e coragem incomum, dominar a experiência pela qual passou. Sei que é trivial apontar que essa sua experiência (o desaparecimento de uma cidade como efeito de uma única ação) supera a capacidade de compreensão emocional e moral de qualquer ser humano; além disso, é absolutamente compreensível que os outros rapazes (*boys*) que passaram pela mesma experiência tenham conseguido "dominar" a "experiência" por meio do escapismo apenas tentando *não* dominá-la; apenas confiando mais no elogio público que receberam por sua missão do que nos próprios olhos, do que no próprio choque, do que na própria consciência.

Claude, por sua vez, teve a autonomia moral de desdenhar desse escapismo. Ele sempre tentou resumir sua experiência em palavras, em parte para impedir a si mesmo de se esquecer dela, em parte

33. Segue a descrição da história da relação e da correspondência, já de conhecimento dos leitores.

para deixar claro às outras pessoas a verdade quase invisível sobre a situação nuclear, envolta na névoa da opinião pública, e o imenso perigo que ela representa. Está claro que suas formulações não têm a precisão estilística de escritores profissionais ou de intelectuais. Mas, com sua formação prévia e as experiências vividas, onde Claude aprenderia as sutilezas estilísticas e a precisão da prosa teórica? Considero provável (e psicologicamente seria normal) que ele disponha de camadas psicológicas profundas, que se tornam visíveis em suas cartas, mas que na audiência podem ficar invisíveis, e por isso permito-me anexar aqui alguns dos trechos das cartas que mais me impressionaram.

Agora tentarei formular um perfil de Claude como o vejo. Para mim, ele é vítima de uma situação moral totalmente nova. Nunca houve um abismo tão grande entre os possíveis efeitos de ações humanas e a nossa limitada capacidade imaginativa. Desde o instante em que Claude viu o terrível resultado da missão Hiroshima, sua vida como um todo se transformou na tentativa vã de compreender o que ele chama de sua "culpa" e tornar essa culpa compreensível para os outros. Todos os seus atos criminosos e em parte vãos nascem da inutilidade de seus esforços: ele lança mão de atos que ao menos são *reconhecidos* como criminosos para comprovar aos outros que não é tão inocente quanto se imagina. *Enquanto as pessoas costumam ser culpadas por causa de seus atos, ele comete as ações para comprovar sua culpa.*

Não sei exatamente a cronologia de suas audiências, internações e tratamentos psiquiátricos. Por outro lado, está absolutamente claro que uma vida composta em grande medida de ações de guerra, internações e tentativas frustradas de provar a própria culpa tem pouca chance de se tornar uma vida completamente adulta; e acho ainda mais evidente que Claude se torne incapaz de voltar a participar de uma vida normal, tomar decisões independentes, assumir responsabilidades por seus próprios atos e por suas convicções — resumindo, ser normal — caso sua internação se prolongue. É bem provável que o senhor não esteja de acordo com a "filosofia" de Claude: é provável que o senhor não considere que a proliferação do armamento nuclear seja um tipo de "extorsão escatológica", uma extorsão pela qual toda a humanidade pode perder sua dignidade ou talvez até sua existência. Mas felizmente Eatherly vive num país que não só não reprime a liberdade de seus cidadãos de expressar suas opiniões como também explicitamente a apoia.

Não tenho como me responsabilizar por Claude no momento em que ele retomar sua vida, é claro. Por outro lado, ouso afirmar que sua vida será destruída caso essa chance lhe seja negada. Claude e eu conversamos repetidas vezes sobre o fato de que sua tarefa é escrever a própria biografia; caso consiga, ela se tornará um testemunho das dificuldades impregnadas pela angústia nas quais o ser humano contemporâneo pode se meter como escravo e feitor do mundo técnico. Estou convencido de que a situação de Eatherly não representa um caso isolado, isolável ou único. Ao contrário, considero essa situação um exemplo que nos mostra, de maneira profética, como as pessoas da era técnica reagirão se continuarem a se envolver em ações que serão suas e, simultaneamente, não serão suas — resumindo: em ações pelas quais elas se tornarão culpadas sem culpa. Parece-me que a decisão jurídica sobre o caso Eatherly não será a decisão sobre um caso isolado, mas sobre "*o ser humano na era da técnica*", ou seja, de natureza igualmente exemplar.

Eu me sentiria muito desapontado caso esta carta lhe passasse a impressão de que desejo influenciar de maneira inadequada o resultado da audiência. Mas, depois das poucas palavras de Eatherly sobre como o senhor o tratou, acredito poder confiar que minhas palavras possam ser recebidas no mesmo espírito com o qual foram escritas. Agradeço imensamente se puder confirmar o recebimento desta missiva.[34]

Respeitosamente,
Günther Anders

34. Não houve qualquer confirmação.

Carta 34
A Günther Anders

Caro Günther, *(sem data)*

Como sempre, lamento a usual demora de minhas cartas, mas posso jurar a você que estava extraordinariamente ocupado, e espero que minha ação tenha dado frutos ou que venha a dar.

Acho, Günther, que você me conhece bem o bastante para saber que considero temerário o envolvimento da nossa causa com a política. Certamente você leu sobre os recentes tumultos no Japão e que o convite ao nosso presidente foi revogado. Isso aconteceu logo após parte de nosso Departamento de Estado e alguns senadores terem ido ao Japão a fim de preparar a visita do presidente. As manifestações comprovaram que a presença do presidente não era bem-vinda, ao menos para uma minoria. Mas foi suficiente para os Estados Unidos não arriscarem a segurança do presidente. Acabei de receber uma carta do senador americano Ralph Yarborough, anexa a uma carta do reverendo N., membro do Parlamento japonês. Nessas cartas muito simpáticas, eles me pediram para informar ao reverendo N. minhas posições sobre a situação japonesa, dizendo que elas têm grande influência sobre a geração jovem do Japão, que parece ter apoiado essas manifestações.[35] Escrevi ao deputado japonês e exprimi aquilo que é a sua e a minha posição. Tentei convencê-lo com palavras de que apenas amor, confiança e fraternidade poderiam encerrar essa "guerra de tribos" sem sentido. Também me esforcei para lhe explicar que o efeito desmoralizante do armamento nuclear não é menor que a devastação física; ilustrei isso com meu próprio caso. Claro que também respondi ao senador Yarborough e lhe disse que havia escrito ao membro do Parlamento japonês. Claro que não lhe mostrei o teor da minha carta, visto que sabia que ele receberia uma cópia de qualquer maneira.

35. Quanto cinismo, e que vergonha que aqueles apartados do mundo e chamados de doentes mentais sejam considerados mentalmente competentes o bastante para influenciar o mundo no momento oportuno (mas num sentido contrário ao de suas convicções).

Nos últimos tempos, estive em contato com David McClure, que escreveu a história *Terrível como o Inferno* para Audie Murphy. Audie Murphy é o soldado mais destacado dos Estados Unidos e agora ator de cinema. Audie gostaria de fazer meu papel num filme. Respondi-lhe que isso só seria possível caso minhas convicções fossem apresentadas.

No que se refere à minha liberação, não acredito que eles me condenem novamente à estadia no hospital; pelo menos é o que me parece, com base nas palavras do meu médico.

Não escrevi ao dr. G. porque não quero colocar nenhum idoso numa situação tão constrangedora. Desta vez, os médicos não vão dizer que tenho um distúrbio mental, e sim que tenho possibilidade de cometer suicídio. Quero agradecer mais uma vez a você e à sra. Pauling pelas cartas endereçadas ao juiz, que certamente serão úteis. Sei que o hospital gostaria de se livrar de mim, mas não quer ser responsável caso algo aconteça comigo.

Quando estiver fora, só haverá uma coisa para mim: utilizar toda a minha influência, toda a minha popularidade, até a propaganda sensacionalista, seja ela honrosa ou desonrosa, e independentemente de colocar meu orgulho em jogo (*regardless of its lack of dignity and the loss of pride to me*), para me dirigir a todos no mundo, ou seja, à massa dos seres humanos; não aos políticos, aos militares e afins, pois *esses* são apenas robôs que agem seguindo ordens e reagem de acordo com o que lhes é ditado.

Aliás, Casanova (elogio), vou anexar um pequeno recorte de jornal que pode lhe interessar.[36]

Nesse meio-tempo, fui soterrado por cartas de mulheres da Europa com pedidos de casamento e coisas assim. Será que não há homens na Europa? Deve ser reação aos artigos da revista.

Günther, você nunca saberá o quanto suas cartas me são valiosas e como elas me animam, e o quanto sei, por elas, que o tempo que passo aqui em Waco não é em vão. As experiências desse período poderão ser utilizadas posteriormente de maneira muito proveitosa. Sei que

36. Recorte de jornal com fofocas sobre a atriz de cinema Maria Schell e o boato de que ela havia se apaixonado pelo operador de câmera Günther Anders.

nossos esforços não são inúteis, pois, se fossem, nenhum senador americano ou deputado japonês pediria ajuda a um paciente psiquiátrico.

Com os melhores votos, seu amigo,
Claude

Carta 35
A Claude Eatherly

Caro Claude, *17 de julho de 1960*

Lamento muitíssimo, mas vou destruir um ídolo. Não, infelizmente nunca tive a chance de me encontrar pessoalmente com Maria Schell. Só a vi uma vez num filme. Em vez de me parabenizar, você deveria ter escrito uma carta de condolências ao outro Anders (que está perpetuamente condenado a carregar inclusive meu prenome e — o que não me surpreenderia — um dia perderá seu emprego porque as pessoas suspeitarão de que ele escreveu livros filosóficos). Infelizmente, os cheques destinados a ele eu nunca recebi, mas viriam a calhar.

Mas sua brincadeira tem um lado sério: fico muito feliz em notar que você não perdeu o humor, ou que ele está voltando aos poucos. Gente como você e eu, que tem um propósito sério na vida, se torna insuportável caso desaprenda a rir não só para os outros como também para si mesma. Nossa cara amarrada não ajudaria ninguém; nosso riso não machuca ninguém; e depois de uma boa risada ganhamos nova dose de força para as tarefas importantes.

Ouvi muitas coisas sobre os acontecimentos no Japão, é claro.[37] Recebi inclusive descrições detalhadas de amigos de lá. Mas reservo minha opinião a respeito até conversar com um amigo americano

37. Trata-se dos tumultos quando da chegada do porta-voz de Eisenhower, Hagerty, que foi ameaçado por uma multidão em protesto contra a renovação do pacto de segurança entre Estados Unidos e Japão.

que por acaso esteve nessa época crítica no Japão e que logo deve chegar à Europa.

Parece que se trata de um bom sinal, e você pode ficar orgulhoso por ter sido solicitado pelo senador Yarborough a escrever para o reverendo N.[38] Isso comprova que, apesar do seu isolamento, você foi capaz de abrir um buraco na parede para o mundo de fora e influenciar pessoas. Interessa-me saber se algo do que você escreveu foi publicado no Japão, ou se nossa primeira correspondência (que, como você está ciente, apareceu nos principais jornais japoneses) está por trás disso. De todo modo, perceba que não está numa situação desolada como a maioria das pessoas de boa vontade hoje em dia, pois os canais estão abertos para sua influência e você tem a chance de se fazer ouvir caso acredite ter algo a dizer.

E agora sobre sua observação quanto à possibilidade de um filme. Por favor, não acredite que gosto de fazer as vezes de chato. Mas não suporto a ideia de que Audie Murphy pudesse interpretar o seu papel. Está absolutamente claro que a indústria cinematográfica está especulando sobre uma sensação, pois "*um* herói vai fazer o papel de *outro* herói". Nunca vi Audie Murphy atuando; talvez ele seja, sim, um ator; entretanto, me parece mais crível que ele seja um homem que deu exatamente *aquele* passo sobre o qual escrevemos há pouco. Mas o argumento principal é o seguinte (e é bom que você já tenha levantado esse ponto na negociação com McClure e Audie Murphy): sob nenhuma circunstância você pode ser falseado. Continuo achando que essa condição só pode ser concretizada se houver uma biografia assinada por você; ou se você a escrever com alguém que tenha entrado em contato com você não por razões comerciais, mas porque compartilha de suas convicções. Esse problema se tornará mais agudo e será resolvido apenas após sua liberação. Por isso, se eu fosse você, não assinaria nada antes desse dia.

Tenho a impressão de que você passou a olhar para o futuro com confiança e avalia a possibilidade de sua liberação com muito mais otimismo do que durante os meses passados. Se você tiver sucesso, avise-me imediatamente, não quero tardar muito a dar os parabéns. Você já fez planos para depois do dia decisivo? Divida-os comigo, por favor.

38. Ver carta 34.

E agora, meus agradecimentos por ser atencioso com o senhor idoso. Vou lhe transmitir sua decisão e explicar que, devido à idade avançada dele, você não quis dar trabalho. Você adoraria tê-lo ao seu lado, trata-se de uma das pessoas mais humanas que já conheci, e tão humano quanto vivaz e cheio de energia.

Sempre seu amigo,
Günther

Carta 36
A Günther Anders

Caro amigo Günther, *26 de julho de 1960*

Obrigado por sua rápida resposta à minha última carta. Estou totalmente de acordo com aquilo que você pensa sobre a proposta de filme do escritor McClure e do ator Audie Murphy. Acabei de descobrir que Murphy há pouco regressou da Europa, onde filmou um documentário sobre foguetes controlados à distância, a fim de expor toda a potência dessas armas. Günther, aqui nos Estados Unidos temos uma associação que se chama Sane Nuclear Society, dirigida por Steve Allen e Robert Allen, duas das personalidades mais populares do cinema e da televisão. Não estou em contato com eles, mas, se houver um livro, então *eles* serão as pessoas que poderemos chamar para fazer um filme. Prefiro Robert Ryan (a Audie Murphy) porque ele é especialmente popular e, até onde pude pesquisar, trata-se de um homem sério e de princípios. Creio que, se conseguirmos engajar essas pessoas, estaremos aptos a usar a influência desse ator a nosso favor. Ainda há uma série de outros atores em Hollywood que fazem parte da Sane.

No momento, tenho duas tarefas à frente, das quais quero me desincumbir rapidamente. Primeiro, você deveria ouvir a resposta do membro do Parlamento japonês, ou melhor: vou enviá-la para você. Talvez você possa escrever um artigo baseado nesse documento. Você poderia então enviá-lo ao deputado e, nessa ocasião, perguntar-lhe sobre suas convicções e se informar a respeito do que ele acha da minha filosofia e das minhas ideias de como acabar com o medo das massas deste mundo. Não se esqueça de que não tenho permissão para me relacionar com assuntos e organizações políticas, de que posso ser identificado unicamente com minhas próprias ideias sobre problemas nucleares e de que minha posição se baseia em três palavras: amor, confiança e fraternidade. Essas palavras terão a força para destruir o temor dos povos e são a única coisa a exterminar a ameaça da guerra. Creio que, se você for capaz de fazer com que esse homem e os outros parlamentares que assinaram a carta para mim emitam uma resolução dizendo que temos de colocar todo esse problema gigante numa base moral, então não haverá mais motivo para o medo, e a ininterrupta apresentação do poder ameaçador (por meio de demonstrações de força em filmes, no rádio ou em desfiles grandiosos) perderá seu efeito. Você, Günther, poderá então escrever um grande artigo,[39] que terá seu efeito na Europa. Tente publicar esse texto em todos os países europeus, na França, na Itália, na Noruega, na Suécia, por meio de seus amigos e editores.[40] Temos de começar a ficar mais ativos, a situação está se tornando precária. Sei que nosso artigo chegou à Polônia — meu médico recebeu uma carta de lá com o artigo anexo; e também conseguiu ler a carta, pois é ucraniano, fugido em 1927.[41] (Também) eu vou escrever a esses deputados, mas de maneira puramente moral, sem nada de política. Não podemos permitir que nos identifiquem com esse grupo político ou aquele grupo religioso. Nosso objetivo é interromper o armamento nuclear e estabelecer um governo mundial[42] capaz de manter a paz — um governo que conte-

39. Em inglês, "*story*". Eatherly chama todos os textos dessa maneira.

40. Eatherly supervaloriza o poder do escritor independente frente à opinião pública e supervaloriza de maneira quase arriscada a minha influência. Visto que ele vez ou outra recebeu coisas com meu nome e que, nesse contexto, nenhum outro nome europeu apareceu, ele tem uma imagem totalmente equivocada de mim.

41. Supostamente trata-se das missivas aqui identificadas como carta 1 e carta 2.

42. Não é possível saber se Eatherly realmente está falando sério sobre essa total ausência de política (algo que não acho impossível) ou se ele só a reforça por motivos políticos. Se ele considera estar em absoluta concordância comigo nesse ponto, então se trata de um engano. Minhas restrições quanto à ideia de um governo mundial são igualmente fortes. Não posso aceitá-la sem reservas

nha tanto os países pequenos e fracos quanto os grandes; e o dinheiro hoje gasto em armamentos nucleares seria usado na educação, na saúde e no bem-estar dos povos pobres.

Günther, por favor, me devolva a carta do Japão assim que a tiver utilizado ou copiado. Quero tentar arranjar papel-carbono para conseguir enviar a você uma cópia da minha carta ao Parlamento japonês. Günther, temos de intensificar nossos esforços; às vezes penso que, na fase crítica, nos tornamos lentos demais.

Günther, gostaria de falar com você para esclarecer um assunto de grande importância que se refere a mim e minhas ações nos últimos catorze anos; não consigo colocar no papel aquilo que um dia vou lhe contar. Mas tenho a sensação de que você consegue ler as entrelinhas e de que você sabe de que tipo foram essas ações. Mas se trata de algo que pode esperar. [...]

Hoje é importante que meu nome tenha se tornado muito mais conhecido do que o dos homens que realmente lançaram a bomba. *Meu sinal de "go ahead" deve se tornar o instrumento que mostre minha culpa. Os povos do mundo [devem aprender] que o efeito desmoralizante da bomba é tão integral quanto seu efeito físico* [...].[43] Me parece que temos pela frente uma batalha longa e corajosa para que nós e nossos amigos sejamos vitoriosos com nossas convicções. Penso em ficar um pouquinho mais no hospital, até ter terminado um artigo que quero publicar na *Coronet* (uma das maiores e mais respeitáveis revistas dos Estados Unidos). Essa revista trouxe uma matéria sobre a equipe do bombardeiro *Enola Gay*, escrita e divulgada com o propósito evidente de destruir o efeito dos meus textos. Cada um dos homens participantes da equipe declarou não sentir culpa e ter firmemente cumprido as ordens do coronel (agora general) Tibbets, comandante da equipe no

• • •

porque, na tendência da descentralização do poder que hoje é própria da política contemporânea (sem falar na técnica contemporânea), cada governo global poderia se transformar automaticamente numa inevitável ditadura global. A tarefa política atual não é a eliminação da soberania dos Estados, mas sua dosagem.

43. O que segue é uma interpretação surpreendente de suas ações semicriminosas, que, se estiver correta, anularia de uma vez por todas a tese da doença mental de Eatherly. Devo omitir as frases seguintes (que considero uma interpretação *ex-post* de seu passado), pois Eatherly me pediu enfaticamente para não fazer uso delas.

momento do lançamento; e todos disseram que estariam dispostos a repetir o ato. A história é muito contraditória, vou enviá-la a você. Pedirei ao meu amigo Al Hirshberg que a escreva como relatado por mim (*as told by me*), para que eu não seja censurado pela Força Aérea, que dita ao hospital o que deve acontecer comigo. Tenho um amigo (meu médico) que me ajuda do seu jeito, mas o que ele pode fazer por mim tem seus limites. Ele é nosso amigo e me ajuda há dez anos. E durante esse tempo, sempre soube de tudo.

Günther, você daria permissão para usar seus "Mandamentos para a era atômica" num artigo, como parte de minha filosofia? Não seria inteligente chamá-los de trabalho seu, porque senão as pessoas pensariam que tudo o que vem com minha assinatura foi escrito por terceiros, e então perderiam a confiança na minha seriedade e nos meus esforços. Para ganhar, uma pessoa tem de se aproveitar de outra, tem de se aproveitar do trabalho de outra. Eu dividiria os honorários com você. Por favor, me responda o mais rápido possível, pois quero publicar o meu artigo logo, se possível, para que ele apague os efeitos do outro artigo. Já escrevi a Al Hirshberg, que há tempos quer uma história minha.

Recebo muita correspondência da Alemanha; algumas cartas são ridículas e apaixonadas, mas há outras de pessoas que com certeza não negligenciam o armamento nuclear. Por fim, quero expressar meu pesar por você não ser o mesmo Günther Anders que foi amado por uma moça tão bonita, mas lhe agradeço por investir amor no grande objetivo pelo qual ambos temos de trabalhar arduamente a fim de conquistar a vitória.

Günther, nunca recebi seu livro sobre o Japão. Por favor, autografe um exemplar para mim e me mande. Espero que num futuro próximo eu possa autografar um livro em conjunto com você.

Não se preocupe comigo, estou bem e vou continuar bem. Sei que poderei sempre contar com você (*you will never forsake me*).

Seu amigo,
Claude

P.S.: Você consegue decifrar meus garranchos? Eu não.

Carta 37
A Claude Eatherly

Caro Claude, *31 de julho de 1960*

Sua longa carta de amizade acabou de chegar e preciso respondê-la de imediato, embora não creia que possa improvisar, no momento, soluções reais para todos os seus problemas. Mas sua carta deixa transparecer que você parece agitado,[44] supostamente pelo artigo infame na *Coronet*. Se lhe escrevo de pronto, é principalmente para pedir que economize seus sentimentos e não os gaste se indignando com malvadezas esparsas, com as quais temos de lidar todos os dias. Reserve-as para sua tarefa principal. Use essas malvadezas esparsas como alerta; elas apenas indicam quão incansavelmente temos de prosseguir em nosso caminho. Formulando de maneira exagerada: temos de agradecer por elas, pois não permitem que nos tornemos desleixados.

E agora aos pontos de sua carta. Mais uma vez, escrevo com ceticismo: duvido que aqueles deputados japoneses que se dirigiram a você por intermédio de um senador americano sejam partidários de nossa causa. Suspeito de que a intenção deles seja se aproveitar da autoridade que você exerce entre a geração jovem do Japão; que estejam tentando apresentá-lo como advogado de uma astuta solução de compromisso — e soluções de compromisso podem ser disfarçadas de soluções de compromisso cristãs.[45] Infelizmente não sei o que você respondeu a eles. Talvez você tenha caído numa armadilha. Imediatamente fui me informar com um amigo japonês, professor, para saber mais sobre os signatários japoneses da carta que lhe foi endereçada, a fim de descobrir se o que dizem é realmente o que pensam, ou se são próximos do político [Nobusuke] Kishi. Parece que ninguém mais se lembra de que Kishi foi integrante ativo do governo japonês durante a agressiva guerra expansionista que engloba o período de Pearl Harbor e organizou a exploração das áreas que o Japão tinha

44. A caligrafia da última carta mostrava, de maneira inequívoca, excitação e confusão.
45. Pareceu-me inadequado escrever a verdade absoluta (ver carta 34, nota 35), porque eu não tinha certeza de que minhas cartas eram lidas apenas por ele.

ocupado na época. E, por fim, os Estados Unidos não o encarceraram por nada durante três anos logo após o final da guerra. Nenhum cidadão americano com sentimento de honra poderia entrar em contato com esse homem ou com aqueles que o auxiliaram. Claro que ainda torço para que aqueles que se aproximaram de você não façam parte desse clã. Temos de aguardar a resposta do meu amigo em Tóquio.

Você me pediu para escrever a essa gente e, caso eu o tenha entendido bem, usar essa carta como uma carta aberta, ou seja, como um texto que deveria ser publicado em todos os lugares. Não posso fazer isso sem saber quem eles são. O tom que escolhemos depende do interlocutor. Tomara que meu pedido não chegue atrasado; por favor, não envie sua carta antes de sabermos quem são essas pessoas. Estou devolvendo a carta do deputado, eu a copiei.

O que você relata sobre o envio que seu médico recebeu da Polônia é sensacional. Os poloneses devem ter traduzido nossas cartas de uma revista alemã. Não é um mundo estranho este no qual ficamos sabendo, em Viena, por uma carta escrita no Texas, que fomos publicados na Polônia?

Agora em relação ao seu pedido, Claude, de usar trechos do meu "Mandamentos para a era atômica" no seu artigo para a *Coronet*. Essa questão me parece um pouco mais complicada do que você imagina. O estilo das minhas formulações é reconhecível. Temo que, se você simplesmente se apropriar delas, rapidamente alguém vai dizer: isso não é de Eatherly. Portanto, acho mais aconselhável reescrever meus mandamentos de tal modo que a fonte seja irreconhecível; ou me citar, como se costuma fazer. A escolha entre essas alternativas depende do estilo do seu artigo para a *Coronet*. Aliás, em fevereiro de 1959 ditei uma série dessas teses aos alunos da Universidade de Colônia.[46] Eles acabaram de me escrever dizendo que querem publicá-las em sua revista. Infelizmente ainda não preparei nenhuma versão em inglês. É melhor esquecer sua sugestão de dividir meio a meio os honorários para o artigo da *Coronet*. Envie o valor ao Hospital de Hiroshima, à unidade de vítimas nucleares.

46. Na verdade, as chamadas "Teses para a era atômica" foram ditadas para os alunos da Universidade Livre de Berlim. [N.T.]

Não me espanta o ridículo da correspondência europeia que você recebe. Embora a série de artigos seja razoável, o nível da revista é muito baixo, e seu público leitor não é exatamente gente do nosso gosto.

Curiosamente você não me disse nada sobre como avalia agora suas chances de ser liberado. Por favor, me escreva a respeito. Aliás, você teve alguma notícia das cartas que enviei ao juiz e ao dr. Frank?

Você tem ideia de que nos conhecemos faz mais de um ano? Em sua primeira carta, você havia previsto que a correspondência seria longa. Espero que dure a vida toda.

Seu amigo,
Günther

Carta 38
A Günther Anders[47]

Caro Günther, *3 de agosto de 1960*

Sua carta acabou de chegar, com seus conselhos sempre bons, que sempre aceito, como os de um amigo confiável. No que se refere à

47. Esta carta tem grandes trechos ilegíveis, não segue a sintaxe e alguns pontos são incompreensíveis para mim. Se este texto fosse entregue isoladamente a um psiquiatra, ele certamente, e com razão, diagnosticaria um distúrbio. Entretanto, a carta — como uma pedra errática num solo normal — deve ser encarada como uma exceção. O próprio Claude afirma em dois momentos que a escreveu sob o efeito de drogas, pois ele próprio percebe claramente a incoerência e a opacidade. Em nenhum outro lugar Eatherly cita o tratamento com "tranquilizantes". Há uma resposta muito plausível à questão sobre a tentativa de dopá-lo nessa época: a primeira semana de agosto é a "semana de Hiroshima"; supostamente havia a expectativa de que seu nervosismo fosse aumentar nesses dias. É terrível que o único documento do transtorno mental seja resultado dos meios que se usam contra os supostos distúrbios mentais. A carta é mais assustadora ainda não como sintoma do estado do "paciente", mas como sinal do estado dos tratadores, que acham natural sair prescrevendo *pílulas contra o choque do apocalipse*.

carta que escrevi ao reverendo N., nisso você não tem razão. Você vai perceber o porquê a partir de uma carta que recebi das pessoas da XY Society, que é o mesmo grupo a quem escrevemos no ano passado e que reagiu de maneira tão incrível. A frase sobre o reverendo N. nessa carta vai deixar claro que se trata de um homem sério, um homem que está do nosso lado. Não enviarei a carta que escrevi e que está sendo datilografada no momento antes de ouvir sua opinião a respeito. Assim que a cópia estiver pronta, envio para você. Fui muito cuidadoso no meu texto para evitar tudo que pudesse dar algum indício de que eu fosse ligado a algum grupo, partido ou igreja.

Além disso, ainda antes de sua carta chegar, eu havia me decidido a não escrever a planejada "*story*" à *Coronet*, mas esperar até estar fora e ter terminado meu livro. Aliás, descobri que, após minha liberação, não conseguirei sair dos Estados Unidos por um tempo, talvez por muitos anos. Mas hei de encontrar a pessoa certa para me ajudar com minha autobiografia. Se, no fim das contas, pudesse ser você... Mas desejo que você assine a introdução ou o epílogo (ou se chama prólogo, desculpe minha ignorância — mas nos últimos tempos tenho tomado mais tranquilizantes, pois o doutor disse que no momento estou "*hypermaniac*", assim como ficou comprovado no relatório de meu período militar). Ele (palavras ilegíveis) vê a melhora do meu estado, mas deseja (mais palavras ilegíveis), que eu não recaia no estado maníaco que desencadeou meu colapso e meu complexo de culpa.[48]

Vou tentar explicar a você o motivo de ter esperança de ser liberado em setembro; é porque tive uma longa conversa telefônica com meu irmão, na qual lhe expliquei algumas coisas que já havia explicado a você em uma de minhas cartas;[49] espero que ele assine o documento

48. Eatherly está tão influenciado pelo vocabulário médico que há anos escuta que, em vez de simplesmente falar "culpa" (a que está claramente se referindo), fala de "complexo de culpa"; ou seja, ele usa uma terminologia que, justamente em oposição à sua convicção, rouba a legitimidade do seu sentimento de culpa. Afinal, a psicanálise só fala de "complexo de culpa" quando se trata de sentimentos de culpa injustificáveis. Eatherly, por sua vez, afirma que realmente tem culpa (ver carta 62). [Eatherly fala explicitamente de sua culpa em vários trechos; ver, por exemplo, cartas 12, 36, 42, 43 e 44 — N.T.]

49. Aqui ele se refere claramente à interpretação de suas ações "anormais" ou "criminosas", que me enviou na carta 36 (ver nota 43), com o pedido de discrição, e às quais ele ainda se refere posteriormente.

de minha liberação, em vez de (impor a mim) uma nova audiência e eu ser internado de novo.

Espero que não tenha sido uma armadilha o que os japoneses ou americanos armaram para mim — mas acho que não disse nada (em sua carta ao Japão) que pudesse ter alguma relação com política. Escrevi simplesmente que nada pode ser resolvido com violência.

Permiti à XY Society, para a qual esporadicamente escrevi artigos, que faça um programa de televisão sobre mim, ou seja, contra o armamento nuclear e a guerra e em prol da paz. Vou lhe enviar a carta que recebi por meio de uma conhecida minha, que é pacifista e faz parte da XY Society [...]. Ela é uma boa e confiável amiga aqui, assim como você é meu amigo na Áustria. Há pouco ela publicou seu primeiro livro; o assunto são orações.

No que se refere ao uso dos seus "Mandamentos" — concordo totalmente que nunca seria capaz de alcançar a altura e a profundidade de seu modo de expressar. Vou dar um jeito de fazer como você sugere, caso eu possa modificar suas palavras para que elas caibam no meu estilo.

Por favor, considere escrever ou a introdução ou a conclusão do meu livro. Acho que já lhe disse o que farei com o honorário, caso venha a receber algum: a maior parte seria destinada ao Japão, um tanto para a Alemanha e outros países, e eu abriria um fundo num lugar qualquer, onde o dinheiro não pudesse ser tocado por nenhum tipo de imposto de renda, e com o qual não se pudesse criar uma bomba.

De volta ao meu livro, que começarei em 1º de outubro. Vou lhe pedir conselhos e ajuda, especialmente sobre como posso superar minhas hesitações em descrever minhas ações supostamente heroicas (*supposedly heroic acts*) durante a guerra. Como posso fazer isso, já que todo jovem leitor ficaria com vontade de trilhar uma carreira militar e tentar se tornar um herói? Como destruir esse mito? Günther, pedi que amigos de fora lhe enviassem um exemplar da *Coronet* com a matéria sobre o general Tibbets e a equipe do bombardeiro. Assim, você poderá ver com seus próprios olhos que essa matéria foi escrita em oposição aos meus artigos (*to retaliate against my articles*).

Talvez você não saiba que os Estados Unidos apoiam Kishi devido ao pacto que ele assinou. Não tenha medo, em minha breve carta não falei nada para defendê-lo ou seus iguais. Imaginei que nosso artigo deva afirmar que países pequenos não desejam o armamento nuclear porque, desse modo, passariam a viver em constante temor dos outros países; e para tanto (eu quis) ganhar a simpatia do Parlamento japonês. Não enviei a última carta e também não vou enviá-la antes de ter uma comprovação segura da boa vontade dessa gente. Sei que a XY Society é um grupo pacifista bom e respeitável, que goza do apoio de homens como Bertrand Russell e Pauling.

Caso eu tenha cometido um erro, vou modificar minhas formulações anteriores num artigo para o povo japonês.

Gostaria muito de ler suas teses sobre a bomba atômica, caso você possa pedir que sejam traduzidas.

Não ouvi falar de nada e eles (médico e juiz) não me avisaram de nenhuma correspondência recebida. Não acredito que meu irmão vá solicitar novamente minha internação e odeio a ideia de arriscar uma audiência, pois eles (os médicos) vão dizer que sou um potencial suicida, e isso anularia meus esforços.

Este ano que se passou desde que nos conhecemos parece curto, nossa amizade não vai terminar nunca. Espero não ter deixado nenhuma de suas perguntas sem resposta, contei tudo o que sei sobre minha situação. Hoje ainda estou um pouco sob os efeitos de drogas, por favor desculpe a confusão.

Seu amigo,
Claude

Carta 39
Da XY Society Tóquio
a Claude Eatherly

Prezado major Eatherly, *(sem data)*

Agora que o dia de Hiroshima se aproxima, enviamos-lhe esta carta para dizer que hoje, quinze anos após esse trágico acontecimento (*incident*), nossos pensamentos, cheios de preocupação, estão com o senhor.

Há um ano, fizemos chegar às suas mãos, por intermédio de nossa amiga sra. [...], uma carta. Seu recebimento nunca foi acusado, mas esperamos que o senhor a tenha lido. Depois dessa carta, outra "*letter of sympathy and goodwill*" lhe foi enviada, assinada por trinta "Girls of Hiroshima", e foi o espírito do perdão que animou essas jovens a lhe escrever. Assim como nós, as jovens — vítimas do lançamento da bomba — queriam expressar sua convicção de que também *o senhor* é vítima desse evento bárbaro que se chama guerra, tal como essas jovens inocentes, marcadas por ele até o final de suas vidas.

Sabemos de uma carta que o senhor escreveu há pouco a nosso amigo, o reverendo N. (membro do Parlamento e, simultaneamente, membro destacado de nossa sociedade). Essa carta encontrou uma grande quantidade de leitores, e ficamos aliviados em conseguir depreender dela que o senhor não só está pouco a pouco se recuperando fisicamente como também começa a tomar posição inequívoca pela paz e contra a guerra. Esperamos que essa nossa suposição não seja apenas reflexo de nossa vontade. Continuamos a rezar por sua convalescença total e por seu ingresso numa nova vida.

É nossa esperança que esta carta chegue às suas mãos no dia de Hiroshima. Esse dia é dedicado à causa da reconciliação das nações, um dia de memória e que, a partir de agora, deve servir também para livrar a humanidade de suspeitas mútuas, de inimizades e da guerra, incentivando-a a viver em confiança e amor fraterno.

Com os mais sinceros votos,
(*duas assinaturas japonesas*)

Carta 40
A Claude Eatherly

Caro Claude, *10 de agosto de 1960*

Recebi sua longa e calorosa carta. Infelizmente não consigo respondê-la agora, pois estou prestes a viajar para Berlim, onde discursarei num evento em memória de Hiroshima. Depois de meu regresso você receberá uma carta minha de verdade. Mas estou aliviado de ver, a partir da carta japonesa, que eu estava errado, que minhas desconfianças não se concretizaram. Esse sr. [...] com certeza é alguém decente.

Como sempre, seu amigo,
Günther

Carta 41
A Günther Anders

Caro Günther, *17 de agosto de 1960*

Apenas algumas palavras para dizer que recebi sua carta e o anexo. Agora envio a você parte do escrito que enderecei ao Parlamento japonês depois de saber que as pessoas são ok.

O *Tokyo Shimbun* quer usar o texto[50] para uma matéria alentada; respondi-lhes que tudo bem, caso o Parlamento também esteja de acordo. Além disso, o jornal também me pediu para responder a algumas perguntas. Claro que me expressei filosoficamente, a fim de não cair em nenhuma armadilha.[51]

Não sei se serei liberado logo ou não; se não, vou assinar um A.M.A. (*against medical advice*),[52] porque assim, se quiserem continuar me retendo aqui, terão de pedir uma nova internação. (Em inglês, con-

50. Na carta de Eatherly, "*essay*". Em suas cartas, ele volta e meia usa palavras da área da literatura, que lhe é estranha. Provavelmente também para não parecer tão inculto na correspondência com um escritor (talvez o primeiro que ele tenha conhecido na vida).

51. Certamente Eatherly não tem ideia do quanto está correto com esse descrédito da filosofia como ocupação-álibi.

52. Pedido de liberação contrário aos conselhos médicos.

fuso: *They have to recommit me if I am held.*) Espero que meu irmão não me interne de novo.

Seu amigo,
Claude

Carta 42
de Claude Eatherly ao reverendo N.[53]

Prezado senhor, *8 de agosto de 1960*

Permita-me começar expressando meu agradecimento ao senhor e aos outros membros do Parlamento que assinaram a carta de 25 de julho. Minha gratidão pela preocupação que o senhor tem em relação a mim e pelas orações em meu nome é infinita. Nesses dias de temor e inquietação, é para mim uma honra que o senhor queira saber mais sobre meu ponto de vista filosófico.

Falarei exclusivamente por mim, embora um grande número de americanos acredite, como eu, que esse tempo de luta entre todas as nações, grandes e pequenas, tem de chegar ao fim.[54] Tenho escrito muitos artigos para publicação, a fim de incentivar a coragem à esperança e (alimentar) os esforços que são necessários caso queiramos salvar esta Terra.

Primeiro vou responder à sua pergunta sobre meu papel no bombardeio de Hiroshima.

Eu comandava o avião principal, o *Straight Flush*. Era minha tarefa (*job*) chegar a Hiroshima — a primeira cidade na lista dos alvos da bomba —, reconhecer as condições climáticas no local e descobrir

53. Este é o "*essay*" mencionado na carta 41 [nota 50], muito abreviado.
54. Eatherly utiliza aqui elegantes "*million dollar words*", que apenas obscurecem o sentido. Em inglês: "*A great mass of the American people hold my viewpoints on the philosophy which can end these days of strife*". No seu caso, "*philosophy*" nunca significa filosofia no sentido clássico, mas, como de costume nos Estados Unidos, qualquer máxima pragmática.

se precisaríamos nos preocupar com alguma resistência da Força Aérea inimiga ou da artilharia de solo. Sobrevoei a área por cerca de 45 minutos a fim de estudar as formações das nuvens, que cobriam parcialmente a visibilidade do alvo. Esse alvo era uma ponte entre o quartel-general militar e a cidade de Hiroshima em si. Cerca de quinze aviões japoneses voavam a uma altitude de 15 mil pés (cerca de 5 mil metros), mas não fizeram nenhuma tentativa de chegar à minha altitude de 29 mil pés (cerca de 10 mil metros). Esses aviões logo desapareceram. No que diz respeito ao clima nesse 6 de agosto: havia a formação de cúmulos esparsos entre 12 mil e 15 mil pés de altitude sobre a cidade. Essas nuvens pareciam seguir na direção da cidade de Hiroshima numa velocidade de 10 a 15 milhas por hora. O horário dessa minha observação foi por volta de 7h30 da manhã. O alvo era claramente visível. Tratava-se, como disse, de uma ponte, cuja destruição deveria impactar severamente o quartel-general japonês. O tempo me parecia ideal: como apenas o alvo estava visível, mas não a cidade, esta seria poupada, e o lançamento da bomba sobre o quartel-general forçaria os militares a compreender o poder de destruição da bomba e convencer as Forças Armadas da necessidade de assinar uma declaração de paz e, finalmente, encerrar a guerra terrível. Enviei aos aviões minha mensagem codificada, que exprimia o "pronto, já" definitivo; ou seja, fui eu quem ordenou o bombardeio do alvo principal.

Mas minhas esperanças não se concretizaram. As nuvens sobre Hiroshima se dissiparam, o atirador errou o alvo em cerca de três mil pés (um quilômetro) e destruiu a cidade de Hiroshima. Não acredito ter se tratado de um erro proposital, mas de um engano, que impediu que a bomba fosse direto ao ponto (*straight and true*).[55] Por favor, lembre-se de que se tratava de uma bomba nova, ainda não testada. Mas agora a coisa tinha acontecido, e agora nosso "*job*"[56] é fazer todo o possível e imaginável para que nunca mais haja outra "Hiroshima".

55. Se for verdade, isso significa que aquele elemento, que sempre apresentamos como um dos mais desastrosos da situação nuclear, ou seja, *a inconfiabilidade dos operadores das máquinas e das próprias máquinas, teve um papel fatídico já no primeiro momento da era nuclear*.

56. Esta palavra neste ponto é absolutamente característica. A palavra "*job*" varreu todas as palavras que antigamente designavam ações dos mais diferentes tipos.

Bem, agora que já relatei meu papel na missão, gostaria de lhe contar que, naquele 6 de agosto de 1945, tomei a decisão de dedicar minha vida à tarefa de destruir as causas da guerra e lutar pelo boicote de todas as armas nucleares.[57] Jurei isso numa oração durante o voo para a base — e não importa o que aconteça no futuro, sei que aprendi três coisas que sempre serão as convicções do meu coração e da minha mente.

Viver, mesmo a vida mais árdua, é o mais belo tesouro e o milagre mais maravilhoso do mundo.

Cumprir nossa missão é a segunda coisa mais incrível. E essa missão é a seguinte: garantir às pessoas de todas as raças, tanto faz se vermelhas, brancas, pretas ou amarelas, uma vida cheia de felicidade, sem temor, sem pobreza, sem ignorância, sem servidão — consa-

...

Isso porque uma atividade que é "apenas um *job*" permanece moralmente neutra, ou seja, algo que não demanda uma checagem de consciência, apenas esmero. Nada prova de maneira mais assustadora a impossibilidade de separação dessa palavra do que o fato de que mesmo Eatherly, que não reconhece a "neutralidade moral", emprega a expressão sem maiores preocupações, chamando de "*job*" inclusive a luta contra esse "*job*". Além desse termo do mundo do trabalho, era usado ainda um termo religioso, ou ao menos de tintas religiosas: "*missão*". Embora "missão" leve a outras associações, a palavra preenche uma função semelhante a "*job*". Pois as "missões" também já estão, de antemão, fora da questão do "permitido *versus* não permitido"; mais que isso, elas *não têm como* ser imorais. Em outras palavras, também essa expressão torna supérfluas a mobilização da própria consciência e a tomada de consciência.

57. Essa frase pode levar ao mal-entendido de que Eatherly tivesse algum conhecimento prévio sobre a potência dos efeitos da "arma nuclear". Nesse sentido, podemos dizer o seguinte:
(a) A descrição foi composta exatos quinze anos após o evento, e provavelmente Eatherly — por quinze anos, dia após dia, visualizando seus efeitos — não estava mais em condições de reconstruir emocionalmente o fato de que algum dia ignorara os efeitos de seu ato.
(b) Num sentido abstrato, Eatherly pode talvez ter sabido de algo — mas o que é esse "saber"? Depois de não terem aprendido nada sobre a arma nuclear durante todo o treinamento especial para esse voo, ele e os membros da equipe foram informados superficialmente do teste de lançamento ocorrido no Novo México. É possível que ele tenha visto imagens a respeito. Mas até mesmo essas imagens eram inócuas, porque não mostravam nada destruído, apenas o famoso "cogumelo". O que os pilotos aprendiam antes de serem enviados às suas "missões" era exclusivamente um vocabulário de orgulho e vaidade, pois de antemão eram chamados de "*Victory Boys*" e, como tais, cruzaram o Pacífico para cumprir com seu "*job*" terrivelmente não pacífico.

grei-me a cumprir essa missão durante o voo de volta de Hiroshima para Tinian. Esse foi meu segundo credo.

Meu terceiro credo é que a barbaridade, o ódio, a violência ou a injustiça nunca poderão ser a linha mestra de um milênio, não no sentido espiritual, moral ou material. O único caminho ao milênio é o jorro do amor criador, a confiança e a fraternidade, não apenas nos discursos, mas praticados ininterruptamente.

Cerca de quinze anos se passaram desde essas promessas, e a culpa que me liga a um tal crime trouxe muita confusão para minha mente e meu estado de espírito. Passei quase oito anos em hospitais e, por um breve intervalo, também na prisão. Sempre me pareceu que nos presídios eu estava feliz, porque, ao ser castigado, me redimia de minha culpa [...].

Esses anos trágicos, porém, não diminuem meu desejo de apagar para sempre (*to stamp out*) as ações violentas e as armas nucleares. Ao contrário, eles apenas amplificaram minha avidez por fazer tudo o que estiver no âmbito de minhas forças, de modo que fiquei a par, por um lado, dos avanços científicos e, por outro, da diminuição (ou do lento desenvolvimento) da moral dos povos de nossa Terra.

Neste ponto, permita-me citar a Bíblia: "Bem-aventurados os mansos, porque herdarão a terra. Bem-aventurados os misericordiosos, porque alcançarão misericórdia. Bem-aventurados os que promovem a paz, porque serão chamados filhos de Deus".

Infelizmente, nas minhas condições atuais, não posso lhe mandar uma foto da minha família. Mas tenho um retrato meu, que me foi enviado por um desconhecido na Alemanha, que leu um dos meus artigos. Vou lhe enviar esse.

Sigo na expectativa de que o senhor alcance todos os seus desejos, como paga para sua boa atitude cristã.

Fraternalmente,
Claude R. Eatherly

Carta 43
A Günther Anders

Caro Günther, *18 de agosto de 1960*

Desculpe se agora minhas cartas estão tão frequentes e tomam tanto de seu tempo, mas creio que chegou a hora de dar meu passo para sair do hospital; creio ainda que você pode me ajudar nesse sentido, com uma carta para minha irmã, sra. Clyde L. Cobb, encarecidamente endereçando-a também a J. E. Eatherly Jr. O endereço é [...]. Peça-lhe que entre com o pedido de minha liberação (*to sign me out*). Nos últimos dias, acabei de lhes contar meu plano e minha promessa dos últimos quinze anos, mas temo que eles não consigam imaginar que eu vá abrir mão de tudo o que se relaciona a nome, carreira e fama em prol de uma *causa*. Espero que você possa lhes contar sobre o movimento mundial e que todos nós temos de trabalhar para salvar o mundo. Conte de nossa amizade e que trabalhamos por um "*way of life*" que significa liberdade para todos. Estou certo de que você pode impressioná-los profundamente, e eles não pensarão que estou simplesmente louco. Você tem de explicar a eles que meu sentimento de culpa é autêntico, mas que não estou maluco [...].[58]

Minha correspondência com o Japão aumentou enormemente nos últimos dias, visto que minha carta ao Parlamento foi divulgada pela imprensa.

Günther, tomei a liberdade de escrever ao senador Yarborough pedindo que fizesse valer sua influência a fim de retirar a queixa de "*contempt charge*" contra o dr. Linus Pauling.[59] Vou enviar a cópia para você. A carta foi mal datilografada, mas tive de aceitar o resultado, pois aqui no hospital não posso usar máquina de escrever. Afinal, o senador está em dívida comigo, e deixei isso nas entrelinhas.[60] O passo certamente terá seu êxito e sentirei suas consequências (*will probably slap me in the face*), mas não me esqueci de como ele e a sra.

58. Carta incompleta, pois, assim como em outras cartas, Claude pediu explicitamente por discrição.
59. Acusação de desacatar o tribunal, recusando-se a dar qualquer tipo de declaração, por exemplo.
60. Ver carta 34 e seguintes.

Pauling tentaram me ajudar. Me escreva quando puder. A série de artigos nas revistas europeias finalmente terminou? Guarde-a para mim. Escreva logo.

Muita sorte, seu amigo,
Claude

Carta 44
De Claude Eatherly ao senador Yarborough

(abreviada, pois há repetição de coisas ditas anteriormente)

Prezado senhor, *10 de agosto de 1960*

Há algumas semanas recebi uma carta sua na qual o senhor me informava ter se encontrado com o honorável reverendo N., membro do Parlamento japonês; este lhe pediu que o senhor me transmitisse seus melhores votos e expressou o desejo de saber notícias minhas. Enviei uma carta ao reverendo N. agradecendo-lhe pelo interesse em mim e minha doença, motivada pela minha culpa no bombardeio de Hiroshima.

Escrevi com frequência contra o armamento nuclear e pelo fim dos testes nucleares em todos os países que agora têm capacidade de produzir esse tipo de arma.

Minha carta ao deputado parece ter impressionado, pois ele me pediu que eu discorresse com mais detalhes sobre a paz mundial, e sua carta foi assinada por muitos dos deputados da casa. A carta que escrevi não continha nada de político, apenas minhas opiniões sobre o amor, a confiança e a fraternidade que deveriam reinar entre todas as nações [...].

Senador Yarborough, em sua carta o senhor se colocou à disposição caso eu precisasse de ajuda.

O dr. Linus Pauling foi acusado de "*contempt of court*" quando esteve diante de um comitê do Congresso. Eu ficaria feliz caso o senhor se sentisse inclinado (*I pray that you can feel in your heart*) a ajudar esse homem, não levando a acusação adiante. Ele é um grande homem, um homem de grande humanidade; e, por fim, a utilização das bombas atômicas e de hidrogênio contempla também um grande perigo que é absolutamente novo, e mais perigoso que todos os outros perigos que houve nas guerras passadas. Afinal, não sabemos quais efeitos serão gerados com a liberação de grandes fluxos de radioatividade, e há pessoas, entre elas Einstein, que acreditam que o resultado final poderia ser o extermínio da humanidade.

Assisti à explosão de três das quatro primeiras bombas atômicas[61] e conheço seus efeitos. Com base no grande avanço científico que houve desde aquela época, também sei — assim como o dr. Pauling — que o resultado será o fim de nossa Terra habitada por humanos. Por esse motivo, a guerra hoje é uma ameaça maior do que foi no passado.

O impedimento da guerra tornou-se imprescindível, uma vez que a vida civilizada deve continuar existindo e que qualquer outra forma de vida deve continuar existindo.

Essa causa é tão imperativa (*so imperative*) que não podemos recuar diante de novas formas de pensamento político, nem podemos evitar compreender novos problemas que antes podiam ser deixados em segundo plano (não sem consequências, mas sem a incitação à catástrofe extrema).

Não pretendo prosseguir aqui discutindo sobre minhas convicções, mas suplico que o senhor salve esse grande homem de mais aborrecimentos, pois ele fez algo para tentar influenciar o pensamento do grande povo americano, tentando explicar a todos que temos de fazer tudo o que está a nosso alcance para salvar nossa existência.

Por favor, desculpe-me pela extensão desta carta, mas achei necessário escrever tudo isso a fim de auxiliá-lo na decisão de ajudar o grande homem dr. Linus Pauling.

Agradeço de antemão por seu interesse e pelo tempo despendido.

Atenciosamente,
Claude R. Eatherly

61. Inclusive Bikini.

Carta 45
A Claude Eatherly

Caro Claude, *31 de agosto de 1960*

Por favor, me desculpe por não ter escrito por tanto tempo, mas minha esposa ficou doente. Quando o pior havia passado, eu a coloquei num avião para a casa dos pais dela, onde pode ser mais bem cuidada do que aqui, pois eu também fiquei doente e ainda estou — é realmente escandaloso o quanto dependemos do nosso cadáver. Mas agora posso voltar a me sentar à escrivaninha, e a primeira folha na máquina de escrever é para você.

Claro que escrevo à sua família; estou enviando uma cópia, assim você fica sabendo o que eles receberam de mim. Espero ter encontrado o tom certo. Não é tão fácil escrever para pessoas que desconhecemos totalmente, mas um dia você também foi um completo desconhecido, e a compreensão foi perfeita.

Ah, se conseguíssemos tirar você daí. Não sei o que faria quando soubesse da sua liberação. Chegará o momento em que comemoraremos isso juntos.

Aliás, esta manhã recebi uma carta de amigos japoneses insistindo que eu lhe avisasse para ter muito cuidado com os japoneses com os quais você está se relacionando. Esses amigos os conhecem e não confiam plenamente neles. Temo, Claude, que as pessoas tentem usar o seu nome para alcançar objetivos diferentes dos seus. Pessoas boas têm dificuldade para aprender a desconfiar. Mas *temos* de aprender isso. Aliás, sua carta tem uma frase curiosa que não consigo entender. Você escreve que autorizaria um artigo num jornal de Tóquio caso o Parlamento concordasse com ele. Por que ele haveria de concordar? Por que o Congresso japonês decide o que é verdadeiro e o que é falso? A verdade não depende da concordância de um grupo qualquer. "Três vezes três são nove" vale mesmo se todos os parlamentos do mundo disserem que três vezes três são dez. E como o Parlamento concordaria com seu artigo? Nenhum Parlamento será contra ou a favor da publicação de um artigo de jornal. Por que você apenas não confia no maravilhoso princípio americano da "*freedom of expression*"? No momento em que você lhes disser que está vinculando sua publicação ao consentimento deles, estará desperdiçando sua liberdade americana, que garante ao indivíduo dizer o que considera correto. Você tem o direito de usufruir desse direito ao entregar seu texto a um jornal, seja americano ou estrangeiro.

Sua carta a N. é, claro, um belo testemunho. Mas prefiro sua carta ao senador Yarborough, na qual você pede que ajude nosso amigo Pauling. Nessa carta, você comprova que achou o caminho do ideal à realidade. Pois a nossa obrigação hoje é construir pontes entre nossas esperanças e o mundo real. É inescapável nos "misturarmos" nesse mundo sujo, até na "diplomacia". *Claro que acabamos sujando as mãos nessa hora, pois quem lava coisas sujas fica com os dedos sujos. Entretanto, essa é uma sujeira honrosa.* Se não nos "misturarmos" ou tentarmos comprovar que não nos misturamos, é melhor simplesmente deixar tudo como está. Mas eu sei que você também sabe disso, senão não teria escrito ao senador Yarborough.

Passo dias e noites trabalhando no meu livro sobre a situação nuclear, escrevendo, riscando, reescrevendo. Nesse meio-tempo, você já deve ter recebido meu livro sobre Hiroshima. Pena que não consigo traduzi-lo para você. Mas espero que uma versão em inglês seja publicada em breve.

Se eu tivesse vinte dedos nas mãos, eu os cruzaria todos para você.

Seu amigo,
Günther

Carta 46
De Günther Anders aos irmãos de Eatherly

Prezada sra. Cobb e prezado sr. Eatherly,

1º de setembro de 1960

Receber uma carta de Viena os surpreenderá, principalmente se remetida por alguém que lhes é totalmente desconhecido. Por favor, desculpem o incômodo.

Escrevo a pedido de Claude: seu irmão me pediu para lhes dizer, em poucas palavras, o que acho dele. O pedido comprova o quanto ele confia em mim, e seria injusto me negar a atendê-lo.

Não sei se Claude lhes disse alguma vez que nós, apesar de não nos conhecermos pessoalmente, mantemos uma correspondência regular sobre problemas que são urgentes para ambos: o significado e as consequências da era atômica. Compreensivelmente esse problema se tornou *o* problema para milhões de pessoas. Isso vale para cientistas, religiosos, políticos, educadores, médicos do mundo todo. O tema não é apenas mais um entre outros, mas sim o problema mais terrível que jamais existiu, pois designa a possível autodestruição da humanidade por meio daquelas armas (se é que a palavra "armas" ainda se aplica aqui) tornadas possíveis pelo desenvolvimento da física nuclear. Talvez os senhores também saibam que há congressos sendo organizados em todos os cantos do mundo, pois essa nova situação precisa ser apresentada claramente à humanidade, sobretudo porque a maior parte das pessoas é indolente ou cega — ou não quer enxergar a realidade do perigo. As pessoas que fazem parte desse "movimento antinuclear" são as melhores de todos os países, pois são as que se sentem responsáveis pela sobrevivência da humanidade; não são, de modo algum, esquisitas, ao contrário: nunca em toda a minha vida vi tão pouca gente esquisita quanto nos congressos antinucleares em Londres ou em Tóquio.

Parece-me que não é difícil compreender que Claude, que faz parte daqueles que foram os primeiros a ver, com os próprios olhos, a realidade inimaginável da era atômica, tem a sensação de pertencer a esse grupo de responsáveis. Aliás, quinze anos após seu famoso voo para Hiroshima, estive no lugar e tive a oportunidade de falar com vítimas que sabiam de Claude: elas me contaram da sua profunda empatia para com ele. Pois sabiam e compreendiam que as sombras dos inúmeros mortos pesavam sobre seus dias e suas noites.

Os senhores vão concordar que temos peso na consciência quando prejudicamos um único ser humano, mesmo quando não o fazemos de propósito. Como deve ser insuportável para a consciência ter participado (claro que de maneira não intencional) de uma ação que causou a morte de duzentos mil. O "tinha de ser assim" não consegue acalmar a alma de alguém realmente ciente de sua responsabilidade. O remorso permanece vivo, a ferida permanece aberta — até que o remorso se torne uma inabalável decisão (e foi o que aconteceu com Claude): "Isso não pode se repetir". Com certeza os senhores compreenderão que os difíceis anos entre 1945 e 1960, anos em que Claude pareceu até ser criminoso, foram efeito dessa experiência que nenhum de nós poderia superar sem um profundo distúrbio emocional. Nós, que temos a sorte de não nos sentirmos perseguidos pelas sombras de milhares de mortos, devemos tentar apoiá-lo, pois ele precisou passar por essa "experiência de Hiroshima". E me parece que devemos compreender que sua dor e sua decisão (totalmente apolítica) de se dedicar à causa da paz é um testemunho da sua seriedade. Por outro lado, se Claude, depois de sua experiência, tivesse continuado a viver como antes, então teria comprovado uma superficialidade moral. Sua "doença" é a prova de sua sensibilidade maior. Não seria correto esperar diversão ou indiferença de um homem que teve de passar por tal miséria — o que é anormal é a experiência pela qual ele passou; e *seria anormal reagir de maneira totalmente normal a uma tal experiência.*

Para incontáveis pessoas em muitos países, Claude se tornou símbolo da responsabilidade. Há alguns meses, fui convidado para falar com os alunos da Universidade Livre de Berlim. Quando citei o nome Eatherly, fiquei surpreso ao saber que todos o conheciam, e não apenas de nome, pois todos o respeitavam por ter reconhecido uma culpa, embora seja, por assim dizer, "culpado sem culpa". Os estudantes, entretanto, compreenderam que algum dia talvez recebam ordens dos generais alemães para realizar uma semelhante "missão Hiroshima" — e a imagem de Claude lhes mostrou que (nas palavras deles) *o destruidor, na medida em que destrói as outras pessoas, também é destruído*. E eles ficaram gratos a Claude, porque seu sofrimento lhes permitiu chegar a essa conclusão.

Evidentemente que o caso de Claude, se visto com olhos cotidianos, parece um tanto estranho; um caso que não pode ser medido com a régua da nossa vida convencional. Por essa razão, quero enfatizar uma vez mais o que acabei de dizer: a experiência pela qual ele teve de passar superou tudo que era normal, e seria moralmente anormal que ele não tirasse consequências dessa experiência. Ele sabe que, se esse método de condução de guerra continuar a ser empregado, nenhuma vida — normal ou anormal — vai prosperar. Claro que todos "sabem" disso, mas ele sabe num sentido mais profundo, e não deveríamos puni-lo pela intensidade de seu saber.

Por favor, acreditem na seriedade da dor e nas esperanças de Claude. E, por favor, tentem ajudá-lo em seu regresso à sua comunidade. Quanto mais tempo ele permanecer uma pessoa sem contato e convívio verdadeiros com pessoas verdadeiras, mais penoso será para ele acostumar-se novamente. Será que ele tem de passar a vida inteira como vítima de uma experiência da qual não foi culpado? Seria justo?

Não é fácil transmitir a seriedade que gostaríamos numa língua estrangeira. Talvez os senhores considerem minha voz, a voz premente de um estrangeiro, inoportuna, a voz de alguém que tenta interferir. Por favor, não pensem assim. Vivemos numa era que nos permite assassinar pessoas que vivem do outro lado do mundo. Por essa razão, deveríamos também tentar ultrapassar essas distâncias, comunicando-nos com a voz do amor.[62]

Atenciosamente,
Günther Anders

62. Esta carta também permaneceu sem resposta.

Carta 47
A Günther Anders

Caro Günther, *31 de agosto de 1960*

Você e eu somos mais conhecidos no mundo do que você pensa. Temos de aproveitar isso para aplicar nossa influência moral.

Sei que você deve estar ocupado e não consegue escrever, mas, já que tenho um tempinho, vou lhe informar o pouco que sei sobre minha situação. Enviei a você uma cópia da minha carta ao senador Yarborough que tratava de Pauling, espero que tenha chegado. Não tenho certeza de que o senador a recebeu, pois essas cartas passam por uma censura estrita, especialmente as minhas. Talvez ele não acuse o recebimento da minha carta porque não quer se meter na questão, ou talvez ela tenha sido retida por alguma agência. Sei que diversas cartas que escrevi a você foram interceptadas, pois não recebi respostas suas para perguntas que lhe havia feito. Consegui que a carta (a Yarborough) fosse levada aos correios às escondidas, mas há também outros modos de se checar a correspondência. Por essa razão, tenho a intenção de escrever uma segunda carta ao senador, perguntando se recebeu a primeira. Para tanto, vou tomar outro caminho. Eles me atrapalham bastante, mas tenho muitos amigos, de modo que ninguém me segura totalmente. Tenho a intenção de cobrar o favor que prestei em meus serviços na crise do Japão. Acredito que eles vão apenas repreender (*reprimand*) o dr. Pauling, mas não quero arriscar que o prendam. Se ele tiver de cumprir pena, eu a assumiria, se possível, visto que ele é idoso e tão importante para nossa causa [...]. Respeito sua força e coragem. Como é fácil montar armadilhas para se livrar dessas pessoas (uma linha e meia ilegíveis) [...] simplesmente porque ele se recusa a entregar o nome dos dez mil cientistas que assinaram sua petição.[63] Vou escrever aos meus amigos em Tóquio, arranjar aquilo que na guerra chamamos de "fogo cruzado" e pedir ao Parlamento japonês que escreva ao presidente, ao senador Johnson e ao secretário de Estado Herter, pedindo a reti-

63. Eatherly se refere à recusa de Pauling a mencionar aqueles que o ajudaram a montar a lista.

rada da queixa (contra o dr. Pauling). Caso contrário, temo que ele receba uma pena de prisão e uma pesada multa em dinheiro. As pessoas no Japão confiam em mim e não vão dizer quem está por trás. Vou usar todas as estratégias. A sra. Pauling tentou me ajudar e eu não esqueço tão facilmente. Sei que você também não esquece, e os Pauling devem ser seus amigos, então vou ajudar o sr. Pauling.

Günther, meu sucesso no Japão foi grande, e o que você escreveu e o que eu escrevi teve grande repercussão;[64] posso medir, pela correspondência que recebo, que minha popularidade e o desejo de conhecimento das pessoas cresceu, e em grande medida isso foi mérito seu. Tomara que você seja tão cuidadoso quanto eu para não se deixar identificar com um país qualquer (*not to be tied with*), mas para aparecer apenas como ser humano que trabalha por uma causa. Apenas assim podemos ter sucesso. Por favor, não se deixe fisgar por nenhuma associação (*don't get hooked up*).

No que se refere à minha liberação, meu outro irmão e minha irmã virão e tentarão me tirar daqui, mas o médico disse que isso só acontecerá após as eleições. Não sei por que eu teria um peso tão grande assim em Washington, mas eles certamente sabem muito bem onde estou e são especialistas em me manter aqui preso (*doing a god job of keeping me*). Há algumas semanas meu médico não se manifesta mais sobre esse assunto.

Desde meu último artigo, recebo muita correspondência do Japão, os jovens estão muito entusiasmados com minha filosofia.

Acabei de receber cartas, e meu artigo foi publicado no Brasil, um missionário escreveu afirmando que o leu. Ele deve ter sido traduzido por pessoas da colônia japonesa na América do Sul. Talvez devêssemos nos concentrar em uma "*story*"[65] para os sul-americanos.

Günther, recebi uma longa carta de Al Hirshberg, o escritor, e pedi informações sobre ele — e ele não é quem você imagina que seja. O único livro que ele adaptou para o cinema foi *Vencendo o Medo* (1957), uma história verdadeira sobre um jogador de beisebol, um dos nossos heróis do beisebol, que teve uma doença mental. O livro

64. Eatherly está se referindo à minha primeira carta e à sua primeira para mim; essas cartas também foram publicadas no Japão.
65. Ver carta 36, nota 39.

era bom e eu decidi engajá-lo porque (outras soluções) seriam muito caras e porque ele é muito querido aqui. Em novembro ele vem me visitar, e mais ou menos no início do ano vai começar o trabalho. Espero que eu consiga convencer você a escrever algo no livro, isso significaria muito para mim, talvez um prefácio, onde você explicaria que tipo de ser humano eu sou [...]. Não sei se você está recebendo toda a minha correspondência, a carta do Brasil que chegou hoje estava aberta e censurada. Ah, se eu pudesse divulgar em mais países aquilo que você escreve! A sua escrita tem mais força que a minha. A sua tira as pessoas da zona de conforto. Temo que a minha seja mais uma súplica e se limite a fórmulas cristãs. A sua e a minha, juntas, poderiam, talvez, alcançar todas as pessoas.

Recebi algumas cartas de uma médica em Eschweiler (ela cuida de crianças desvalidas e doentes) nas quais ela me pedia para ajudá-la escrevendo sobre pessoas que abandonam crianças desvalidas e doentes. Gostaria de ajudá-la, mas posso me dar ao luxo de ampliar tanto a minha causa (*but can I afford to extend my cause*)? Só poderemos fazer isso quando o caminho estiver livre. É o que me parece. Daí será possível ajudar todos os pobres, analfabetos, todos aqueles que não têm um teto sobre a cabeça e todos os desvalidos, ao empregar com eles o dinheiro que é empregado na guerra. Ela leu o seu livro. Difícil dizer não a essas pessoas.

Por favor, pense no assunto com o missionário [...]. Sei que você tem de ganhar dinheiro, mas também temos de sacrificar algum. Disponho de muito pouco dinheiro, visto que, como padrinho, ajudo dezenove crianças em países estrangeiros, e esse dinheiro não falha. Cada uma dessas crianças me custa dez dólares por mês.

Escreva quando puder, *and God bless you*, Günther.

Seu amigo,
Claude

Carta 48
A Günther Anders

Caro Günther, *6 de setembro de 1960*

Primeiro gostaria de lhe dizer que sinto muito por sua esposa ter adoecido. Por favor, transmita a ela meus votos de uma rápida convalescença. Ela está nos Estados Unidos, na Califórnia? Se sim, me passe o endereço, para que eu possa enviar um cartão. Não sabia que você também estava doente, espero que agora esteja já totalmente recuperado.

Obrigado por ter escrito ao meu irmão e à minha irmã [...]. A carta ficou muito boa, minha irmã ficará comovida e muito provavelmente terá grande impacto no meu irmão. Além disso, entrei com novo pedido A.M.A. (pedido de liberação contra a recomendação médica) junto ao hospital, visto que novamente sou "paciente voluntário".[66] Para me manter aqui, o hospital ou algum membro da minha família teria de fazer novo pedido de internação. Não acredito nisso. Atualmente, porém, tudo é possível nos Estados Unidos. Claro que eles gostariam de me manter aqui até as eleições de novembro. Não consigo imaginar qual seria minha influência nessas eleições e por que acham tão importante que eu continue internado.

Se há algo que possa fazer a coisa dar certo, eu diria que é a sua carta, caso ela chegue até antes de 12 de setembro, a semana em que eles devem vir ao hospital.

Günther, não me expressei muito bem na minha carta, quero dizer, em relação à publicação do meu artigo; você não compreendeu algumas palavras. Enderecei o artigo aos deputados e dei ao reverendo N. permissão para publicá-lo. Além disso, informei ao jornal *Tokyo Shimbun* que eles poderiam usá-lo para um artigo mais elaborado caso quisessem. Enviei ao jornal uma cópia do texto. Se você quiser uma cópia do outro artigo, eu enviarei, e você verá que ele só pode gerar coisas boas, independentemente de quem o publicar. Você desconfia desses japoneses porque eles querem ter um ganho financeiro com isso ou talvez por outros motivos, talvez porque queiram

66. Ver o final da carta 64.

se propagandear me usando? Se você puder me dizer quem eles são, tentarei ser cuidadoso. E você está se referindo ao *Tokyo Shimbun*?

Pedi ao religioso da Califórnia para organizar uma petição em favor do dr. Pauling e enviá-la ao comitê.[67] Ele já está trabalhando nisso, na última semana recebi uma carta dele, que está fazendo tudo que pode. Temo verdadeiramente pelo dr. Pauling. Se o Exército mantém as pessoas sob pressão constante, elas se tornam incapazes de fazer outros trabalhos. Confio firmemente que o dr. Pauling consiga enfrentar essa pressão.

Günther, não adoeça, permaneça saudável e feliz, temos muito pela frente. Se você conseguir fazer algo a partir dos meus dois textos, faça.

Seu amigo,
Claude

Carta 49
A Günther Anders

Caro Günther, *20 de setembro de 1960*

Recebi hoje seu livro e vou guardá-lo direitinho como tesouro precioso entre os outros. Adoraria poder lê-lo, mas talvez logo consiga a versão em inglês.[68]

Tenho tantas novidades terríveis para contar e por estes dias estou quase anestesiado, em consequência de todas as notícias ruins sobre minha liberação. Bem, minha irmã e meus dois irmãos vieram, e os dois se deixaram convencer pelo médico a não pedir a minha liberação;[69] ao contrário, entraram com pedido de "*indefinite commitment*" (internação por prazo indeterminado). Claro que vou levar

67. Ele se refere ao Comitê de Segurança Interna do Senado, citado pelo dr. Pauling.

68. Nada atesta melhor o autocontrole de Eatherly como este gesto: no momento da sua mais profunda decepção, ele começa sua carta não com uma queixa, mas com uma palavra de agradecimento.

69. O que contradiz a informação que ele havia recebido. Ver carta 20.

meu caso ao tribunal e dessa vez vou me defender sozinho, pois descobri que não perdi meu direito (*I have not been disbarred*)[70] de ser meu próprio advogado no estado do Texas, somente no da Louisiana. De todo modo, vou defender meu caso e dominar a audiência com minhas falas de tal modo que o interrogatório contraditório será mínimo e inútil. Já que minha família está contra mim, como você viu, não tenho ninguém. Se nada disso adiantar, apelarei à corte distrital e então será preciso argumentar diante de jurados, e eles certamente não poderão me prender. Isso leva tempo, mas não vou desistir, Günther. Uso a tática que aprendemos nos manuais de leis e conheço meu direito, e não digo isso para me gabar (*in egotism*). Apenas acho que tenho familiaridade com o processo jurídico, pois me especializei nisso e defendi muitos soldados.[71] Nunca perdi um caso. Até livrei a barra de um soldado negro [...], embora soubesse que ele era culpado; mas a parte acusadora não tinha experiência.[72]

Günther, gostaria que pudéssemos nos encontrar logo após minha liberação e conversar sobre a melhor maneira de ajudarmos o mundo, sobre como alcançar a igualdade entre as pessoas e sobre como desarmar o mundo.[73] Günther, você fala japonês?

Planejo ir ao Japão assim que tiver terminado de relatar minha vida e assim que o filme da Sane Nuclear Society estiver pronto. (Aliás,) gostaria que Robert Ryan, caso eu consiga falar com ele, interprete meu papel, porque ele é um verdadeiro membro do grupo de Hollywood (Sane). Tenho certeza de que conseguiríamos levantar o dinheiro para produzir o script da maneira que queremos. Audie Murphy me ofereceu 250 mil dólares pelos direitos cinematográficos. Recu-

70. Na realidade, "*to disbar*" significa retirar de um advogado o direito de advogar. É verdade que Eatherly estudou direito. Como eu não sabia se ele tinha permissão para atuar como advogado, o sentido técnico do termo permaneceu pouco claro para mim.

71. Refere-se provavelmente à aplicação da Justiça fora dos Estados Unidos durante a guerra (?).

72. Aqui fica explícita a incomum falta de preconceito de Eatherly, pois um rapaz do Sul profundo defender um negro e ganhar a causa é certamente algo excepcional.

73. Em inglês, "*beat the nuclear armament rap*". A expressão idiomática "*to beat a rap*" significa escapar de uma situação precária, via de regra, uma punição, por meio de esperteza e habilidade. Em nenhum lugar a discrepância entre a "*philosophy*" de Eatherly e o vocabulário que ele tem à disposição fica mais clara que neste trecho.

sei e citei seus "Mandamentos para a era atômica", dizendo-lhe que ele era um herói tão falso quanto eu (*and told him he was as phony a hero as I was*). Desde então, não ouvi mais nada dele. Na época, ele estava rodando um documentário sobre as armas nucleares na Europa, para o governo. Não tenha medo, Günther, não vou nos vender (*I won't sell us out*).

Günther, me conte como vai sua saúde. Você precisa de dinheiro? Somos amigos, por favor, não acredite que estou tentando comprar sua amizade. Quero simplesmente ajudar, caso você precise de mim. Agora preciso encerrar. Espero que sua esposa já esteja muito melhor. Mande lembranças a ela.

Seu amigo,
Claude

Carta 50
A Claude Eatherly

Caro Claude, *23 de outubro de 1960*

Desta vez eu precisaria escrever um livro inteiro para você, pois lhe devo respostas para pelo menos três cartas, e apenas agora, que o tempo de preocupação passou e minha esposa voltou, saudável, encontro o momento e o sossego interior para refletir sobre todos os seus problemas. Mas primeiro gostaria de lhe dizer que tenho o maior respeito pela paciência que você demonstra frente ao adiamento de sua liberação e a evidente total falta de compreensão de sua família. Admiro essa paciência ainda mais porque, no seu caso, não se trata da paciência do indolente: além de paciência, você também tem a impaciência incansável de fazer o necessário e superar a situação que o impede de dar o melhor de si.

Um ponto me surpreendeu enormemente em suas cartas, sobre o qual eu não sabia nada a respeito: quero dizer, que você estudou direito e que tem o status de advogado. Talvez eu não tenha entendido bem, mas, quando você enfatiza que não está "*disbarred*" no Texas, então só posso concluir que você já foi um advogado atuante e perdeu o direito de exercer a função apenas na Louisiana. Não acredito que a Civil Liberties Union tenha ciência disso. Parece-me que você deveria informá-los a respeito imediatamente.

Aliás, Roland Watts, o homem em Nova York que está interessado em dar um final feliz ao seu caso, parece ser uma pessoa séria e humana, com total compreensão do caráter único de sua situação. Sei disso porque minha esposa foi falar com ele há cerca de dez dias; ela ficou com a impressão de não se tratar de um advogado de fórmulas prontas, mas alguém que tenta com paixão lutar pelas coisas que considera certas. Ele confia no advogado com quem você conversou há duas ou três semanas e planeja ir ao Texas, mas apenas na primavera. Daqui, não consigo avaliar se os esforços da American Civil Liberties Union com os dois advogados que você chamou foram unificados e, em caso positivo, de que maneira. Se minha esposa não tiver compreendido mal, o dr. Watts afirmou que é impossível para uma família tomar uma decisão sobre "internação por prazo indeterminado" (e esse é um ponto muito importante). Visto que você tem conhecimento jurídico, tente descobrir se sua família pode ter sido convencida a assinar algo que não é legal e, portanto, não tem validade. Se for o caso, trata-se de um belo ponto a seu favor. Simplesmente não consigo imaginar que Watts, que afinal faz parte da banca de uma grande organização, possa se enganar num ponto tão importante.

E outro ponto, ainda mais importante: por intermédio da minha esposa, o dr. Watts sugere que você entre com um pedido de "liberação temporária" (*temporary realease* — uma espécie de condicional), seja por um dia, uma semana ou um mês. Isso lhe daria a oportunidade de comprovar àqueles que vão decidir seu destino que você consegue se comportar de maneira "normal" e que não há motivo para desconfiança. É claro que vejo as dificuldades envolvidas nessa sugestão, mas creio ser uma excelente ideia. Imaginando que eu estivesse no seu lugar e recebesse uma liberação temporária dessas, eu me comportaria da seguinte maneira: agiria como se estivesse sendo observado em todos os lugares, mesmo naqueles onde nenhum gênio microscópico seria capaz de descobrir olhos; se tivesse dinheiro suficiente, me retiraria para uma simpática estância hidromineral com uma boa biblioteca pública e viveria uma vida absolutamente regular e respeitável. Escreveria por algumas horas, nadaria outras tantas ou praticaria outro esporte, passaria algumas horas lendo na biblioteca — resumindo: viveria uma vida do mais rígido autocontrole e, temporariamente, no interesse de nossa causa, não apenas não faria nada relacionado a ela como também abriria mão de qualquer discussão que pudesse conduzir a essa direção. E sob nenhuma circunstância eu me sentaria num lugar onde membros da família ou amigos tornassem inevitável esse tipo de discussão ou o início de uma briga. Não tocaria em álcool e, cá entre nós, não manteria relacionamento com mulheres — ou seja, mataria de tédio meu observador invisível. Sei, Claude, que isso é pedir demais depois dos anos que você passou. Mas acredito que valeria a pena. Toda a sua vida e toda a sua liberdade de se dedicar às suas tarefas podem depender de você interpretar bem esse papel. Antes de entrar com o pedido de liberação provisória, seria preciso se perguntar, de maneira muito escrupulosa, se você conseguiria suportar tais condições. Assim, mesmo que aqueles que ficariam satisfeitos com um escorregão seu achassem que tudo não passa de encenação, eles teriam de confessar que você tem autocontrole e pode resistir à tentação de fazer excursões súbitas ao que eles consideram criminoso ou anormal.

Sou tudo menos um policial nato — mas como gostaria de estar pessoalmente aí, para tornar esse tempo mais leve. Você sabe que isso não é possível. Para compensar, podemos escrever cartas um ao outro, na frequência que você quiser.

Claro que você deveria usar as "férias de Waco" para também trabalhar na planejada autobiografia. Talvez você tenha sido impedido de engatar direito no trabalho pelas dificuldades ininterruptas. Junto com seu plano, quero repetir uma sugestão que já dei antes: ao comparar suas cartas com seus textos, a diferença é surpreendente. Suas cartas são muito mais vivas, suas formulações, mais incisivas, as palavras alcançam mais o coração e têm mais humor. Resumindo: em qualquer sentido, são superiores aos seus "artigos". Você se torna mais reconhecível como ser humano quando fala *para alguém* do que quando escreve sem um destinatário definido.

Por essa razão você deveria, pelo menos no começo, se propor a contar sua vida em cartas, por exemplo, como se estivesse escrevendo para mim ou para uma vítima japonesa. Então suas dificuldades de escrita desaparecerão, pois, afinal, você está acostumado a redigir cartas, não a escrever livros.

Mais um ponto: você fala da possibilidade de um filme realizado pela Sane. Posso estar enganado, mas temo que o pessoal da Sane tenha se tornado suspeito. Por exemplo, parece que eles mal ajudaram Pauling (aliás, duvido que Pauling possa ser preso imediatamente, há diversos recursos possíveis). Como não conheço Steve Allen, não posso aconselhá-lo a fazer isso ou não. Minha esposa o viu num programa de entrevistas na TV, e para ela é difícil vê-lo no contexto de um filme sobre você, sua vida e seus problemas. Por outro lado, ele demonstrou coragem pessoal abertamente e se expôs, enquanto outros em Hollywood ficaram com medo. Não conheço Al Hirshberg. Se você tiver a oportunidade de se encontrar com ele, faça isso. Mas isso não significa que você já deva ir escrevendo a primeira palavra do primeiro capítulo com ele. Ainda estou convencido de que você deveria tentar redigir a primeira versão crua absolutamente sozinho, porque, senão, desde a primeira palavra, o estilo do homem — que tem rotina de escrita — triunfaria sobre o seu. De posse desse primeiro texto, a conversa já seria outra; você poderia pedir para alguém confiável e com prática no assunto como Al Hirshberg repassar o texto com você. Mas talvez esse problema tenha perdido a urgência, pois você escreveu sobre a possibilidade de trabalho conjunto com H. num tempo em que aguardava ser liberado logo após as eleições. (Aliás, não entendo bem a relação entre seu caso e o resultado das eleições.) Mais um ponto: você cita muitos casos de pessoas que pedem sua ajuda. Estou convencido de que cada um desses casos é sério. Mas a energia que se estilhaça em milhares de fragmentos minúsculos tem menos efeito do que a energia que reúne toda a sua força para um único objetivo. Um médico que, por boa vontade, conserta os carros de todos os seus vizinhos pode estar exausto no momento em que receber a chamada para uma cirurgia de emergência.

Bem, depois desta carta longuíssima, você ao menos saberá que não foi esquecido.[74] Caso o intervalo entre minhas cartas se torne

74. Eatherly não chegou a receber esta carta com os conselhos para o emprego de seu tempo fora de Waco, pois havia fugido quatro dias antes da data em que a

novamente tão longo quanto o último, nunca se esqueça de que isso não tem nada a ver com você. Estou simplesmente me afogando entre muitas tarefas (a maioria das quais tem mais ou menos relação com a nossa causa) e não tenho condições de realizá-las todas. Mas você nunca é esquecido, e muitas vezes imagino o momento em que poderemos realmente nos conhecer. Então poderemos mostrar ao mundo que idade, país de origem, meio, experiências, religião — independentemente de quão diferentes entre si — não têm um papel decisivo quando duas pessoas estão envolvidas na mesma causa.

Seu velho amigo,
Günther

P.S.: Me esqueci de contar que escrevi a Pauling sobre seus esforços para ajudá-lo. Visto que ele é tão caloroso quanto corajoso, estou seguro de que ficará profundamente comovido com a notícia.

Carta 51
A Günther Anders[75]

Recebida em Viena em 1º de novembro

Caro Günther, *outubro de 1960 (sem data)*

Desculpe não ter escrito antes, mas eu havia tentado sair do hospital de acordo com a lei, com a ajuda de advogados. Deu errado, porque a

...

escrevi. O fato de Eatherly ter conseguido passar dois meses em liberdade sem chamar a atenção de ninguém comprova não apenas que meus conselhos eram supérfluos como também que ele dispunha de um autocontrole "anormal" para "doentes mentais".

75. Esta carta é *a* prova — caso não haja outras provas escritas, algo que considero muito improvável — de que a data da fuga de Eatherly foi falseada na notícia que circulou na imprensa mundial. Essa notícia dava conta de que Eatherly havia fugido do hospital em 22 de novembro. Não compreendo o motivo de o sumiço de Eatherly não ter sido logo divulgado. Também não sei por que foi escolhida uma data aleatória, já que era preciso prever a probabilidade de que

Força Aérea solicitou uma internação por prazo indefinido (*because the Air Force filed a commitment against me, indefinitely*) e deu ao hospital a orientação de informar a corte para não me convocar, a fim de me impedir de levar a causa ao tribunal (*and then had the hospital to notify the court not to serve a summons on me so I could not take it to court*). Conversei com meu médico na última quarta-feira e ele disse que estou na infeliz situação de ser muito conhecido, não, muito famoso, e que eu deveria parar de escrever contra as armas nucleares e exercer minha influência no exterior por meio de revistas americanas. Ele prosseguiu dizendo que não podia fazer nada para me ajudar e que ele e a equipe do hospital tinham de aceitar as ordens da Força Aérea e do Departamento de Estado (*that he and the hospital staff had to take orders from the Air Force and the State Department*). Eu lhe perguntei se eles tinham intenção de me manter lá e ele respondeu: sim.

Em seguida, por intermédio de amigos, dei um jeito de receber ajuda de fora. Fugi do hospital. Agora estou preso num belo apartamento [...] do qual não posso sair, porque o governo vai colocar alguém no meu encalço [...].

Günther, espero que você não considere tolice o fato de eu ter tentado escapar dessa parede que se fechava à minha frente [...]. Eu estava muito preocupado com você e com a saúde da sua esposa. Espero que você logo possa me dizer como vocês estão.[76] Não se preocupe comigo, pois meus amigos se encarregam de cuidar de mim da melhor maneira. Até hoje não sabia que tinha tantos deles. Vou conseguir superar isso, Günther, não se preocupe. Muitas pessoas estão agindo para me proteger.

...

amigos dele fossem corrigir o dado. A carta original contém nomes de homens cuja ajuda foi imprescindível para a fuga de Eatherly. Cabe ao leitor decidir se o fato de nenhum dos médicos estar entre esses homens é algo positivo ou negativo para eles.

76. Nesta situação, depois da fuga bem-sucedida, nada seria mais "normal" do que se alegrar de maneira egocêntrica pela liberdade conquistada. Não para Eatherly. Em três parágrafos, ele pensa nos outros: em um, está cheio de gratidão por seus colaboradores; noutro, está muito preocupado com o destinatário de sua carta; noutro ainda, com o dr. Pauling. Certamente isso não é normal. E tal anormalidade de Eatherly deveria realmente ser colocada em primeiro plano.

Eles retiraram a queixa por desacato (do tribunal) contra o dr. Pauling, mas mantêm a ameaça pairando, para que ele não tente repetir algo semelhante. Günther, este país é muito parecido com outros países. Enfrentar os militares é quase impossível. (*Günther, this country is much like other countries. It is nearly impossible to go against the military.*)

O senador Yarborough me escreveu, assegurando que fará tudo que estiver ao seu alcance em meu favor e em favor do dr. Pauling. Ele é um homem muito sério, e a paz lhe é tão cara quanto a nós.

Espero que você e sua esposa estejam bem novamente.

Seu amigo,
Claude

Carta 52
A Claude Eatherly

(sem saudação, pois a carta foi enviada a um endereço secreto) *2 de novembro de 1960*

Que surpresa fantástica, e que terrível que tenha sido necessária, mas *foi* necessária. E agora, pelo amor de Deus, siga algumas regras para evitar o pior e assegurar o sucesso definitivo de seu passo.

1. Não escreva a ninguém, exceto se for realmente imprescindível.
2. Envie cada carta de um lugar diferente.
3. Nunca coloque o remetente nas suas cartas.
4. Peça que amigos escrevam suas cartas e sobrescrevam os envelopes.
5. Não acredite que a situação vá se acalmar depois de um tempo: é possível que seu endereço seja conhecido e que sua prisão esteja sendo postergada para primeiro identificarem com quem você se relaciona.

6. Não acredite que pode permanecer indefinidamente nos Estados Unidos, mas não atropele os preparativos; esse passo exigirá arranjos precisos e confiáveis.
7. Me mantenha informado.
8. Decore as regras.
9. Jogue-as fora.[77]

Não se surpreenda se seu caso receber ampla divulgação. Estou por trás disso, agora você se tornou minha ocupação em tempo integral.

Naturalmente estou onde sempre estive. O selo norte-americano no envelope não quer dizer nada.

Mais uma vez: por favor, nada de passos descuidados e caprichosos. Se a coisa der errado, talvez acabe se tornando uma infelicidade perpétua para você. Confio em você, confie em mim. Sempre e por toda a eternidade.

Seu amigo

Carta 53
A Claude Eatherly

(Carta falaciosa ao endereço do hospital, para que achassem que eu não sabia de nada sobre a fuga de Eatherly)

Caro Claude, *2 de novembro de 1960*

Há mais ou menos dez dias escrevi uma longa carta para você, depois de um hiato que pode tê-lo magoado. Como não recebi uma resposta sua, gostaria de repetir uma vez mais que tive de deixar todas as minhas obrigações de lado porque minha esposa estava doente e, nesse contexto, era preciso tomar providências dia após dia. Entre-

77. No original, dez regras. Uma delas não foi incluída aqui porque sua publicação poderia prejudicar alguém.

tanto, como já escrevi, já está tudo bem de novo e voltei à minha escrivaninha, disposto a retomar nossa boa e velha correspondência.

Seu amigo,
Günther

Carta 54
Da liberdade a Günther Anders

Caro Günther, *15 de novembro de 1960*

Obrigado por sua carta, desculpe fazer você esperar tanto tempo por uma resposta. Simplesmente não tive oportunidade de enviar uma carta. [...] Tenho alguns amigos aqui nos quais posso confiar e que me ajudam. [...] Como você sabe, Günther, ou provavelmente imagina, uma *agency* aqui está muito preocupada comigo, e também a Força Aérea, elas estão decididas a me achar e me largar (no hospital) (*in having me picked up and sacked away*).

Tentei todos os meios possíveis para convencer os médicos e as pessoas daqui de que sou movido por apenas *um* desejo: o da paz e da igualdade entre os seres humanos, no qual ambos acreditamos; para isso, farei tudo o que puder. Você deve saber que escrever ou falar esse tipo de coisa não é muito bem-visto neste país, e eles acham que eu impeço a conquista de seus objetivos. Me entristece ver que meu país assume tal ponto de vista, mas lhe prometo que nunca vou parar de usar meu nome e minha influência para combater o terrível objetivo final que os militares perseguem neste país. Claro que você sabe de tudo isso por meio da ação que eles iniciaram contra o dr. Pauling.

[...] Vou aguardar por aqui. Não se preocupe comigo, pois tenho algum dinheiro e amigos que me ajudarão caso seja necessário. Prometo a você ser extremamente cauteloso com tudo o que farei.

Ah, se houvesse uma possibilidade de nos reunirmos e fazermos juntos o que podemos fazer pela causa. Se você tiver algum tipo de sugestão, me avise, por favor [...].

Se eu mudar de endereço, informo a você.

Não hesite em fazer tudo aquilo que você considere útil para nosso trabalho, e pode me usar, se necessário.

Tenho uma possibilidade de despachar esta carta de outro lugar. Obrigado por continuar me ajudando.

Seu amigo,
Claude

Carta 55
A Claude Eatherly[78]

Caro amigo, *28 de novembro de 1960*

Que alívio voltar de uma viagem e encontrar uma carta sua. Estava tão preocupado que algo o estivesse impedindo de escrever que quase desisti de esperar por boas notícias. É muito razoável da sua parte não sair do lugar por algum tempo, mas algum dia será necessário, me parece, tirar férias no Sul, algo que seria mais saudável para seu estado de saúde. Claro que uma viagem dessas tem de ser bem planejada. Melhor fazê-la um pouco mais tarde, de modo bem pensado, do que de maneira apressada. Claro que eu adoraria vê-lo, mas onde? Não sei como poderia pagar por uma viagem tão longa. Há muitos anos acalentei o desejo de conhecer o México, pois se trata de um país muito interessante, de maneira que sugiro a você visitá-lo também um dia. Talvez você possa aproveitar e fazer isso nessas férias, que você e eu consideramos necessárias. No que se refere a mim, como

78. A linguagem indireta desta carta é naturalmente proposital. Era preciso que o texto não revelasse o destinatário da carta. Claro que a carta também não foi endereçada a Eatherly, mas a uma terceira pessoa.

ponto de encontro sugiro [...], consigo arrumar o dinheiro necessário para essa viagem. A data ficaria a seu critério, dependeria totalmente do seu estado de saúde, o qual não consigo avaliar daqui [...].

Por favor, me mantenha bem informado, pois passo o tempo todo com medo (claro que não por sua culpa) de que algo possa acontecer com você. Não consigo imaginar maior alegria do que receber um telegrama ou carta de alguma estância turística, onde aqueles que o perturbam não estarão por perto.

Caro amigo, fiquei muito comovido pelo fato de você, até nessa situação, ter pensado na saúde de minha esposa. No momento, estou ditando a ela esta carta. Eu a uso como datilógrafa, embora seu lugar devesse ser junto ao piano. Ela convalesceu maravilhosamente, e agora posso me ocupar exclusivamente, com tranquilidade, de você.

Na minha última carta eu havia comunicado que informaria a importantes jornais e revistas de alguns países sobre seu estado. Isso foi feito, mas até agora, creio, nada foi publicado. Todos os meus pensamentos estão com você.

Seu eterno amigo

Telegrama
A Claude Eatherly[79]

(sem data)

VOCÊ NÃO FOI ESQUECIDO PASSAMOS AS FESTAS CONTIGO EM ESPÍRITO

GÜNTHER

79. Enviado depois que soube, pelos jornais, que Eatherly tinha sido recapturado.

Carta 56
A Günther Anders

Ala 10[80]
Waco, Texas

Caro Günther, *21 de dezembro de 1960*

Há mais ou menos vinte dias apareci para o grande público na televisão, no rádio, nos jornais e nas revistas: estava sendo procurado. Não sei quem está por trás disso, talvez o governo. Imediatamente me coloquei em movimento para, como você sugeriu, deixar o país. Entrei em contato com o advogado [...] no México, para sair daqui. Encontrei-o em [...], do outro lado da fronteira, e peguei o avião de volta para Dallas, a fim de levantar o dinheiro para a viagem. No caminho para a casa de meu pai, que eu queria visitar por causa da viagem, fui parado por um policial que afirmou que eu tinha avançado um sinal de "pare". Eu nem mesmo estava ao volante,[81] pois foi L. quem me buscou do aeroporto. De lá, eles seguiram minha pista; talvez o carro do meu irmão tenha sido identificado, pois ele provavelmente sabia que L. tinha ido a Dallas para me buscar. Tanto faz — o "*cop*" me reconheceu de pronto e me deteve com esse pretexto (*phony charge*); por outro lado, L. foi solto sem qualquer multa. O hospital havia divulgado relatórios[82] dizendo que eu tinha sido liberado e que minha reinternação não era solicitada. Na verdade, minha internação foi solicitada em 20 de outubro, ou seja, um dia após minha fuga.

Sei que sair daqui agora será ainda mais difícil do que eu imaginava, mas você pode continuar certo de que farei tudo para conseguir minha liberação, de modo que possamos voltar a trabalhar. Não perca o ânimo por minha causa, eu com certeza não vou desistir. Essas intercorrências só me deixam mais decidido. E de uma vez por todas tenha certeza (*feel assured*) de que, se precisar escrever

80. Ver carta 16, nota 15.

81. A notícia falsa de que Eatherly avançou um sinal vermelho, divulgada no anúncio oficial de sua prisão, correu a imprensa mundial.

82. Em 5 de dezembro de 1960, os jornais *The Washington Post* e *The Times Herald* publicaram: "Funcionários do Veterans Administration Hospital disseram que não estavam autorizados a prender Eatherly ou trazê-lo de volta ao hospital".

alguma coisa ou puder me usar em qualquer sentido da palavra, deve fazê-lo (*can use me in any sense of the word, do so*).

Descobri um modo de despachar esta carta [...].

Avise se estiver precisando de alguma coisa de mim [...].[83]

Seu amigo,
Claude

Boas Festas. Recebi seu telegrama. Obrigado.

Carta 57
De Günther Anders ao Presidente John F. Kennedy[84]

Excelentíssimo senhor Presidente, *13 de janeiro de 1961*

Escrevo esta carta, que entrego simultaneamente à imprensa internacional, pelo seguinte motivo: com a quantidade de tarefas que o senhor cumpriu nos últimos meses, é possível que não tenha percebido que, ao assumir o governo, teve de assumir a herança de um escândalo moral, um escândalo que ameaça entrar na história

83. Eatherly me pergunta se preciso de algo, e assim se encerra nossa correspondência. Esta carta não apenas foi postada de maneira clandestina como também ocultada por uma carta falsa de várias páginas, cujo texto era absolutamente inocente e continha cópias de trechos de discursos americanos oficiais. Eu lhe enviei uma curta resposta, composta por alusões ao nome do amigo que havia ajudado a carta a chegar até mim. Como não posso divulgar esse nome, também não adianta apresentar a referida carta. Sei, por intermédio dessa pessoa, que Eatherly a recebeu, mas parece não tê-la compreendido, visto que estava cifrada demais. Outras tentativas de manter contato com Eatherly por meio dessa terceira pessoa, como a carta 58, parecem ter fracassado.

84. Este texto se diferencia ligeiramente daqueles publicados em diversas revistas de língua alemã. Isso porque, em sua versão em inglês, destinada ao presidente Kennedy, tornei alguns trechos mais contundentes e acabei por incorporá-los posteriormente ao texto em alemão.

como o caso Dreyfus[85] do século XX — não, talvez um caso ainda mais catastrófico, pois, com a velocidade das comunicações atuais e a densidade das redes de comunicação, aqueles que causam ou apenas permitem um escândalo moral podem perder seu prestígio e sua confiança de maneira ainda mais célere e definitiva do que a França perdeu prestígio e confiança com o caso Dreyfus. Estou falando do caso do piloto de Hiroshima Claude Eatherly, que, como o senhor certamente sabe, deu o sinal para o lançamento da bomba nas duas "missões" nucleares.

Talvez o senhor esteja se perguntando como eu, que vivo como filósofo em Viena — longe de Waco, onde Eatherly está internado, e longe de Hiroshima, lugar onde ele encontrou seu destino —, tenho o direito de emitir opinião sobre esse caso. A resposta: há um ano e meio me correspondo com Eatherly e tenho uma pilha de cartas dele que oferecem um retrato não apenas completo como também muito respeitável desse homem. O senhor talvez se pergunte ainda de onde conheço Eatherly. Resposta: não o conheço pessoalmente. Mas, como desde 1945 venho tentando lidar teoricamente com os problemas filosóficos morais que a era nuclear nos impõe — minhas publicações a respeito não são de todo desconhecidas —, naturalmente acompanho a vida e as declarações das figuras fundadoras que flanqueiam, com maior ou menor grau de inocência, o portal que dá entrada a essa nova era. Resumindo: certo dia tive em mãos uma notícia sobre Eatherly publicada na *Newsweek* e que me pareceu tão informativa e comovente que lhe escrevi uma carta. Essa carta e a resposta de Eatherly estão espalhadas pelo mundo, e a partir de então desenvolveu-se a correspondência já citada.

85. Referência a Alfred Dreyfus (1859-1935), capitão do Exército francês acusado de vender segredos militares aos alemães e condenado ao degredo e à prisão perpétua em 1894. O caso se revelou uma fraude completa: descobriu-se que os documentos que fundamentaram a sentença haviam sido alterados para acusar falsamente Dreyfus. O escândalo foi revelado por Émile Zola, que escreveu em 1898 um artigo para o jornal *L'Aurore*, no formato de carta aberta ao presidente da França. Zola acabou também condenado à prisão, mas sua denúncia serviu para reabrir o caso. Dreyfus, que era judeu, foi inocentado apenas em 1906, após doze anos de reclusão. [N.T.]

O verdadeiro motivo desta carta é a notícia que vem de Waco hoje, 13 de janeiro, informando que Eatherly foi considerado doente mental por especialistas em medicina forense.

Para me expressar da maneira mais direta possível: afirmo que esse parecer contradiz os fatos. E não tenho dúvidas de que também o senhor, excelentíssimo Presidente, ao simplesmente folhear trechos aqui anexados das cartas de Eatherly, haverá de considerar estranha a decisão dos médicos forenses. Só poderemos classificar esse homem como "anormal" quando a definição de "comportamento normal" for idêntica à de "comportamento médio" (algo possível na Era do Conformismo) — nesse caso, entretanto, será preciso considerar anormais a implacabilidade e a atenção contínua da consciência, que é o que acontece com Eatherly. E então seria preciso também (para citar homens de dimensões intelectuais bem diferentes) realocar Santo Agostinho e Kierkegaard na divisão psiquiátrica de nossa biblioteca, em vez da seção de teologia moral ou de filosofia moral.

Talvez seja possível objetar que Eatherly provou sua anormalidade no sentido médico por meio de suas ações altamente especiais (falsos roubos e coisas afins). As ações como tais não podem ser negadas, mas, se interpretadas, assumem outro sentido — assumem um *sentido*.

Todo médico sensato sabe: é anormal agir de maneira normal durante ou após uma situação anormal. Depois de um grande choque, é anormal que alguém continue a se comportar como se nada tivesse acontecido. Mais anormal ainda, no sentido médico, é um comportamento que permaneça "normal" quando o que motivou o choque supera toda a capacidade daquilo que a pessoa pode imaginar, elaborar e de que pode se arrepender. É o caso de Eatherly, que deixou atrás de si centenas de milhares de queimados e transformou uma cidade em cinzas. *Ao reagir de maneira "anormal", ele reagiu de maneira adequada.* Para nomear os casos em que há inadequada reação reduzida, a psicologia acadêmica cunhou inclusive um termo técnico: "cegueira emocional", e uma ilustração clássica dessa cegueira são, por exemplo, as famosas infames palavras de um de seus antecessores, Truman. Ao ser perguntado, no dia de seu aniversário de 75 anos, se carregava algum arrependimento na vida, ele respondeu: sim, lamentava não ter se casado antes. Hiroshima não lhe veio à mente. Evidentemente tratava-se de algo grande demais para entrar em sua pequena mente. Ou, como diz Lessing: "Quem não perde a razão com algumas coisas não tem razão a perder".

Mais ainda: enxergar e avaliar as ações estranhas de Eatherly como "criminosas", manifestações isoladas, em vez de compreendê-las como reações, é anticientífico e indigno do progresso médico. É como se, diante de uma pessoa espancada até a morte, nos limitássemos a registrar a altura anormal de seus gritos como sintoma de sua anormalidade, sem nos atermos à anormalidade da situação. Infelizmente, há muitos indícios de que os médicos de Eatherly tenham isolado reações desse modo, descontextualizando essas reações das ações às quais elas estavam apenas respondendo: pois eles falaram de um "complexo de culpa" (vide a *Newsweek* de 25 de maio de 1959), tentando provar a qualquer pessoa com formação mínima em psicologia que tudo se tratava de um sentimento de culpa injustificado, sem sentido, que só podia ser chamado de doentio. Sim: por meio de uma vergonhosa vulgarização de uma expressão primária psicanalítica, tentou-se inclusive falar, no caso dele, de um "complexo de Édipo" — como se, por trás de seu comportamento, houvesse um desejo de incesto, e não a imagem, inesquecível, das centenas de milhares de mortos. Posso lhe afirmar, *en marge*, que o empréstimo tão ridículo quanto indigno do vocabulário científico para decorar meias verdades com o prestígio da ciência tem minado, há anos, a reputação dos Estados Unidos nos círculos intelectuais do mundo todo.

Se Eatherly cometeu crimes de fachada, foi por um motivo extraordinariamente plausível. Enquanto ele tentava desesperadamente digerir as consequências da ação para a qual foi usado, como uma das milhares de pecinhas infalíveis do mecanismo; enquanto percebia, pela futilidade desses seus esforços, que o que havia acontecido superava a capacidade de responsabilidade de todo ser humano; enquanto chegava à conclusão de que todos deveriam tentar compreender a dimensão desmedida do acontecimento e a terrível facilidade instrumental com a qual o incomensurável pôde acontecer (exatamente para que repetições do mesmo não fossem mais possíveis); enquanto, pouco a pouco, decidia-se a dedicar sua vida ao trabalho da salvação; enquanto tudo isso se desenrolava em seu interior, ele era festejado como uma personalidade nacional, e não houve nenhuma revista que não tenha estampado o "*must*" patriótico: o retrato sem graça dos belos rapazes do Texas. Esse brilho de glória foi insuportável para ele. E não é difícil derivar seus assim chamados atos criminosos dessa incongruência insuportável entre culpa e glamour. Como sua participação na missão de Hiroshima não era reconhecida como crime, ele precisou achar outros métodos para tentar receber a pena que lhe cabia. Há também um "*direito à pena*" — Hegel cunhou a expressão —, e, se existe um sintoma característico para o ser humano não criminoso, é precisamente a insistência nesse seu direito. Eatherly fez exatamente isso: por meio de ações fingidas, tentou conseguir a pena que lhe fora negada.

Sem dúvida, essa negação não foi casual e seu remorso — sempre inútil, pois nenhum remorso pode superar tal ação — foi considerado injustificado. Pois todo remorso tido por justificado é, ao mesmo tempo, comprovação do cometimento de um crime. Em outras palavras: seu remorso seria uma acusação, uma acusação contra a missão Hiroshima e contra os verdadeiros criminosos que, em sua insondável falta de imaginação, acreditaram conseguir inclusive assumir a responsabilidade por essa ação. Ou, para repetir as palavras do meu amigo "esquizofrênico": "A verdade é que a sociedade simplesmente não pode reconhecer a minha culpa sem ao mesmo tempo reconhecer a própria culpa, muito mais profunda". (*The truth is that society simply cannot accept the fact of my guilt without at the same time recognizing its own far deeper guilt.* Carta sem data endereçada a mim, escrita provavelmente entre 10 e 15 de agosto de 1959.) Ao lermos essa frase, é preciso exclamar: "*Feliz o tempo em que loucos falam desse modo, infeliz o tempo em que apenas loucos falam assim*".

Durante a leitura desta carta, talvez algumas pessoas balancem a cabeça e se perguntem: "Mas por que *ele*? Por que *ele* sente remorsos, se apenas deu o sinal para o lançamento da bomba; *ele*, que apenas *depois* de sua ação soube algo sobre a fissão nuclear; *ele*, que apenas obedecia ordens e foi simplesmente usado?".

Eu não consigo aceitar essa objeção da parte de ninguém, senhor Presidente. Não quero me ater aqui à ambiguidade — para usar de um eufemismo — pela qual somos culpados quando impomos uma ação a alguém, mas não permitimos que essa pessoa saiba dos efeitos da ação que lhe foi imposta. Limito-me aqui a "não saber" como desculpa por um crime. Sou judeu, perdi meus amigos nos campos de extermínio de Hitler. Todos os responsáveis pelos assassinatos tentaram se isentar com a desculpa de que estavam apenas cumprindo ordens; as palavras "eu apenas estava cumprindo ordens" se assemelham, de maneira macabra, às palavras de Eichmann que hoje circulam pela imprensa mundial: "Na verdade, eu não passava de uma pequena engrenagem da máquina que seguia as orientações e ordens do Reich. Não sou assassino nem genocida" (*Life*, 9 de janeiro de 1961).

Não, *Eatherly não é o irmão gêmeo de Eichmann, mas — para nosso consolo — seu maior antípoda*. Ele não é o homem que apresenta a máquina como desculpa para a falta de consciência, mas, ao contrário, o homem que percebe a máquina como ameaça terrível para a consciência. Desse modo, ele toca no centro moral da questão cardinal de hoje; desse modo, ele nos alerta de maneira decisiva: pois quando apelamos ao aparelho no qual supostamente estamos inseridos como engrenagens ignorantes, e quando aceitamos a frase "apenas participamos" como justificável sob todas as circunstâncias, estamos acabando com a liberdade da decisão moral e com a liberdade da consciência; estamos tornando a palavra "livre", na expressão "mundo livre", o adjetivo mais vazio e mais hipócrita. Aliás, temo que já o tenhamos feito. A grandeza do comportamento de Eatherly consiste justamente em inverter o argumento, em anulá-lo após várias torções. Resumindo, ele anuncia: apesar de ter apenas colaborado na ação, também agi; minha responsabilidade não se refere somente às minhas ações individuais mas também a todas as ações "colaborativas"; a questão da nossa consciência não é apenas "O que temos de fazer?", mas "*Em que podemos ou não participar — e até que ponto?*". E ele se sente até mais responsável por essa participação colaborativa que por seus atos individuais, visto que os efeitos desses últimos, se comparados aos efeitos catastróficos de nossas ações colaborativas, são quase insignificantes. Ser impecável na vida privada não é uma obra de arte, pois a moral substitui em larga medida a consciência. Mas a atitude perante o terror suave da participação colaborativa exige verdadeira autonomia e verdadeira coragem civil. E quando essa atitude é de recusa — como na postura de Eatherly em relação ao acúmulo de armamentos nucleares em seu país —, o círculo vicioso da mera participação é quebrado;

a ação se transforma realmente numa ação individual no sentido clássico. Eatherly sempre foi chamado de herói. Mas ele não é herói porque após seu famoso voo não havia mais nenhuma Hiroshima (*no more Hiroshima*), mas sim porque, após seu notório tratamento, ele ousa conclamar: "*No more Hiroshima!*".

Usualmente, a engrenagem tira a responsabilidade de todos — mesmo daqueles que a gerenciam e daqueles que são seus proprietários — de maneira tão completa que, no final, não há ninguém que seja responsável, *restando apenas nada mais que a miséria da terra devastada das vítimas e a luminosa consciência limpa dos estúpidos*. Ao assumir como sua a ação da qual apenas participou, Eatherly está fazendo justamente o contrário: está tentando manter a consciência viva na era da engrenagem; e como a consciência sempre representa crítica, sempre é inconformista, vem a proibição de agir desse modo.

Ele é proibido de agir assim. Segundo as informações que recebi em Waco, a Força Aérea, como me parece indubitável, pressionou a equipe médica do Veterans Administration Hospital para que os médicos mantivessem Eatherly internado indefinidamente. Infelizmente não sou versado em direito norte-americano. Por essa razão, não sei com base em que lei a Força Aérea pode dispor de um civil (que recebeu baixa em 1947) nem quais são as determinações jurídicas que lhe dão o direito de usar médicos para prorrogar audiências, nem quais os motivos de um cidadão, oficialmente chamado de "paciente voluntário", ser mantido internado contra sua vontade, ser preso após sua saída voluntária do hospital e ser internado outra vez. Como disse, todas essas medidas certamente corretas superam meu conhecimento laico das leis federais e das leis estaduais do Texas; e não quero cometer a impertinência de prosseguir entediando o senhor com toda a extensão de minha ignorância.

Pelo tom destas minhas linhas, senhor Presidente, o senhor deve ter concluído que não desejo, de modo algum, pedir clemência para Eatherly. Não apenas o ato de clemência mas até o pedido por clemência significariam uma confissão implícita de que quem está errado é a pessoa a ser clemenciada. Afinal, não pode ser chamado de delito o fato de Eatherly ter a consciência e a coragem de se sentir culpado por um ato criminoso cuja culpa é de outros. Respeito e agradecimento são o que ele merece. E não só é lamentável, como, parece-me, é também profundamente vergonhoso para orgulhosos norte-americanos que ele seja visto, em casa, como um peso ou uma vergonha; por sua vez, em Hiroshima e Nagasaki, onde o ódio contra ele seria compreensível, pensam nele com muito respeito e até com muito amor. Sei disso tanto das bocas das vítimas — pois conversei com algumas delas sobre o destino do piloto, e elas o consideravam inclusive uma das vítimas de Hiroshima — como também das provas de afeto que Eatherly recebeu dali e que dividiu comigo. "Escrevemos esta carta", diz um grupo de trinta moças de Hiroshima afetadas pela bomba atômica, em 24 de julho de 1959, "para lhe transmitir nossa profunda compaixão e a certeza de que não nutrimos qualquer inimizade, em nenhum sentido, em relação à sua pessoa. [...] Acreditamos que o senhor seja tão vítima da guerra quanto nós". Essas palavras fazem emudecer por um tempo qualquer "*born equal*", pois são umas das poucas que nos dão motivo para nos sentirmos orgulhosos de nossa condição de seres humanos.

Não, senhor presidente, não peço clemência para Eatherly, mas apenas dois passos a fim de retificar a "situação Dreyfus".

1. Será que o senhor não consideraria pedir a uma comissão de psiquiatras que investigasse uma vez mais o estado emocional de Eatherly, tornando o resultado desse laudo determinante para sua vida posterior? Tal comissão deveria ser composta de maneira análoga a determinadas comissões especiais das Nações Unidas: ou seja, internacional, com a presença de cientistas reconhecidos de diversos países; por exemplo, recrutando-se um sueco, um indiano, um polonês e um japonês. Aceitar esse pedido alavancaria em muito o prestígio da irrepreensibilidade moral dos Estados Unidos. Além do mais, tal passo, dado no início do seu governo, poderia ser interpretado como um indício dos seus princípios de governo, trazendo enorme confiança mundial para seus próximos passos.
2. Consigo imaginar uma eventual conversa sua com Eatherly — pois o senhor costuma ser retratado como um homem moderno, informal e desprovido de preconceitos. Não como *primus inter pares*, mas como um irmão conversando com seu irmão. Pois a terrível carga de responsabilidade que agora recai sobre

o senhor e que se transformou, por meio do desenvolvimento nuclear, numa responsabilidade quase onipotente sobre o "*to be or not to be*" da humanidade não é tão diferente daquela que Eatherly carrega há anos, com consciência suficiente para não perdê-la de vista durante quinze anos. E mesmo se o homem Eatherly sentado à sua frente (o que não é o caso) fosse apenas um ninguém, o fato de ele ter sido amaldiçoado para cumprir tal ação de maneira inocente e involuntária e de carregar esse fardo o transformaria numa personagem trágica, um símbolo dos nossos dias, um homem que seria seu igual, e não apenas porque ele é "*born equal*".[86]

Respeitosamente,
Günther Anders

Carta 58
A Claude Eatherly[87]

(destrua depois de ler)

Caro Claude, *10 de fevereiro de 1961*

Eu teria escrito antes caso tivesse certeza de que minha carta chegaria às suas mãos; tinha esperança de receber notícias suas — mas, depois de semanas de espera, decidi escrever, mesmo que seja em vão.

Talvez você fique contente por saber que, nesse meio-tempo, consegui informações detalhadas da audiência, vindas de uma pessoa que a testemunhou (você não a conhece). Ela chegou à audiência quase sem qualquer conhecimento prévio a seu respeito e sem outros pre-

86. Na carta original, seguem excertos das cartas de Eatherly reproduzidas aqui.
87. Enviada por intermédio de uma terceira pessoa que vivia nos Estados Unidos. Mas, como o recebimento da carta não foi confirmado por ninguém, temos de assumir que caiu nas mãos de outrem.

julgamentos. Ela não faz parte de nosso "movimento". As palavras dela a seu respeito me encheram de orgulho de você (se é que temos direito de nos orgulhar de alguém), pois ela me disse que você tem uma excepcional presença de espírito (talvez o mais inteligente de todos os presentes, incluindo os médicos e o juiz); que não perdeu o humor e a graça e, por fim, que você, por meio de absoluto autocontrole e também ao sorrir discretamente, escondendo a decepção, decepcionou aqueles que se sentiam no direito de avaliar seu estado. Quando li sobre o sorriso, abri um sorriso também, mas com muito respeito. Além disso, a carta continha uma observação interessante sobre os jurados: parece que eles não estavam se sentindo confortáveis (e eles também o afirmaram), porque não se sentiam em condições de identificar você com o doente mental descrito pelos médicos. E ela prossegue, dizendo ainda que os jurados proferiram (ou melhor, se desculparam ou justificaram) sua decisão com as seguintes palavras: "Afinal, *não somos* nós os especialistas, os médicos têm de saber, e como *nós* podemos contradizer seus laudos técnicos?". Isso evidentemente contraria o sentido democrático de uma audiência com jurados, pois essa instituição se transforma numa farsa quando se apela ao respeito de especialistas para intimidar os membros do júri, impedindo que eles se fiem unicamente nos próprios olhos e que formulem suas próprias opiniões. (Aliás, as enfermeiras também falaram a seu favor. Segundo meu informante, ao serem perguntadas sobre suas impressões, elas responderam, sem exceção, que nunca haviam visto um comportamento anormal seu.) Minha conclusão: você se comportou de maneira anormal, Claude. Ou seja, anormalmente bem, com um anormal autocontrole.

Uma observação nesse relato me assustou. Ele menciona que você não foi encaminhado novamente para seu antigo quarto, mas para a ala do hospital reservada a pacientes explicitamente loucos e violentos. E que nessa ala você não teria contatos normais, embora imprescindíveis, com pessoas normais. É difícil não suspeitar que aqueles que o transferiram para essa ala especial esperam puni-lo pelo fato de você não ser louco fazendo com que você se torne louco; que eles desejam *concretizar* a mentira que contam para, mais tarde, afirmar triunfantes: "Não era isso que estávamos dizendo o tempo todo?".

Estou convencido de que você vai se comportar em sua cela (ou seu quarto, ou seja lá onde você estiver) como Daniel (capítulo 6), e aqueles que "postaram a pedra na entrada da cova", como o rei Dario, não conseguirão dormir à noite, mas voltarão pela manhã para encontrá-lo ileso; você não terá sofrido "nenhum dano" até a libertação. O último capítulo da história teria de ser reescrito, claro, pois aqueles que o perseguem não devem terminar na cova dos leões, mas aprender os motivos que os fizeram agir desse modo. Eles devem aprender também o desenrolar da sua própria história, Claude, e saber que aquilo que você fez também foi para o bem *deles*.

Talvez você tenha ouvido falar que, nas semanas de meu silêncio, tentei ajudá-lo de maneira indireta; que escrevi uma carta aberta ao presidente Kennedy (segue conteúdo da carta 57). Cópias dessa carta foram entregues a jornais, personalidades e revistas do mundo inteiro; sua publicação já começou e torço para que, por meio dessa circulação, ela realmente chegue a Kennedy, embora a carta original, que enviei diretamente à Casa Branca, muito provavelmente esteja no cesto de lixo do secretário. Psiquiatras em alguns países estão dispostos a discutir nos bastidores as minhas propostas, e um dos meus amigos, um dos repórteres mais reconhecidos do mundo, está me ajudando (ou melhor: está ajudando você) com a publicação de um longo artigo a seu respeito nos grandes periódicos do estrangeiro. Veja bem, Claude, não importa o que aconteça, você nunca será um "homem esquecido", e, embora sua decepção deva ser amarga, diminui a cada dia a probabilidade de que as autoridades mantenham a coragem de ocultá-lo do mundo por tempo indeterminado.

Além disso, devo informá-lo de outro passo. Após a leitura de minha primeira carta a você e da sua para mim, uma grande e respeitável editora me procurou, querendo incluir nossa correspondência em seu catálogo. De início, hesitei; temi que isso pudesse atrapalhá-lo. Mas agora, depois de você ter sido classificado como "doente mental", parece-me simplesmente compulsório apresentá-lo por meio de documentos que atestam sua saúde mental, sua integridade, sua coragem, seu altruísmo e sua tentativa de se manter à altura de sua situação assaz incomum. Encomendei uma cópia de nossa correspondência integral; em alguns dias espero ter tempo para reler tudo e ter uma impressão do conjunto. Trechos em que você me pede discrição absoluta não serão incluídos, é claro. Várias vezes você me autorizou a usar seus textos, sempre e onde eu os considerasse útil para nossa causa. Visto que você não poderia pressupor a oportunidade que surgiu agora, repito aqui meu pedido por essa autorização. De modo algum quero dar um passo que você não fosse aprovar depois.[88] Até agora, não conversei com o editor, o texto ainda não foi traduzido para o alemão e não discutimos nenhum contrato. Por essa razão, seria precoce conversar agora a respeito de assuntos comerciais. Meio a meio entre nós seria o mais natural [...].

Pouco a pouco, passo a odiar o carteiro, que só me traz cartas de outras pessoas.

Seu amigo,
Günther

Carta 59
De Günther Anders ao sr. Ray Bell

Waco News Tribune

Prezado sr. Bell, *28 de janeiro de 1961*

Talvez o senhor tenha uma vaga ideia de quem sou, pois, como testemunha ocular da audiência de Eatherly, certamente ouviu meu nome. Boatos oriundos dos Estados Unidos me fazem crer que mais uma vez o público da audiência não compreendeu exatamente o papel que desempenho para Bob[89] Eatherly.

88. Como esta carta também ficou sem resposta, a autorização também não foi concedida. Entretanto, Eatherly havia me autorizado, diversas vezes, a fazer uso de suas palavras no interesse da causa, caso eu achasse conveniente. Por exemplo, na carta 54: "Não hesite em fazer tudo aquilo que você considere útil para nosso trabalho, e pode me usar, se necessário" e na carta 56: "E de uma vez por todas tenha certeza (*feel assured*) de que, se precisar escrever alguma coisa ou puder me usar em qualquer sentido da palavra, deve fazê-lo (*can use me in any sense of the word, do so*)".

89. Apelido familiar de Claude baseado em seu segundo nome, Robert.

Ao mesmo tempo, o senhor está recebendo uma cópia de minha carta aberta ao presidente Kennedy, na qual apresento as implicações psicológicas e filosóficas desse caso. E, como depoimento para a indiscutível ressocialização de Eatherly, anexei trechos de suas cartas (se é que a integridade, o autodomínio e o amor ao próximo comprovados nessas correspondências podem ser chamados de "normais", pois são muito mais que isso). Essa carta foi enviada para jornais e revistas de muitos países, e o texto logo será publicado. Envio ao senhor tanto a carta aberta quanto os trechos de cartas, pois tenho motivos para supor que seu interesse no caso seja especialmente grande, e talvez conhecer esse material seja útil a juízes, médicos e testemunhas. O senhor está autorizado a publicá-lo em seu jornal [...].

Claro que minha autorização não se limita à reprodução em seu periódico. Caso o senhor tenha relação com outros jornais, por exemplo, em Dallas, ou esteja prestes a escrever uma coluna de circulação nacional, tem minha permissão para usar o que lhe envio. Cada repórter deve se sentir obrigado, como uma ação justa, a enfatizar que não foram registrados quaisquer incidentes nos dois meses que Bob Eatherly passou fora do hospital de Waco. Infelizmente as notícias — publicadas não somente nos Estados Unidos mas também na Europa — de que Eatherly foi preso por transgredir leis de trânsito atentam contra a lei não escrita do compromisso com a verdade. Chegaram até mim boatos divergentes. Creio que valha a pena checar novamente essa versão.

Na expectativa de ouvir notícias suas em breve,
Atenciosamente,
Günther Anders

Carta 60
De Günther Anders à American Civil Liberties Union

(carta abreviada)

Prezado sr. Watts, *17 de fevereiro de 1961*

[...] Tentamos de tudo para impedir que Eatherly se torne um "homem esquecido". Esse perigo parece ser agudo, pois o correspondente do *France-Soir*, escalado pelo jornal para recolher informações sobre o caso, foi despachado pelo diretor de relações públicas do Veterans Administration Hospital com a orientação de simplesmente esquecer o caso e permitir que esses homens deixem seu passado submerso no passado.

Esse comportamento é a prova mais terrível de que eu tinha razão quando disse (há muito tempo) que as experiências de Eatherly não eram bem-vindas e quando externei a suspeita de que os médicos desejavam criar um estado de espírito no qual Eatherly teria como que roubadas suas experiências e suas lembranças — como se fosse possível restabelecer a saúde mental de um ser humano anulando suas memórias. Cresci no meio da psicologia científica e devo lhe confessar que quero me enterrar de vergonha quando penso nos métodos e nos objetivos dos psiquiatras de Waco.

[...]

Atenciosamente,
Günther Anders

Carta 61
Do sr. Ray Bell a Günther Anders

Prezado sr. Anders, *1º de março de 1961*

Não sei como lhe dizer como me senti honrado e lisonjeado ao receber sua carta e a cópia de sua carta aberta ao presidente Kennedy. Infelizmente não podemos usar a carta a Kennedy em nosso jornal (temos pouco espaço, e os editores têm muito receio de publicar um texto tão longo), mas encaminhei-a a duas revistas americanas que talvez façam uso dela num futuro próximo.

Mas o mais importante é o fato de que uma cópia de sua carta está à disposição do advogado de Eatherly e poderá ser utilizada no recurso. Tenho a sensação de que o peso dessa carta deve impressionar consideravelmente os jurados.

Talvez o senhor saiba que o advogado do sr. Eatherly, dr. Tom Moore, espera entrar com um recurso contra a sentença num futuro próximo. Isso, aliás, já teria sido feito caso duas situações incomuns não tivessem acontecido desde a primeira audiência: (1) o número extraordinário de casos criminais perpetrados pelos pacientes do Veterans Hospital desde 12 de janeiro, dia da audiência; (2) a possibilidade de que uma reiterada decisão desfavorável dos jurados piore as expectativas de longo prazo para Eatherly; quero dizer, jurados já cientes de duas decisões negativas prévias poderiam ser influenciados por essas decisões negativas.

Também trabalhei lado a lado com o dr. Moore, como talvez seja do seu conhecimento. Falando francamente, fiquei extremamente surpreso com a decisão dos jurados em 12 de janeiro e bastante abalado (*more than a little moved*) pela pura estupidez atestada pela decisão. Houve também uma série de justificativas (a respeito da doença mental de Eatherly) que, na minha opinião, são no mínimo duvidosas. Parece-me muito absurdo que alguém, independentemente de ser psiquiatra ou não, afirme ter condições de avaliar o estado mental de uma pessoa a partir de seu aperto de mão.

Esse caso particular despertou não só meu interesse como também minha raiva. Quero que a justiça seja feita e espero, de todo o coração, contribuir nesse sentido. Acredito que isso seja possível, mas, para tanto, o advogado de Eatherly tem de receber uma grande quantidade de material válido e indiscutível.

Desde a audiência conversei com cada um dos seis jurados que decidiram sobre o caso. Considero a maioria deles gente honrada e séria, que claramente não gozou de boa formação escolar. Seus recursos psíquicos foram suficientes apenas para seguir cegamente as explicações do psiquiatra e aceitar no todo, sem contestação, suas afirmações. Na realidade, parece-me uma infelicidade que os jurados não estivessem em condições de compreender um homem do estilo de Eatherly e do meio no qual ele cresceu (*could not comprehend a man of Eatherly's make up and upbringing*).[90] Todos temos dificuldades em compreender as consequências de experiências pelas quais não passamos.

Quero reforçar uma vez mais: não tenho a impressão de que o grupo de jurados fosse desonesto nem que tenha sido montado visando a esse objetivo; eu diria simplesmente que os jurados estavam desinformados. Se eles conhecessem os fatos — num ponto, por exemplo, a coisa poderia ter tido um andamento bem diferente, caso fosse possível comprovar de modo documental que Eatherly publicou isso ou aquilo —, estou profundamente convencido de que a decisão teria sido outra. De minha parte, posso afirmar que não teria sido capaz de me pronunciar contra ele.

Não sei se estou sendo impertinente, mas gostaria que o senhor me falasse mais de sua relação com Bob. Posso lhe assegurar que toda informação será usada na defesa. Acredito — e acrescento com a maior modéstia — que isso seria muito vantajoso para ele.

De todo modo, escreverei a respeito, tanto em nosso jornal quanto para qualquer revista que aceite essa contribuição. Tem sido extremamente difícil agir neste momento. A maioria dos órgãos de comunicação americanos se fecha, seja pela classificação de "doente mental" ou de "pacifista". Parece-me que tal postura remonta, em grande medida, à sua incompreensão, mas também à falta de provas. Soube que o senhor trabalhou com Eatherly em alguns artigos,

90. Desconheço a alusão a qual educação especial o remente faz aqui.

acredito também que num livro,[91] e se houver possibilidade de me enviar cópias, isso seria de grande utilidade para mim, para Bob e para o advogado.

Francamente, tenho a impressão de que esta é uma das histórias mais significativas de nossa geração; quem sabe até de todas as gerações. O efeito (*the impact and the implications*) pode ser terrível.

Ah, se eu pudesse, de algum modo, ter um pequeno papel, não importa quão minúsculo, nisso tudo.

Atenciosamente,
Ray Bell

Carta 62
De Günther Anders ao sr. Ray Bell

Estimado Ray Bell, *8 de março de 1961*

Bobagem, o senhor não deve se sentir "honrado" ou "lisonjeado" pela minha carta, mas simplesmente feliz por haver pessoas, não importa onde, e simplesmente por sua condição de seres humanos, consumidas pela mesma chama de indignação; essa foi minha reação ao ler sua carta. E me senti encorajado a ver que o trabalho conjunto não necessita de proximidade geográfica e que tais pessoas, embora a milhares de milhas de distância umas das outras, vivem "*just around the corner*". Antes de me aprofundar nos diversos pontos e questões de sua carta, apresento alguns fatos que talvez possam ser de interesse para o senhor e o dr. Moore:

91. Duas coisas devem ter contribuído para esse mal-entendido: (a) o fato de que minha primeira carta a Eatherly e sua resposta tenham sido sempre publicadas juntas; e (b) o fato de que Eatherly e eu discutimos a possibilidade de um trabalho conjunto na redação de sua biografia.

1. Num artigo que lorde Russell acabou de me enviar, ele se refere à carta de Claude endereçada a mim, dizendo: se o autor dessa carta é considerado louco, então "não ficarei surpreso se passar meus últimos anos num hospício — onde desfrutarei da companhia de outros que são capazes de ter sentimentos humanos".[92]

2. Artigos ilustrados (em séries) sobre Claude e sua correspondência comigo foram publicados em grandes revistas e jornais franceses e italianos (por exemplo, no *France-Soir* e na *L'Europaeo*).

Veja: o caso está exposto diante dos olhos do mundo, e — acredito não exagerar — os milhares na Europa e na Ásia que têm conhecimento de Claude esperam com impaciência que a questão, tratada de maneira repugnante, seja reparada. Além disso, em certa medida o prestígio dos Estados Unidos no exterior poderia ser influenciado pela conclusão desse caso. Parece-me que este é um dos pontos principais que o dr. Moore deveria enfatizar com os jurados. Eles deveriam compreender que têm duas tarefas: (a) analisar judiciosamente o destino do homem que está à sua frente, tornado culpado sem culpa; e (b) agir de acordo com os ideais dos Estados Unidos, lembrando-os de que é possível manchar seriamente o bom nome do país caso resolvam seguir as vozes dos "*hidden persuaders*" que, a fim de incentivar determinados interesses políticos ou militares, sussurram em seus ouvidos.

3. Não tenho notícias de Claude desde 22 de dezembro de 1960. Nunca houve um hiato tão grande em nossas cartas. O fato parece comprovar seu primeiro relato de que Eatherly está apartado do mundo exterior depois de sua transferência à ala 10. Temo que essa apartação agora se estenda à escrita e ao recebimento de cartas. Não quero suspeitar que as autoridades pretendam fomentar uma doença mental em Claude, porém — e isso também me parece ser outro ponto decisivo para o dr. Moore — não é impossível, e é até provável, que tal tratamento *acabe por criar* um estado de anormalidade mental e emocional. Esse

92. *New Statesman*, 17 fev. 1961.

> perigo me parece ainda mais ameaçador, visto que Claude passou anos sem levar uma vida social normal e visto que esteve distante das alegrias naturais da vida há tanto tempo, de modo que não dispõe de uma reserva de forças para um tempo probatório tão duro. Desse ponto de vista, é ainda mais admirável que os dois meses que Claude passou fora da instituição tenham transcorrido sem incidentes; ou seja, ele afastou qualquer dúvida a respeito de não ter domínio de si mesmo. Esse é o terceiro ponto que poderia ser de importância para o dr. Moore.

E agora em relação ao seu pedido de material: o senhor entenderá que não tenho como lhe enviar toda a correspondência que mantive com Claude — principalmente porque ela será em breve publicada por uma grande editora. Mas é claro que isso não significa que o senhor deva se manter excluído do material; afinal, o objetivo de ajudar Claude diretamente está acima de todos os outros. Caso o senhor ou o dr. Moore desejem respostas a perguntas específicas, tentarei descobrir se as cartas de Eatherly dirigidas a mim contêm passagens que poderiam ser consideradas respostas. Nesses casos eu providenciaria cópias fotostáticas desses trechos.

Naturalmente, a publicação desse livro avivará ainda mais o interesse no caso de Claude; além disso, Robert Jungk, autor conhecido não apenas nos países de língua alemã mas em todo o mundo, assinará o prefácio e assumirá a organização da obra. Se alguém ficar espantado pelo grande interesse que as editoras demonstram na correspondência, a explicação é simples: minha primeira carta para Claude e sua resposta foram publicadas em vários países. Depois de lerem a surpreendente resposta de Claude e descobrirem que a correspondência havia se prolongado, os editores vieram atrás do material.

Muitos detalhes que o senhor mencionou a respeito dos jurados e da espantosa situação ocorrida no V. A. Hospital desde a audiência em 12 de janeiro eram novidade para mim, e são também para mim muito importantes. Agradeço imensamente por essas valiosas informações. Por favor, continue me mantendo informado. O que o senhor quis dizer ao se referir ao "número extraordinário de casos criminais perpetrados pelos pacientes do Veterans Hospital desde 12 de janeiro, dia da audiência"? Seria uma casualidade cronológica ou o senhor estava falando de uma relação causal (algo que eu não compreenderia) entre a audiência e o comportamento dos internos?

Antes de encerrar, gostaria de lhe dizer uma vez mais como estou feliz em saber que o senhor faz parte dos "*unhappy few*" que compreenderam que toda a nossa situação moral está em julgamento com o caso Eatherly. Talvez seja até sorte termos em mãos algo que, como um modelo em miniatura, contenha os problemas morais da atualidade e os torne visíveis. Por meio de nosso trabalho *para essa pessoa* estamos trabalhando *não apenas para uma pessoa*. E independentemente de quão terríveis sejam as implicações desse caso, talvez seja um consolo saber que estamos investindo nossas forças *no principal caso* dos nossos dias.

Atenciosamente,
Günther Anders

Carta 63
De Günther Anders ao dr. Walter F. Ford

(carta abreviada)
Ao dr. Walter F. Ford, diretor de serviços profissionais
V. A. Hospital, Waco, Texas

Prezado dr. Ford, *18 de abril de 1961*

Tive a oportunidade de tomar conhecimento de uma carta que o senhor enviou a um amigo meu. Nessa carta, o senhor se refere à minha "carta aberta ao presidente Kennedy" e diagnostica em mim um "complexo de Dreyfus". "Dessa maneira, não podemos ter a expectativa", o senhor diz, "de mudar indivíduos com complexo de Dreyfus, principalmente quando eles estão a centenas de milhas de distância".

Por que "complexo"?

Sócrates se sentia chamado a ensinar a verdade à juventude? Nada disso. Tratava-se apenas de um complexo de educação.

Hegel se esforçou por um princípio de justiça universal? Nada disso. Tratava-se apenas de um complexo de sistemas.

Médicos tentam curar doentes? Nada disso. Trata-se apenas de um complexo de saúde.

Pessoas sentem fome? Nada disso. Trata-se apenas de um complexo de pão.

Eatherly tenta se arrepender por Hiroshima? Nada disso. Trata-se apenas de um complexo de culpa.

Anders tenta ajudá-lo? Nada disso. Trata-se apenas de um complexo de Dreyfus.

Esse método do "trata-se de um complexo" é assaz recomendável. Pois, com ele, o senhor consegue:

1. eliminar a complexidade do assunto em questão;
2. mostrar às pessoas que os objetivos buscados pelas vítimas de seu diagnóstico não têm justificativa;
3. expor ao ridículo aqueles que buscam tais objetivos.

Atenciosamente,
Günther Anders

Carta 64
De Günther Anders
ao sr. Robert Kennedy[93]

Washington (D.C.)

Prezado senhor procurador-geral, *7 de maio de 1961*

Uma revista dinamarquesa, que publicou há algumas semanas minha carta aberta ao presidente Kennedy, procurou-me para comentar a

93. Procurador-geral de Justiça dos Estados Unidos (1961-1964), irmão do presidente John F. Kennedy.

carta que o senhor enviou ao professor Johannes Knudsen em 31 de março, após a leitura do meu texto.

Talvez o senhor se lembre de que sua carta era constituída quase exclusivamente por uma única citação: a reprodução da informação sobre o sr. Eatherly, que o senhor, motivado pela minha carta, solicitou ao Veterans Administration Hospital.

1. Essa informação começa com a frase: "O sr. Eatherly foi, de tempos em tempos, paciente voluntário (*voluntary patient*) de nosso hospital de veteranos, em Waco". Sou-lhe imensamente grato por essa frase, pois ela confirma minha tese de que o recolhimento e a reinternação de Eatherly após sua saída voluntária do hospital contrariaram seu status de "voluntário".
2. Sua carta prossegue afirmando que Eatherly "informou à direção do hospital que esperava (*expected*) deixar o hospital; que seu irmão James, ao ser informado a esse respeito, entrou com um pedido de internação". Mesmo se fosse verdade, isso apenas corroboraria minha afirmação de que a expressão "paciente voluntário" era *pro forma*.
3. O relato segue então para a audiência de 12 de janeiro de 1961. O júri (o senhor afirma) foi da opinião de que o sr. Eatherly necessitava de tratamento psiquiátrico e de que deveria ser entregue ao Veterans Administration Hospital. Essa sentença contradiz da maneira mais flagrante:
   (a) o fato de que a frase seguinte anuncia que os jurados declararam Eatherly capaz de administrar seu próprio dinheiro — algo que, principalmente no seu país, representa a prova de uma competência muito valiosa; e
   (b) um relatório detalhado que recebi de uma testemunha ocular da audiência (segue relato).[94]

A apresentação do hospital, por sua vez, não está totalmente de acordo com o relato detalhado que recebi do próprio sr. Eatherly — e nunca tive motivo para não confiar nele. Por essa razão, considero

94. Ver carta 58.

poder olhar para o relatório do Veterans Administration Hospital com alguma crítica, porque eles, como o senhor deve saber, já pecaram por imprecisões — por exemplo, alteraram a data da fuga do sr. Eatherly e divulgaram a data falsa (22 de novembro em vez de 19 de outubro) para a imprensa.

Em relação ao ponto 1, talvez o senhor também se interesse em saber o que os jornais *The Washington Post* e *The Times Herald* escreveram, em 5 de dezembro de 1960: "Funcionários do Veterans Administration Hospital disseram que não estavam autorizados a prender Eatherly ou trazê-lo de volta ao hospital". Meu conhecimento leigo não consegue compreender por que outras autoridades podem prender um homem que passa um tempo voluntariamente no hospital, deixa esse hospital voluntariamente e, durante sua ausência, não comete qualquer tipo de crime. Não é possível que apenas na Europa se saiba que Eatherly, ao ser preso por cruzar um farol vermelho, não estava conduzindo o veículo. Em outras palavras: sou incapaz de relacionar o sentido do termo "voluntário", pressuposto nesse caso, com o sentido geralmente reconhecido da palavra.

Como antes, permaneço convencido de que a boa resolução desse caso não seria necessariamente desfavorável ao prestígio dos Estados Unidos.

Atenciosamente,
Günther Anders

Carta 65
A Claude Eatherly

Caro Claude, *10 de maio de 1961*

Não tenho muita esperança de que esta carta chegue até você. Há quase quatro meses não recebo mais qualquer sinal de vida de sua parte, e infelizmente tenho de presumir que, desde então, você também não ouviu mais falar de mim. Talvez você tenha sido assolado por dúvidas nesse mundo silencioso em que está vivendo agora; talvez tema que eu esteja farto de torcer por você e tenha me afastado. Talvez você desconheça o passo que dei desde seu desaparecimento. Acredite, Claude, esse temor é totalmente infundado. Trata-se exatamente do inverso: quanto mais ansiava encontrá-lo, quanto mais fiquei sem notícias suas, mais terrível seu destino se mostrou para mim. Seu emudecimento ecoa nos meus ouvidos ainda mais alto do que sua voz o fazia. E está além das minhas forças dispersar minha atenção do eco do seu desaparecimento.

Eis então o passo que dei, alertado por esse eco: apresentei sua sina numa carta aberta e, para enfatizar o máximo possível esse passo, enderecei-a ao presidente Kennedy; há algumas semanas, divulguei o texto. Não houve resposta do presidente, apenas a confirmação do recebimento por parte de um secretário, mas isso não é importante. Pois hoje essa carta, que também circula nos Estados Unidos, reproduzida pelo pessoal das universidades, conseguiu que você, embora fisicamente preso, esteja presente na mente e nos sentimentos de mais pessoas e que esteja rodeado por mais amigos do que nunca, mais do que na época em que você rodou o mundo na imprensa mundial como *glamourous victory boy*. As paredes que o reprimem se tornaram hoje paredes de mentira. E nenhum médico consegue reverter isso, nenhuma Força Aérea e nenhum parente amedrontado. Embora seja verdade que você não consegue enxergar nenhum dos seus amigos, também é verdade que todos os seus amigos estão olhando agora para você. Portanto, em certo sentido, você não está preso. Se alguém está preso (ou melhor, excluído da simpatia dos outros), são aqueles idiotas que continuam a chamá-lo de doente porque você tem consciência suficiente daquilo que sabe e que o mantêm entre quatro paredes. Talvez essas pessoas sintam pena de você. Mas não podemos levar essa pena em consideração, pois se trata de uma pena ruim, que nasce do medo e que comprova que eles têm medo da verdade.

Não é casual que eu pense tanto em você nesses dias e que tente hoje mais uma vez alcançá-lo. Pois agora todos — todos os iguais a você, todos que não estão embotados — vivemos há semanas sob o signo de *Eichmann*. Você sabe: Eichmann foi o homem que organizou, nos anos 1940, a morte de milhões de pessoas — judeus, poloneses, ciganos —, cumprindo sua tarefa como burocrata do extermínio. Talvez você tenha lido alguns artigos de jornal a respeito. Então você também terá lido que ele declarou "honestamente" não passar de uma ferramenta, não ter sido mais que uma "pequena engrenagem no aparato do terror" e ter apenas sido fiel ao juramento que fez a Hitler. Resumindo: ele diz que, no sentido em que é acusado, não é culpado. Assim como é quase impossível reproduzir mentalmente a atuação de Eichmann, também é quase impossível compreender que ele tenha conseguido viver quinze anos sem mencionar essa culpa, sem se posicionar quanto a essa culpa, sem sofrer agudamente por ela. Além disso, é muito provável que ele tenha sido mais do que apenas uma engrenagem. Sua participação naquelas conferências em que os organizadores do terror, tomando conhaque, discutiram o extermínio de milhões e as "ações mais factíveis" para tanto, contradiz claramente o caráter ínfimo de sua atividade burocrática, a que ele agora passa a dar tamanho valor a fim de tornar sua culpa tão ínfima quanto possível. Ele também não tem o direito de se justificar dizendo que apenas se sentava à escrivaninha e organizava as fichas com os assassinatos e que, como burocrata, não conseguia imaginar a verdadeira dimensão do conteúdo de seu arquivo. Mesmo isso — e não seria nenhum abrandamento — não corresponde à verdade, pois vez ou outra ele foi testemunha ocular do assassinato daquelas pessoas cujos nomes e dentes de ouro estavam impecavelmente registrados em suas fichas. Certamente ele não gostou do espetáculo do extermínio em massa e agora — algo que também não o honra — até pede para termos piedade do nojo que esse espetáculo lhe trouxe, mas esse nojo não o impediu de continuar gerenciando seu escritório de extermínio e cumprindo diligentemente as funções do seu cargo por anos.

O mais terrível nas explicações do genocida — "Fui apenas uma pequena engrenagem no aparato", "Apenas cumpri ordens" — é que elas são idênticas aos argumentos usados hoje em dia por qualquer um de nós: pelos trabalhadores que trabalham nos mísseis Polaris,[95] pelos cientistas que testam produtos químicos para uso bélico, pelo seu colega Francis Powers,[96] que, com seus voos de espionagem, quase

95. Mísseis equipados com ogivas nucleares e desenvolvidos especialmente para serem lançados a partir de submarinos. [N.T.]

96. Francis Gary Powers (1929-1977), piloto da Força Aérea dos Estados Unidos, capturado ao sobrevoar a União Soviética em 1960 a bordo do U-2, avião espião da CIA. Sem saber que o piloto havia sobrevivido e que o avião não fora total-

provocou uma catástrofe — não, mais que isso: esses argumentos são idênticos àqueles que nos inculcam para apaziguar nossa consciência, feito tranquilizantes. Não vamos nos enganar: se não aceitarmos esses argumentos de Eichmann, seremos considerados — mesmo nos países especialmente abalados pelas ações dele — desleais ou traidores.

Ou doentes mentais.

Assim, nesses dias em que voltamos a ouvir quase diariamente os terrores que remontam a quase vinte anos atrás, penso especialmente em você, Claude, porque você é um grande antípoda e pode nos consolar. Quando cumpriu com aquilo que lhe havia sido imposto, na qualidade de "engrenagem na máquina", você não sabia o que estava fazendo. Mas, depois de ver o resultado, você se levantou, exclamou seu "não". E desde esse primeiro "não", não houve um dia sequer em que você tenha engolido esse "não". Você não se apequenou nem tentou se safar dizendo: "Eu era apenas uma engrenagem, portanto sou inocente", mas, ao contrário, afirmou: "Se nós, como engrenagens, podemos nos tornar tão culpados, então precisamos nos recusar a nos tornar engrenagens". Eichmann e você são as figuras mais emblemáticas da era atual. E se não houvesse você como antípoda dele, então teríamos todos os motivos para nos desesperar nessa era de Eichmann.

Não acredite, Claude, que essa comparação entre Eichmann e você é artificial. Ela já estava clara para mim muito antes da manhã de hoje, quando li no jornal que Servatius, o defensor de Eichmann (a defesa *dele* ecoa no mundo todo, ao contrário da sua), teve a safadeza de explicar que um homem que esteve cumprindo ordens como Eichmann podia ser tão pouco responsabilizado quanto o homem

• • •

mente destruído, os Estados Unidos negaram a acusação de espionagem por dias, dizendo tratar-se apenas de uma nave de pesquisa meteorológica, e, depois de desmascarados, recusaram-se a pedir desculpas formalmente. Essa situação gerou uma crise diplomática que levou ao cancelamento de um encontro oficial entre Eisenhower, então presidente dos Estados Unidos, e Khrushchev, premiê soviético, agenda que compunha um dos esforços para barrar a Guerra Fria. Anders chegou a escrever duas cartas a Powers, uma primeira intitulada "Carta sobre a ignorância" e a segunda com o título "O sonho das máquinas". Elas nunca foram publicadas e permaneceram como material de arquivo, salvo na França, onde Benoit Reverte lançou a tradução de ambas em um volume intitulado *Le Rêve des machines* (Paris: Allia, 2022). [N.T.]

que soltou a bomba atômica sobre Hiroshima.[97] Não quero falar da monstruosidade dessa comparação, pois você e seus companheiros realizaram duas ações que consideravam ações de guerra, enquanto Eichmann realizou, durante anos, dia após dia, a liquidação sistemática de seres humanos completamente indiferentes ao aparato militar. Quero me referir apenas ao fato de que você assumiu responsabilidade por *essas* ações, embora não fosse incitado a fazê-lo, embora não *devesse* assumir essa responsabilidade, enquanto Eichmann pretende se eximir da própria responsabilidade comparando-se com você. Se há uma pessoa que teria o direito de corrigir Servatius ou Eichmann, essa pessoa é *você*.

Independentemente de quão solitário você possa se sentir ao acordar todos os dias, lembre-se a cada manhã que você, Claude, tem a sorte incrível de ser o grande antípoda que nos presenteia com consolo e esperança. Se você se atentar à importância desse papel que lhe coube e ao qual você se mostra à altura, talvez se torne mais suportável o fato de estar fisicamente sozinho e de não ver frente a frente quem você consola. De todo modo, pensamos em você com gratidão. E se um dia nós nos encontrarmos — "nós" aqui significando todos aqueles que são consolados por sua vida —, o sacrifício que você teve de fazer nesses anos talvez lhe pareça insignificante. Vamos continuar trabalhando em prol desse dia.

Como sempre, seu amigo,
Günther

A correspondência já estava na composição tipográfica quando, depois de uma pausa de quase meio ano, Eatherly deu sinal de vida. Na verdade, parece que algo está tomando forma — temos de deixar em aberto os motivos para tal — que nos permite nutrir esperanças. Tecnicamente ainda é possível informar o início dessa nova fase. O caso Eatherly prossegue; e, quem sabe, quando a correspondência for pública, tenha talvez chegado a seu final feliz.

97. *Newsweek*, 17 abr. 1961.

Carta 66
A Günther Anders

Ala 10 *30 de maio de 1961*
Caro Günther,

Foi bom ter notícias suas e saber que está tudo bem com você. Desculpe não ter conseguido escrever de volta. Recebi sua carta há três meses. Estou bem aqui no hospital.

Mas não consigo receber boas notícias sobre minha liberação. Em janeiro, tentei conseguir a liberação numa audiência. Logo farei nova tentativa, se não receber notícias desencorajadoras de meus médicos. Acredite, estou decepcionado com a continuidade de minha hospitalização, mas não perdi a coragem; afinal, em algum momento terei um "*break*".

A srta. F. me encaminhou a carta que você lhe escreveu.

Li um artigo de jornal a meu respeito e li também que seu livro logo será lançado. Se ele pudesse ser lançado também em inglês, gostaria de lê-lo.

Acompanhei o processo de Eichmann, que aparece diariamente nos jornais. Independentemente de como esse homem tente se defender, não há saída [...]. Não há lugar para um homem desses.

[...] Quase não tenho notícias de nenhum integrante da minha família. Não posso esperar que nenhum deles me ajude [...].

Claude

Carta 67
Do Departamento de Justiça, Washington (D.C.), a Günther Anders

Prezado sr. Anders, *26 de junho de 1961*

O procurador-geral de Justiça encarregou-me de responder sua carta relativa ao major Eatherly. Evidentemente o senhor entendeu mal a sequência dos eventos que tratam de sua internação (*retention*) no hospital. Seu tratamento original baseava-se na sua admissão como "paciente voluntário" (*on the basis of his voluntary admission*), mas a justiça do Texas, apoiada na sentença dos jurados, alterou seu status de "voluntário" para "compulsório". Ou seja, ele foi retido (*committed*) após a orientação dos jurados. No momento em que essa ordem baseada na orientação dos jurados entrou em vigor, a consequência necessária foi a reintegração do major Eatherly ao hospital, depois de tê-lo deixado.

Nesse contexto, gostaria de mencionar outro ponto.

Tanto o tribunal quanto a sentença estão sob a jurisdição da autoridade estadual (do estado do Texas), não do governo federal. Essa jurisdição é atribuída aos estados pela Constituição e, portanto, não é da alçada deste departamento (Department of Justice). Caso a internação apresente algum aspecto que esteja fora do âmbito da lei, o major Eatherly tem todo o direito de apelar às cortes federais, apresentando os fatos necessários que compõem as provas.

Destarte, sou levado a crer que seus pontos estão respondidos.

Atenciosamente,
William H. Orrick Jr., secretário-adjunto de Justiça

Carta 68
De Günther Anders ao secretário-adjunto de Justiça sr. William H. Orrick Jr.[98]

Washington (D.C.)

Prezado sr. Orrick, *2 de julho de 1961*

Muito obrigado por sua amável carta de 26 de junho de 1961 e pela tentativa de eliminar as suspeitas que o caso Eatherly gera em mim. Lamento informar que o senhor não logrou êxito total em me convencer.

Naturalmente deixo de lado aqui os aspectos mais amplos e filosóficos do caso; ou seja, não estou falando da trágica situação do homem que se tornou, sem o saber, a primeira "vítima" da primeira missão nuclear, embora não considere impossível que esse ponto de vista venha a receber, algum dia, uma importância histórica muito maior do que apenas do ponto de vista jurídico. Como suponho que dificilmente chegaríamos a um consenso nessa larga base filosófica, limito-me também aqui aos aspectos meramente jurídicos.

O senhor reforça que a questão do status de internação de Eatherly, que passou de "voluntária" a "compulsória", é o ponto decisivo. Se bem entendi, isso só pode significar que sua reinternação teria sido legal caso tivesse ocorrido numa fase "compulsória", e, ao contrário, ilegal se ocorrido numa fase "voluntária". Assim, a reinternação de Eatherly foi ilegal — e é esse o meu ponto —, pois a cronologia das datas de que disponho contradiz a sequência de eventos que servem de base para seu argumento.

O senhor sabe melhor do que eu que, enquanto o major Eatherly esteve internado, as fases "voluntária" e "compulsória" foram sendo trocadas.

Uma de suas fases voluntárias de noventa dias cessou, por exemplo, em julho de 1959; apesar do status de "voluntário", suas solicitações de deixar o Veterans Administration Hospital foram negadas.

Em 22 de abril de 1960, Eatherly confirmou novamente o status de "voluntário" numa carta enviada para a American Civil Liber-

98. Chefe da seção de direito civil no Ministério da Justiça.

ties Union. Ali estava escrito: "Sou paciente voluntário, o que me dá o direito de pedir por liberação".

Apenas em 20 de maio de 1960 Eatherly foi classificado como paciente compulsório, e isso após uma audiência sem jurados (*closed hearing*). Esse status deve ter se mantido por três meses. Isso significa que ele retomou a condição de paciente voluntário em 18 de agosto de 1960. E realmente ele me escreveu em 18 de agosto: "Creio que chegou a hora de dar meu passo para sair do hospital". E, em 6 de setembro de 1960, ele escreveu *expressis verbis*: "Visto que novamente sou 'paciente voluntário'".

Se ele era de fato paciente voluntário, está implícito que poderia decidir livremente ficar ou não no Veterans Administration Hospital. O termo "voluntário" significa liberdade de escolha, senão não passa de uma palavra vazia e totalmente sem sentido, que contraria tanto seu uso cotidiano quanto filosófico.

Mas deixe-me voltar ao seu ponto, a sequência dos eventos. Como o status de "paciente voluntário" foi devolvido a Eatherly em 18 de agosto de 1960, essa era sua condição em 19 de outubro de 1960, quando saiu do hospital. O fato de ele realmente ser um "paciente voluntário" está confirmado:

1. No trecho (*The Washington Post* e *The Times Herald*, 5 de dezembro de 1960) para o qual chamei sua atenção já na carta anterior. Cito: "Funcionários do Veterans Administration Hospital disseram que não estavam autorizados a prender Eatherly ou trazê-lo de volta ao hospital".
2. Num trecho de uma carta de Eatherly de 21 de dezembro de 1960. Ele escreve: "O hospital havia divulgado relatórios dizendo que eu tinha sido liberado e que minha reinternação não era solicitada. Na verdade, minha internação foi solicitada em 20 de outubro, ou seja, um dia após minha fuga".

Eatherly só se tornou "paciente involuntário" depois de ter sido recapturado e de passar por uma audiência (com jurados) em 12 de janeiro de 1960.

Ao recordar essa cronologia, é difícil não ter a sensação de que o relatório que o senhor recebeu contém um erro na sequência dos acontecimentos. Se minhas suspeitas parecerem plausíveis também ao senhor, talvez valesse a pena verificar mais uma vez essa sequência. Se o senhor tivesse essa iniciativa, eu lhe seria muito grato.

Meus melhores votos de estima e distinta consideração por seus esforços no esclarecimento do caso.

Atenciosamente,
Günther Anders

Carta 69
A Claude Eatherly

Caro Claude, *3 de julho de 1961*

Que alívio receber uma carta sua após uma pausa tão longa. Talvez você nem tenha se dado conta de que o hiato durou meio ano. Você vai compreender que, durante esse tempo, fiquei — e continuo — preocupado, pois a causa do seu emudecimento não foi mencionada. Você simplesmente disse que não podia escrever. O que significa "não poder"? Você ficou doente? Ou — o que me parece improvável — alguém o impediu de manter a correspondência?

Parece-me que você precisa de encorajamento. Talvez eu lhe possa dar algumas "injeções".

Aqui a primeira: o interesse em nossa correspondência, que será publicada no outono, está tão grande que a tiragem será de onze mil exemplares, muitas vezes maior do que o habitual para uma primeira edição. Além disso, o livro será apresentado como principal lançamento da editora em 1961. Trata-se, evidentemente, de um grande mérito seu, pois a editora anuncia o seu nome e o meu, e dividiremos os direitos em 50% para cada. Hoje mesmo, meses antes do lançamento, uma quantia de 750 dólares está à sua disposição e você pode sacar o dinheiro caso necessite. E mesmo se não precisar, o fato de direitos autorais estarem à sua espera vai impressionar tanto o juiz quanto os jurados, pois recompensa pecuniária nunca diminuiu o prestígio de ninguém. Como de oito a dez editoras estrangeiras já manifestaram interesse pela obra, existe uma boa chance de um novo aumento de seu "pagamento de autor". Caso você queira sacar o dinheiro, basta escrever à editora Rowohlt (endereço [...]).

A segunda "injeção": minha "Carta aberta ao presidente Kennedy" finalmente achou seu caminho até um gabinete oficial. Ontem recebi uma carta do secretário-adjunto de Justiça, William H. Orrick Jr., do Departamento de Justiça, divisão civil, em Washington, que, baseado numa informação incorreta, tenta provar a legalidade de sua internação após a fuga. Ele pressupõe, incorretamente, que antes da fuga você estava classificado como "paciente compulsório".

O sr. Orrick encerra a carta com as palavras: "Caso a internação apresente algum aspecto que esteja fora do âmbito da lei, o major Eatherly tem todo o direito de apelar às cortes federais, apresentando os fatos necessários que compõem as provas". Talvez seja o caso de levar a sério essa observação dele. Deixo a seu critério decidir se vale a pena ou não apresentar uma cronologia exata do histórico jurídico do seu caso, quer dizer, a sequência de sua classificação como paciente "voluntário" ou "compulsório". Não seria nada mau se essa cronologia viesse em três colunas: à esquerda, a data; no centro, o acontecimento; à direita, sua classificação. Por exemplo: 19 de outubro | fuga | voluntário.

De todo modo, anexo uma cópia da carta que acabei de enviar ao sr. Orrick.

E agora, Claude, vamos retomar nossa correspondência. Não se esqueça de que há muitos meses já discutimos seus planos de maneira muito concreta. Se você não estiver em condições de concretizar esses planos e se não tiver conseguido se dedicar ao seu projeto no último semestre, não se envergonhe e me diga o motivo. Talvez os efeitos indiretos do seu tratamento ou a atmosfera do lugar tenham impossibilitado sua concentração. Eu compreenderia totalmente. E mais uma vez: por favor, me conte de sua rotina, que você sempre cobriu, envergonhado, com uma capa de silêncio. Se a vida é um tédio completo, não se envergonhe de dizê-lo, pois o tédio não é culpa sua; e suportar uma vida tediosa da maneira como você faz demanda mais heroísmo do que algumas ações festejadas como heroicas.

E não se esqueça: o mundo no qual você vive não é composto pelas quatro paredes que se tornaram sua casa, mas por muitos amigos que se sentem próximos de você e que o respeitam. Sei como é fácil bancar o sábio quando se é totalmente livre, como eu; mas nós, que nos livramos da sua situação sem ter feito nada por isso — embora pudéssemos estar na mesma condição — nos envergonhamos da monotonia de nossas vidas.

Sempre seu amigo,
Günther

Carta 70
A Günther Anders

Ala 93 *7 de julho de 1961*
Caro Günther,

Obrigado por sua carta agradável e encorajadora.

Estou feliz por poder relatar que minha situação melhorou. Fui transferido da "ala de segurança máxima" à classe dos privilegiados (*put on privilege basis*). Isso me dá certas liberdades. Agora finalmente tenho um médico que tenta me ajudar. Acredito que estarei em condições de sair do hospital daqui a alguns meses. Por esse motivo, creio que não deveria tentar mexer judicialmente no meu caso outra vez.

Se eu lhe disse que não pude escrever, foi porque era impossível despachar uma carta enquanto estava na ala 10. Agora poderei me corresponder com você sem qualquer impedimento.

Fico muito feliz em saber que você está publicando um livro composto pela nossa correspondência. Agradeço pela equidade do contrato que você fechou em meu nome. Antes de deixar o hospital, não terei necessidade do dinheiro, por essa razão vou deixá-lo provisoriamente onde está.

Sinto-me muitíssimo bem, só um pouco ansioso pela expectativa de sair do hospital (*I feel wonderful, only a little anxious about leaving the hospital*). Mas me parece que isso acontecerá em breve, desde que eu coopere com meu doutor; e é o que pretendo.

Günther, sou realmente consciente de tudo o que você fez por mim e espero um dia poder retribuir. Esteja certo de que farei tudo o que estiver ao meu alcance para recobrar minha liberdade; e não estou desanimado nem vou desistir.

Mais uma vez, obrigado por tudo.

Seu amigo,
Claude

Carta 71
A Claude Eatherly

Caro Claude, *11 de julho de 1961*

Parabéns! Nunca escrevi a você com tamanha alegria e com tanta confiança. E, depois da sua última carta desanimada, eu nunca teria esperado por uma surpresa dessas, nem por tal mudança para melhor. Eu já tinha até preparado uma declaração pública sobre a questão Eatherly e coletado assinaturas de pessoas importantes como lorde Russell, Max Born, Moravia, Carlo Levi, até o prefeito de Hiroshima assinou — mas agora se tornou supérfluo entregar a declaração à imprensa, e as assinaturas podem dormir tranquilamente na minha gaveta.

Não posso adivinhar quando o grande momento acontecerá, é claro. Por favor, prepare-se internamente para ele. E sobretudo para o tempo que virá logo depois.

Considero bem provável que você seja assediado por hordas de repórteres. E eles tentarão arrancar de você, por avidez sensacionalista, detalhes insignificantes e privados que não são da conta de ninguém, além de provocá-lo com perguntas capciosas que ninguém tem presença de espírito para responder de imediato. O que me parece mais aconselhável é explicar às pessoas que o importante não é sua vida privada, mas a situação nuclear como tal, que é da conta de todos. E que sua primeira tarefa é a de se adaptar à nova situação, e que você seria muito grato se eles respeitassem sua reserva nesse sentido. Acrescente que mais tarde você dará explicações, caso as considere úteis ou necessárias, mas somente mais tarde; e que você de maneira nenhuma vai afirmar algo a partir das perguntas colocadas por eles.

Se você se decidir a agir dessa maneira, não haverá motivos para temer o tempo após sua liberação.

Aliás, ao ler sua observação casual sobre seu temor, lembrei-me de um filme sobre Dreyfus que assisti há vinte anos. Embora inocente, Dreyfus ficou preso durante anos na Ilha do Diabo e, quando descobriu que estava livre, começou a caminhar para lá e para cá na cela, como tinha feito dia após dia e ano após ano, embora a porta estivesse escancarada. Foi apenas com muito esforço que ele conseguiu passar pelo limiar que o separava do mundo lá fora. Não se surpreenda se sentir uma hesitação semelhante; seria muito natural. Mas você tem a chance de saber das coisas de antemão; você pode fazer já suas caminhadas para lá e para cá, de modo que, quando o grande dia chegar, você consiga abraçar sua liberdade sem hesitar.

Você sabe, Claude, que no dia da sua liberdade eu também me sentirei liberto; e quando tiver em mãos o telegrama dizendo "estou fora", tentarei imediatamente encontrá-lo para festejar ao seu lado o início da época na qual você estará não apenas livre de impedimentos mas também livre para sua tarefa.

Seu amigo,
Günther

NOTA FINAL[99]

Desde a primeira publicação desta correspondência, o caso Eatherly assumiu novos aspectos.

Enfim, Claude está livre.

Desse modo, logo poderei concretizar meu desejo de estar com ele. Essa possibilidade esteve tão distante até agora por circunstâncias alheias à nossa vontade.

Agora ele está livre, e já faz meio ano, embora seus compatriotas não tenham desfrutado do direito de saber disso.

Ele está livre e vive entre eles.

Seria um consolo, é claro, poder dizer que as autoridades americanas compreenderam, por fim, o que estava em jogo e que são as mandantes desse final feliz. Infelizmente não posso dizer isso.

Na verdade, Eatherly fugiu, escolheu a liberdade — caso a palavra "escolha" seja adequada aqui, pois ele nunca concretizou a liberdade. Ao contrário: o sentido de sua vida era (e ainda é) estar livre de condenações e preconceitos com os quais todos somos bombardeados incessantemente; nós não nos damos conta disso. Se é verdade que é possível conservar essa liberdade atrás das paredes de uma instituição, também pode acontecer a qualquer um estar rodeado por tais paredes justamente por causa do amor pela liberdade.

Por essa razão, a liberdade externa da qual ele goza agora é apenas um complemento daquela liberdade que ninguém foi capaz de lhe roubar.

99. Este texto corresponde ao posfácio da edição americana desta correspondência, publicada em *Burning Conscience: The Case of the Hiroshima Pilot, Claude Eatherly, Told in His Letters to Günther Anders*. Nova York: Monthly Review Press, 1962.

Essa afirmação pode soar estranha, pois todos sabemos que ele era constantemente atormentado pelos espíritos dos mortos e das deusas da vingança de uma ação da qual ele próprio participou por acaso. E um torturado não parece ser alguém livre, muito pelo contrário. Mas também parece que ele juntou a coragem de não fechar os olhos nem os ouvidos para as deusas da vingança que voejavam ao seu redor (como muitos fizeram, a maioria, com sucesso); suas torturas são testemunhas de sua liberdade.

Ele era livre muito antes de ter escolhido a liberdade. As autoridades, entretanto, não eram, pois evitaram presenteá-lo com a única liberdade que poderiam lhe ter dado — isto é, a exterior —, perdendo assim sua chance. E agora elas têm de se limitar à liberdade bastante limitada da qual ainda podem fazer uso: a liberdade de deixá-lo sozinho e de não o vigiar. De todo modo, consola saber que elas se atêm a esse limite mínimo, embora saibam onde Eatherly está. Para mim, aos americanos resta agora a tarefa de zelar para que esse limite mínimo permaneça intacto.

É possível que a situação tenha se alterado enquanto estas linhas estão sendo impressas. Na tentativa de contribuir para a compreensão da nossa era, não podemos agir como os repórteres televisivos, que conseguem sincronizar sua voz com os eventos; temos de correr destrambelhados atrás dos acontecimentos do dia e sabemos disso. Mas isso não deveria nos preocupar, pois não é nossa tarefa apresentar as últimas novidades, e sim interpretar uma situação permanente. E isso nos poupa dessa perseguição maluca, mas apenas no melhor (e no menos provável) dos casos, *porque a única coisa permanente na nossa situação é a ameaça constante de que nada é para sempre e de que todos os nossos alertas chegam atrasados.*

O mesmo vale para a vida de Claude, que é uma personificação de nossa época que abrange ainda o amanhã e o depois de amanhã (caso tais amanhã e depois de amanhã ainda existam). A partir de agora (se ainda dispusermos de tempo), somos — e permaneceremos — condenados a viver numa situação cuja característica é imodificável: estamos condenados a viver no "tempo do fim" (*Endzeit*), que se finalizará por si mesmo e continuará sendo o tempo do fim, ainda que sejamos capazes de adiar "o fim dos tempos" (*Zeitende*) dia após dia. Por esse motivo, uma interpretação de nossa era atômica que ilumine esse fato pode correr destrambelhada atrás dos acontecimentos. Essa marca de nossa época nunca vai desaparecer, pois adquirimos para todo o sempre a capacidade de produzir o fim dos tempos: somos capazes de aprender muito mais coisas, mas somos incapazes de desaprender o que um dia aprendemos.

Embora as condições de vida de Claude tenham se modificado, o caso Eatherly não foi superado. Ao contrário: ele é tão novo que ainda não foi nem compreendido. Ele foi pioneiro em traduzir a característica de nossa época à linguagem da vida pessoal — o primeiro cuja vida pessoal foi determinada exclusivamente pelos fatos e pelos medos da era atômica; o primeiro que se recusou a se conformar com o comportamento exigido pela sociedade conformista; o primeiro que se esforçou para alertar quanto ao perigo, em vez de menosprezá-lo, exagerá-lo ou tirar vantagem dele, como se espera de nós. Mais uma vez, o caso Eatherly não foi superado; ele é sinônimo da personificação da consciência num mundo em que milhões de pessoas foram inebriadas para acreditar que as consequências de suas ações não lhes dizem respeito. Elas não agem, apenas "trabalham", e acreditam que seu trabalho — independentemente de sua razão de ser, seu objetivo, seus resultados diretos ou indiretos — não fede, "*non olet*". Eatherly resistiu a essa tentação e se negou veementemente a se contentar com uma liberdade que, em última instância, é como a liberdade do cego e a de quem se livra da consciência (embora seja apresentada a nós como uma liberdade de consciência). Não: esse caso não foi superado e não se modificou por meio das mudanças em suas condições externas.

Fomos obrigados a restringir cada vez mais nossa própria responsabilidade aos limites estreitos de nossa vida privada (na medida em que ainda é objeto de nossa responsabilidade, pois os meios de comunicação de massa intervêm de maneira crescente em sua constituição). Ele se recusou a participar dessa restrição. E sua recusa, sua disposição incansável a assumir a responsabilidade pelas consequências de seus atos são atitudes pioneiras no continente moral do presente. Os americanos, com sua tradição de pioneirismos e sua satisfação pelas "novas fronteiras", poderiam e deveriam estar orgulhosos de ter Eatherly como compatriota: um jovem comum, que subitamente se torna pioneiro dessa nova era. Ele é um irmão mais velho de Glenn,[100] pois, enquanto o astronauta tinha realizado apenas pioneiros atos técnicos, que sem sua atuação não teriam sido possíveis, Claude se tornou pioneiro da nova era por decisão própria e pessoal, por sua coragem de provocar as consequências da perfeição tecnológica para a qual ele foi usado.

Há anos os americanos festejaram Claude como herói. Muito bem. Mas eles não têm mais o direito de ter esse direito. Pois eles o chamaram de herói pelos motivos errados. Ele não se tornou herói americano por sua famosa ação, mas por seu posicionamento independente frente a essa ação. "*Ubi bene, ibi patria*",[101] diz o ditado. Mas os Estados Unidos deveriam declará-lo cidadão *porque* ele é bom.

Eu consideraria suspeito qualquer outro ponto de vista em relação a ele, porque seria uma comprovação do desaparecimento do espírito democrático nos Estados Unidos. Afinal, democracia significa que não devemos nos sentir responsáveis apenas por nossas próprias ações ou pelas ações que cumprimos conscienciosamente no trabalho mas também pelas consequências delas, que atingem todos os cidadãos. A definição de democracia em si contradiz a especialização e a divisão de trabalho, que hoje se transformou numa divisão de responsabilidade. No passado, quando, nas periferias das cidades americanas, alfaiates, padeiros ou lenhadores tinham voz ativa e decidiam em conjunto se uma ponte deveria ser construída sobre um rio, o que estava em jogo não era a ponte do alfaiate, do padeiro ou do lenhador, mas a ponte do povo para o povo. Se hoje um indivíduo participa da decisão de que a ponte não deve ser demolida no futuro, ele está fazendo apenas o que seus antepassados já faziam: exercendo seus direitos democráticos. E é antiamericano negar esses direitos.

Viena, 26 de fevereiro de 1962
Günther Anders

100. John Herschel Glenn Jr. (1921-2016), primeiro estadunidense a orbitar a Terra, em 1962. [N.T.]

101. Em tradução livre, "minha pátria é onde sou bem tratado", baseado num verso atribuído a Marco Pacúvio (220 a.C.-130 a.C.) citado por Cícero (103 a.C.-43 a.C.). [N.T.]

OS MORTOS

DISCURSO SOBRE AS TRÊS GUERRAS MUNDIAIS (1964)

1. O LUTO CEGO

Nós, os que restaram das duas gerações enviadas à morte — e que talvez sejamos os mortos previstos da próxima guerra mundial —, como podemos hoje, aqui reunidos para render nossas homenagens aos mortos, nos dirigir uns aos outros como "senhoras e senhores"? Não: aqui e agora não somos "senhoras e senhores", mas *sobreviventes*. Sobreviventes em relação aos milhões que foram exterminados visando ao mais absoluto nada. Que não caíram pela pátria, mas pela vergonha dela.

Sei que isso soa terrível ao ouvido dos sobreviventes. Suportar a irrevogabilidade da morte de pais, filhos, irmãos e maridos já é duro o bastante. E é muito compreensível que as pessoas se sintam tentadas a tornar a perda mais suportável ao honrar a causa que levou ao falecimento de seus entes queridos.

E nós? *Nós* podemos agir assim? Não, não podemos sucumbir a essa tentação. Pelo contrário, devemos explicar de maneira inequívoca que a morte deles foi em vão; que eles deram a vida para a infâmia e a falta de escrúpulos; que os milhões de alemães mortos na última guerra sucumbiram a serviço de um sistema que já havia desmoronado moralmente antes de começar, há 25 anos, a destruir o próprio povo e povos estrangeiros, o próprio país e países estrangeiros; que os mortos que lamentamos morreram como funcionários iludidos, executores e cúmplices de uma inescrupulosa guerra de conquista, de escravização e de extermínio; que a guerra não "irrompeu", como afirma essa expressão enganosa, mas foi provocada por aqueles que a planejaram a sangue frio. Se deixamos de admitir isso e transferimos o respeito que devemos ter diante da morte em si e diante dos nossos mortos para a coisa que deu origem à guerra, fazemos o que de pior um sobrevivente pode fazer, pois passamos a administrar *a posteriori* os negócios daqueles que os vitimaram.

"Meu único medo", explicou Hitler uma semana antes de invadir a Polônia, "é que, no último minuto, um canalha apresente um plano de mediação". A seus olhos, o desejo de mediação, ou seja, o desejo de manter a paz, vinha de um "canalha". Acabaríamos por aceitar esse tipo de vulgaridade ímpar se honrássemos aquilo pelo qual milhões tiveram de dar suas vidas.

Por favor, não me compreendam mal. Quando digo que os milhões que choramos foram vítimas da vulgaridade e da falta de escrúpulos, e que temos de seguir afirmando isso, sem nos deixar corromper, é evidente que não estou dizendo para abrirmos mão da nossa dor ou de honrar os mortos. Ao contrário. A seriedade e a tristeza de nossa dor e de nosso respeito são mantidas pelo conhecimento adicional da *causa pela qual morreram*. E apenas quando suportarmos esse conhecimento estaremos verdadeiramente honrando os mortos. Apenas então faremos com que eles *não tenham morrido em vão*. Apenas então eles se tornarão alertas contra repetições. Apenas então juntaremos forças para o "nunca mais". Apenas então estaremos, nós e nossos filhos, a salvo de participar de algo semelhante. Apenas então a paz estará ganha. Ou seja, depende de nós, os sobreviventes, decidir se eles morreram em vão ou não. Depende de nossa incorruptibilidade.

Ora, com certeza vocês estão decididos também ao "nunca mais", cada um de vocês. E também estão convencidos de que, dessa vez, vocês diriam "não" para confrontar um Hitler e uma guerra tão inconsequente como a guerra de extermínio de Hitler contra a Polônia. Mas não tenhamos tanta certeza. As "situações Hitler" não são facilmente reconhecíveis. Às vezes há lampejos que iluminam por um segundo a paisagem do presente e mostram que ela é terrivelmente similar à paisagem de ontem. Um brilho como esse ocorreu em agosto, por exemplo, e o que apareceu à nossa frente por um instante foi o enviado especial de uma certa potência pedindo ajuda a Franco para "salvar a liberdade" no Vietnã. Trata-se de uma imagem fantasmagoricamente conhecida, visto que, durante sua cruzada russa, Hitler também pediu ajuda a Franco, também no interesse da "liberdade". Mas esses flashes que desvendam a realidade são raros. A fachada da realidade foi alterada, dia após dia, inclusive de maneira bastante consciente, para sufocar ainda no berço qualquer suspeita, ou seja, para nos impedir de enxergar naquilo que acontece hoje a repetição do que aconteceu ontem. Essas fachadas não podem nos enganar nem por um segundo. Temos de deixar claro, de uma vez por todas, que, independentemente de como o mundo possa estar mudado hoje e de quão escandalosas possam soar as novas manchetes, *as guerras serão, de agora em diante e sem exceção, da mesma natureza que a guerra de Hitler*; e mais: ainda piores e mais inconsequentes. E isso acontece porque qualquer guerra vai degenerar automaticamente numa guerra que *não fará distinção entre o que é militar e o que é civil*, numa guerra que *transcorrerá como uma guerra de liquidação, de produção automatizada de cadáveres*, e até numa guerra que poderia *liquidar toda a humanidade*. Isso significa que hoje não há mais nenhum objetivo de guerra que não sucumbiria junto com a ruína universal; e não pode haver nenhum objetivo de guerra que possa ser justificado como causa da guerra. O que há 20 ou 25 anos valia para homens, mulheres e crianças — que foram sacrificados de maneira despropositada e inconsequente — passa a valer, a partir de agora, para todas as vítimas de todas as possíveis guerras. Ou melhor: valerá também para as vítimas da próxima guerra. E digo isso porque, depois da próxima guerra, não haverá mais nada, e também não haverá mais guerra, porque não faz sentido falar em "guerras", no plural. Como consequência, a partir de agora todos estamos obrigados a resistir a toda e qualquer guerra e a todo e qualquer preparativo para a guerra.

Vamos, primeiro, deslocar nossas reflexões políticas. Estamos reunidos aqui para prestar homenagem aos mortos das guerras mundiais. Algo fácil de falar, mas difícil de fazer. Por quê?

Porque temos de prantear *milhões*. Tentemos imaginar esses milhões. Milhões de mortos.

Não, ninguém tem a capacidade de imaginar milhões. Muito menos de mobilizar a força da dor para prantear milhões.

Que situação vergonhosa! Vamos vivendo dia após dia sobre os túmulos desses milhões (e com isso não me refiro a túmulos individuais — a quem eles pertenceriam? —, tampouco às covas coletivas aqui e acolá — pois mesmo essas foram um privilégio —, mas sim a *um* grande cemitério representado por nossa Terra, repleto, metro por metro e país a país, de ossadas de ontem e de anteontem), perambulamos diariamente sobre esse cemitério, trabalhamos, produzimos novas armas, nos divertimos, dormimos sobre ele. E mesmo num instante como esse, quando realmente nos dispomos a homenagear esses mortos, temos de concluir, com susto e vergonha, que ainda somos insuficientes; que não estamos à altura de prantear o imenso, que fracassamos como enlutados. O luto de hoje é um terceiro luto.

O primeiro é dirigido aos *seres humanos* que perdemos.

O segundo, ao fato de que esses seres humanos morreram *por nada*.

O terceiro surge do espanto de que a perda é grande demais para *conseguirmos* pranteá-la.

E ainda assim não dissemos tudo sobre o luto necessário de hoje. Pois o número de mortos — cerca de setenta milhões; cinquenta milhões na última guerra mundial, dez milhões na Primeira Guerra e quase dez milhões na Guerra da Coreia —, esse número, diante do qual nos sentimos impotentes e que não sabemos como tratar, não abrange nem de perto todos aqueles que deveríamos prantear. Quem está faltando nessa conta? Ah, quem não faltaria? Faltam três bilhões. Sim, bilhões. E quem são essas pessoas?

Nós. Nós que habitamos a Terra neste momento. Pois nós, três bilhões, somos "*morituri*". Quer dizer, nós, os três bilhões de habitantes da Terra, seremos os mortos e os assassinados de *amanhã* — a não ser que consigamos parar a ameaça a tempo.

"E temos de prantear *essas pessoas* já hoje?", vocês perguntarão. Sim, também *elas*. Hoje ou nunca. Mais tarde, não haverá mais ninguém que possa assumir essa homenagem; ninguém que poderia ao menos tentar nos homenagear como hoje tentamos homenagear os mortos da última guerra mundial. Onde não haverá mais nada também não haverá mais sobreviventes; os mortos e aqueles que reclamam os mortos estarão deitados lado a lado, indiferenciáveis. E por esse motivo temos de começar as homenagens *hoje*; *nós* temos de fazê-lo como se fôssemos nossos próprios sobreviventes. Temos ao menos de *tentar*. Mesmo se fracassarmos, assim como na nossa tentativa de homenagear os milhões das últimas duas guerras mundiais.

Aqueles que cegam a si mesmos

Talvez vocês estejam ficando impacientes, pensando que eu não deveria ficar falando somente em "fracasso".

Não preciso lhes assegurar como me alegraria não precisar falar assim. Mas não posso me furtar disso, porque só conseguimos garantir dar um passo à frente se não tivermos ilusões sobre nosso fracasso e sobre os motivos desse fracasso.

Não entendam essas palavras como repreensões pessoais. Pois vocês — ou, digamos tranquilamente, nós —, nós ao menos tentamos imaginar a monstruosidade de uma humanidade dizimada. Mas incomparavelmente mais perigosos do que nós são aqueles que não fracassam: e não o fazem porque nem tentam imaginar. Dessa maneira, chego ao verdadeiro tema da fala de hoje: as raízes do perigo no qual estamos metidos.

Não tenhamos ilusões. A maioria das pessoas que conduz nossa história age às cegas; no mínimo, não tem imaginação. Ou será que vocês acreditam que um homem como Dulles tinha ideia do que fazia enquanto agia politicamente, de maneira programática, à beira da catástrofe? Que ele ao menos tentou imaginar? Ou que um homem como Goldwater[1] tem alguma noção do que está sugerindo quando quer entregar aos generais a decisão sobre o uso de armas nucleares? Ou que, entre os apregoadores da proteção nuclear (principalmente físicos sérios, desqualificados como ridículos), apenas um tenha tido a ideia de imaginar os três bilhões cujas vidas estão em jogo? Eles não imaginam nada, não pranteiam nada de antemão. Eles usam a ameaça como estratagema para mostrar como são sujeitos enérgicos ou como são calculistas. Esses homens *são incapazes* de imaginar a ruína? É possível. Nós também somos. Mas eles *têm conhecimento* dela; hoje em dia, ninguém mais tem a chance de *não* saber do

1. Barry Goldwater Morris (1909-1998), major-general reservista da Força Aérea dos Estados Unidos e candidato à presidência do país em 1964, pleito que perdeu para Lyndon Johnson. [N.T.]

perigo; *ninguém mais pode usar a desculpa da ignorância*. Mas eles não querem saber. Se quisessem, sua tentativa incessante de afastar de *nós* também a imagem da possível catástrofe seria inexplicável. E, em vez de tomar um susto mortal — porque aquilo que sabem ultrapassa sua imaginação —, eles se tornam operosos e inventivos, para não saber mais aquilo que sabem, inclusive apagando seu saber. Um exemplo: quando essas pessoas descobrem, a partir de um de seus cérebros eletrônicos, que, num determinado evento de extermínio, é preciso contar com a morte de centenas de milhões, então elas chamam essas centenas de milhões (trata-se de uma convenção linguística já adotada) de "*hundred megacorpses*", ou seja, "cem megacadáveres" — à semelhança de quando chamamos cem mil metros de "cem quilômetros" ou quando falamos de centenas de toneladas de arenque sem muito interesse no número exato. Ao cunhar uma expressão feito "*megacorpse*", aqueles que dominam as convenções linguísticas também são vítimas dessa expressão, pois passam a contar apenas às centenas — e o que são centenas? E, uma vez que só conseguem contar às centenas, o objetivo secreto de sua convenção linguística já foi alcançado: eles conseguiram destruir seus escrúpulos em relação às armas de destruição de massa.

2. A BOMBA DO TEMPO

O perigo em meio ao qual nos encontramos hoje não nasce somente dessas raízes psicológicas, é claro. Se a defesa da catástrofe é hoje tão infinitamente difícil, isso se deve, em primeiro lugar, à aceleração cada vez maior do ímpeto de poder e de expansão do capitalismo, sem o qual as duas primeiras guerras mundiais também não teriam irrompido. E é ainda mais acelerado quanto mais evidente se torna o fim da onipotência dos Estados capitalistas, limitada pela realidade de outros sistemas. O papel monstruoso que as armas nucleares assumiram em nossos dias não foi casual; o mundo capitalista — antes que a Rússia soviética se igualasse a ele — saudou a onipotência técnica garantida por essas armas como um presente dos céus, como o meio que o ajudaria a manter sua ameaçada onipotência política. Hiroshima não passou de uma ação de manobra. A bomba assumiu seu verdadeiro papel apenas depois do fim da guerra, apenas quando foi produzida no intuito de ser um meio contra o mundo comunista. Agora sabemos como foi infantil a esperança por um monopólio científico do capitalismo, pois é claro que a Rússia se igualou no interesse pela autodefesa e pelo equilíbrio de poder. Apesar disso, até hoje se considera natural entender os Estados não capitalistas como vítimas das armas nucleares.

Mas há outra raiz de perigo: o papel da própria indústria armamentista no mundo capitalista. Para compreendê-la, é imprescindível conhecer fatos básicos sobre o modo de produção capitalista. Hoje em dia, isso pode ser tido como antiquado, mas apenas entre aqueles que decidiram considerar o mundo capitalista um tabu e não o criticar. Resumindo, entre aqueles que disfarçam seus temores e seu conformismo como modernismo. Não nos envergonhemos. Sejamos antiquados. Falemos sobre o capitalismo.

Toda criança sabe que o capitalismo necessita que seus produtos sejam consumidos. Ele precisa fazer com que os produtos sejam vendidos e usados, ou seja, *liquidados*. A liquidação, ou seja, a ruína de seus produtos é o objetivo de toda produção. Quando esse objetivo não é alcançado, quando uma quantidade de produtos não liquidados começa a se amontoar, a continuidade da produção — e, portanto, do lucro — é ameaçada. Por esse motivo, é tarefa de qualquer indústria assegurar e promover — e até mesmo garantir — a demanda e a situação de consumo para seus produtos. Por exemplo: a tarefa da indústria de bebidas é reforçar ou até mesmo criar nossa sede por meio da propaganda. Isso é válido de modo geral, inclusive para equipamentos de extermínio.

Mas qual é a "situação de consumo" das armas?

A resposta é: a guerra. Pois apenas a guerra oferece a oportunidade para o emprego efetivo e maciço de armas. Por esse motivo, a indústria bélica considera natural incentivar guerras ou ameaças de guerra. Certamente, do ponto de vista dos negócios, não há alternativa, e ela o faz de maneira um tanto inocente. Culpada ou inocente, é inegável que ela cria, além das armas, também necessidade de armas e chances para seu uso, ou seja, é uma indústria dupla.

Vocês irão admitir que isso é terrível. Mas o fato se torna absolutamente terrível quando essa indústria dupla se torna uma parte natural e decisiva da economia em tempos de paz. A indústria do extermínio é regida pelas regras de qualquer indústria: uma vez em ação, seu desejo é avançar e se expandir. E como ela realmente dá alimento a centenas de milhares, e não apenas alimento mas também casa, carro e férias, ela pode aparecer até mesmo como garantidora do bem-estar e da paz interior, até como advogada do sentimento de responsabilidade social. Quantas vezes já não ouvi em países altamente industrializados: "Eliminação da indústria de armamentos? O que o senhor está pensando? Isso não é apenas alta traição como também sabotagem da economia! E como o senhor é antissocial! Não pensa nas centenas de milhares de trabalhadores da indústria de armamentos? Não está interessado no que será feito dessa gente?".

Não, me parece que não seria tão difícil assim encontrar outros produtos que valeria a pena produzir no lugar de armas de destruição em massa. Alguns contemporâneos só então se lembram de apelar a nosso sentimento de responsabilidade e amor ao próximo quando tentam justificar a indústria de armamentos. E eles nos caluniam como *"perturbadores da paz" porque perturbamos sua perturbação da paz* e porque desejamos eliminar a premissa de destruição que eles prepararam. Não, não precisamos aceitar esse tipo de contemporâneos como juízes. Ao contrário: temos todo o direito de nos orgulhar quando somos caluniados por tais pessoas.

Agora vocês irão replicar que a indústria não consegue garantir tantas guerras quanto necessita ou deseja. Em certo sentido, estão certos. Mas a indústria da guerra pode se permitir abrir mão, pelo menos temporariamente, de suas mais belas guerras. E isso porque ela descobriu um "*substituto da guerra*"; porque, embora seus produtos não utilizados continuem a aumentar dia após dia, ela dispõe de um meio para reconfigurar sempre e novamente a situação de liquidação, assegurando assim a continuidade de sua produção e seu lucro. E qual é esse meio?

Trata-se do *aperfeiçoamento das armas*. Eis, ao menos por enquanto, seu substituto de guerra.

Isso soa bastante estranho. Pois é sabido que as armas existentes há muito já são suficientes para alcançar seu "efeito ótimo": produzir o extermínio total da espécie humana; e parece evidente que, como não há "mais morto do que morto" e como o número de mortos nunca será maior do que "todos nós", é impossível corrigir ou aperfeiçoar as armas, de modo que o "progresso" alcançou seu prazo de validade. Como os efeitos não podem avançar, os meios também não podem.

Mas quem percebe isso? A percepção não depende da inteligência, mas dos interesses. Como a indústria deseja continuar produzindo, ela não se interessa por essa percepção; ao contrário, deve fazer de tudo para bloqueá-la. Desse modo, ela promete, com uma voz que parece vir das profundezas mais profundas do confiável século passado, algo fundamentalmente melhor para amanhã e ainda melhor para depois de amanhã.

É verdade que suas promessas não conseguem convencer a mim nem a você. Tampouco a si mesma ou aos outros. Para lograr com o engano, ela precisa usar um truque bastante surpreendente. Ela resolve *reduzir* seu próprio desempenho em certa medida, fazer "propaganda contra si mesma". Ela não pode permitir que ninguém reconheça o que há hoje como o seu melhor. Entretanto, é evidente que não se trata de uma contrapropaganda, e sim de um anúncio positivo e massivo. A propaganda está dirigida a seus produtos de amanhã e de depois de amanhã, que ela consegue tornar atrativos ao apresentar seus resultados de hoje e os de ontem como apenas semiexitosos. Resumindo: *uma vez que ela deseja liquidar o produto de amanhã, ela precisa rebaixar o de hoje*.

Todos nós estamos familiarizados com a suposta "contrapropaganda", e também com a "contrapropaganda" da indústria armamentista. Não se passa nem um dia sem que ouçamos conversas rebaixando o perigo nuclear; quer dizer, a força de aniquilação total das armas nucleares. Mas não notamos que, por trás dessa incessante banalização da onipotência contemporânea, está a própria indústria armamentista; e que, quando passamos da bomba de Hiroshima para a ordem do dia — infelizmente é o que costumamos fazer —, é a própria indústria que nos incita a esse costume.

Como é absurdo falar hoje em dia — quando as armas existentes são mais que suficientes para aniquilar o gênero humano — do "progresso da produção de armamentos". A indústria do extermínio nunca confessará a contradição. Para se manter atuante, ela tem de se fixar, como qualquer outra indústria, na loucura do "progresso"; e *ela* tem de agir assim justamente porque a dúvida da capacidade de melhoria de seus produtos se tornou muito mais perceptível do que a da melhoria de outros produtos. E ela tem de ser mais incisiva justamente onde seu potencial de extermínio já disponível é maior que em qualquer outro lugar: nos Estados Unidos. Visto que a indústria do extermínio, mais que qualquer outra, depende completamente da continuidade da crença no progresso, eu não me espantaria se essa crença encontrasse seu último refúgio, defendido até o final, nessa indústria. Melhor dizendo: naquelas fábricas de opiniões que vêm a reboque. E também é imaginável que, dias após a derrocada, uma tonitruante voz de alto-falante prossiga anunciando ao deserto emudecido e sem futuro — no suposto interesse das empresas reduzidas a cinzas e escombros — armas "maiores, melhores e mais limpas", ou seja, anunciando armas mais avançadas para amanhã; e que esse anúncio não ouvido por ninguém venha a ser nosso epitáfio.

Para o ser humano normal, já é difícil o suficiente compreender que contemporâneos que viveram ao seu lado tenham dedicado sua criatividade técnica exclusivamente à possibilidade do extermínio, até à possibilidade do extermínio universal. Mas o fato de haver cientistas e engenheiros que, com um gordo contracheque, quebram a cabeça para intensificar os efeitos das armas de destruição, cujos efeitos não podem ser mais intensificados, é uma falta de amor-próprio absolutamente incompreensível. O objetivo dessas pessoas, a possibilidade de extinção da humanidade, já foi alcançado; elas são apenas filhas de seus pais; pais que tinham alcançado o objetivo, o efeito máximo. Consequentemente, são tipos ultrapassados, pessoas que, por meio do emprego desses novos métodos, fingem não notar que simplesmente assumiram o objetivo de seus pais; pessoas às quais não resta alternativa senão variar os meios usados pelos pais. Em outras palavras: a atividade dessas pessoas acaba sendo mera brincadeira, uma brincadeira muito fantástica, que não tem relação com nenhuma realidade além do lucro. E supera todas as brincadeiras do passado quanto à falta de sentido e à cegueira frente à realidade, até as imaginações dos utopistas mais alucinados. Aquilo que estes últimos haviam imaginado e por vezes também quiseram concretizar ainda eram "objetivos"; objetivos que ainda não tinham sido alcançados. Portanto, persegui-los não era nenhum contrassenso (embora eles hoje possam parecer basicamente inalcançáveis para nós).

Os homens que hoje atuam como cientistas ou especialistas técnicos para a indústria de armamentos são desprezíveis não apenas porque colocam seus dons exclusivamente a serviço do extermínio mas também porque, sem se envergonhar (e também porque quase não há público frente ao qual possam se envergonhar), dedicam sua energia a um contrassenso gigante, desonrando totalmente a dignidade das profissões intelectuais às quais ainda pertencem, de uma maneira ou de outra.

Como mencionei: essa atividade não é absurda apenas da perspectiva do *negócio*. Desse ponto de vista, é até razoável. Os produtos não são criados de graça, e o que não tem sentido encontra também seu comprador. É questionável utilizar aí o verbo "encontrar", pois os grupos que se interessam por esses produtos e depois os compram (claro que sem prejuízo próprio, mas usando o dinheiro dos impostos da população em geral) estão intimamente ligados aos interesses da produção. A maior parte das ofertas que lhes é feita foi solicitada por eles mesmos. E, por vezes, essa relação entre produtores e clientes é tão próxima que não há razão para manter a diferenciação convencional entre dois parceiros de negócios. A transação não acontece mais entre dois partidos, mas entre parceiros, por assim dizer, no âmbito da própria família.

O ponto decisivo é que aquele "substituto de guerra" do qual falamos antes realmente é produzido. Como o lucro gerado pela venda dos equipamentos possibilita a continuidade da produção — com a criação de novos tipos de produtos —, os equipamentos vendidos se transformam automaticamente em "ferro velho" e, num sentido prático, "não existem mais", estão "liquidados". Quanto mais curtos os prazos para a produção de novos modelos, mais rapidamente acontece também a liquidação dos produtos (desejada pela produção). Resumindo: essa condição vital é preenchida pela venda de produtos condenados à obsolescência, mesmo que de maneira não tão boa quanto se esses produtos fossem realmente usados numa guerra de verdade, real. Mas voltaremos a esse ponto mais tarde.

Não é por acaso que utilizo a palavra "obsolescência" (*Obsoletheit*) o tempo todo. Ela é de fato a palavra-chave, a palavra que possibilita a compreensão de toda a nossa situação. Ao usá-la, temos de compreender, de uma vez por todas, que os produtos vendidos e comprados não se tornam obsoletos nem *são* obsoletos (inclusive na hora do seu nascimento) porque ficam tão rapidamente para trás dos projetos já dispostos nas pranchetas (ou seja, porque o "progresso" é tão veloz), mas pelo contrário: os projetos se seguem tão rapidamente nas pranchetas e o "progresso" avança tão velozmente porque a indústria não persegue outro objetivo senão colocar seus produtos já vendidos à mercê da obsolescência e, por meio desse comportamento, garantir a continuidade de sua produção. Se a expressão "progresso" ainda tem um significado, então é o do *progresso na produção de coisas antiquadas.*

Do ponto de vista dos negócios, o defeito técnico do "tornado antigo" — que hoje está presente em todo produto oferecido e comprado — não é um defeito, mas uma virtude, já que se coloca como a condição de sobrevivência da indústria. E visto que uma das tarefas mais naturais de qualquer indústria é assegurar suas virtudes e condições de sobrevivência ou produzi-las (caso ainda não existam), ela não *cria* ininterruptamente apenas coisas antiquadas mas também o próprio "*tornar-se antigo*". E apenas porque cria esse processo é capaz de contar com a venda de produtos futuros "melhores". Obviamente é uma ingenuidade afirmar que esse processo representa o "progresso" por criar coisas novas o tempo todo. Ao contrário, esse processo objetiva haver continuamente produtos *ultrapassados*. Melhor, não "haver" produtos, mas — já que devem ser ultrapassados — *não* haver mais. O conhecido título de Robert Jungk, *O futuro já começou*, expressa apenas uma meia verdade. A indústria contemporânea se caracteriza não apenas por estar com um pé no futuro mas também por enxergar no produto de amanhã algo potencialmente ultrapassado; melhor, ela o produz assim. Ela se caracteriza também por obrigar o futuro a estar sempre com um pé no passado; ou seja: do lado de fora, "o passado sempre já começou (com cada produto)" e até "já começou amanhã". Com isso queremos dizer não apenas que, num dia mais ou menos bom, também o futuro será algo passado, até algo esquecido (coisa que o autor do Eclesiastes já sabia), e que a semente da morte envenena já hoje tudo o que "ainda não é", mas também que o produto futuro sempre terá sido inoculado com o veneno do seu "terá sido", e por vezes inclusive a hora da sua morte já está estabelecida de antemão. Aquele autor de ficção científica que há pouco classificou, para espanto do mundo, os produtos industriais contemporâneos na categoria das "*bombas-relógio*" tinha razão. Entendemos por "bombas-relógio" aqueles objetos que têm a ruína de sua composição calculada; que só são considerados exitosos quando cumprem, seguindo a programação, seu processo de morte calculado antecipadamente; que são considerados fracassados quando ultrapassam esse período. Pois hoje em dia não há nenhum produto — sejam lâminas de barbear, pneus de carros ou armas de destruição — que não faça parte dessa categoria. E, nesse sentido, os produtos atuais não são "bombas-relógio" apenas casualmente, não apenas algo anexo ao fato de serem lâminas de barbear, pneus de carros ou armas de destruição. Ao contrário, são "bombas-relógio" em *primeira* linha (afinal, é isso que lhes confere a realidade comercial). Nesse sentido, é secundário se os produtores resolvem produzir esses objetos na forma de lâminas de barbear ou de pneus de carros.

Não tenhamos ilusões. Essa "produção de envelhecimento" é o sistema mundial com o qual teremos de contar no futuro, se ele não se desintegrar em uma guerra de extermínio. De todo modo, não há nenhum objetivo mais importante para a indústria atual do que conservar para sempre esse sistema de "bombas-relógio" — e isso define seu *caráter profundamente conservador*, apesar de todas as mudanças técnicas. Para ela, esse sistema inclusive é idêntico ao seu "mundo". O que *nós* chamamos de "nosso mundo" é irrelevante para a indústria contemporânea, que por vezes chega a tratar como subversivo nosso conceito de "mundo" e nosso desejo de conservá-lo. Ela também desconhece a preocupação em arriscar nosso mundo quando se trata de conservar a existência do seu.

Confesso: este nosso estado atual é extremamente confuso. É ainda mais confuso do que a característica clássica do sistema capitalista. O que é atacado aqui é a concorrência ante as empresas individuais ou os grupos de empresas, não mais a concorrência única. Pois ao lado dessa única surge outra, nova. Uma "*competição interna*" acontece ininterruptamente e ocorre dentro das próprias empresas: entre aqueles que criam os produtos e aqueles que efetivamente os constroem. Sem fôlego, o construtor sobe correndo a escada do progresso atrás do inventor. E ele faz isso não apenas para arrancar do outro os últimos desenhos e transformá-los em produtos, mas também para lançar imediatamente os produtos escada abaixo, tornando-os obsoletos.

Como mencionado: quanto mais rápida a troca daquilo que é produzido, mais rápido aumenta a reserva dos produtos lançados "escada abaixo" e que ainda não foram utilizados. E quando se trata de armas de destruição, isso significa que o perigo também aumenta cada vez mais rápido. Afinal, são armas que se acumulam — embora nunca utilizadas, também não efetivamente gastas e liquidadas; na eventualidade da ocorrência de uma "situação de emergência" (*Ernst-*

fall), o "ferro-velho" ainda seria utilizável. Para a produção, é difícil saber se o comprador se manterá infinitamente disposto a anexar peças novas a seu estoque cada vez maior, a não ser que ela tenha engolido os compradores — ou seja, os tenha transformado em parceiros de interesses. E o temor de um dia não conseguir mais vender seus produtos supérfluos é uma das emoções características de nossa era. A produção só consegue trabalhar com a sensação de real segurança quando existe a previsão de uma liquidação *real* de seus produtos entregues; quando ela pode esperar que os compradores, vez ou outra, tenham a oportunidade de abrir espaço e que os estoques, que se amontoam, possam ser "consumidos" e "liquidados" de verdade — quer dizer, em guerras. Do ponto de vista dos negócios, a acumulação contínua de armas em tempos sem guerra tem algo de profundamente doentio, de uma *abundância ascética*. Enxergar nela uma substituição temporária para guerras pode ser justificável, mas confiar que com isso as guerras podem ser definitivamente substituídas seria simplesmente tolo. Pois é exatamente essa acumulação infinita de armamentos que aumenta ininterruptamente o perigo da guerra. E nela se baseia também a esperança da indústria por uma "situação de emergência" real, no mínimo um iminente perigo de guerra, para que a acumulação seja contínua.

(Da perspectiva desse mecanismo de produção, o fato de uma "situação de emergência" como essa liquidar não apenas o estoque de armas mas também milhões de pessoas que vivem nesta Terra — ou seja, nós, os "consumidores da morte" — é apenas um lamentável efeito colateral.)

3. A GREVE

Esse é o contexto das potências que decidem nosso destino. Algo suficientemente aterrorizante. Mas, e nós? Nós, os milhões de *morituri*, que poderemos nos tornar vítimas amanhã ou depois de amanhã, somos melhores que essas potências e as pessoas que as dirigem?

Quase nada. O que quero dizer?

Quero dizer que, nos trabalhos que costumamos fazer em fábricas, oficinas e escritórios, desaprendemos a nos interessar pelos *efeitos finais* daquilo de que participamos com nosso trabalho e daquilo que ajudamos a causar.

Sua réplica: nem eu nem vocês tivemos a infelicidade pessoal de trabalhar em fábricas que produzissem explosivos nucleares ou armas de destruição pessoal. Trata-se de um mérito? Ou apenas um acaso? Um acaso que não garante nada? Independentemente de onde e com que trabalhemos, a mentalidade de trabalho reinante é tão desinteressada pelo efeito final do que ajudamos a causar que *poderíamos* tranquilamente trabalhar na produção de armas de destruição. E há centenas de milhares de pessoas como nós que fazem isso, de maneira tão descompromissada como se estivessem produzindo lâminas de barbear ou pneus de carros; que não tiram quaisquer conclusões a respeito; que por vezes até aprendem que estão trabalhando em prol do "mundo livre" ou da liberdade do mundo. Isso não me parece muito digno. Se penso na coragem mobilizada por nossos avós socialistas para tentar se haver com a falta de liberdade que arruinava suas vidas e combater as raízes dessa falta de liberdade, parece-me que todos teríamos motivos para nos envergonhar diante de nossos antepassados. Nada é mais falso do que afirmar que não existem tarefas de resistência similares para nós, pessoas de hoje; não, trata-se de mera desculpa, a desculpa daqueles que nem pensam em criticar algo que se chame "trabalho" e que seja pago como "trabalho". Para esses, ao contrário, é natural participar de tudo que se chame "trabalho" e que seja pago como tal. Não teríamos mais tarefas de resistência? Muito pelo contrário. Nossas tarefas são maiores e mais urgentes que as de nossos antepassados. O que quero dizer?

Estamos excluídos não só de sermos proprietários de nossos *meios de produção* (esse foi o entendimento de nossos antepassados) mas também, além disso, de sermos donos dos *objetivos de nossa produção*. Como trabalhadores, fomos roubados da liberdade de participar da decisão conjunta sobre os objetivos dos produtos que produzimos, sua especificidade, sua escolha e seu emprego. Muitas vezes, não temos nem mesmo a liberdade de saber algo sobre essa especificidade ou apenas de querer saber a respeito. Se isso não é falta de liberdade, então desconheço o significado dessa expressão. Evidentemente, há cem anos valia o mesmo: nossos antepassados não podiam participar das decisões do que ajudavam a produzir. Mas, naquela época, essa falta de liberdade não foi decisiva — e não foi porque o número de produtos cuja utilidade e dignidade de produção se podia questionar era muito pequeno em comparação ao de hoje. Atualmente, entretanto, a produção de produtos inimigos do ser humano está no centro de muitas economias nacionais. É um escândalo que nós, trabalhadores, não reajamos a esse escândalo, que ele permaneça indiferente para nós. E é um escândalo porque, por meio dessa indiferença, abrimos mão de nossa liberdade e também porque colocamos em jogo a sobrevivência da humanidade. Não nos enganemos. Enquanto formos pagos de modo decente por nosso trabalho e enquanto imaginarmos que somos capazes de prosseguir trabalhando sob condições seguras, manteremos nossos olhos fechados em relação a *com que* e *para que* trabalhamos. E, enquanto isso, também nos dispomos a viver dos preparativos para a derrocada. Eu agradeceria caso algum de vocês pudesse me explicar por que essa falta de liberdade seria menos desastrosa e menos prejudicial que aquela que nossos avós criticaram e combateram e também por que nossa tarefa de oferecer resistência seria menor que a tarefa deles.

Prestem atenção ao seguinte caso extremo: na fábrica A — não é difícil adivinhar onde se localiza — foram criadas determinadas peças de mísseis nucleares. Certo dia, descobriu-se que os modelos dessas peças eram antiquados; que continuar com sua produção era dispensável. Nesse meio-tempo, as armas nucleares tinham "melhorado", e a produção para as peças necessárias ao novo modelo havia sido encomendada para uma fábrica B, mais adequada. Como os empregados de A reagiram? Respiraram aliviados? Felizes com a perspectiva de se verem livres de contribuir para a destruição geral?

Nada disso. Muito pelo contrário, eles entraram em *greve*. Isso porque temiam que seus salários pudessem ser afetados caso a empresa passasse a se dedicar a outros produtos. Vamos repetir: *greve porque talvez houvesse chance de não mais contribuir para a morte universal*. O que pensariam os homens que, no século passado, escolheram a greve como arma tática para a luta de libertação?

Sei que os lemas de liberdade de nossos ancestrais soam monótonos e envelhecidos a nossos ouvidos. Nós, os netos, acreditamos ter conquistado nossa liberdade com a motocicleta ou com o aparelho de TV que compramos, inclusive uma liberdade mais abrangente que aquela que nossos antepassados desejavam ou exigiam. *O fato de* acreditarmos nisso, *de termos sido* convencidos disso, também é a prova de que abrimos mão de nossa liberdade. *Porque só somos realmente livres quando* participamos das decisões sobre *o que* produzir e sobre *o que* será do mundo (a partir dos produtos que ajudamos a produzir). Não apenas quando assumimos a responsabilidade em relação ao que fazemos e criamos no âmbito íntimo, *mas quando percebemos que também nosso trabalho é um "fazer" e que nossa produção é um "colocar em ação"; quando assumimos a responsabilidade pelo que criamos*. Engana-se quem afirma que abrir mão de participar das decisões é apenas "neutralidade"; quem, sem tomar posição, participa da produção de instrumentos de extermínio, toma posição, já tomou posição, pois contribui de maneira ativa para o extermínio. Resumindo: *quem não diz "não", está dizendo "sim"*. Os milhares que trabalham irrefletidamente na indústria de extermínio venderam sua liberdade de participar da decisão sobre o que "colocam em ação ao criar" por uma bagatela: por seu direito "de participar do consumo". E, na verdade, não se trata de um direito, pois nossa participação no consumo é uma obrigação que temos de cumprir diante da produção.

E, nós, os netos, achamos aquela ideia que foi tão importante para nossos antepassados — a da *solidariedade internacional* — tão desgastada como os lemas de liberdade. Mais uma vez, não temos razão alguma. Pois essa ideia ganha seu real significado, absolutamente atual, apenas hoje, visto que apenas hoje conseguimos chegar ao feito de que todo habitante da Terra pode ser mortalmente atingido a partir de qualquer ponto da Terra. Os lemas de hoje são: "*Países ameaçados do mundo, uni-vos*" ou "*Não ameacem uns aos outros*".

Agora vocês perguntarão como colocar em prática tudo isso. Nós, os únicos. Como dizer não. Como nos unir. E como não ameaçar uns aos outros.

Não preciso lhes contar do movimento antinuclear. Mas participar desse movimento não é suficiente, ele ainda não penetrou de fato em nosso cotidiano. Evidentemente não basta caminhar uma vez por ano pelas redondezas e só tratar do perigo nuclear como um tema de feriado, apenas como bandeira de nossas manifestações de Páscoa. Necessitamos transformar cada dia numa manifestação de Páscoa. Quer dizer: não perder, em nenhum dia, nem mesmo a menor oportunidade de abrir os olhos de nossos vizinhos e fazer com que compreendam que, ao apoiar movimentos políticos favoráveis à criação de meios de extermínio ou que defendam a força nuclear multilateral, estão aumentando o perigo e se tornando pessoalmente culpados, pois o apoio a tais grupos já é uma "participação" nos mecanismos de extermínio.

E quando digo que temos de ensinar nossos vizinhos, não estou pensando apenas nos vizinhos de casa ou nos vizinhos das bancadas de trabalho. Afinal, nosso mundo se transformou num mundo de vizinhos. Nas férias, vamos a inúmeros países vizinhos (movimento que nunca existiu em tempos de paz anteriores), inclusive os nucleares, isto é, onde armas de destruição são realmente criadas e que, portanto, ameaçam a si mesmos e nós e outros da maneira mais terrível. Vocês acham muito honroso que nós — os filhos daqueles que trataram os seres humanos para além das fronteiras como meros escravos do terror hitlerista — consideremos esses povos vizinhos exclusivamente nossos serviçais? Que usemos a chance de entrar em contato com milhares de pessoas para somente acampar, tomar banho de mar ou comer e beber de maneira diferente da que fazemos em casa? Adoro tomar banho de mar e acampar e tenho o maior prazer em comer e beber. Mas isso é *tudo*? Será que não deveríamos usar a oportunidade dos milhares de contatos com os outros para fazer mais? Para discutir com eles a ameaça comum e as obrigações que surgem dessa ameaça comum?

Desse modo, consigo imaginar os trabalhadores e funcionários alemães que passaram as últimas férias na França — e são milhares — escrevendo, como um grupo, uma carta aberta aos camaradas franceses que atuam na criação das armas nucleares de destruição. Qual o teor dessa carta?

Lá estaria escrito não "apenas" que seu trabalho — ou seja, o trabalho daqueles que participam da produção da chamada "*force de frappe*" — está em contradição com o interesse dos trabalhadores de todos os países; e com o interesse de nossos contemporâneos; e com o interesse de todas as gerações futuras; mas também que países com armamentos nucleares estão mais à mercê do perigo de ataques nucleares do que países sem tal armamento. E que, ao trabalhar na criação e na instalação dessas armas, eles também ameaçam o próprio país. Resumindo — e esse seria o ponto central da carta —, teríamos de incentivá-los a parar com seu trabalho. Sei que isso soa muito estranho. Mas situações novas e desconhecidas — e o perigo mundial ao qual estamos expostos é incrivelmente desconhecido — exigem meios novos e não convencionais. Evitar tais métodos numa situação dessas só porque são não convencionais seria não apenas terrivelmente filistino como também terrivelmente insensato. Ou seja, teríamos de esclarecer a eles que hoje em dia existe um novo tipo de greve. Uma greve cujo objetivo se diferencia fundamentalmente dos que moveram todas as greves anteriores: hoje, não mais se faz greve para combater condições insuportáveis de trabalho ou de remuneração, mas também quando os produtos a serem fabricados têm efeitos irresponsáveis. E quem sente ao menos uma fagulha de responsabilidade tem a obrigação de se negar a participar da fabricação de tais produtos, independentemente do salário pago.

No final de setembro, Robert Kennedy[2] — a fim de ganhar a eleição como senador no estado de Nova York — assegurou diante de

2. Robert Francis Kennedy (1925-1968), procurador-geral dos Estados Unidos entre 1961 e 1964 e senador pelo estado de Nova York entre 1965 e 1968. Era irmão mais novo do presidente John F. Kennedy e também foi assassinado. [N.T.]

trabalhadores da indústria armamentista que eles não precisariam se preocupar com a continuidade de suas fábricas. O que *nós* temos de fazer é o inverso: explicar aos trabalhadores da indústria armamentista que eles têm de se preocupar justamente *porque* a produção continua e porque *eles* mantêm a produção andando.

É evidente que esse tipo de carta que eu sugiro não é capaz de mudar o mundo de hoje para amanhã. Mas isso quer dizer que tais sinais não valem a pena? Podemos cruzar os braços, visto que não há nenhum meio instantâneo contra a catástrofe e visto que o prazo para pacientes trabalhos prévios e miúdos talvez não seja mais suficiente? Será que a seriedade mortal de nosso futuro — um futuro que talvez já tenha uma duração definida — é carta branca para a comodidade?

As respostas são supérfluas. Mas não conhecemos a duração do "prazo" de que dispomos. É possível que não seja tão curto quanto tememos. Talvez ainda tenhamos um pouco de tempo para prevenir o pior. E esse "talvez ainda" é o que nos obriga a prosseguir com nossas tentativas, mesmo quando nossos primeiros alertas ou nossas primeiras cartas têm pouco alcance ou mobiliza poucas pessoas. O que importa é que a ideia dessa greve tem de ser divulgada e, por fim, precisa criar raízes no espírito dos grupos de trabalhadores.

Absurdo? Nem um pouco. Não se esqueçam: *já existe* uma greve como essa. Vocês também sabem dos milhares de físicos que, ainda antes de serem convocados a colaborar, declararam — não, juraram — nunca mover um dedo para a produção de equipamentos de destruição. Não importa que essas pessoas nunca tenham usado a palavra "greve". Eles entraram, *sim*, em greve. Isso já conta. De todo médico se aguarda o juramento de fazer unicamente o trabalho que ajude o próximo e recusar aquele que o prejudique. Resumindo: todos fazem o "juramento de Hipócrates".

Será que os trabalhadores do mundo devem ser acusados de ter menos consciência que esses físicos e médicos? E de ter medo de fazer um juramento semelhante ao dos cientistas? Temos de nos envergonhar diante dos seres humanos que nos antecederam?

Há pouco Linus Pauling visitou a Alemanha. Temos o direito de dar boas-vindas a pessoas como ele, quando nós mesmos não reunimos coragem para arriscar o mesmo?

Agora vocês dirão: mas não produzimos tais equipamentos de destruição; então, a recusa a trabalhar nos equipamentos de destruição não está entre as *nossas* obrigações. *Nós* não podemos fazer nada nessa situação, nem precisamos. Sinto muito, mas essa objeção é míope. As obrigações que a situação nuclear apresenta não são menos obrigatórias neste do que em outro lugar. Mesmo que as armas de destruição não sejam construídas aqui (o que é verdade), aqui também há grupos de poderosos agentes que saudariam efusivamente uma produção própria ou o acesso a tais armas por meio da potência atômica multilateral. Dessa maneira, temos de nos contrapor a tais tendências — pois tendências também são realidades. Ou seja, neste momento temos de nos decidir a nunca, caso haja a oportunidade, participar da produção, do transporte ou da montagem de tais produtos. Fiquemos aliviados por estarmos na invejável condição de não ter de fazer greve em meio a uma produção já iniciada, de não ter de nos defender a posteriori. De poder já agora, de antemão, decidir e anunciar nossa postura frente a um possível caso. Publicar uma declaração desse tipo, ou seja, nosso "juramento de Hipócrates" dos trabalhadores, é a segunda sugestão que lhes faço.

Mas vamos imaginar que tivéssemos absoluta certeza de que esse caso nunca aconteceria. Mesmo esse conhecimento não nos livraria de obrigações. A coesão política e militar dos Estados — pensem na Otan [Organização do Tratado do Atlântico Norte] — está mais intensa do que nunca. Por causa dessa coesão, mesmo países que fazem parte dos "*have nots*" (como a Alemanha Ocidental) não conseguem dar um passo político sequer que não esteja dentro do mundo que arma e está armado nuclearmente, e, portanto, também nuclearmente ameaçado. Desse modo, indiretamente, mesmo os Estados sem armamentos nucleares (também a Alemanha Ocidental) incentivam ou até podem desencadear a catástrofe. Em muitos países, há eternos oportunistas que — muitas vezes apenas para ganhar votos — enchem a boca e anunciam os objetivos políticos mais estrambóticos; objetivos cuja efetiva concretização poderia disparar o mecanismo de alianças e também, sob determinadas circunstâncias, o emprego das armas de destruição. Não é por acaso que esses tipos "determinados" são especialmente numerosos em países *sem* armamentos nucleares. Pois nesses países eles ainda têm a chance de lavar as mãos com inocência, pelo menos com suposta inocência, ao afirmar, de maneira fingida, que não dispõem de meios para a catástrofe, e assim não *conseguem* fazer nada irresponsável. Não acreditem que essa gente "determinada" seja tão burra como espertamente banca. Essa gente sabe muito bem o que significa a dependência de seus países diante das potências nucleares: qualquer exigência exagerada, berrada a plenos pulmões, poderia levar diretamente ao pior; que, aos olhos daqueles tidos por "inimigos" e que se sentem ameaçados (algo compreensível após as experiências dos últimos cinquenta anos), qualquer exigência pode parecer apoiada pela potência nuclear aliada. Mas essas pessoas pouco se importam. E algumas agem assim exatamente porque sentem essa cobertura às costas. E colocar limites para essas pessoas é uma das tarefas que devem ser cumpridas aqui.

4. QUEM AMEAÇA?

“Tudo isso é impossível”, talvez alguns de vocês pensem. “Afinal, o mundo livre precisa ser defendido. E, para isso, armas são necessárias.”

“Mundo livre.” As pessoas que, brincando com o apocalipse, gostam tanto de repetir essa expressão, estão realmente pensando na liberdade? E será que justamente aquelas que repetem essas tiradas não se desmascaram como *absolutamente não livres*? Como pessoas que tiveram sua capacidade de julgamento roubada? Pois o que significa “mundo livre” atualmente? Vocês querem mesmo afirmar que o que acontece no Sudeste Asiático é em prol de alguma liberdade? Ou que os mercenários sul-africanos ou os cubanos exilados que saltam de aviões americanos no Congo estão defendendo a liberdade? Que liberdade? Liberdade de quem? Contem nos dedos quais potências podem ser colocadas hoje no rol do “mundo livre”. Além das grandes e pequenas potências capitalistas, só aquelas dependentes, que *não se opõem* às pretensões das grandes potências. Ou será um acaso que Cuba, por exemplo, enquanto foi obrigada a abrir mão da independência e enquanto *obedecia* ao “mundo livre”, supostamente também *fizesse parte* desse “mundo livre”? E será que podemos usar ainda o rótulo “livre” quando — como na convenção do Partido Republicano, em São Francisco — um homem é aplaudido ao anunciar que, se for presidente, vai transferir aos militares a decisão de usar certas armas nucleares?

Continuar dividindo o mundo em “livre” e “não livre” significa tão somente repetir *slogans* de modo servil — ou seja, *não ser livre*. Não tenhamos ilusões: é injustificável afirmar que o assim chamado “mundo livre” não fosse ter qualquer culpa caso a catástrofe viesse a se instalar algum dia. Pelo contrário: muitas vezes ele brincou com o que havia de pior, muitas vezes provocou a situação mais extrema — algo que continua fazendo até hoje. Algo que não se pode afirmar da União Soviética. E acredito que hoje, após os acontecimentos mais recentes, isso ainda seja válido. (Evidentemente meu texto foi escrito *antes* da destituição de Khrushchev, *antes* da mudança do aparelho estatal e partidário soviético e *antes* da explosão da bomba atômica chinesa. Não consigo fazer previsões sobre a política russa.) De todo modo, está claro que os políticos atuantes na política externa soviética dos últimos anos tinham mostrado claramente que seu país, depois dos anos sombrios passados em razão da própria ditadura e da alheia, respiraria aliviado caso tivesse a certeza de ter finalmente superado a penúria, podendo ampliar e usufruir do início da liberalização. É irrefutável o fato de que Khrushchev sabia exatamente o que significaria uma guerra nuclear — depois da crise de Cuba, Kennedy parece ter compreendido isso também.

Vocês dirão agora: *Pequim*. Mas não é tão fácil. (Repito: este texto foi escrito *antes* da explosão da bomba chinesa. Se, apesar disso, eu lhes apresento minhas reflexões da época, então é porque o que aconteceu foi apenas o final de uma música que já vinha sendo tocada há tempos. Depois dessa análise, falarei a partir do presente sobre o que aconteceu há poucos dias.)

Pequim, então. A ameaça também não vem dali, pelo menos a princípio. E não apenas porque a China ainda não pode ser considerada uma potência nuclear completa ou porque também não deseja a guerra nuclear. Somente aqueles que não leram cuidadosamente a correspondência que ocorreu há anos entre os diversos partidos comunistas podem afirmar o contrário. Ou aqueles que esperam que essa correspondência se mantenha desconhecida pela maioria dos contemporâneos (algo em que, infelizmente, podem apostar). Ou, por fim, aqueles que se limitam a apenas repetir a expressão "tigre de papel".[3] Certo, há declarações chinesas que realmente soam ameaçadoras; que soam como se os chineses fizessem troça da ameaça atômica. Mas essa subestimação por parte dos chineses se dá por um motivo diametral-

3. Expressão chinesa para se referir a algo aparentemente ameaçador ou poderoso, mas que, na verdade, é inócuo e impotente. Foi utilizada por Mao Tse-Tung em uma entrevista para uma correspondente estadunidense em 1946 no contexto mencionado por Anders: "A bomba atômica é um tigre de papel utilizado pelos reacionários dos Estados Unidos para assustar as pessoas. Parece terrível, mas não existe de fato. A bomba atômica é uma arma de destruição em massa, é claro, mas o resultado de uma guerra é decidido por pessoas, não por um ou dois novos tipos de arma" (Mao Tse-Tung, "Talk with the American Correspondent Anna Louise Strong", ago. 1946. *In*: *Selected Works of Mao Tse-Tung*, v. 4. Pequim: Foreign Languages Press, 1961). [N.T.]

mente oposto à subestimação feita no Ocidente — porque os chineses têm de reagir ao fato de que outros *estão* brincando de ameaçá-los nuclearmente, e não porque eles próprios brincam com a ameaça nuclear (coisa que até então não estiveram em condições de fazer). Por fim, Pequim sabe que a possibilidade de um ataque nuclear contra a China está posta desde a época de MacArthur, que a decisão sobre ser favorável ou não a um ataque nuclear contra a China foi apresentada inclusive a robôs eletrônicos. E que, caso a guerra nuclear fosse iniciada, *ela* seria a primeira vítima. Nessas circunstâncias, considerar o perigo como mortal não seria nada diferente de capitular diante da ameaça que hoje já é ininterrupta — e esperar isso de um povo de setecentos milhões, que depois de décadas de anarquia e exploração se encontra em meio à sua reorganização, é pura tolice.

Vocês hesitam em acreditar nisso, porque a China recusa decisivamente inclusive o primeiro passo para a *détente* — o tratado para o fim parcial dos testes. Mas também é errado concluir que essa recusa signifique predisposição à hostilidade. A recusa comprova algo bem diferente: o temor muito compreensível da China. O que a China teme é que a continuidade dessas conversas entre os dois colossos nucleares possa ter como consequência uma *estabilização do status quo*: que a chantagem nuclear, que acontece pela mera existência das armas nucleares, possa ser eternizada; que o escândalo de que ela, como o país mais populoso do mundo, não tenha um assento no Conselho de Segurança da ONU possa ser definitivo; e que definitiva também possa ser a dominação imperialista tardia que os Estados Unidos assumiram globalmente como sucessores das potências coloniais europeias. Imperialismo: a dominação de países estrangeiros já *é* guerra. Uma guerra que se chama "paz" no dicionário dos imperialistas. Se essa guerra se transformasse numa guerra "quente", a culpa não seria das vítimas do imperialismo.

Temos de reconhecer ainda que a situação atual dos chineses corresponde em grande medida à dos russos soviéticos no início da era atômica, quando eles ainda não estavam no mesmo patamar nuclear. E a reação da China aos acordos entre Estados Unidos e Rússia não é diferente da reação da Rússia ao monopólio americano. Se, naquela época, a Rússia se esforçou para ascender como uma potência nuclear antagônica, não foi para ameaçar com a bomba, e sim para não se manter ameaçada *ad infinitum* por meio da bomba. E se, apesar disso, simultaneamente passou a trabalhar na imundície da bomba, não foi para apresentar de antemão um eventual ataque nuclear próprio como "não tão grave", mas para atravessar psicologicamente o tempo da própria impotência nuclear; ou seja, para evitar o pânico nessa época. Estou convencido de que a atitude atual da China tem motivos bem parecidos.

Imaginar as consequências que poderiam ser desencadeadas por um primeiro teste nuclear chinês ou até por uma série de testes é profundamente assustador. Não considero fora de questão que a explosão no deserto de Gobi pudesse dar início a uma reação política em cadeia, que pudesse ser um tipo de sinal. Não necessariamente um sinal de guerra, mas um sinal para outros países recomeçarem os testes, agora com a consciência limpa — seja lá qual for o significado, hoje em dia, de "consciência limpa". E que não apenas a atmosfera física do mundo estivesse mais empesteada por radioatividade mas também a atmosfera política. Os inícios da confiança mútua, pequenos e carentes de cuidados, poderiam ser danificados. Isso não pode acontecer. A decisão está com a China. Pequim seria sábia se, depois da primeira demonstração, que supostamente não pode mais ser impedida, abrisse mão de outros testes. E se propusesse, em razão de sua nova situação devida aos primeiros testes, uma conferência sobre armas nucleares que compreendesse a própria China.

Ora, por esse meu raciocínio, estou preparado para que me classifiquem como um "chinês", como dizem hoje em dia. Não é tão simples. Provavelmente não é possível formular as "*exigências à eliminação universal dos armamentos nucleares*" de maneira mais brusca e incondicional do que fiz há anos — e minhas teses estão publicadas. E não me afasto um centímetro dessa minha posição. Mas insultar a China porque ela não deseja se manter à mercê e porque, por esse motivo, anseia possuir armas nucleares é não apenas injusto como também falso; pois isso significa condenar o fraco como agressivo porque ele não quer capitular diante da ameaça.

Vocês percebem que não é possível aceitar cegamente as alternativas que temos hoje em dia. Mas isso também significa que me recuso a condenar Moscou porque não difamo Pequim. Por esse motivo, repito, apesar de parecer contraditório após meu excurso sobre a China: temos de aceitar sem reservas o acordo entre Estados Unidos e União Soviética sobre a suspensão parcial dos testes nucleares. Na tensão apocalíptica ininterrupta em que vivemos desde Hiroshima, trata-se do primeiro passo em direção a uma *détente*. E, a despeito de Pequim, temos de exigir enfaticamente que o trabalho nesse sentido continue de maneira incansável e que nenhuma chance seja desperdiçada, por menor que seja.

Como resolver essa contradição?

Não se trata de uma contradição. Temos agora de corrigir a afirmação de que precisamos agir "*apesar de Pequim*". Devemos fazer isso *com* Pequim. Sim, "*com*".

Vamos entender o que é necessário para diminuir o perigo da situação. O desejo da China por armas nucleares é simplesmente uma reação e um sintoma. O sintoma de uma situação insuportável, da qual a China, a princípio, não tem culpa. O que temos de exigir é a configuração de uma situação política na qual a China não tenha mais necessidade de desejar essas armas. Eis o ponto.

Fácil falar, sem dúvida. A tentativa de alcançar esse objetivo esbarra na mais empedernida resistência. A China foi demonizada por Washington no decorrer da política imperialista asiática. E, visto que a existência da China dificulta as chances do entendimento americano-russo, essa demonização de Pequim chegou inclusive à Rússia soviética. Em Washington, o mesmo sentimento está tão disseminado que apenas os estadistas americanos mais audazes têm coragem de exigir uma mudança, e precisam ser admirados por isso — pois quem age desse modo precisa contar que está indo contra o ódio considerado "patriota" e, portanto, se torna também objeto de ódio, ou, ao menos, impopular. Como o regime de marionetes de Formosa está sancionado como membro permanente do Conselho de Segurança das Nações Unidas, parece haver um estado de total apatia.

Apesar disso, tal mudança precisa ocorrer. As potências nucleares atuais apenas e tão somente terão o direito de esperar da China comunista uma autêntica disposição à negociação e ao trabalho em comum quando elas próprias abrirem mão daquelas armas diante das quais a China se sente ameaçada e que elas gostariam que Pequim não tivesse; mais ainda, quando a China puder ter voz nas Nações

Unidas. Enquanto isso não ocorrer, as negociações sobre o desarmamento acontecerão num espaço imaginário, e enquanto isso não nos livraremos do sentimento incômodo de que esse espaço é propositalmente imaginário. Resumindo: hoje em dia, o reconhecimento da China e seu ingresso no Conselho de Segurança da ONU são condição básica para a pacificação do nosso mundo.

Essas foram minhas reflexões à época.

Nesse meio-tempo, aconteceram coisas que eu não havia antevisto ao escrever, mas que também não contradizem a avaliação da época. O que dizer dos mais recentes desdobramentos?

1. Sobre o teste chinês: dispensável reforçar que também este teste deve ser condenado, assim como *qualquer* teste. Mas a situação seria catastrófica caso uma das grandes potências nucleares anunciasse algo violento a fim de impedir a China de se tornar uma potência nuclear; ou se a explosão impulsionasse as forças reacionárias dos Estados Unidos nas eleições logo a seguir; ou se outras potências usassem o caso precedente da China e até mesmo o menor dos países se tornasse o opressor mais onipotente.
2. Entretanto, considero crível a declaração, emitida por Pequim logo após o teste, de que essa arma nunca será usada para fins ofensivos; e creio ter chegado a hora de convocar uma conferência internacional para a real eliminação dessas armas. É exatamente isso que se faz necessário, além de corresponder às muitas declarações que vocês podem conferir em documentos chineses passados, infelizmente um pouco escondidos entre difamações vulgares.
3. A condução do Estado e do partido da Rússia soviética é realmente chocante. É preciso expressar claramente que Khrushchev deu um fim ao stalinismo, que ele teve a força para reconhecer de maneira não dogmática a nova situação nuclear, que esse conhecimento constitui a base de sua ação e que devemos agradecer em grande medida a ele por ainda existirmos hoje em dia. Sua súbita saída de cena é assustadora. Mas não considero haver planos para uma volta do stalinismo. Este era parte de um estágio produtivo que não retorna mais. E talvez a chegada de

um novo grupo possa conduzir a algo positivo — no caso, Moscou pode conseguir transformar o apuro de sua situação intermediária entre o Ocidente e a China na virtude da mediação. Se a União Soviética, por um lado, prosseguisse com o entendimento com os Estados Unidos, que foram favoráveis a acordos parciais sobre os testes, e, por outro lado, pudesse consertar sua relação com a China, então assumiria o grande e necessário papel de ponte da "terceira força" no antagonismo mundial que hoje se agudizou entre Estados Unidos e China. Ou seja, poderia fazer o papel da força que garante a paz. Então, a "terceira força" não seria mais desempenhada pelos "Estados fora do bloco", mas justamente pelo país que, de um lado, se torna cada vez mais semelhante aos Estados Unidos industriais e, de outro, tem muitas coisas básicas em comum com a China, ainda não sincronizada industrial e economicamente. E não poderíamos desejar nada melhor do que Moscou estar à altura dessa missão.

Basta sobre a situação política mundial. Permitam-me, agora no final, retornar com o que havia iniciado: os mortos.

Lembro-me de uma grande reunião ocorrida em 1936 em Paris. André Malraux discursava, espumando de impaciência e desespero com a cegueira e a preguiça intelectual daqueles que ainda não tinham reconhecido e daqueles que não queriam reconhecer que Hitler significava guerra. Então, ele improvisou um meio com o qual conseguiu, num instante, abrir os olhos da audiência: começou a contar os presentes. Seu dedo indicador foi de assento a assento, de fileira a fileira; a cada décima pessoa para a qual seu dedo apontava, ele dizia, como se estivesse condenando a pessoa: "*mort*" — morto.

Chegamos a esse ponto novamente? Devemos contar cada décima pessoa mais uma vez?

Não. Podemos passar sem isso, não porque a situação seja menos ameaçadora do que há 28 anos, mas porque hoje é incomparavelmente mais ameaçadora. Porque vivemos no *tempo do fim*, na era em que nós realmente podemos produzir o fim. E porque esse tempo do fim, se não for revertido, realmente se tornará o *fim dos tempos*. Cada décima pessoa? Bons tempos em que era preciso imaginar apenas cada décima pessoa como morta. Esses tempos ficaram para trás. Hoje e agora, um gesto bastaria. Esse gesto abarcaria *todos nós* — e não me refiro apenas a vocês e a mim, que estamos nesta sala; nem àquelas pessoas nas ruas; nem àquelas em outras cidades e países —, abarcaria a humanidade atual e futura. E a palavra "*mort*" só precisaria ser proferida uma única vez.

Caros camaradas do tempo do fim! Reunimo-nos aqui para homenagear os mortos das três guerras mundiais. Sabemos que não temos força suficiente para realmente imaginar esses milhões nem realmente ouvir o som inacreditável dos lamentos da soma dos inúmeros milhões de gritos de morte. O que podemos fazer para, mesmo assim, homenageá-los?

Parece-me que não nos resta alternativa a não ser cada um de nós homenagear *um* morto, um único. Se possível, alguém que não faça parte de seu círculo pessoal.

A primeira pessoa homenageia uma criança vítima de radiação em Hiroshima.

Outra, uma mulher queimada em Dresden.

A terceira, um judeu morto na câmara de gás em Auschwitz.

A quarta, um americano afogado no oceano.

A quinta, um preso morto por torturas sofridas num porão da Gestapo.

A sexta, um algeriano esfaimado.

A sétima, um russo congelado em Stalingrado.

A oitava, uma criança que será vítima de radiação *amanhã*.

A nona, um marinheiro que se afogará *amanhã*.

A décima, uma criança que não verá mais a luz do mundo *amanhã*.

Que cada pessoa tente homenagear *um* morto, passado ou futuro. Talvez a soma de nossas homenagens e de nossa luta possa ter a dimensão aproximada do que *haveríamos de homenagear*. E talvez consigamos, a partir dessas homenagens, achar forças para decidir que, a partir de hoje, queremos, *sim*, continuar vivendo; ou seja, que queremos que o mais terrível *não* aconteça.

Por essa homenagem e por essa decisão nascida do luto, peço-lhes que se levantem.

(*Concluído em 18 de outubro de 1964*)

POSFÁCIO

UMA BOMBA É UMA BOMBA, É UMA BOMBA

Paulo Arantes

I.

Günther Anders gostava de se apresentar e descrever a si mesmo como um "filósofo ocasional", e sua filosofia, como "um híbrido de metafísica e jornalismo".[1] Nisto teve um precursor ilustre — para não dizer um exato contemporâneo, em mais de um sentido, ao longo dos anos 1930 —, Sartre, que também pretendeu, com a *Nausée*, por exemplo, fazer "*descendre la metaphysique dans les cafés*". E, como se há de recordar, não apenas Sartre mas toda uma geração francesa do imediato pós-guerra, todos metodicamente empenhados em desentranhar metafísica de uma notícia de jornal, sendo que a categoria "notícia de jornal", ela mesma um resumo do Tempo Presente — por sua vez o tema único e exclusivo de uma revista como *Les Temps Modernes* —, era surpreendentemente ampla para dar notícia, precisamente, de toda uma gama de acontecimentos novos, da publicação de um romance a uma revolução, da exibição de um filme a um *fait divers* etc. Não havia nada de "concreto" que não estivesse impregnado de metafísica e não pudesse vir embrulhado em jornal — por sinal aquele mesmo cuja leitura diária, mais de um século antes, Hegel elevara à condição de "oração realista da manhã", embora custe um pouco imaginar uma leitura em feitio de oração da notícia da batalha de Jena e do correspondente colapso da Prússia. Eis o corte de época que separa o nosso filósofo da obsolescência do mundo de seus contemporâneos franceses, por assim dizer ainda contemporâneos da esquerda hegeliana, para não mencionar

1. Por exemplo, ao apresentar o conjunto de ensaios aparentemente disparatados reunidos em 1956 em *Die Antiquiertheit des Menschen*, traduzido para o francês por Christophe David como *L'obsolescence de l'homme* (Anders, 2002, p. 22).

o famigerado discurso filosófico da modernidade. Como veremos mais adiante, uma ruptura de época, sim, mas na qual a própria noção de "época" está em jogo, prestes a se tornar ela mesma obsoleta, numa acepção inédita do termo, aliás. Uma filosofia da ocasião, como a concebe Günther Anders ao voltar da imigração, não é tão generosamente abrangente como a dos primeiros fenomenólogos franceses; não é qualquer reunião de ocasiões que forma um fenômeno de época, que por sua vez determina e define toda uma época: nos híbridos metafísicos que povoam as notícias de jornal, é preciso saber desentranhar apenas aqueles objetos que se destacam por seu "caráter opaco e inquietante", e que por isso mesmo despertam esse bizarro "ocasionalismo" filosófico, a rigor uma cadeia infindável de "digressões" (Anders, 2002, p. 22-3). Logo nos depararemos com essas ocasiões-limite e suas respectivas respostas filosóficas, que por sinal sempre giram em torno do inegociável. Assinalo apenas de relance a linha de continuidade do que foi rompido pelo corte de época mencionado há pouco — também dispomos de uma oração da manhã, só que preventivamente apocalíptica: "que o seu primeiro pensamento após despertar se chame *átomo*", podemos ler na primeira linha dos "Mandamentos para a era atômica", que Anders publicou não por acaso num jornal, em julho de 1957.

Antes de passar adiante e nos depararmos com a última onda de choque — na verdade, o *first strike* de toda uma cadeia sem fim de golpes superpostos — que por um tempo lhe roubou as palavras, é preciso observar que Günther Anders não despertou, pronto e acabado da cabeça da Minerva filosófica alemã do seu tempo, para o ativismo filosófico que o celebrizou nas inúmeras campanhas de desarmamento nuclear ainda à sua frente. Longe disso. Pelo contrário. Nosso personagem, áspero e intratável como um cacto de Manuel Bandeira, descobriu mais de quinze anos antes a mesmíssima ideia fundamental de Husserl que fará a cabeça de Sartre em meados dos anos 1930, a janela que abriu a esquálida filosofia francesa para o mundo dos homens lá fora no meio da multidão, nas cidades e estradas poeirentas, o mundo dos artistas e profetas, mundo assustador, mortal, perigoso, povoado de coisas nas quais, conforme se lê no artigo fundador de 1939, a fenomenologia, na sua aparente inocência filosófico-discursiva, instalara o horror que, por exemplo, irradiava da irredutível "essência" terrível de uma simples máscara japonesa etc. (Sartre, 1973). Por essa época, no entanto, Günther Anders já se tornara um imigrante antifascista vivendo da mão para a boca nos Estados Unidos, e a fenomenologia, bem como a antropologia filosófica que a sucedera e corrigira ainda nos anos 1920, e que a reabilitara com o nome de antropologia negativa, ficaram para trás, não a ponto de se extinguirem mas brilhando como uma estrela no céu das ideias canceladas — tanto é que até hoje alimentam os estudiosos dos seus anos de formação com a hipótese da persistência daquele antigo regime filosófico.[2]

Para retomar nosso ponto de partida, falemos das "ocasiões", quer dizer, dos traumas de época que o converteram no ser híbrido que dizia ser, curiosamente à revelia, pois, como disse certa vez, teria preferido de longe ter ficado em casa escrevendo sobre literatura, música e pintura, ao invés de correr o mundo para retardar sua destruição. Não é preciso recorrer à nova erudição em curso a seu respeito para saber — aliás, por suas próprias palavras, pois nunca cessou de comentar a si mesmo, o regime variado dos escritos do "moralista" no qual as circunstâncias o converteram — que desde o início se preparou para redigir uma antropologia filosófica sistemática, animado não só por Max Scheler (do qual chegara a ser assistente por um breve momento) mas sobretudo por sentir-se "dotado de disposições naturais extraordinariamente sistemáticas",[3] sem as quais não seria possível encarar aquele gênero filosófico tão idiossin-

2. Talvez o mais enfático, e por vezes convincente nessa linha, seja Christophe David, principal tradutor e intérprete de Anders na França. Um de seus artigos (David, 2011) principia recordando que, em 1980, Anders ainda considerava o seu trabalho depois de 1945 — depois do 6 de agosto, portanto — como uma "antropologia filosófica da época da tecnocracia", como se pode ler na nota introdutória do segundo tomo de *L'obsolescence de l'homme*. Não obstante, a páginas tantas do mesmo volume (Anders, 2011, p. 129-30), num texto datado de 1979, proclama-se com todas as letras a "obsolescência da antropologia filosófica". É essa a encruzilhada que aos poucos se tornou debate entre especialistas. Para a persistência da fenomenologia, ver ainda Perreau (2007). Para a prata da casa, ver Catalani (2021). [Uma versão ampliada deste último artigo encontra-se em Felipe Catalani, *O inimigo do apocalipse: técnica, política e história em Günther Anders* (tese de doutorado). São Paulo: Universidade de São Paulo, 2024, parte III.]

3. Ver Anders (2016, p. 30-1). O texto registra uma conversa de 1977 entre Anders e Mathias Greffrath em 1977, publicada pela primeira vez em 1979, republicada dez anos depois.

craticamente alemão e inapelavelmente datado pelo contravapor da Primeira Guerra Mundial. Trata-se de uma ciranda de teorias duras, mesclando, por exemplo, biologia e filosofia (basta lembrar do longo prestígio das obras de Jakob von Uexküll sobre o comportamento animal e a noção de *Umwelt*), sem falar nas ciências do comportamento, a começar pelo psíquico e assemelhados, um carrossel de reflexões com roupa nova girando em torno de uma indagação perene acerca da posição do ser humano no cosmos. Em suma, no resumo de um dos comentadores atuais, trata-se de pensar o homem enquanto vivente na sua diferença com os outros seres vivos. Publicado em 1928, o livro introdutório de Max Scheler, *A posição do homem no cosmos*, tornou-se um manifesto dessa renovação que alinhara também Plessner, Gehlen e outros tantos mandarins, incluindo Ernst Cassirer, o liberal contraditor de Heidegger em Davos. Por seu turno, valeria bem uma outra missa a entrada do jovem Günther neste cenáculo e a torção que ele aplicou no repertório, a estreia de uma antropologia filosófica que passou a qualificar de negativa, entre tantas outras razões por revirar pelo avesso o famigerado ser-no-mundo heideggeriano, quando mais não seja porque o homem andersiano, cuja essência não se deixa "fixar", é um homem-sem-mundo, e como aos poucos irá se dando conta, na virada radical dos anos 1920 para os 1930, que a expressão "homem sem mundo" designa obrigatoriamente uma situação de classe.[4] Nesta chave, lerá *Berlin Alexanderplatz* recém-saído do forno e também nela escreverá seu primeiro texto no exílio parisiense, em março de 1933, uma "Anthropologie des chômeurs". Inaugurada por uma conferência lida em Frankfurt em 1929, *Die Weltfremdheit des Menschen* — cujos originais se perderam, em parte recuperados em dois artigos publicados em francês poucos anos depois, "Une interpretation de l'a posteriori" e "Pathologie de la liberté", mal traduzidos, mas não a ponto de não impressionar Sartre, segundo se diz, que os teve sob os olhos mas teria deixado por isso mesmo —, trata-se de uma trilha a ser percorrida sobretudo quando se pensa

4. Sobre essa volatilização do objeto da antropologia filosófica, o mal-entendido na origem do projeto de uma antropologia filosófica "positiva", de costas para a condição de "estrangeiro" do homem num mundo que não é jamais o "seu" como para os demais viventes não humanos, e do qual o separa uma "decalagem de origem", ver Reiman (2001).

no que ele foi deixando pelo caminho, aliás bem longo, pois atravessou nazismo, guerra, restauração capitalista. Incluem-se aí também o ensaio sobre Döblin, elaborado a prestações; o magistral estudo sobre Kafka e sobre o *Godot* de Beckett, e por aí vai, até alcançar, já em 1979, as *Histórias do Sr. Keuner* etc. Enfim, o próprio e original conceito de *obsolescência* deita suas raízes nessa antropologia negativa, cuja elaboração sistemática foi interrompida — interrompeu-se o sistema, mas não a ideia. E não faltou quem enxergasse na bomba atômica ela mesma, quer dizer, no autoextermínio deliberado e violento do gênero humano, a derradeira encarnação do *novum* antropológico cuja semente nosso filósofo plantara naquela remota conferência na Sociedade Kant de Frankfurt, acrescido, é claro, da observação subsequente de que o homem sem mundo, por assim dizer matricial, é o trabalhador estruturalmente desempregado numa sociedade do trabalho.[5] Por aqui, não vamos especular sobre um programa que não aconteceu — salvo nas obras-primas avulsas enumeradas há pouco —, não só pelo desvio que representa como também justamente porque tal programa de antropologia negativa foi interrompido de um só golpe (ou confirmado em sua intuição original) pela chegada de Hitler ao poder; não tanto a chegada propriamente dita, mas os anos de agonia de sua irresistível ascensão.

Foi esse o primeiro choque de época, ao qual Anders reagiu, ato contínuo, por palavras e obras. (Como logo veremos, não foi assim ao receber a notícia do ocorrido em Hiroshima, embora a estupefação fosse da mesma ordem.) Da noite para o dia, por assim dizer, depois de anos vagando pelos mais diversos domínios e guiado por uma curiosidade filosófica sem dúvida original, ele teria engavetado de uma vez seu projeto de sistema. Não foi bem assim, pelo menos no que concerne aos estilhaços daquele antigo programa de pesquisa e intervenção: quando reuniu numa redação final suas conferências

5. O leitor terá notado pela exiguidade de minhas fontes, além do mais quase exclusivamente francesas, que não sou propriamente um especialista. Penso atenuar o estrago se ao menos atinar com o recado do mais original dos filósofos (vá lá, pois ele assim se considerava) do século das bombas, como diria Sven Lindqvist, já no subtítulo do seu livro *Maintenant tu est mort* (Paris: Le Serpent à Plumes, 1999), e sua correspondente sombra genocidária na qual se fundiriam o exterminismo nazi e a ameaça nuclear.

e artigos fragmentados sobre Kafka, não é difícil perceber que o poder exercido pelo terror fascista é o fio condutor de sua interpretação, assim como a "antropologia" do trabalho sem trabalho marca as horas de espera de *Godot*. Todavia, o fato divisor de águas é que ele abandona, de certo modo, as formas fixas da filosofia, substituindo-as por uma variedade de gêneros literários, fábulas, romance, poesia, sátiras à maneira de Swift etc. E foi justo nessa hora extrema de fascismo e guerra — mais precisamente nos três primeiros anos da imigração e já na condição de *outsider* acadêmico — que foi assentando a mão de escritor e polemista como crítico titular da rubrica de cultura e derivados no *Berliner Börsen-Courier*, quando deixou de ser Günther Stern e tornou-se definitivamente um "outro", Anders: Günther Autrement, na paráfrase de seus novos leitores franceses. Por fim, foi este mesmo escândalo do inumano impensável o responsável por sua conversão, que chamou de socrática, querendo com isso designar sua *persona* de moralista, sem dúvida na acepção mais enfática do termo, tendo em vista o patrono escolhido: nada mais nada menos do que o nome que costuma ser associado à identificação do pensamento como algo distinto do mero (por assim dizer) conhecimento, sem o qual a vida deixa de ter valor, pois tende a zero; e no limite torna-se supérflua, uma vez transcorrida na ausência ou no vazio de pensamento. Tendo em mente o mesmo fenômeno — que alguém já descreveu como uma autorregulação silenciosa da "alma" consigo mesma, de modo a evitar contradizer-se na hora de prestar contas ao seu duplo, que costumamos chamar também de consciência (Lebrun, 1983, p. 62) —, em lugar da muito intelectualizada e asséptica expressão "pensamento", Günther Anders falará da mais ativa e politizada "imaginação", no fundo para dizer algo semelhante: o vazio de imaginação, devidamente explicado pelo processo material de sua produção social, foi afinal preenchido pela bomba e pelo campo.[6] Variante, portanto, da mesma matriz: "filosofia moral", ou ainda mais comprometedor, "moralista", é o outro nome para "filoso-

6. Desnecessário assinalar que estive glosando a resposta socrática à pergunta "O que nos faz pensar?" segundo Hannah Arendt (1992). Num certo sentido, trocando "pensamento" (decididamente desheideggerianizado) por "imaginação", continuamos em casa.

fia de ocasião". Numa ou noutra chave se reage ao choque do inominável em sua forma de acontecimento histórico extremo (na falta de melhor vocábulo, à vista da banalização contemporânea dos eventos ditos extremos, no limite um arremate pífio dos terremotos originais). Ninguém nasce moralista, nem mesmo os personagens de Molière, mas se torna moralista ao sabor dos desastres alinhados pelo curso inaceitável do mundo; a boa pergunta seria, portanto: "Como é possível não ser moralista?". Não há filosofia, em suma, que não seja em primeira instância reação moral a uma abominável provocação externa. O resto é pedir chope, como diria Gottfried Benn.

Concebida nestes termos drásticos, e a seu modo inapelável, a filosofia, desde então, desde que a história do mundo foi partida ao meio, a filosofia é isso ou não é nada; ou elabora um choque externo *moralmente monstruoso*, ou é desconversa dissertativa, tanto faz se sistemática ou meditativa. Assim sendo, sua primeira e única tarefa reside na capacidade de formulação: simplesmente não compreendemos nem mesmo conseguimos tomar consciência daquilo que não dominamos linguisticamente, como podemos ler logo nas primeiras páginas da introdução (datada de 1982; as datas são tudo numa obra tão diversa e ziguezagueante como a de Günther Anders) de *Hiroshima está em toda parte*. Por isso, a escola "jornalística" do *fait divers* metafísico — o garimpo metódico dos objetos "opacos e inquietantes" — foi tão decisiva na calibragem do seu sismógrafo.

Quando a ocasião das ocasiões finalmente chegou e desabou como uma tempestade sobre sua cabeça, e ainda por cima na forma de uma notícia de rádio, anunciando que a cidade de Hiroshima acabara de ser praticamente varrida do mapa pela explosão de uma bomba atômica, aquela decisiva capacidade de formular falhou miseravelmente, e mais, emudeceu por mais de cinco anos.[7] "Durante muitos anos

7. A menção à notícia de rádio não é trivial; pelo contrário, é parte do problema, e não das menores. Quando o feitiço se rompeu anos depois — não estamos falando de outra coisa, é fetichismo mesmo —, parafraseando Schoppenhauer, nosso autor publicaria um longo ensaio sobre o rádio e a televisão: em vez de vontade e representação, o mundo como fantasma e matriz, "Die Welt als Phantom und Matrize", recolhido depois no primeiro tomo de *Die Antiquiertheit des Menschen*. Num sentido preciso, será necessário dizer que o efeito explosivo da bomba só se completaria e propagaria indefinidamente suas ondas de choque com aquela só aparentemente anódina notícia de rádio. Tão inocente na sua enormidade que,

não consegui superar, ou abrandar por meio da fala, o estupor que me veio pelo rádio, com a famosa notícia de rádio de 6 de agosto de 1945." Podemos presumir sem muito erro que Günther Anders deve ter relatado um punhado de vezes esse episódio de malogro filosófico, e seu renascimento das cinzas, graças a uma real "visão de essência" da era nuclear. Conheço apenas duas: esta que acabei de citar e outra na entrevista com Mathias Greffrath, a qual poderia, quando muito, acrescentar uma breve menção logo na introdução (sem data) de *Mensch ohne Welt* — reunião de vários escritos sobre arte e literatura —, a saber, uma menção à "ideia fixa" apocalíptica "que tomou conta de mim naquela manhã de agosto, porém sem que eu conseguisse minimamente transformá-la em *texto*" (Anders, 2015). Pois, no mais completo desses relatos, na referida entrevista com personalidades que precisaram abandonar a Alemanha em 1933, ficamos sabendo mais ou menos do seguinte, que importa por ser não só um resumo em poucas palavras de seu argumento de fundo como também sugere uma data aproximada para a redação do seu estudo seminal, "Über die Bombe und die Wurzeln unserer Apokalypse-Blindheit" [Sobre a bomba e as causas de nossa cegueira diante do apocalipse]: que durante anos ele não conseguiu reagir como *escritor* ao impacto de Hiroshima. Se num primeiro tempo ficou mudo, não foi por falta de reconhecimento imediato do caráter *monstruoso* do acontecimento, mas porque tudo na inteireza do seu ser — pensamento, imaginação, corpo etc. — se recusava a trabalhar na elaboração do significado daquela monstruosidade. Além do mais, morando e se virando nos

...

segundo um historiador norte-americano, os primeiros a ouvir a notícia, por volta da metade daquela distante segunda-feira, foram as pessoas que, por força do acaso e das circunstâncias, estavam próximas de um rádio — a saber, donas de casa, crianças, aposentados e os trabalhadores engajados no esforço de guerra, de folga por um dia naquele 6 de agosto; ver Boyer (1985, p. 43, 48). Poucas horas depois, repercutindo a notícia, como se diz até hoje, jornalistas e locutores já haviam batizado de "Atomic Age" o novo tempo que acabara de nascer. Impresso preto no branco, sua certidão de nascimento foi lavrada apenas onze dias depois pela Pocket Books, que reuniu em livro reportagens, editoriais e pronunciamentos de chefes de Estado com um título que diz tudo: *The Atomic Age Opens*. Coube assim aos operadores do "mundo como fantasma e matriz" identificarem a última e definitiva Época da História, ambas desde então obsoletas, como trataria incansavelmente de demonstrar Günther Anders. Uma outra maneira de selar a união entre jornalismo e metafísica.

Estados Unidos durante todos aqueles anos de guerra, sabia muito bem da escalada tecnológica das bombas incendiárias que estavam carbonizando as cidades japonesas, de modo que a produção daquele monstro apocalíptico era mais do que previsível; e mesmo convencido instantaneamente, naquela manhã de agosto, de que a humanidade se tornara capaz de autoextermínio e que uma tal viragem era irreversível pelos séculos vindouros, mesmo assim precisou de alguns anos para enfim encarar uma folha de papel e se desincumbir da tarefa de tornar concebível aquela capacidade de produzir a extinção da espécie por meios técnicos, testada, aliás, em duas explosões por assim dizer conclusivas. Seguem então as datas prováveis desses anos de gestação de uma ideia que não vinha. Uma primeira tentativa ainda na América apresenta nosso autor travado, incapaz de escrever uma só palavra. Na segunda tentativa, de volta à Europa, encontramos nosso filósofo em crise de inspiração, para empregar uma expressão demasiado frívola para o que estava em jogo. As datas do estalo variam conforme a fantasia retrospectiva do autor, qualquer coisa entre 1950 e 1953, e se referem sempre a duas ou três páginas de um texto lamentável, no qual teria simplesmente passado o atestado da sua, e nossa, incapacidade de ao menos imaginar aquilo que fazemos ou produzimos. *Um fracasso sob medida.* Tão perfeito o encaixe neste pequeno romance de formação que não seria descabida a hipótese de relativa estilização dos fatos e percalços do pensador. Confessando o vazio de pensamento que me afligiu durante anos — afinal, a parte de barbárie que me cabe nessa hecatombe —, dei afinal com a chave do enigma. Nem uma miserável ideia em face do descomunal que me cabia pensar? Pois não seja por isso, um branco de mais de cinco anos da parte de um "profissional" era a contraprova do que era preciso demonstrar, sem tirar nem pôr, ou melhor, mudando tudo o que há para mudar no caso — assim deveriam nascer as ideias na experiência da consciência hegeliana em formação, que acerta quando confessa que não está entendendo nada do drama que está vivendo.

De volta à charada da falsa esterilidade decifrada, nosso autor foi apenas mais uma vítima, temporária enquanto não nascia a nova ideia, da *discrepância* que define nosso século e todos os demais que porventura ainda derem o ar de sua graça, a *decalagem* entre o que produzimos e nossa capacidade de ao menos "entender" o que acabamos de perpetrar. Estando a nova condição humana (antropologia filosófica não deixa por menos) ancorada na normalização desse *gap* envenenado entre produzir e imaginar o que produzimos, estamos condenados, mais dia menos dia, amanhã ou daqui a cem anos, à repetição de Hiroshima e Nagasaki. Dois exemplos arrematam essa brevíssima narrativa sobre seus anos de silêncio e impotência mental, exemplos da cegueira perceptiva quando a imaginação falha, seca e por fim some. Primeiro, o ar inofensivo com que se apresentam os galões de Ziklon B entrevistos numa visita a Auschwitz e o formidável esforço de imaginação — embora um clichê, nele reside toda a sabedoria socrática dos "Mandamentos para a era atômica", do tipo amplie ao máximo tua imaginação para não te tornares parceiro de um funcionamento macabro — para perceber, naqueles recipientes industriais anódinos, a destruição dos judeus da Europa. Do mesmo modo, só a imaginação bem treinada por exercícios de alongamento estará em condições de apanhar em sua rede mais verdade do que a mais equipada das percepções, ultrapassando, por exemplo, o convite à capitulação que se expressa no bom desenho de um reator nuclear e sua cúpula de igreja renascentista. Não será preciso evocar o preenchimento desse ato de intencionalidade imaginária — se for possível falar assim — por visões de Chernobyl ou Fukushima; bastaria lembrar do correlato princípio de Paul Virilio, segundo o qual cada tecnologia carrega consigo seu acidente específico, devidamente corrigido para o caso do artefato nuclear, cujo acidente cataclísmico é a própria substância (Virilio & Lotringer, 1989, p. 40). Pensando melhor, quem sabe exemplos de desfamiliarização como estes ainda carreguem consigo alguma reminiscência dos antigos exercícios de descrição fenomenológica, destinados a despertar algo como o verdadeiro "choque filosófico" produzido pelas coisas individuais quando arrancadas de seu contexto funcional, como acontece com o mundo desconcertante e assustador apresentado pela pintura e a literatura modernas, ou num cenário de guerra depois de uma batalha de materiais.[8]

8. Estou glosando e deliberadamente deformando uma passagem de Hannah Arendt cuja lembrança devo a uma observação de Anderson Gonçalves. Sim-

Lembremos, enfim, que Günther Anders não padeceu sozinho à agonia filosófica de não conseguir elevar ao plano do conceito — cumprir, em suma, o mandato do pensamento moderno — o núcleo catastrófico e explosivo da época que se abrira com a multiplicação virtual do acontecimento Hiroshima. Fazia-lhe companhia na mesma aflição, quem diria, Adorno. É sabido que os dois não se bicavam. Nem por isso (era só o que faltava) a municipalidade de Frankfurt deixou de conceder-lhe o Prêmio Adorno em 1983: na ocasião, ressaltando sem nenhum artifício os laços de família, declarou que ambos acabaram armando uma verdadeira "enciclopédia apocalíptica do mundo" (David, 2007, p. 173). Faltou acrescentar, embora não fosse o caso, que nos capítulos que correspondiam ao seu parceiro estava ausente um verbete capital, justamente a bomba atômica. Em carta ao próprio Anders, Adorno procurou dessa vez se justificar:[9] "Eu sempre evitei escrever sobre a bomba atômica, por um motivo que não é muito simples de compreender, talvez por causa da desproporção entre o punho cerrado de um intelectual e aquele dispositivo (*Einrichtung*), certamente não por covardia". Não tão simples assim. Descartemos de saída o dente de ouro que vem a ser a alusão despropositada à covardia. É quase certo que mais uma vez Günther Anders tenha cobrado do filósofo, com a falta de jeito dos ativistas, sua participação nalguma marcha pelo desarmamento nuclear e tenha recebido novamente um sonoro "não". Tampouco vou especular agora sobre as relações entre teoria e prática num e noutro. Salvo relembrar que, numa das raras vezes em que a bomba dá o ar da graça nos escritos de Adorno, é na condição de limite polí-

...

plesmente mudei o sinal, do assustador para o familiar, pois Arendt, pelo menos neste passo, representa a fenomenologia como uma vasta operação de "reconstrução" do mundo — mas quem ou o quê o destruiu? —, de restauração do "sentimento humano de morar no mundo", ainda que se valendo da astúcia metodológica de devolver ao mundo pacificado as coisas isoladas, e por isso mesmo desconcertantes, apoderadas pelos atos arbitrários da consciência e sua intencionalidade (ver Arendt, 2008, p. 193-4). Dá para perceber que os franceses do entreguerras, e um pouco além, retiveram apenas o primeiro ato de todo esse teatro de mundo. Daí a intrigante abundância de atos explosivos, muita poeira e árvores ressequidas no ensaio luminoso de Sartre sobre a ideia husserliana de intencionalidade.

9. Como lembrou e comentou Felipe Catalani no primeiro capítulo de sua dissertação de mestrado (Catalani, 2019).

tico absoluto. Eis o decreto, enunciado no rescaldo do Maio europeu: "contra os que administram a bomba, são ridículas as barricadas; por isso brinca-se de barricadas, e os donos do poder toleram temporariamente os que estão brincando" (Adorno, 1995, p. 217).[10] Daí o senso do ridículo que o paralisa diante do intelectual que se dá ao desfrute de cerrar os punhos levantados contra um dispositivo propriamente pós-humano, aliás o gesto mesmo dos militantes maoístas ao escarnecer, no caso, do que chamavam de "fetichismo nuclear" corporificado pela bomba, um outro tigre de papel de cuja posse, entretanto, a República Popular da China mesmo assim nem pensava em abrir mão. É bom insistir que estávamos no imediato pós-1968 e Adorno se desentendera de vez com os rumos desses levantes.[11] Posando ou não de revolucionários, batemos todos num teto absolutamente desproporcional: parece mas não é o mesmo conceito de "discrepância", nosso conhecido, afinal dois "ridículos" somados, a gesticulação revolucionária de um filósofo e o teatro estudantil das barricadas, no máximo seriam sintomas regressivos e só com

10. Depois de citar esta ocorrência da ameaça nuclear, na esteira da carta a Günther Anders, e refletindo sobre a "brutalidade de sua formulação", o mesmo Felipe Catalani de há pouco, e na mesma página, remete a uma passagem de Carl Schmitt, sem data precisa mas seguramente redigida em plena era atômica, cuja ênfase recai novamente sobre a "assimetria de poder", da qual, no fundo, estamos falando sob uma ou outra denominação: "as imagens tradicionais de marchas de rua, barricadas etc. aparecem como brincadeira de criança frente a esses instrumentos de poder modernos". Não é nosso tema de agora, mas seria bom reservá-lo para uma discussão ulterior. Entretanto, a frase em questão figura numa discussão sobre a aceleração dos meios técnico-militares do poder de Estado exponenciados numa escala tal pela entrada em cena da bomba (presume-se), tornando a proliferação uma decorrência lógica, pois todo Estado se vê coagido a assumir o controle da nova arma. Pensando bem, uma redefinição do poder soberano pelo monopólio da emergência nuclear.

11. Lamentável e dramático desencontro, segundo Peter-Erwing Jansen, entre o movimento estudantil dos anos 1960 e os veteranos da teoria crítica, sobretudo se recordarmos que foram justamente naqueles círculos mais insubmissos da sociedade alemã restaurada que os clássicos frankfurtianos foram redescobertos e postos em circulação na reviravolta de 1968. De onde, afinal, viria o impulso heterodoxo para passar pelo crivo insurgente da crítica ao capitalismo organizado, ao socialismo real e, despontando no horizonte de um passado nem por sombra elaborado, ao espectro de uma nova extrema direita? Com algum exagero e descontado o *páthos* incomparável (bem ou mal, uma revolução estava a caminho), repetia-se em tamanho reduzido o entrechoque russo entre pais e filhos; ver Jansen (1999).

muita licença hermenêutica incluídos entre as molas propulsoras da defasagem entre forças produtivas descontroladas (na falta de melhor termo para a húbris que as tornou destrutivas) e a atrofia da nossa faculdade de julgar e imaginar. Seja como for, aí tem coisa, nessa dissidência de Adorno diante da enormidade monstruosa da bomba; no fim das contas, capacidade de formular era com ele mesmo. E quanto ao fundo da questão, ambos concordavam que a recaída na barbárie — tão temida por Marx — já se produzira: "esperá-la para o futuro", como dizia Adorno no mesmo texto sobre teoria e prática, justamente depois de tal recaída, "depois de Auschwitz e Hiroshima, faz parte do pobre consolo de que ainda é possível esperar algo pior". E mais: pode até surpreender, mas Günther Anders também tinha um pé atrás com a contestação dos anos 1960, embora tenha participado ativamente, pois rebaixava aqueles movimentos à condição de meros "substitutos", por deixarem de fora, ou na sombra, no melhor dos casos, a ameaça de morte nuclear que pairava acima da época a que não só dava o nome mas anunciava como derradeira: "a necessária revolta principal foi escondida por revoltas secundárias, a luta contra um futuro sem mundo ou mundo sem futuro foi substituída de maneira quase exclusiva pela luta contra males contemporâneos ou contra males de um futuro inconteste. E isto lhes bastou durante anos", como se pode ler na Introdução de *Hiroshima está em toda parte*. Arrematando a surpresa, o argumento fecha com um (mau) juízo que Adorno sem dúvida não pensaria duas vezes em endossar: "e talvez seja justificada a suspeita de que essas *rebeliões substitutas* nem foram assim tão mal recebidas pelas potências dominantes como elas nos fizeram crer. Durante o transcurso dessas rebeliões, as potências mundiais puderam prosseguir tranquilamente com seu alucinante armamento nuclear".

Por outro lado, como era notória a alergia da velha guarda frankfurtiana às campanhas pelo desarmamento nuclear, como ficamos? Uma desconcertante querela entre apocalípticos, de costas para os integrados? Tampouco a implicância de Adorno com o ativismo de amplo espectro de Günther Anders — dos testes nucleares ao Tribunal Russell — oferece uma pista segura, pois se trata de um combate mais do que singular: o paradoxo de uma prática política quando, a rigor, não há tempo para mais nada. E, afinal, o que há de político na política não é justamente ganhar tempo? O tempo necessário para as respostas humanas, possíveis somente quando dispomos de uma reserva de tempo, como pensavam Oskar Negt e Alexander Kluge lá pelos idos de 1980 e 1990, bem no limiar que estava sendo transposto com a agonia da Guerra Fria, uma implosão geopolítica com um inaudito potencial de catástrofe (Negt & Kluge, 1999). Talvez seja isso. Adorno renunciou ou não se animou (tanto faz) a pensar a bomba porque já não havia mais tempo político para respostas humanas, por motivo sim de *desproporção* incomensurável entre os humanos e a bomba por eles mesmos produzida sob o famigerado véu tecnológico, aquela tendência de encarar a técnica como a própria coisa, um fim em si mesmo.[12] Em certo sentido, Negt e Kluge poderiam responder que é disso mesmo que se trata. Como não há nenhuma relação de medida possível e imaginável entre uma explosão nuclear (para não falar ainda no oximoro "guerra nuclear") e o "minúsculo e frágil corpo humano", desabrigado no centro de uma poderosa tempestade, desta vez não de aço, mas de matéria desintegrada,[13] não há respostas humanas — quer dizer, políticas — para essa incon-

12. O passo adiante dado por Günther Anders, lembrado novamente por nosso cicerone francês, Christophe David, levou à visão desconcertante de que a técnica (e seus derivados) já se tornara a coisa ela mesma, como diriam os fenomenólogos dos primeiros tempos, de tal sorte que, no mundo totalmente administrado do capitalismo organizado que culminara na bomba, a sociologia dos homens deveria dar lugar a uma sociologia das coisas (David, 2007, p. 174-5).

13. Para falar como Benjamin (1986, p. 195), uma geração que de "1914 a 1918 viveu uma das experiências mais monstruosas da História Universal". Pois essa geração que ia à escola de bonde puxado por cavalos e viu-se lançada num campo de força de explosões e correntes destruidoras — sem falar no choque da guerra química, prenunciando a solução final que vinha pela frente, nos termos do argumento de Negt e Kluge — de certa forma foi brutalmente arrancada de uma outra experiência, política, precisamente, enquanto reserva de tempo necessária à formação de uma comunidade: a experiência do valor de uso da duração, do longo prazo como categoria de defesa contra o perigo, de modo que "a expansão temporal biográfica de uma comunidade não fosse continuamente interrompida por intervenções externas e por um empobrecimento interior" (Benjamin, 1986, p. 21). Assim como aquela geração voltou muda da guerra de trincheiras, na famosa observação de Benjamin, por que não seria possível supor que algo do gênero teria ocorrido em 1945, na "saída de guerra" (uma categoria introduzida pelo historiador Henry Rousso), alguns intelectuais incluídos, como acabamos de ver, malgrado a idêntica enxurrada de papel impresso sobre aquela segunda experiência monstruosa?

gruência descomunal. Por isso evocam, não por acaso, o desastre de Chernobyl: o que se pode opor de político a uma chuva radioativa? Assim como uma "reviravolta das relações de medida[14] em nosso corpo ou em nossa cabeça é capaz de provocar a morte" (Negt & Kluge, 1999, p. 25), uma reviravolta na escala de um inverno nuclear — se os autores citados estiverem na direção correta — desnudaria a nossa humana condição (na formulação preferida de Montaigne e que Günther Anders emprega sem maiores inibições), revelando nossa outra condição encoberta pela rotina da política de poder: o fato de sermos "intrinsecamente apolíticos, ou para usarmos uma expressão de Hegel e Hölderlin, somos pessoas *sem resposta*" (Negt & Kluge, 1999, p. 25).[15] No fundo, cada um no seu tempo próprio, foi o que deram a entender nossa dupla Anders/Adorno.

14. *Nota bene*: o modelo são as linhas nodais das relações de medida na ciência da lógica, de Hegel; o que hoje vulgarmente chamamos a três por dois de *tipping point*, para Hegel, era a pulsação do vivo. Se pensarmos hoje nas constantes ultrapassagens das mudanças climáticas, elas sinalizam o movimento inverso, por assim dizer as relações de medida da entropia, ou ainda, em nossos pulmões afogados por uma inundação de patógenos e anticorpos em guerra.

15. Digamos que o eclipse das respostas humanas, e portanto políticas, na hora H (sem trocadilhos) é uma das assinaturas do nosso tempo, cujo lado B poderia ser mais prosaicamente decifrado com a ajuda de uma observação de Paul Virilio. Como na era nuclear a velocidade tornou-se a dimensão essencial — assim, o problema não é o poder destrutivo da arma de Hiroshima, mas a sua velocidade —, a própria estratégia da dissuasão tende a tornar-se obsoleta graças à quase instantaneidade do processo de tomada de decisão na hora em que a crise entra em ebulição. Como pressupõe um tempo para reflexão, as manobras de chantagem terrorista exigidas pela noção mesma de dissuasão acabaram assumindo um curioso e bolorento aspecto "humanista". Não havendo mais tempo para a reflexão, o poder de decisão se encontra nas mãos de "máquinas automáticas de resposta". Dito no início dos anos 1980: "Hoje ainda há um tempo de reação. Ele era aproximadamente de meia hora em 1961 [quando a velocidade dos vetores conduziu ao telefone vermelho de Khrushchev e Kennedy]. Para Andropov e Reagan, o prazo de resposta não passava de alguns minutos" (Virilio & Lotringer, 1989, p. 61). No caso de uma guerra nuclear em andamento, a mesma lógica despolitizada da velocidade terá feito o "tempo da resposta" cair a zero: não haverá mais qualquer decisão política, apenas uma decisão eletrônica (Virilio & Lotringer, 1989, p. 36). Não custa lembrar, pois o ponto é central nesta digressão sobre a era atômica segundo Günther Anders, que ele, mais ou menos trinta anos antes, começando a desenvolver sua sociologia das coisas organizadas em sociedade, havia antecipado o impasse nos seus próprios termos ao ilustrar historicamente seu conceito de "vergonha prometeica", na qual se exprimiria a situação moral do homem hoje — "somos

2.

Günther Anders não foi o único nos Estados Unidos a ficar "sem resposta" durante os primeiros cinco anos da era atômica, os últimos de seu exílio americano. Sendo além do mais escritor, pode-se dizer que passou aqueles anos de esterilidade filosófica na companhia de seus iguais, no mesmo esforço de igualar a imaginação à dimensão distópica do Acontecimento, pois foi justamente no círculo dos profissionais da palavra — romancistas, poetas, dramaturgos — que esta última girou em falso, mal apanhados pelas primeiras ondas de choque. Simplesmente emudeceram diante da bomba. Para desconsolo de um Lewis Mumford, que, em sua aflição combativa de sempre diante do descarrilamento da civilização técnica, esperava, com certa inocência acerca do real funcionamento da escrita literária, que escritores e poetas não se limitassem a espelhar o desacerto do mundo, mas retomassem a iniciativa (miragem vanguardista retrospectiva) de recolher ao inferno os demônios que corriam à solta desde Hiroshima.[16] Queria enfim que o acompanhassem em seu "engaja-

...

menores do que nós mesmos" —, e recorre ao *affaire* MacArthur, o general comandante das operações na Guerra da Coreia destituído com pompa e circunstância pelo presidente Truman por cogitar o emprego de armamento nuclear para safar-se de uma quase derrota vexaminosa. Os historiadores liberais costumam celebrar o gesto como uma reafirmação peremptória do comando civil sobre o poder militar — o sonho pueril de todo brasileiro progressista que vive numa república tutelada pelos militares desde sua fundação, por um golpe, exatamente. Nada a ver, replicaria Günther Anders. Os responsáveis por seu enquadramento em cena aberta não estavam nem um pouco decididos a substituí-lo por outro personagem menos insubordinado. Simplesmente consideravam que tal poder de desencadear uma hecatombe nuclear deveria ser confiado a um *instrumento*, a um cérebro eletrônico, como se dizia naqueles anos dourados da Idade Atômica, e não ao humano demasiado humano cérebro do General McArthur. Em suma, se a última palavra deve ser objetiva, faz sentido que só se considere objetivos os julgamentos pronunciados por objetos (Anders, 2002, p. 79). Mais adiante no livro, esse processo será chamado de *instrumentalização*. Não sendo mais "agentes", mas somente colaboradores de um sistema de instrumentos, a ideia política de uma resposta humana que demanda tempo armazenado para poder pensar não faz mesmo mais nenhum sentido.

16. Para um apanhado dos escritos de intervenção de Lewis Mumford entre 1946-1948, ver Boyer (1985, p. 284-7). Salvo indicação em contrário, estou me apoiando nesta valiosa reconstituição de época, a começar pela menção inicial da desconversa dos escritores atropelados pela bomba e pelo fato desconcertante de

mento", ao qual a "loucura" da bomba dera um impulso radical. A seu ver, ao aceitar passivamente os desmandos de seus líderes, por sua vez ensandecidos pelo exclusivo nuclear de que ainda gozavam, a sociedade americana arriscava-se a embarcar numa aventura genocida que transformaria o planeta num campo de extermínio. Um dos gatilhos da escalada retórica de Lewis Mumford foi o anúncio da sequência de testes nucleares a serem realizados no Atol de Bikini, a partir de julho de 1946, menos de um ano depois das duas detonações "de verdade": "*Gentlemen, you are mad*", reagiu Mumford num artigo de março daquele ano, engrossando o caldo de comoção nacional diante da evidência de que uma onda avassaladora de radioatividade letal estava prestes a arrebentar mundo afora. No capítulo que dedica ao episódio, "The Mixed Message of Bikini", Paul Boyer mostra como a contrapropaganda oficial acabou prevalecendo (os testes atmosféricos, ao nível do mar e subterrâneos se estenderiam durante dois anos) sobre a tendência dos estragos retrospectivamente interpretados como sinais precursores dos desastres climáticos por vir. Sem falar na contraprova maior de que não haveria, de qualquer forma, defesa alguma contra um ataque atômico, como dois anos depois — já com a dissidência dos cientistas esmorecendo e as campanhas de controle internacional dos artefatos nucleares refluindo — alertaria o livro de David Bradley, *No Place to Hide*, mesmo assim ainda um best-seller paradoxal num momento em que a sociedade americana já havia abraçado a causa da bomba em nome de uma inegociável supremacia, também ou sobretudo nessa última fronteira. Não teria evocado o grande medo provocado pelos anos de teste no Atol de Bikini, sabiamente calibrados e narrados até o ponto da reconciliação com a bomba culminar numa disputa entre estilistas pela patente de um (não tão) banal maiô feminino de duas peças, se a questão das explosões nucleares ditas experimentais não retornasse, anos depois de várias centenas de testes similares, ao coração do argumento de Günther Anders, como a seu tempo veremos: que sendo a rigor o laboratório de tais experimentos coextensivos ao globo em toda sua

...

que a realidade central da nova era continuava ainda fora do alcance da consciência literária de toda uma geração, como se pode ler no capítulo 20 do livro de Boyer, justamente intitulado "Words Fail".

inteireza, cada "ensaio" equivale a uma real "utilização"; a natureza mesma da bomba teria anulado a distinção entre seu emprego e sua explosão laboratorial, assim como uma sociedade não pode fazer a experiência do fascismo, só por uma vez, para ver como funciona (Anders, 2002, p. 287-91).

Voltemos ao roteiro de Paul Boyer, ou, mais precisamente nos nossos termos, à comum incapacidade de atinar com a forma ajustada à explosão da nova era experimentada tanto por escritores quanto por nosso filósofo de ocasião, e por isso mesmo funcionando igualmente como um barômetro da tempestade que se armava. Como lembrado, o foco do historiador americano são os primeiros cinco anos da "revolução nuclear" — exatamente os últimos da experiência americana em primeira mão, por assim dizer, do filósofo cujos anos de aprendizagem está nos interessando acompanhar —, denominação adotada por alguns historiadores para distinguir entre uma primeira fase de desconcerto geral e uma segunda, de normalização do "terror", dita "termonuclear", reservando a expressão "atômica" para os tateios e miragens da primeira (Münster & Sylvester, 2016). E naqueles cinco primeiros anos, 1945-1950, entre Hiroshima e a ordem dada para se chegar à bomba de hidrogênio, um efeito muito especial foi logo identificado no *day after* — para ser exato, no *New York Times* de 8 de agosto de 1945, na véspera da "surpresa" de uma segunda bomba — pela premiada editorialista (isso conta) Anne O'Hire MacCormick, presumindo que a bomba atômica deve ter causado na cabeça da população americana uma explosão tão fulminante quanto a obliteração de Hiroshima. Paul Boyer foi atrás justamente dos efeitos daquela chuva radioativa mental.

Chegando ao capítulo da imaginação literária, nosso autor deu então com uma síndrome análoga àquela que travou nosso filósofo. Uma analogia de fôlego curto, sem dúvida. Pois uma coisa é a representação literária da realidade — no caso, a matéria bruta da sensibilidade pós-Hiroshima, que os mais exigentes chegaram a chamar de "referente nuclear"[17] —, que é tanto mais "verdadeira" quanto mais dissimulada e inesperada for a relação com o seu material; este

17. Por exemplo, J. Fisher Solomon, *Discourse and Reference in the Nuclear Age*, publicado pela primeira vez em 1988 e comentado em Norris (1992, p. 38-47).

último, por sua vez, quanto mais distante, melhor etc. Outra coisa, muito diversa da apresentação literária do mundo, é a formulação de um par de ideias cujo desenvolvimento resume uma época que caminha para a sua perdição, tendo em comum, porém, e isto é tudo, a mesma compreensão tácita do mundo como crise. Feita a ressalva, uma breve enumeração *pro forma* de alguns dos casos reportados por Boyer. Nos romances dos primeiros anos pós-Hiroshima de Lionel Trilling, Saul Bellow, Norman Mailer etc., nada sugere que os tempos sejam absolutamente outros. No sempre citado discurso de Faulkner ao receber o prêmio Nobel em 1950, não se extrai boa literatura de um afeto tão inespecífico quanto certeiro de que poderemos ir pelos ares a qualquer momento. Paralisia moral e política, quando muito, rendem apenas má consciência. A mesma Gertrude Stein que viu na guerra de 1914-1918 uma "guerra cubista", achando que o espírito de uma época era forte o suficiente para moldar tudo à sua volta, da pintura à guerra,[18] foi perguntada em 1946 sobre o que pensava da bomba atômica que estava, com certeza, inaugurando uma guerra fria e abstrata, e respondeu que não via nada demais numa nova máquina entre tantas outras, com a diferença de que esta matava mais. (Absolutamente nada a ver com o sarcasmo de Karl Kraus quando perguntado o que pensava de Hitler: "Não me ocorre nada a respeito".) Poderia acrescentar que se tratava de uma máquina de repetição de um presente expandido, mimetizando assim suas técnicas narrativas que se distinguiam pela exasperante repetição do começo (Kern, 1983, p. 85). Nada mal a respeito de um artefato que acabara de anunciar que a ausência de futuro estava começando. Uma das "teses" de Anders. Ou então que o futuro já começara e era isso mesmo o que estávamos vendo, seguindo corretamente o título swiftiano do livro *O futuro já começou*, em que Rober Jungk escreve sobre o seu giro pela Terra Prometida do átomo.[19] Nesse sentido, a glosa com que Paul Boyer (1985, p. 250) fecha seu parágrafo não poderia ser mais exata: "*a bomb is a bomb, is a bomb*".

18. Para um comentário, ver Kern (1983), particularmente o capítulo 11, "The Cubist War".

19. Publicado na Alemanha em 1952, o livro chegou até nós dez anos depois, em uma tradução portuguesa e capa bisonha para as barbaridades que descrevia; ver Jungk (1962).

Voltando aos três romancistas citados acima, Paul Boyer acaba concluindo que o silêncio assinalaria menos um fracasso da imaginação do que sua intensificação, pois qualquer tentativa de rápida assimilação daquela novidade estarrecedora estaria condenada ao fracasso: por mais avassaladora que a bomba tenha sido, com exceção de uns poucos cientistas dissidentes e centenas de milhares de japoneses, jamais seria uma experiência vivida de cuja matéria se pudesse desentranhar a forma que a revelaria (Boyer, 1985, p. 250). Mas assim sendo, o Tempo do Mundo — na acepção original de Braudel, "o tempo vivido nas dimensões do mundo" — teria se tornado literariamente imprestável no momento mesmo em que dobrava a última esquina da história, se for possível recorrer a um estereótipo progressista na mais absoluta contramão. Seja como for, nosso historiador não deixa de dar razão a um dos intérpretes do período final de Wallace Stevens, para o qual era cláusula pétrea que não se desentranha poesia de notícia de jornal: tais poemas da última fase, pelo contrário, estavam profundamente moldados pela ameaça da aniquilação atômica, e nisto demonstrariam uma "sensibilidade contra-apocalíptica" (Boyer, 1985, p. 247). O Günther Anders que afinal se exprimiria por extenso no momento termonuclear da "revolução em curso", também à contracorrente, não diria coisa muito diferente, com a possível ressalva de que ver assim "*the world as saved*" seria talvez pedir demais. Chegaremos lá, ao ponto, não à salvação, pois se trata, nas palavras do filósofo, de um "apocalipse sem reino".

Se, ao fim e ao cabo, andamos assim em círculo, qual o propósito do rodeio pelo silêncio estupefato dos profissionais da imaginação (justamente a faculdade a ser reinventada e expandida, segundo o nosso filósofo) naqueles primeiros cinco anos de monopólio nuclear americano? Terá servido, quem sabe, para lembrar (mas não conseguiria provar preto no branco) que durante aquele período de choque moral e celebração tecnológica Günther Anders deve ter digerido toda aquela matéria bruta da nova sensibilidade e levado na mala de volta para a Europa uma ou outra forma dessas que, no calor da hora, brotaram do fundo da alma, mas que, reviradas do avesso, revelaram um segredo ainda latente. Ou melhor, latente e no entanto torrencial em suas manifestações para lá de explícitas e literais. Só no ano de 1946, mais de trezentos artigos sobre a bomba atômica foram publicados nos jornais e revistas americanos, sem falar nas incontáveis transmissões de rádio, sermões nas igrejas etc. Segundo nosso cicerone Paul Boyer, a densa nuvem de medo que recobriu os Estados Unidos em agosto de 1945 também produziu uma avalanche oratória exortando os cidadãos a encarar o desafio nuclear. Na formulação mais do que reveladora do nosso autor (para nós, é claro, oitenta anos depois e anestesiados pelo chove não molha da Guerra Fria e os desenganos do seu desfecho), tudo se passava naquele momento de *urgência* realmente vivida, um sentimento que hoje teríamos dificuldade de representar (Paul Boyer estava escrevendo em meados dos anos 1980 num daqueles interregnos em que a ansiedade nuclear já era vista como algo irrelevante e totalmente fora de tom); tudo se passava, repito, como "se viesse do povo a mensagem de que era urgente encontrar rapidamente uma *resposta política comensurável* com o pavoroso novo perigo" (Boyer, 1985, p. 29, grifo meu). Uma resposta humana, enfim, sem tirar nem pôr. Ou ainda, parafraseando a estilização da reviravolta socrática ressuscitada por Hannah Arendt, o que nos faria enfim voltar a pensar? De uma revista feminina ilustrada a um reitor de universidade, a resposta é uma só, um mesmo tema e suas infindáveis variações: "a bomba, esse o mais importante de todos os objetos a serem pensados, hoje, amanhã e nos anos por vir [...] só há um tema de fundamental importância no momento atual, a bomba atômica" etc. (Boyer, 1985, p. 29).

Antes de arrombar uma porta aberta e relembrar que estamos lidando com um discurso que vendia bem — "matérias" que na década de 1950 Roland Barthes não hesitaria em rotular, com razão, de "mitológicas", e graças às quais já se perdera o caminho real que nos devolveria a um inacessível referente —, recordemos que a rádio da Universidade de Denver alertava, numa transmissão, que "uma bomba-relógio está debaixo de sua casa, nesta estação de rádio seu tique-taque está escorrendo... A América precisa tomar uma decisão agora". Um grande medo, enfim, infiltrava-se nos corações e nas mentes, tudo aquilo que, uma década depois, Günther Anders diria que havia sido soterrado pela sociedade das coisas. Um medo, de resto, paradoxal. De novo Paul Boyer: ao contrário da Europa, os Estados Unidos não foram sequer fisicamente tocados pelas destruições em cadeia da guerra. E, no entanto, no momento mesmo da vitória, que não era pouca coisa, sentiam-se agora vulneráveis e desamparados e, ainda detendo o monopólio dos armamentos nucleares, viam-se menos como agressores potenciais do que como futuras vítimas. Ainda na mesma linha de sentimento, certo sexto sentido lhes dizia que a bomba não fora um ponto final, mas trouxera consigo o rumor de armas engatilhadas para um segundo *strike*. Tanto é assim que se poderia ler sem nenhuma surpresa, no início de 1946, num anódino *Lady's Home Journal*, uma exortação como este "livrai-nos do mal" de uma hecatombe nuclear: que seja este o pensamento com o qual deves acordar, carregar contigo durante o dia e levar até a beira da cama. E por aí vamos, ou melhor, íamos, antes da causa da bomba ser abraçada na virada para os anos 1950, como recordará Paul Boyer na conclusão do livro. De qualquer modo, difícil não lembrar do primeiro mandamento da era atômica redigido por Günther Anders dez anos depois: que o teu primeiro pensamento ao acordar seja o átomo. Tampouco podemos deixar de assinalar esta outra circunstância, não mais do que isto, que beira o contrassenso, mas nem por isso é de se jogar fora: na noite mesma de 6 de agosto, o editor da bem-comportada *Saturday Review* escreveu um artigo de fundo com o *páthos* exigido pela hora, porém publicado doze dias depois com o título "Modern Man is Obsolete".[20]

Nada mais, nada menos. Norman Cousins é o nome do personagem. Foi tal o impacto que, em outubro, uma versão expandida em livro vendia como pãozinho quente. A frase sobre *a obsolescência do homem* virou lugar-comum na publicística americana da época, e o editorial, lido e reproduzido como um manifesto. O artigo é mais um sintoma do que um argumento, e sintoma de um novo mal do século desconhecido: no ponto culminante de um triunfo militar e científico sem precedentes, o abismo entrevisto num planeta girando silenciosamente no espaço, como uma esfera incandescente à temperatura solar de Hiroshima no primeiro segundo. No coração do argumento, o arsenal oitocentista do *establishment* pensante americano: muito Spencer, Darwin, Malthus, Lamarck etc., com a diferença assustadora de que as batatas do vencedor foram substituídas pela bomba.

20. O artigo ainda se encontra na internet. Em 1970, a revista o republicou numa edição comemorativa dos 25 anos daquele triunfo editorial.

O nascimento da era atômica, em 6 de agosto de 1945, vinha a ser um tremendo e inusitado *memento mori*, recobrindo tudo, da noite para o dia, das máquinas à política, passando pelo amplo leque de poetas humanistas da moderna vida do espírito, com a vasta *mortalha da obsolescência*. No centro resplandecente, *a obsolescência do homem moderno, um "self-made anachronism"*. A menos que... Aqui entrava em cena a panaceia cujo sucesso não ultrapassou a primeira temporada: o governo mundial, federativo de preferência, deitando raízes na paz perpétua do Iluminismo, relembrado pelo entusiasmo despertado pela criação da ONU. O movimento encorpou a ponto de tornar-se uma verdadeira cruzada, tocada pelo fervor de militantes e ideólogos. Era isso ou a barbárie nuclear. Como se sabe, em pouco tempo a eclosão oficial da Guerra Fria sepultou tudo. No resumo de Boyer: sendo real e incontornável o medo da aniquilação mútua, estava no entanto disponível uma resposta realista: governo mundial, nem pensar; Otan, sim. Trocando em miúdos: a momentânea porém absoluta supremacia militar americana deveria ser rapidamente monetizada na forma de uma *pax americana* global. Dito isso, está claro o despropósito de sequer cogitar uma linha direta entre o homem obsoleto de Norman Cousins e o seu eventual equivalente em Günther Anders, salvo o parentesco das expressões similares e a data de sua declaração oficial de obsolescência, 6 de agosto de 1945 — embora o processo viesse de longe, como sabemos, a assim não tão longa curva descendente do homem sem mundo ao ponto final do mundo sem homem, de permeio a alienação *pelo* trabalho organizado, como a seu tempo veremos. E, no entanto, há um intrigante elo perdido no meio do caminho. De volta às observações pioneiras de Robert Jungk em suas andanças americanas naquele mesmo período de decolagem de uma nova era que se abria com a constatação de que o homem se tornara "obsoleto" e que, a ser assim, seria preciso submetê-lo a um violento processo de "reengenharia" destinado a dotá-lo dos "meios que lhe permitam acompanhar o desenvolvimento de máquinas sempre novas, sempre mais rápidas, cujo raio de ação se alarga constantemente" (Jungk, 1962, p. 36).[21]

21. O longo trecho do qual extraímos esse teorema da modernização humana recuperadora, e no qual é descrito um programa de treinamento e testes nos labo-

Embora não dê sinal algum de ter notícia da epifania redentora de Cousins e consortes — estava no ar do tempo —, não estaremos forçando a nota se dissermos que ela ressoa nas palavras de um instrutor da Força Aérea dos Estados Unidos: "Considerado sob o ângulo da técnica aeronáutica futura, o homem atual é um *fracasso*". Poucos anos depois, a fórmula não por acaso reaparecerá no quarto parágrafo do ensaio de Günther Anders sobre a "vergonha prometeica", com a devida remissão em nota ao livro de Jungk, como um exemplo eloquente da integração do homem no campo dos instrumentos, na condição rebaixada de "construção defeituosa" (*faulty construction*) (Anders, 2002, p. 47). O caso do general MacArthur era apenas o de um protótipo cuja graduação máxima não eliminava sua condição de fonte permanente de erro. Na filosofia exata da história de um outro "pensador" de uma importante fábrica de construções aeronáuticas da Califórnia — continua o registro de Robert Jungk —, "o homem será sempre um 'freio ao progresso'". Mal comparando, a matriz americana do diagnóstico de obsolescência por motivo de revolução atômica desdobrada em suas consequências lógicas arremata a doutrina nazi da aceleração tecnológica total da sociedade, como lembrado certa vez numa entrevista por Heiner Müller: vistas as coisas por este ângulo, as "minorias", na medida em que representam, pela sua mera existência autônoma, uma espécie de areia inercial, são de fato um freio, e como persistem na sua velocidade própria de retardatários, precisam ser eliminadas (Müller, 1991, p. 189). Não se pode apagar as digitais desse argumento na hora da escolha do Japão como alvo.

• • •

ratórios médico-fisiológicos da aviação americana, que aliás mal se distinguem dos suplícios de uma câmara de tortura, encontra-se transcrito por extenso no ensaio de Catalani (2022). O artigo versa acerca das origens intelectuais no entreguerras alemão da "discrepância prometeica" segundo Günther Anders, cujo marco zero é um ensaio profético de Walter Benjamin sobre "as armas de amanhã" (1925), e a estrela-guia, a visão do "reacionário" Jünger acerca da qualidade militar — velada ou aberta — de todo meio técnico. Noto de passagem a centralidade da ideia de *explosão* em todo esse enredo. A deixa é dada pelo dito famoso de Adorno (que aliás nunca se deu ao trabalho de retraçar a linha que conduz da atiradeira à bomba atômica, *boutade* que se equilibra perigosamente entre a montagem de Kubrick, osso-arma/nave espacial e o kitsch metafísico heideggeriano).

Para encerrar este breve giro pela matéria bruta da sensibilidade americana da primeira hora atômica, quando por fim relermos as considerações de Günther Anders sobre o *trabalho do zelo* executado pela legião de colaboradores no *burn job* da bomba, fará sentido lembrar que, já em 1946, o psicanalista americano Franz Alexander tratava da "higiene mental" que a recém-nascida era atômica estava produzindo nos corações e mentes já então pressionados por uma inteira sucessão de ondas tecnológicas ao longo da primeira metade do século. Num sistema baseado na tautologia da produção pela produção, canalizando o sentido de uma vida para a via de mão única do "*endless work*", era apenas questão de tempo ver o último ato de um apertador de botões nato: pressionar o botão vermelho "*that will exterminate him*" (Boyer, 1985, p. 282-3).

PAULO ARANTES é professor sênior do Departamento de Filosofia da Faculdade de Filosofia, Letras e Ciências Humanas (FFLCH) da Universidade de São Paulo (USP), onde se aposentou da docência, mas segue orientando alunos de pós-graduação. De seus livros publicados, destacam-se *Formação e desconstrução: uma visita ao Museu da Ideologia Francesa* (Editora 34, 2021), *O novo tempo do mundo e outros estudos sobre a era da emergência* (Boitempo, 2014) e *Extinção* (Boitempo, 2007).

REFERÊNCIAS

ADORNO, Theodor. "Notas marginais sobre teoria e práxis". *In*: ADORNO, Theodor. *Palavras e sinais: modelos críticos II*. Trad. Maria Helena Ruschel. Petrópolis: Vozes, 1995.

ANDERS, Günther. *Die Antiquiertheit des Menschen*. Munique: C.H. Beck, 1956.

ANDERS, Günther. *L'obsolescence de l'homme*, tomo I, *Sur l'âme à l'époque de la deuxième révolution industrielle*. Trad. Christophe David. Paris: L'encyclopédie de Nuisances, 2002.

ANDERS, Günther. *L'obsolescence de l'homme*, tomo II, *Sur la destruction de la vie à l'époque de la troisième révolution industrielle*. Trad. Christophe David. Paris: Fario, 2011.

ANDERS, Günther. *L'homme sans monde: Écrits sur l'art et la littérature*. Trad. Christophe David. Paris: Fariot, 2015.

ANDERS, Günther. *Et si je suis désespéré, que voulez-vous que j'y fasse?* Trad. Christophe David. Paris: Allia, 2016.

ARENDT, Hannah. *A vida do espírito*. Trad. Antônio Abranches e Helena Martins. Rio de Janeiro: Relume-Dumará, 1992.

ARENDT, Hannah. "O que é a filosofia da existência?". *In*: ARENDT, Hannah. *Compreender: formação, exílio e totalitarismo*. Trad. Denise Bottmann. São Paulo: Companhia das Letras, 2008.

BENJAMIN, Walter. "Experiência e pobreza". *In*: BENJAMIN, Walter. *Documentos de cultura, documentos de barbárie*. Org. Willi Bolle. São Paulo: Cultrix/Edusp, 1986.

BOYER, Paul. *By the Bomb's Early Light: American Thought and Culture at The Dawn of the Atomic Age*. Chapel Hill/Londres: North Carolina University Press, 1985.

CATALANI, Felipe. *Filosofia moral no mundo do pós-guerra: estudo sobre Adorno* (dissertação de mestrado). São Paulo: Universidade de São Paulo, 2019.

CATALANI, Felipe. "Günther Anders, fenomenólogo e agitador", *Cadernos de Tradução LELPraT*, v. 2, 2021.

CATALANI, Felipe. "A inocência perdida das forças produtivas", *Revista Limiar*, v. 9, n. 17, 2022.

DAVID, Christophe. "Nous formons une équipe triste: Notes sur Günther Anders et Theodor W. Adorno", *Tumultes*, n. 28-9, 2007.

DAVID, Christophe. "Fidélité de Günther Anders à l'anthropologie philosophique: De L'anthropologie négative de la fin des années 1920 à *L'obsolescence de l'homme*", *L'homme et la société*, n. 181, 2011.

JANSEN, Peter-Erwin. "Sobre o background teórico e a prática política do movimento estudantil alemão (1968-1984)". *In*: MARCUSE, Herbert. *A grande recusa hoje*. Org. e trad. Isabel Loureiro. Petrópolis: Vozes, 1999.

JUNGK, Robert. *O futuro já começou*. Trad. Elena Cidade Moura. São Paulo: Melhoramentos, 1962.

KERN, Stephen. *The Culture of Time and Space, 1880-1918*. Cambridge: Cambridge University Press, 1983

LEBRUN, Gérard. "O testamento socrático de Hannah Arendt". *In*: LEBRUN, Gérard. *Passeios ao léu*. Rio de Janeiro: Brasiliense, 1983.

MÜLLER, Heiner. *Fautes d'impression*. Paris: L'arche, 1991.

NEGT, Oskar & KLUGE, Alexander. *O que há de político na política?* Trad. João Azenha Júnior. São Paulo: Editora Unesp, 1999.

NORRIS, Christopher. *Uncritical Theory: Post-Modernism, Intelectualls and the Gulf War*. Amherst: Massachussets University Press, 1992.

PERREAU, Laurent. "Günther Anders à l'école de la phénoménologie", *Tumultes*, n. 28-9, 2007.

REIMAN, Werner. "La trace de l'anthropologie: Anthropologie et humanisme chez Günther Anders", *Tumultes*, n. 28-9, p. 257-71, 2001.

SARTRE, Jean-Paul. "Une idée fondamentale de la phénoménologie de Husserl: l'intentionnalité (jan. 1939)". *In*: SARTRE, Jean-Paul. *Situations*, tomo I. Paris: Gallimard, 1973.

VAN MÜNSTER, Rens & SYLVESTER, Casper. *Nuclear Realism: Global Political Thought During the Thermonuclear Revolution*. Londres/Nova York: Routledge, 2016.

VIRILIO, Paul & LOTRINGER, Sylvère. *Guerra pura: a militarizacão do cotidiano*. Trad. Elza Miné e Laymert G. dos Santos. São Paulo: Brasiliense, 1989.

Foto: Biblioteca Nacional da Áustria

GÜNTHER ANDERS, pseudônimo de Günther Siegmund Stern, nasceu em 1902, na Breslávia, então território do Império Alemão. Doutor em filosofia pela Universidade de Freiburg, foi reconhecido como um fenomenólogo brilhante por seus professores Edmund Husserl — aliás, orientador de sua tese de doutorado, defendida em 1924 — e Martin Heidegger, em cujas aulas conheceu Hannah Arendt, com quem foi casado entre 1929 e 1937. Nesse período, aproximou-se dos círculos da vanguarda literária da República de Weimar e manteve contato com escritores como Bertolt Brecht e Alfred Döblin. Com o avanço do nazismo, exilou-se primeiro na França, em 1933, onde conviveu com Walter Benjamin, seu primo de segundo grau, e, três anos depois, nos Estados Unidos. Trabalhou em ramos diversos, inclusive como operário de fábrica — experiência determinante para suas análises da automação na sociedade industrial, desdobradas em seu principal livro, *Die Antiquiertheit des Menschen* [A obsolescência do homem]. Escritor polivalente, teve uma obra vasta e diversificada: além de textos filosóficos e ensaios de crítica da cultura, dedicou-se a gêneros diversos (romance, poema, fábula, diálogo de ficção, carta e diário), não raramente incorporados em sua prosa teórica. Enquanto crítico literário, seu livro *Kafka: pró e contra* (Cosac Naify, 2007) impactou autores como György Lukács e Theodor Adorno. Testemunha da destruição civilizacional generalizada do século XX, dedicou suas reflexões ao potencial de autoaniquilamento da humanidade e à "mutação da alma" no capitalismo tardio. Além de escritor e teórico, foi militante antifascista na juventude e, no pós-guerra, engajou-se profundamente na luta antinuclear, tendo dedicado parte significativa de sua obra à ameaça atômica. Faleceu aos noventa anos em Viena, Áustria, em 1992.

elefante

EDIÇÃO
Tadeu Breda
Luiza Brandino

PREPARAÇÃO
Bonie Santos

REVISÃO TÉCNICA
Felipe Catalani

REVISÃO
Diana Soares Cardoso
Eduarda Rimi

CAPA & PROJETO GRÁFICO
Mateus Valadares

DIAGRAMAÇÃO
Daniela Miwa Taira

ASSISTÊNCIA DE ARTE
Yana Parente

DIREÇÃO DE ARTE
Bianca Oliveira

FOTOS
NARA & DVIDS Public Domain Archive;
The United States National Archives;
U.S. Air Force photograph.

GOETHE INSTITUT

The translation of this work
was supported by a grant from
the Goethe-Institut

Título original:
Hiroshima ist überall: Tagebuch aus Hiroshima und Nagasaki; Der Briefwechsel mit dem Hiroshima-Piloten Claude Eatherly; Rede über die drei Weltkriege
Günther Anders

Primeira edição, abril de 2025
São Paulo, Brasil

Dados Internacionais de Catalogação na Publicação (CIP)
Angélica Ilacqua CRB-8/7057

Anders, Günther
Hiroshima está em toda parte : diário de Hiroshima e Nagasaki, correspondência com Claude Eatherly, piloto de Hiroshima, discurso sobre as três guerras mundiais / Günther Anders ; tradução de Claudia Abeling — São Paulo : Elefante, 2025.
480 p. : il.

ISBN 978-65-6008-065-2
Título original: Hiroshima ist überall: Tagebuch aus Hiroshima und Nagasaki, Briefwechsel mit dem Hiroshima-Piloten Claude Eatherly, Rede über die drei Weltkriege

1. Hiroshima (Japão) - História - Bombardeio, 1945 I. Título II. Abeling, Claudia III. Eatherly, Claude

24-5657 CDD 952.044

Índice para catálogo sistemático:
1. Hiroshima (Japão) — História — Bombardeio, 1945

elefante
editoraelefante.com.br
contato@editoraelefante.com.br
fb.com/editoraelefante
@editoraelefante

TIPOGRAFIA Euclid, Fakt & Kepler
PAPEL Supremo 250 g/m² & Ivory Bulk 58 g/m²
IMPRESSÃO PifferPrint